디 자 인 부 터 ──→ 인 쇄 ──→ 후 가 공 까 지

실무
편집 디자인
by 인디자인

이미정, 유은진 지음

길벗

실무 편집 디자인 by 인디자인

Practical Editorial Design by InDesign

초판 발행 · 2022년 8월 31일

지은이 · 이미정, 유은진
발행인 · 이종원
발행처 · (주) 도서출판 길벗
출판사 등록일 · 1990년 12월 24일
주소 · 서울시 마포구 월드컵로 10길 56(서교동)
대표 전화 · 02) 332-0931 | **팩스** · 02) 323-0586
홈페이지 · www.gilbut.co.kr | **이메일** · gilbut@gilbut.co.kr

기획 및 책임 편집 · 안윤주(anyj@gilbut.co.kr) | **디자인** · 황애라
제작 · 이준호, 손일순, 이진혁 | **영업마케팅** · 전선하, 차명환, 박민영 | **영업관리** · 김명자 | **독자지원** · 윤정아, 최희창

편집 진행 · 앤미디어 | **전산 편집** · 앤미디어 | **CTP 출력 및 인쇄** · 교보피앤비 | **제본** · 경문제책

ISBN 979-11-407-0111-7 03000
(길벗 도서번호 007108)

정가 30,000원

독자의 1초를 아껴주는 정성 길벗출판사
길벗 | IT단행본, IT교육서, 교양&실용서, 경제경영서
길벗스쿨 | 어린이학습, 어린이어학

페이스북 · www.facebook.com/gilbutzigy
네이버 포스트 · post.naver.com/gilbutzigy

편집 디자이너의 기본적 자세부터 실무 현장 및 인쇄소에서 사용되는 편집 용어까지,

시니어 디자이너가 되기 위한 노하우를 충실히 담았습니다!

편집 디자인의 구성 요소를 본질적으로 탐구하며, 기본 원리의 이해와 실습이 균형 있게 다루어져 있습니다. 총 일곱 개의 파트로 구성된 책은 「현장 실무 소개와 인디자인에서 자주 발생하는 실수」를 시작으로, 편집 디자인의 기본 원리를 「판형과 레이아웃」, 「페이지 관리」, 「그래픽의 활용」, 「타이포그래피 다루기」, 「인쇄와 출력」으로 구분하며, 마지막에서는 인쇄까지 마친 후의 단계인 「후가공」의 과정을 원고 제작부터 시각적으로 보여 주어 실무에 유용하게 참고할 수 있도록 하였습니다.

인디자인 기술뿐만 아니라 현업에서 디자이너가 신경 써야 할 여러 영역들을 폭넓게 아우르고 있습니다. 아무도 설명해 주지 않아 막연했던 보다 효율적인 작업 순서와 특정 도구의 사용 의도를 명확하게 설명하고 있습니다. 실무에서 활약하는 현업 디자이너의 결과물을 참고하며 실무와 이론을 균형 있게 학습할 수 있습니다.

오랜 기간 편집 디자인 실무 현장과 교육 기관에 몸담으면서 겪어온 오류들을 겪지 않고, 가장 빠른 길로 인디자인을 접할 수 있도록 하는 데 중점을 두고 이 책을 집필하였습니다. 누구나 이해할 수 있는 쉽고 편안한 설명을 바탕으로, 편집 이론뿐만 아니라 실제 응용이 가능한 실무 예제를 중심으로 특히 현업에 바로 적용 가능한 최신 예제까지 다룬다는 점이 이 책의 특징입니다. 이 외에도 인쇄 현장을 학습하는데 필요한 최소한의 용어, 인쇄를 고려한 저장 방법과 제본 과정, 후가공 및 소통이 부족할 때 일어나는 시행착오들과 심화 학습까지 빠트리지 않고 설명하고 있습니다.

이 책은 초보 디자이너에게 필요한 기초 지식을 충실히 설명한 책이라기보다 인디자인을 다룰 수는 있으나 체계적으로 사용하는데 여전히 어려움을 겪고 있는 입문과 중급 사이의 디자이너에게 현실적 도움을 담은 책이라 할 수 있습니다. 편집 디자인에서 가장 중요하지만 언제나 고민이 되는 색상 모드와 인쇄소와의 소통 문제, 페이지 구성의 제어와 확장된 응용, 여백과 그리드 시스템 등 의미와 쓰임을 쉽게 설명하고 있습니다.

다른 그래픽 프로그램들과 애매하게 차이가 느껴지는 인디자인의 기술적 부분뿐만 아니라, 편집 분야의 디자인적 접근인 내용까지 아울러 담고 있습니다. 전문 디자이너로 가기 위한 최적화된 요령과 탄탄한 기본기를 다시 한번 다지는 데 도움이 되리라 확신합니다.

현장 안에 모든 답이 있습니다. 인쇄, 감리, 후가공, 제책, 그리고 창작을 가능하게 해 주는 인쇄소까지. 그곳에서 책이 아닌 사람을 통해 자신만의 노하우를 쌓길 바랍니다.

편집 디자이너가 되기 위해서는 디자인을 전공하여 학위를 따거나 학원을 다니는 등 여러 가지 방법이 있지만, 현장에서는 두 분류의 디자이너를 가장 많이 만나게 됩니다. 그 기준은 인쇄 방식을 고려한 디자이너와 고려하지 않은 디자이너라고 말할 수 있습니다. 작은 명함 하나를 만들더라도 종이에 인쇄를 하고 자르는 과정을 거쳐야 하기 때문에 디자이너는 원고를 마감하고 인디자인을 종료하는 순간에도 인쇄 공정이라는 또 다른 시작을 준비해야 합니다.

학교에서는 주로 그래픽 프로그램을 이용해서 시안용 이미지를 만드는 일을 배우지만 제안한 시안이 실제 제품으로 만들어지는 전 과정을 이끌어 내는 것이 디자이너의 업무입니다. 컴퓨터 앞에서는 상상하는 모든 것을 그림으로 만들어 낼 수 있습니다. 하지만 현장에서는 그것이 어떻게 구현될 수 있을지 양산 가능성에 대해서 예측하고 리스크를 줄여 프로젝트를 잘 끌어가는 역량이 더욱 중요합니다.

인쇄 공정에는 현장에서만 터득할 수 있는 일들이 많습니다. 이 과정을 학문적으로 배우고 모든 경우의 수를 공식화하여 학생들이 이해할 수 있도록 지도할 수만 있다면 대학의 정규 교육 과정에서 다루어질 수 있겠지만, 대량 생산으로만 확인할 수 있는 것을 실습으로 깨닫기란 쉽지 않습니다. 마땅히 참고할 만한 책도 없으며 선배조차도 경험이 부족하기는 마찬가지일 경우가 보통입니다.

모두 비슷한 입장에서 스스로 부딪히고 터득할 수밖에 없기에 복잡하고 낯선 인쇄 공정에서 완벽한 결과물을 얻고자 한다면 감리 단계에서 발품을 파는 수밖에 없습니다. 인쇄 감리는 디자인이 의도한 방향으로 구현이 될 수 있도록 확인하는 작업을 말합니다. 감리는 인쇄물 색상을 확인하고 조정하는 작업을 위주로 진행되며, 무궁무진한 색의 세계에서 딱 필요한 그 하나의 색을 찾아내는 일은 '예술'에 가까운 일입니다.
인쇄 초보자일수록 감리 현장에서 어떻게 인쇄가 진행되는지 눈으로 확인하고 인쇄소에서 일하는 분들과 커뮤니케이션하면서 현장에서 배우는 것이 편집과 인쇄, 출판을 이해하는 가장 빠른 지름길입니다.

현장에서 디자이너에게 기본적으로 요구되는 중요한 점은 작업물을 대하는 책임감과 태도입니다. 디자인과 인쇄소 사이에서 디자이너가 갖추어야 하는 균형 있는 자세는 인쇄 물량과 품질, 여러 공정의 난이도 등으로 얽힌 이해 관계 속에서 서로의 입장을 이해해야 하는 일입니다. 이는 인쇄 물량이 적거나, 까다로운 공정이 필요하거나 예측할 수 없는 곤란한 상황이 발생했을 때 디자이너가 문제를 원만하게 해결할 수 있는 열쇠가 됩니다.

Thanks To

집필하는 과정에서 (주)헥사인에게 참으로 많은 도움을 받았습니다. 저작물 전반에 결정적인 기여를 해 주심에 감사드리며, 특히 많은 학생들과 신입 디자이너들에게 탁월한 디자이너의 삶의 모델이 되어 주신 정재훈 수석님, 채주병 실장님, 양윤석 대표님께 깊은 감사의 말씀을 올립니다. 각자 자기 자리에서 빛을 내고 있는 전정수, 공정희, 정세영 졸업생들의 콘텐츠 제공에도 감사드리며, 항상 자랑스럽게 생각합니다. 끝으로 지금까지 강의와 연구에 몰두할 수 있도록 든든한 울타리가 되어 주신 선병일 교수님과 늘 후학 양성에 헌신하시며 따뜻하고 진실된 마음으로 이끌어 주신 정훈동 교수님께 늘 감사드립니다.

1 │ 실무 현장에서 꼭 알아야 할 내용들을 살펴봅니다. 실무 편집에 주로 사용되는 종이부터 색상 모드, 폰트, 해상도 등 쉽게 실수할 수 있는 부분을 미리 알아봅니다.

2 │ 다양한 실무 예제를 직접 따라하면서 편집 스킬과 감각을 키웁니다. 많은 페이지를 쉽게 관리하고, 여러 그래픽 소스와 타이포그래피를 다룬 다음 인쇄와 출력, 후가공까지 알아 봅니다.

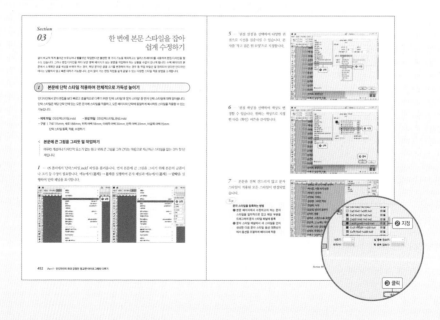

3 | 꼭 알아두어야 하는 중요한 내용의 실무 예제는 다시 한번 응용하며 따라해 봅니다.

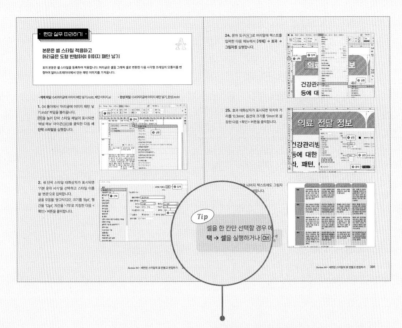

Tip : 궁금하거나 같이 보면 좋은 내용,
주의해야 할 점을 팁으로 설명합니다.

예제 및 완성 파일 사용하기

이 책에 사용된 예제 파일과 완성 파일은 길벗출판사 홈페이지(www.gilbut.co.kr)에서 다운로드할 수 있습니다. 따라하기 예제에 필요한 예제 파일과 완성 파일을 파트별로 담았으며, 최신 버전인 'INDD' 파일과 하위 버전인 'IDML' 파일을 제공합니다. 인디자인 CC 2022 버전이 아닐 경우 하위 버전의 파일을 사용해야 하며, 하위 버전 파일은 에러가 자주 발생하므로 인디자인 CC 2022 최신 버전으로 업데이트하는 것을 권장합니다. 예제, 완성 파일의 이미지 링크가 누락되었을 경우 다시 연결하여 예제를 진행합니다.

① 검색창에 도서 이름을 입력합니다.
② 검색한 도서로 이동한 다음 [자료실] 탭으로 이동합니다.
③ 예제 및 완성 파일을 다운로드해 학습합니다.

인쇄 사고를 막는 디자이너의 체크 리스트

번호	인쇄 사고로 이어지는 문제	인쇄 사고를 사전에 막는 해결 방법	관련 페이지
1	종이 출력 상태와 모니터 출력 상태의 격차	모니터 디스플레이 vs 정밀 캘리브레이션	21-22
2	헷갈리는 CMYK와 RGB 설정	인쇄 목적이라면 CMYK, 디스플레이(화면)로만 보인다면 RGB 모드로 설정	22-23
3	디자이너가 지류 제안 시 고려해야 할 점	종이 평량 및 두께, 디자인 콘셉트 등의 조정이 필요	23-26
4	인쇄 사고를 막는 감리 과정	최종 색상을 결정하는 것은 컴퓨터 앞이 아닌 감리 현장	26, 43
5	원고 저장을 위한 마지막 설정 단계에서 확인할 요소들	기계가 오차 없이 읽을 수 있는 기계 전용 컬러 데이터로 변환하는 과정과 수정 가능 파일 남기기	27
6	속도와 결과에 가장 큰 영향을 미치는 디자인 목적에 맞는 해상도 설정	웹/디지털/출력의 가능성이 있는 웹 디자인 파일/대형 출력물/인쇄 목적/디테일한 그래픽이 갖는 적정 해상도	28-30
7	이미지가 가진 절대 해상도를 억지로 높일 수 없는 이유	절대 해상도가 가진 보정의 한계 (인쇄 결과에 영향을 미치는 것은 해상도 조절보다 이미지 크기 조정)	30
8	본문에서 포기되지 않는 글꼴 선택의 이유	완성도와 가독성은 인쇄 결과에 가장 중요한 요소	44-45
9	인디자인에서 자주 발생하는 한글 글꼴 문제 해결	서체 충돌의 가능성	54
10	페이지와 스프레드 설정의 차이	낱장으로 내보내기와 펼침 페이지로 내보내기	58-60
11	첫 페이지가 빈 지면으로 출력될 경우	첫 페이지부터 스프레드로 설정하기	61-63
12	표지와 내지의 크기가 다른 이유 (세네카 고려하기)	인쇄 단계에서 책등 디자인을 뒤늦게 적용하려면 인쇄 사고의 가능성이 있음	74-76
13	인쇄 없이 후가공만 올라가는 페이지 정리	위치 보기용 원고의 그래픽 남기기	73, 571-573
14	접지 순서에 따라 달라지는 지면 길이	양쪽 날개 부분은 중앙 페이지보다 작게 크기 적용 (구겨지는 지저분한 접지 또는 접히지 않는 결과 초래)	80-83, 134-136
15	개체에 가려진 마스터 페이지 번호	마스터 페이지에 있는 페이지 번호를 본문 페이지보다 상위 레이어로 올려 해결 / 본문에서 오버라이드하여 해결	171-174
16	하단 여백을 여유롭게 잡는 이유	하단 면주를 활용하여 쪽표제와 페이지 번호 삽입 공간 확보	95
17	펼침면 안쪽 여백을 신중하게 잡는 이유	제본되는 안쪽 면을 고려하여 안쪽 여백을 안전히 확보	96-101
18	논리적이지 못한 페이지를 정리하는 방법	내용의 위계를 만드는 그리드 시스템	111-112
19	인디자인에서 도련이 중요한 이유	버려지는 부분을 미리 확보하는 방법	117-118
20	저장 시 도련 설정이 중요한 이유	재단선이 있어도 도련이 설정되지 않으면 적용 불가	123, 521-522

번호	인쇄 사고로 이어지는 문제	인쇄 사고를 사전에 막는 해결 방법	관련 페이지
21	프로그램이 멈추는 현상의 원인이 되는 과한 용량 문제 01	무조건 높게 이미지 해상도를 설정하면 파일이 열리지 않을 수 있음	28
22	프로그램이 멈추는 현상의 원인이 되는 과한 용량 문제 02	이미지를 포토샵이나 일러스트레이터에서 복사/붙이기로 가져오기 하면 파일 용량이 커지므로 다운될 가능성이 큼	237-240
23	프로그램이 멈추는 현상의 원인이 되는 과한 용량 문제 03	분량이 많은 북 디자인일 경우 장이나 파트 기준으로 나누어 저장하면 데이터 관리에 효과적	126-130
24	이미지 누락	유실된 이미지를 다시 연결(프리플라이트 확인)	246-249, 513-514
25	개체만 축소되고 획의 두께는 축소되지 않아 이미지가 어색해지는 경우	환경 설정에서 '획 두께 포함'을 체크 표시하여 개체 크기가 작아질 때 획 두께도 함께 조절	274-276
26	인쇄의 오류가 되는 사항은 프리플라이트 빨간색 동그라미로 경고	하단의 프리플라이트 영역을 더블클릭하면 오류의 개수, 영역, 위치 정보 확인 가능	510-511
27	인쇄 후 수정 가능성까지 고려하는 가장 안전한 저장 방법	PDF로 무사히 내보내도 인디자인 파일이 제대로 관리되지 않을 경우 수정이 불가함(패키지 저장하기)	527-258
28	페이지가 많거나 용량이 커서 내보내기 저장에 오류가 생기는 경우	큰 용량의 문서 분할하여 내보내기	543-545
29	디자인이 완벽해도 접지 과정에서 종이가 터지면 인쇄 사고로 직결	종이의 평량에 따라 오시 선을 삽입해야 깔끔함을 유지할 수 있음 (완성도 문제)	579-580
30	흑백 본문의 검은색 사용 (색상 피커 사용하지 않기)	모니터에 검은색으로 보인다고 모두 같은 검은색이 아닌 이유 (K100, 1도 검은색인지 확인되지 않을 경우 1도 인쇄 불가)	321-325
31	색상 견본 패널에서 맞춰찍기와 검은색을 같은 검은색으로 생각하면 안 되는 이유	맞춰찍기는 재단선 표시나 맞춰찍기 표시에 주로 사용하며, 작은 글씨나 얇은 선에는 사용하지 않음	325-326
32	2도 인쇄 제작	혼합 잉크 적용하여 깊이 있는 강약 표현하기 (비용 문제와 인쇄 퀄리티의 한계 극복하기)	327-331
33	원본 수정 없이 별색을 원색으로 변환	인쇄 비용이나 작업 시간 때문에 별색을 원색으로 변환해 달라는 요청에 빠르게 대처하기	334-337, 518-521
34	텍스트 프레임의 흐름 오류 없이 제어하기	흐름상 텍스트 스레드가 자연스럽게 흐를 수 있도록 텍스트 프레임의 좌우 연결 아이콘 바르게 적용하기	431
35	문자 도구가 선택된 상태에서 화면 이동	커서가 활성화되어 있는 상태에서 습관적으로 Spacebar를 누르면 본문에 띄어쓰기가 적용되어 실수로 이어짐	439
36	단락 스타일을 정의할 때 텍스트 프레임 내 커서의 위치	단락 스타일 항목을 더블클릭할 때는 Esc를 누르거나 Ctrl을 누른 상태로 텍스트 프레임 밖을 클릭하거나 선택 도구로 변경	462
37	인쇄 색상의 품질을 정확하게 얻기 위해서 꼭 확인해야 하는 오버프린트와 녹아웃	밑 색과 혼합되어 표현되는 오버프린트 / 검은색 글씨가 들어갈 영역의 밑 색이 뚫려 텍스트의 외각 처리가 깔끔하지 못한 녹아웃 유의하기	514-518
38	유실되거나 누락된 글꼴	패키지 대화상자에서 누락된 글꼴 확인 가능 / 글꼴 찾기/바꾸기 대화상자에서 경고 아이콘 표시로 확인	529-531
39	RGB를 CMYK로 변환하여 저장하기	문서에 사용한 이미지가 RGB로 되어 있으면 원하는 색상으로 인쇄되지 않으므로 CMYK로 변경해야 함	534-536
40	내보내기 형식에서 페이지(낱장)로 저장하기	펼침 양면 인쇄 시 인쇄소에서는 '페이지' 형식으로 내보내기 저장을 요구('스프레드'는 펼침면으로 교정 볼 때 유리함)	537-539

Part 1
시작하기 전에

01 편집 디자인 고수로 가기 위한 Q&A

02 편집 디자인 실무 현장 살펴보기

03 실무 현장에서 반드시 알아야 할 색상

04 편집 디자이너의 재산이 되는 무료 글꼴 가이드

Part 2
새 문서 만들어 레이아웃 하기와 파일 관리하기

Part 3
많은 페이지의 편집을 단번에 가능하게 하는 페이지 관리법

Part 4

**포토샵,
일러스트레이터와
차이가 있는
인디자인의 그래픽과
색상, 표 다루기**

03 실무 현장에서 필요한 인디자인 색상 다루기

04 세련된 스타일의 표 만들고 편집하기

Part 7

**결과물에 힘을
주는 후가공**

시작하기 전에

디지털 매체의 발달로 시각 디자인 분야의 양적 성장뿐 아니라 디자인 산업 전반에 질적 성장이 가속화되고 있습니다. 매년 3만 8,000여 명의 디자인 전공자가 배출되고 있습니다. 수요가 많은 만큼 공급 또한 넘쳐나기에 디자이너는 결과물의 완성도, 상황 대처 능력, 커뮤니케이션 스킬, 실무 경력 등에 따라 차별되어 평가됩니다. 인정 받는 디자이너가 되고자 한다면 디자인 감각 만큼 현장 테크닉 또한 중요합니다. 무수히 많은 디자인 전공자 중에서도 인디자인을 제대로 다룰 수 있는 신입 편집자를 취업 현장에서 만나기는 매우 어렵습니다.

편집 디자인의 경우, 막연한 마음가짐으로 시작했다가는 금방 포기로 이어지기 쉽습니다. 인디자인을 시작하기에 앞서 실무 현장에서 꼭 알아 두어야 하는 내용들을 살펴보고 현재의 상태를 점검해 봅니다.

편집 디자인 고수로 가기 위한 Q&A

인디자인은 포토샵이나 일러스트레이터 프로그램 등에서 만들어진 결과물들을 디자인적 재료로 활용하여 새로운 지면을 편집하고 문서, 책, 전자책 등의 형태로 만들어 내보내는 프로그램입니다. 포토샵과 일러스트레이터 프로그램이 씨앗이라면 인디자인으로 책을 엮는 작업은 꽃을 피우는 과정이라고 말할 수 있습니다. 인디자인을 적당히 다룰 줄 안다면, 어떤 방향으로든 싹을 틔워낼 수는 있겠으나 적당히 다루는 정도로 꽃을 피워내기는 어렵습니다. 고수로 가기 위한 내용들을 살펴보며 한 단계 성장하는 첫걸음을 시작해 봅시다.

1 ── 실무 편집 디자인이란? 실무와 이론

편집 디자인은 대학에서 배울 수도 있고, 학원에서 기술로 습득할 수도 있습니다. 교육 과정의 편집 디자인과 실무 현장의 편집 디자인은 엄청난 차이가 있으나, 그중에서도 가장 큰 차이점은 클라이언트의 유무입니다. 학교에서는 원하는 레이아웃과 글꼴 등을 맘대로 사용할 수 있었지만, 실무에서는 클라이언트의 의견과 디자인의 기획 의도 등에 따라 인쇄 비용, 종이의 단가, 작업 시간까지 고려되어야 합니다. 새로운 레이아웃과 참신한 아이디어가 넘친다 해도 실무 현장에서는 절대적으로 피해야 할 요소들이 있습니다. 중요한 정보에 가독성을 잃어서는 안되며 명확한 구조와 일관성 있는 텍스트 나열, 독자의 눈을 편안하게 하는 여백의 흐름이 세상에 없던 도전적인 레이아웃보다도 중요한 요소입니다. 또한 전체 일정은 클라이언트와의 약속이기 때문에 작업 시간을 조절할 수 있는 노하우도 필요합니다. 마감 시간에 민감한 월간지 편집의 경우 초기 기획 미팅 시간을 포함하여 2~3주 정도의 짧은 시간 안에 모든 페이지가 완성됩니다.

보다 효율적으로 많은 양을 빠른 속도로 레이아웃하는 방법을 습득한다면 작업 시간과 시행착오를 줄일 수 있으며, 이 같은 기술이 편집 디자이너에게는 경쟁력이 됩니다. 많은 사람과의 협업을 위해 진행 중이거나 완료된 파일을 문제없이 정리하는 것도 편집 디자이너가 갖추어야 할 역량입니다.

실무 현장에서 편집 디자이너가 반드시 갖추어야 할 역량

① 디자인 기획 의도(클라이언트의 의견) 파악
→ 기획 의도와 사용 용도에 따라 작업 방식이 달라진다.

② 사용 용도에 따라 달라지는 가독성의 기준
→ 기본적으로 모든 문서는 가독성을 우선시한다.

③ 명확한 구조를 지닌 여백의 흐름
→ 편집 디자인은 사진과 글을 삽입하는 기술이 아니라, 여백을 만들어 내는 기술이다.

④ 뚜렷한 목적성이 있는 텍스트의 나열
→ 단순히 정보를 나열하는 방식보다는 메시지를 빠르게 전달할 수 있는 구조 설정이 중요하다.

⑤ 작업 시간을 조절할 수 있는 능력
→ 원고 마감 후 인쇄 발주부터 후가공, 납품까지 별도의 공정 기간을 고려한다.

⑥ 협업을 위한 원고 관리의 중요성
→ 내부 작업자 간의 소통과 협업을 위한 기술이다.

2 ── 인디자인은 어떻게 변화하고 있는가? 인쇄 및 디지털 출판을 넘어

인디자인은 1999년 출시되어 지난 20년간 대중들이 인쇄 · 출판 분야에 보다 쉽게 접근할 수 있도록 꾸준히 업데이트 되어 왔습니다. 기본적으로는 이미지와 글을 편집하는 툴을 제공하며, 수백 페이지 이상의 문서를 효율적으로 관리하여 책의 형태로 만들어 내는 역할을 하는 출판 업계의 필수 프로그램으로 자리매김하였습니다. 인디자인은 이미지와 글자 등을 하나의 집합체로 편집하는 것에 최적화되어 있다 보니 카탈로그, 팸플릿, 책 표지, 서적 등의 종이 출판과 인쇄 분야에 있어 최고의 성능을 자랑합니다. 그 밖에도 웹툰이나 전자책, 카드 뉴스 등 각종 스마트 디바이스 매체에도 활발히 활용되면서 점차 적용 분야가 확대되고 있습니다. 종이 지면을 대상으로 하는 평면적인 편집 디자인뿐 아니라 입체적인 지면을 고려해야 하는 패키지 디자인, 인터랙티브한 PDF 문서와 웹 디자인 관련 작업까지 인디자인 프로그램에서 운영이 가능합니다.

앞서 제시한 적용 분야들의 속성을 파악하면 인디자인의 변화와 편집 디자인의 전망을 예측할 수 있습니다. 시각적으로 접하는 모든 매체의 화면 정리는 편집 디자인과 연관성이 있습니다. 참신한 아이디어와 수준급의 표현력이 적용된 결과물이라 해도 텍스트의 길이와 이미지의 위치, 여백의 흐름 등이 들쑥날쑥 불안정하다면 핵심 메시지를 빠르게 전달하기 어렵습니다. 정리되지 않은 방에서 필요한 것을 찾기 어려운 것과 같은 이치입니다. 화면 정리의 기술이 곧 편집 디자인이라면, 인디자인은 인쇄 및 디지털 출판을 넘어음성, 문자, 그림, 동영상 등이 혼합된 다양한 미디어의 레이아웃 작업에 기본이 되는 프로그램이라 할 수 있습니다. 다양한 디자인 분야에서 좋은 프로그램이란 주관적일 수 있으나 시장에서 상용화된 툴을 사용하는 것이 보다 쉽게 소통하고 빠르게 성장할 수 있는 방법입니다. 빈 공간을 반드시 필요한 공간으로 채우는 인디자인의 정리 기술을 연마한다면 매력적인 화면을 필요로 하는 디자인 계열의 모든 분야에 진출이 가능합니다.

실무 현장에서 인디자인의 가능성

① 북 디자인
② 매거진 편집
③ 카탈로그, 팸플릿 등의 홍보물
④ 포트폴리오 디자인
⑤ 패키지 디자인
⑥ 웹 디자인
⑦ 쇼핑몰 상세 페이지 디자인
⑧ 모바일 콘텐츠 디자인

 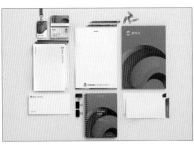 

↑ 인디자인을 활용한 (주)헥사인의 디자인 결과물, 출처 : (주)헥사인 www.hexain.com

3 ─── 모니터와 인쇄 결과물의 색상이 맞지 않는 이유? 인디자인의 색상 모드

디자인 공부를 수년간 해 온 전공 학생들뿐만 아니라 현장에서 만나는 신입 디자이너에게 시안을 출력할 때면 가장 많이 듣는 질문이자 투정 중 한 가지는 "모니터와 인쇄물의 색상이 달라요."라는 의아함이 담긴 고민입니다. 모니터와 인쇄물은 색상을 처리하는 방식이 태생적으로 다릅니다. '지구상의 색은 모두 다르게 보인다.'라는 전제 조건에서 출발해야 이해가 쉽습니다. 모니터의 색상과 출력물의 색상을 두고 당연히 같아야 하는 것이 달리 보인다고 생각하기에 의아함을 갖게 되는 것입니다. 심지어 지금 내가 입은 옷의 색마저 옆 사람에게는 어떻게 보이는지 확인할 방법이 없습니다. 작가마다 색을 구현하는 자신만의 색이 있듯이 디지털 장비도 모두 다른 색을 가졌습니다. 같은 디바이스라고 해도 온도와 습도, 자외선의 유무에 의해 모니터상의 필터는 수명을 다하기도 합니다. 모니터의 색상을 항상 처음과 같이 유지하는 것도 디자이너가 작업을 할 때 모니터를 신뢰할 수 있는 환경을 만드는 좋은 방법 중 하나입니다. 출력 환경도 가지각색일 뿐 아니라 디지털 기기도 장비마다 색을 구현하는 방법이 다르기에 그 편차를 최소화하는 것이 디자이너의 노하우입니다. 화면과 출력물의 색상 차를 고민해 본 디자이너라면 프린터 제조 회사에서 드라이버를 설치하라는 권유나 모니터와 프린터의 색상 차를 조절하는 프로그램이 있다는 정보를 한 번쯤은 들어 보았을 것입니다. 그런데도 정확한 정보를 찾기가 어려워 무작정 출력물을 보면서 임의로 색상을 맞추는 비효율적인 방법을 유지하고 있는 작업자들이 많습니다.

모니터의 색상과 출력물의 색상을 맞추기 위한 5 STEP

① 모니터 디스플레이(Monitor Display)
> → 흰색의 밝기(White Brightness), 흰색의 색상(White Color), 검은색의 밝기(Black Brightness)

② 프린터 세팅
③ 소프트웨어 세팅
④ 이미지 세팅
⑤ 모니터 캘리브레이션

뭐든 정확하면 정확할수록 좋지만, LCD 디스플레이 기술이 정점에 이른 현시점에서 캘리브레이션 과정이 꼭 필요한 과정인지 심도 있게 고민해 볼 필요가 있습니다. 많은 서적들이 종이 출력 결과와 모니터상의 색상 격차를 줄이는 방법으로 캘리브레이션에 대한 내용을 다루고 있습니다. 시간대에 따라 색온도까지 조절하는 디스플레이가 가능한 전문가용 모니터를 30~40만 원대에 구매할 수 있는 세상이 도래한 시점입니다. 생산 과정에서 이미 정밀한 캘리브레이션 과정을 거쳐 출하된 모니터에 굳이 비전문 캘리브레이션 기기를 사용한다는 것은 이치에 맞지 않습니다.

정밀하게 교정된 이후 출고된 전문가용 모니터에는 색상 편차가 거의 없습니다. 시간이 지나면서 색상 편차가 발생하기 시작하면 보정 작업이 필요하지만, 완벽한 캘리브레이션 작업을 위해서는 하드웨어 캘리브레이션를 보유해야 하고 모니터가 하드웨어 캘리브레이션을 지원하는 제품이어야 합니다. 때문에 캘리브레이션을 진행한다면 전문가용을 사용하는 것이 좋습니다. 전문가가 아닌 입장에서 보급형 모니터 하나 가격에 맞먹는 캘리브레이션을 구매하기는 부담스러운 일입니다. 일반 제품보다 교정이 잘 갖춰져 있는 제품을 구매하는 방법을 추천합니다.

↑ **CMYK와 RGB의 차이점 및 용도**

디지털 장비의 문제뿐 아니라 두 매체 간 색상 차를 이해하려면, 기본적으로 RGB와 CMYK의 차이점에 대해서 이해해야 합니다. 두 가지 모두 색상의 이니셜을 따서 만든 용어이며, 이름은 생소하지만 일상에서 쉽게 접할 수 있는 색상입니다. 'RGB'는 빛의 삼원색으로, 모니터나 모바일 화면과 같이 전자 기기에서 색을 보여 주는 방식이고, 'CMYK'는 색의 삼원색으로, 일반 프린터에서 볼 수 있는 토너를 생각하면 이해가 쉽습니다. RGB의 경우 색이 섞일수록 밝아지는 특성이 있습니다. 강한 빛을 바라볼 때 눈이 부신 상황이 이를 설명합니다. CMYK의 경우 잉크가 섞이는 모습을 떠올려 보면, 잉크의 색은 섞일수록 어두워진다는 것을 이해할 수 있습니다. 이것이 화면에서 보이는 것보다 인쇄물의 색상이 한 톤 어두워 보이는 이유입니다. 디자이너의 입장에서는 이 두 가지의 오차를 최대한 줄여야 합니다. 색상 모드에 대한 이해와 작업자의 경험에서 나오는 감각도 중요한 역할을 합니다.

'RGB'는 빨간색(Red), 녹색(Green), 파란색(Blue)의 세 가지 '빛'을 이용해 색을 재현하는 방법입니다. 여기에 포함되지 않은 흰색은 세 가지 색상을 모두 섞어 표현하고, 검은색은 아무 빛도 사용하지 않는 방식으로 표현됩니다. 디스플레이 화면에서 표현되는 프로젝트를 진행하거나 디자인할 때는 처음부터 RGB 색상 모드에서 작업하는 것을 권장합니다.

'CMYK'는 청색(Cyan), 자홍색(Magenta), 노란색(Yellow), 검은색(Black) 네 가지 색상의 잉크를 사용해 색을 재현합니다. 포함되지 않은 흰색은 보통 종이로 대체하거나 별도의 잉크를 사용합니다. RGB와는 색을 재현하는 데 이용하는 재료와 방식이 다르기 때문에 인쇄가 필요한 프로젝트 진행 시에는 CMYK 색상 모드에서 작업하는 것이 기본 설정입니다.

CMYK와 RGB가 헷갈린다면?

① 대부분의 프로그램이 시작 시에 RGB 설정이 초기 값

② 인쇄(잉크)를 목적으로 하는 디자인이라면 CMYK 모드로 설정하고 시작

③ 출력 진행 없이 디스플레이(화면)로만 본다면 RGB 모드로 설정하고 시작

Tip

디자이너의 실수로 RGB 색상 모드로 출력소에 원고가 넘어갔거나 혹은 부분적으로 RGB 색상 모드의 이미지가 포함된 상태로 인쇄가 진행될 경우 어떻게 상황을 대비해야 할까요?

대부분의 경우 인쇄 담당자로부터 색상 모드를 변환해 달라는 연락을 받게 됩니다. 인쇄 담당자는 차후 벌어질 인쇄 사고를 대비하고자 디자이너의 원고에 손을 대는 경우가 거의 없습니다. 물론 다시 저장하여 진행하면 될 일이지만, 마지막 원고 전달 과정까지 세심하게 관리하는 것이 디자이너의 협업 마인드라고 생각합니다. 데이터를 넘긴 후에 데이터의 오류가 발견된다면 책임은 모두 디자이너의 몫이기에 출력물이 원했던 결과와 차이가 있더라도 무시하고 갈 것인지, 재인쇄를 할 것인지의 선택만이 가능합니다. 어느 쪽이든 속 쓰린 결과를 얻게 되는 셈입니다.

인디자인으로 작업 시 RGB 모드의 이미지가 포함되어 있다 하더라도 이를 인쇄용 PDF로 저장하면, RGB 이미지를 강제로 CMYK로 변환시키게 되는데 이 과정에서 채도가 감소하게 되는 경우가 많습니다. 또한 출력용 장비에 포함된 이미지 해석기 또한 RGB 이미지의 잉크 값을 책정하는 과정에서 강제 변환을 피할 수 없기에 채도가 감소하게 됩니다. 결국 칙칙한 이미지를 얻게 되는 경우가 많습니다. 때문에 문서 설정과 이미지 모드는 CMYK를 유지하는 것이 색상 오차를 예측 가능한 범위에서 작업하는 가장 좋은 방법입니다.

4 ── 전달 매체가 되는 종이, 어디까지 알아야 할까? 용지별 인쇄 퀄리티

종이 선택 시 가장 중요하게 고려되어야 할 요소들은 다음과 같습니다.

① 종이의 평량과 두께

평량은 $1m^2$당 무게를 나타내는 것으로, 두께에도 영향을 미칩니다. 보통 일반지와 고급지로 나뉘며, 평량은 $80g/m^2$, $100g/m^2$, $120g/m^2$, $150g/m^2$ 등으로 수치가 올라갈수록 강하고 두꺼워집니다. 평량이 동일해도 종이의 종류에 따라 두께가 다릅니다. 일반 지류인지 고급 지류인지에 따라, 국내 지류인지 수입 지류인지에 따라 달라지기도 합니다. 새로운 지류를 선택해야 하는 경우라면 디자이너의 경험으로 두께를

예상하기보다 종이 샘플을 확인하는 것이 안전합니다. 이름이 같은 종이일 경우라면, 두께는 평량과 밀접한 관계가 있습니다. 종이 평량이 높을수록 단위 면적당 많은 펄프가 사용된 것이기에 종이는 두꺼워집니다. 종이의 두께에 따라 최종 결과물의 두께가 결정되기 때문에 평량과 두께 선택은 디자인의 한 과정이라 할 수 있습니다.

예를 들어 모두 80g/㎡ 같은 평량의 종이라 하더라도 두께를 측정해 보면 마카롱 〉 클라우드 〉 백상지 순으로 얇아집니다. 당연히 백상지보다 마카롱이 비침이 덜합니다.

↑ 같은 평량이지만 다른 두께감을 보이는 종이

② 디자인의 목적과 콘셉트에 맞는 재질과 두께

많은 디자이너가 두꺼운 지류를 선택할수록 고급스러운 느낌을 준다고 생각합니다. 물론 틀린 이야기는 아닙니다. 종이가 너무 얇을 경우 뒷면이 비칠 수 있으며, 전체 볼륨이 약해지기 때문에 같은 종이라 할지라도 두께가 두꺼우면 인쇄가 더 잘 나오기도 하고 고급스럽게 표현되기도 합니다. 그러나 무조건 두꺼운 종이 선택이 좋은 결과물의 답이 될 수는 없습니다. 책자 같은 경우 표지와 내지의 두께를 다르게 설정하는 경우가 많습니다. 표지와 내지의 기능이 각각 다르기 때문입니다.

표지는 외부의 여러 압력에 잘 버텨 낼 수 있을 만한 종이로 제작되어 제 기능을 다 할 수 있도록 200g/㎡ 이상으로 선택하는 경우가 많습니다. 그에 반해 내지는 주로 사용자가 쉽고 부드럽게 넘길 수 있도록 만들어야 합니다. 종이가 조금만 두꺼워져도 한 번에 무겁게 여러 장이 넘어가 버리기 때문에 넘김성이 좋을 수 없습니다. 너무 얇은 종이 또한 한 장을 넘기기가 어렵기 때문에 넘김성이 좋을 수 없기는 마찬가지입니다. 통상적으로 100~160g/㎡ 정도에서 내지를 선택하게 됩니다. 한 장에 작업

↑ 페이지가 자연스럽게 넘어가는 내지 모습

되는 리플릿의 경우 내지와 표지의 구분이 없으니 정답이라고 할 수는 없으나 일반적으로 $100\sim150g/㎡$ 정도에서 사용합니다. 유의해야 할 부분은 접지가 들어가는 품목이기에 여러 번 접히는 인쇄물일수록 지류가 두꺼우면 접지에 어려움이 있을 수 있습니다. 지류가 너무 얇은 경우에도 리플릿이 힘을 받지 못하기 때문에 안정감이 없고, 내구성과 견고함이 떨어져 사용자들이 소지하는 데 불편함이 있습니다.

③ 종이의 규격

한국산업규격(KS)에 종이의 원지 규격이 규정되어 있으며, 표준 절수 규격은 전지를 종이의 낭비 없이 가장 최적으로 재단하는 방법으로 구성되어 있습니다. 차별화된 변형 판형을 원한다면 어느 정도 종이 낭비를 감수해야 합니다. 기본 판형을 이해하고 있는 디자이너라면 표준 규격에서 가장 종이 낭비가 없는 판형을 선택하여 합리적인 견적을 제안할 수 있습니다. 종이 규격은 전지 500매 기준으로 1연이라고 부르며, 1연, 1R, 1連이라고도 씁니다. 종이의 정규 규격은 크게 4×6전지(788×1,091mm)와 국전지(636×939mm)로 나눕니다. 국전지의 경우 A전지라고도 불리며 일반적으로 많이 사용하는 A4 용지가 국전지 중 하나입니다. 4×6전지는 B전지라고도 하며 B4 용지가 4×6전지에 해당됩니다.

↖ 차별화된 크기의 리플릿

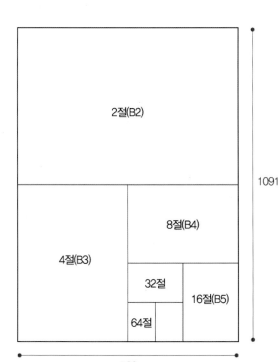

↑ 4×6전지(B계열)

종이의 절수 크기

절	4×6전지(B계열)
전지	788×1,091
2절	545×788
4절	394×545
8절	272×394
16절	197×272
32절	136×197

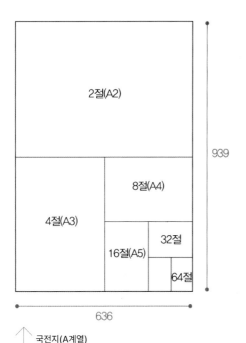

국전지(A계열)

종이의 절수 크기

절	국전지(A계열)
전지	636×939
2절	468×636
4절	318×468
8절	234×318
16절	159×234
32절	117×158

Tip

현장에서 리스크 없이
사용되는 지류가 있나요?

- 브로슈어와 카탈로그에 많이 쓰이는 종이 : 랑데뷰, 아르떼, 스노우지 / 150g ~ 250g/m²이하
- 포스터에 많이 쓰이는 종이 : 스노우지 / 최소 180g/m² 이상
- 서적류의 표지에 많이 쓰이는 종이 : 랑데뷰, 아르떼 / 보통 250g/m² 내외의 용지 사용(무광 또는 유광의 라미네이팅을 하여 내구성을 높임)
- 서적류의 내지에 많이 쓰이는 종이 : 아트지 / 80 ~ 120g/m² 사용(두꺼워지면 내지의 펼침에 좋지 않음)

5 —— 어떻게 원고를 마무리하는가? 올바른 인쇄 감리와 원고 저장

편집 디자인을 학교 수업이나 학원에서 학습한 학생들의 경우, 인쇄 경험이 전무하기 때문에 감리의 필요성을 이해하기 어렵습니다. 감리라는 용어 자체가 생소하고 그 성과가 대단하게 느껴지지 않을 수도 있습니다. 모니터상 일차적으로 색상이 완성되었다면, 최종적인 색상을 결정하는 것은 인쇄 감리입니다. 혼자 감상할 인쇄물이라면 미세한 색 차이 정도는 문제되지 않겠지만, 수천 권 혹은 수십만 장씩 배포되어 독자들과 소비자들에게 보여질 인쇄물이라면 작은 색 차이 하나라도 디자이너에게는 두고두고 남을 아쉬운 실수가 됩니다. 현장의 인쇄 기술자분들과 제대로 소통하려면 최소한의 인쇄 언어는 알고 있어야 합니다. CMYK를 모르는 채로 감리를 간다면, 현장을 지휘해야 할 디자이너는 꿀 먹은 벙어리가 되고 맙니다.

감리 현장의 소통도 중요한 부분이지만, 기본적으로 인쇄의 모든 과정은 디자이너가 보낸 원본 작업 파일을 바탕으로 진행되기에 원고가 디자이너의 손을 떠나기 전 정확한 옵션으로 실수 없이 저장되는 것이 중요합니다.

원고 저장을 위한 마지막 설정 단계에서 확인할 요소들은 다음과 같습니다.

① PSD 파일 PDF로 저장

원하는 색감의 컬러 인쇄를 위해 기계가 오차 없이 읽을 수 있는 기계 전용 컬러 데이터로 변환하는 과정(디지털 이미지를 인쇄소에서 이해할 수 있는 파일로 변환)

- **포토샵 레이어를 활용하여 빠른 수정을 하고자 한다면 PSD 파일 항시 저장 · 보관**

② AI 파일 PDF로 저장

인쇄용으로 내보내는 상황일 경우 효율적인 용량으로 글꼴이나 이미지 등의 원본이 그대로 저장되는 PDF 포맷이 효과적인 방법(여러 페이지를 한 파일에 담을 수 있다는 장점이 있음)

- **언제든지 파일을 열어 자유롭게 수정하고자 한다면 AI 파일을 저장한 후 보관**

③ INDD, IDML 파일 PDF로 저장

작업했던 파일 안에 삽입된 이미지, 서체 정보까지 한꺼번에 저장하는 패키지 파일을 인쇄소로 넘길 수 있으나 최근에는 PDF 파일을 이용함(인쇄소로 넘기는 최종 파일의 경우 Adobe PDF 내보내기 세부 설정을 통해 스프레드 상태가 아닌 페이지 상태로 저장)

- **INDD : 언제나 수정이 가능한 인디자인 문서 / IDML : 인디자인 하위 버전에서도 수정이 가능한 문서**

④ 색상 모드는 CMYK 모드로 설정

CMYK 색상 모드로의 변환 여부를 확인(고화질의 사진 촬영 데이터나 웹용 이미지는 RGB 색상 모드이므로, RGB 모드의 데이터들은 CMYK 모드로 변환)

- **CMYK는 RGB보다 구현할 수 있는 색이 훨씬 적고 인쇄는 잉크로 표현할 수밖에 없는 매체이므로 CMYK 설정이 원칙이며, RGB로 작업 후 출력하면 색의 손실을 감수해야 함**

6—— 이 정도 해상도면 편집 디자인이 가능할까? 목적별 이미지 해상도

디자인 작업 시 해상도가 중요하다는 것은 신입 디자이너 1년 차마 저도 잘 알고 있습니다. 해상도라는 것은 결국 픽셀의 수와 관련이 있습니다. 하나의 픽셀은 작은 정사각형 모양으로, 각각의 색상 정보를 갖고 있습니다. 이런 픽셀들이 모여 이미지를 구성합니다. 이미지를 확대하다 보면 나타나는 사각형을 1픽셀이라고 하며, 작은 사각형이기에 하나의 점으로 불리기도 합니다.

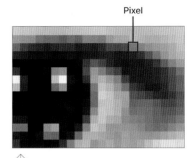

이미지를 구성하는 단위, 1픽셀

이러한 점들이 모여 하나의 화면을 구성하기 때문에 픽셀의 수가 많을수록 보다 섬세하고 자연스러운 이미지를 표현할 수 있습니다. 얼마나 많은 점이 짜여 있는지에 따라 해상도가 결정되며, 이는 종이에 출력되는 인쇄물에만 해당하는 것이 아닙니다. 흔히 우리가 알고 있는 Full HD라 부르는 FHD는 1920× 1080의 해상도를 갖고 있습니다. 이 규격은 가로에 1,920개의 픽셀이 있으며, 세로가 1,080개의 픽셀로 구성되어 있다는 의미입니다. 1,920×1,080＝2,073,600개의 화소로 이루어져 있으므로 200만 화소가 넘는 해상도라는 것을 알 수 있습니다. 즉, 해상도는 1인치당 몇 개의 픽셀(Pixel) 또는 도트(Dot)로 된 이미지인지를 나타내는 말입니다. 일정한 크기 안에 픽셀이 얼마나 들어가는지를 인쇄 현장의 오프라인에서는 DPI(Dot Per Inch) 단위로, 컴퓨터 모니터의 단위는 Pixel이기 때문에 PPI(Pixel Per Inch)로 사용합니다. 어도비 일러스트레이터나 포토샵 등은 Pixel과 Inch를 동시에 작업 가능한 pixel/inch로 표현하고 있으며, 최신 어도비 그래픽 프로그램은 ppi로 표현됩니다.

그렇다면, 무조건 해상도가 높을수록 좋을까요? 고해상도의 이미지일수록 정밀한 표현이 가능한 것은 사실이나 필요 이상의 높은 해상도는 많은 양의 메모리를 필요로 하기에 컴퓨터 속도에 영향을 미칠 뿐 아니라 작업 과정에서 오류를 만들어 내는 원인이 되기도 합니다. 화면이나 지면에서 표현될 수 있는 이미지의 퀄리티에도 한계가 있기에 무조건 높은 해상도를 고집하기보다 목적에 맞는 적절한 해상도를 사용하는 것이 바람직하며, 해상도 활용에도 어느 정도 감각과 노하우가 필요합니다. 정확한 이론이 정립되지 않은 상태이거나 초보 디자이너일수록 막연하게 높은 해상도에 의지하려는 경향이 있습니다. 디자이너 간 협업이나 컨펌의 목적으로 작업 파일을 주고 받을 시, 과하게 무거운 파일을 첨부하여 상대의 시간을 뺏거나 파일이 열리지 않아 서로 불편하게 되는 상황을 피하려면 파일 용량과 밀접한 관계가 있는 해상도에 대해 다시 살펴봐야 합니다.

디자인 목적에 맞는 해상도 설정

① 웹에서 보이는 작업의 경우 72PPI

② 디지털 프린트의 경우 150DPI

　　→ 가정에서 사용되는 잉크젯 또는 레이저 프린트를 말하며, 육안으로 구별되는 인쇄 퀄리티의 한계를 감안했을 때 150DPI의 이미지도 선명하게 표현됨

③ 출력의 가능성이 있는 웹 디자인의 경우 100DPI~150DPI

　　→ 초기 설정 시, 웹 해상도(72DPI/PPI)보다 한 단계 높게 책정한다면 인쇄와 출력 어느 정도 상호 호환이 가능한 결과물 습득이 가능함

④ 어느 정도 거리를 두고 보는 전시용 대형 출력의 경우 150DPI

⑤ 인쇄를 목적으로 할 경우 300DPI

⑥ 출력 해상도가 민감한 디테일한 그래픽을 포함한 작업의 경우 300~450DPI

출력을 하려면 작업 해상도를 300DPI로 설정할 것. 디자이너들 사이에서 여전히 통용되는 상식입니다. 이 수치가 어디서 비롯된 것인지는 알 수 없지만, 10년 이상 걸쳐 검증된 적절한 작업 해상도라는 점은 확실합니다. 하지만 '출력용 작업 데이터의 해상도는 무조건 300DPI이다'라는 공식을 절대적 기준으로 보기는 어렵습니다. 미터 단위가 넘어가는 대형 출력 시(현수막, 옥외광고 등) 현실적으로 300DPI를 맞추기가 쉽지 않기 때문입니다. 이론상으로만 본다면, 300DPI보다 더 높은 값으로 출력이 된다면 보다 더 선명해질 여지도 있습니다. 그러나 너무 무거운 파일은 전달 자체가 어렵고, 오류를 만들어 내는 원인이 되기도 하기에 이론을 바탕으로 현장에서 통용되는 현실감 있는 적정선의 해상도를 정리해 보자면 다음과 같습니다.

150DPI부터는 보통의 관찰 거리에서 어느 정도 선명해 보입니다. 전시장에서 보는 대형 출력물의 일반적인 관찰 거리가 수 미터씩 된다는 점을 감안할 때, 전시용 대형 출력은 150DPI 전후로 작업해도 문제가 없어 보입니다. 어느 정도 가까이 가도 어지간히 선명해 보이는 수치입니다. 240~300DPI는 웹만큼 자세히 살펴봐도 큰 차이를 느낄 수 없을 정도이며, 루페로 들여다보아야 그 차이를 겨우 인지할 수 있는 수준입니다. 출력용 작업 해상도의 일반적인 기준은 300DPI로 통용되지만, 이미지가 애초에 가지고 있는 절대 해상도가 부족한 상황에서 군이 300DPI를 고집할 필요는 없어 보입니다. 해상도가 높을수록 선명하게 나올 수 있다는 가정은 가능하지만, 결과적으로 봤을 때 300DPI를 초과하는 수치는 육안으로 그 차이를 구분하기 어렵기 때문에 출력용으로는 무의미해 보입니다. 그러나 텍스트의 경우 300DPI보다 360DPI에서, 360DPI보다 450DPI에서 계단 현상이 적습니다. 즉, 사진보다 디테일이 더 극명하게 드러나는 그래픽 작업에서는 300PPI보다 더 높은 수치를 사용하는 것이 유리하다고 볼 수 있습니다.

포트폴리오를 제작한다고 가정해 보겠습니다. 포트폴리오를 출력해서 책으로 선보일 계획이라면 인쇄 과정을 거쳐야 하기에 300DPI로 작업을 해야 합니다. 웹으로만 보여 주거나 면접 현장에서 태블릿 PC나 모바일로 소통을 보다 쉽게 하고자 한다면 필수적으로 72PPI로 준비해야 합니다. 현장에서 포트폴리오를 열었을 때, 바로 로딩되지 않고 모두를 기다리게 한다면 빠른 소통을 위한 노력이 오히려 준비되지 않은 디자이너로 보이는 낭패를 볼 수도 있습니다.

Tip

**낮은 해상도를
강제로 높일 수도 있나요?**

낮은 해상도를 강제로 올려서 작업을 하는 방식은 절대적으로 피하는 것이 좋습니다. 포토샵 등의 이미지 보정 프로그램에서 노이즈를 조정하거나 또렷함 정도를 조정하여 이미지 보정이 가능하지만, 결국 결과물만 놓고 보면 선명하지 못하거나 색상에 문제가 생기는 등의 크고 작은 문제들을 동반하게 됩니다.

초보 디자이너의 경우, 해상도가 낮은 이미지라 하더라도 포토샵으로 불러들여 해상도 수치를 높게 수정하면 그 결과가 좋아진다고 생각하기 쉽습니다. 출력 크기를 고려하지 않고 무작정 수치만 올린다면, 오히려 파일 무게만 비대해지거나 해상도를 높이기 위해 그만큼 작은 픽셀 비율로 설정이 됩니다. 인쇄를 위해 필요한 해상도를 충족하지 못하면 주어진 점(dot, pixel)에서 어떻게 해서든 인쇄를 해내기 위해 노력하기 때문에 깨짐 현상이 발생할 수밖에 없습니다.

모든 이미지는 만들어질 때부터 얻게 되는 절대적 해상도를 갖고 있습니다. 디지털 카메라의 화소 스펙을 예로 들자면 2,400만 화소는 2,400만 개의 픽셀을 가진 이미지를 만든다는 의미입니다. 촬영 시 6,000×4,000(=24,000,000) 픽셀의 절대 해상도를 가진 사진을 얻게 되는 것입니다. 절대 해상도가 높을수록 고화질로 프린트할 수 있으며, 이는 대형 크기로 출력할 때 더욱 극명하게 드러납니다. 해상도는 태생적으로 갖고 태어나는 것이라 후천적으로 업그레이드를 시키기 어렵다고 생각하면 됩니다. 처음 시작할 때부터 해상도가 높은 사진을 사용하는 것이 가장 안전한 방법입니다.

편집 디자인 실무 현장 살펴보기

편집 디자이너들이 인디자인을 사용하는 이유는 아주 간단합니다. 편집 디자인이 겉보기에는 그래픽 디자인이나 콘텐츠 디자인과 별반 다를 바 없어 보일 수 있지만, 편집 디자인에는 많은 '규칙'이 필요합니다. 인디자인은 이러한 규칙을 지키는 데에 최적화되어 있습니다. 페이지가 많아지거나 출력물은 아니지만 반복해서 보이는 페이지 작업에서 일러스트레이터나 포토샵이 할 수 없는 것을 해낸다고 말할 수 있습니다. 인디자인의 인터페이스 자체가 편집 디자인 기술을 능통하게 구사할 수 있도록 만들어져 있습니다. 툴 사용에는 정답이 없지만, 시장에서 상용화된 툴을 사용하는 것이 디자이너로서 보다 쉽게 소통하고 빠르게 성장할 수 있는 방법입니다. 이러한 인디자인을 이용해 제작된 무궁무진한 종류의 편집 디자인 실무 현장을 살펴봅니다.

↙ 다양한 레이아웃의 매거진(잡지) 편집

1 ─ 액티브한 매거진 편집

매거진 편집은 편집으로 시작해 편집으로 끝난다고 해도 과언이 아니라고 할 만큼 다양한 레이아웃을 보여 주는 매체입니다. 역동적이고 개성 있는 레이아웃을 보여 주지만, 메시지를 소비자에게 효과적으로 전달할 수 있도록 구조화되어 있기에 시선의 흐름이나 주목성, 가독성, 타깃의 성향까지 많은 부분을 고려하여 만들어집니다. 잡지사마다 세련된 감각으로 선택된 브랜드들의 이미지들과 엄선된 기사들을 보다 효과적으로 돋보이게 하기 위해 수준 높은 일러스트와 타이포, 레이아웃들로 무장되어 있습니다. 비슷한 듯 보이지만 잡지마다 그들만의 문법이 있기 때문에 꼼꼼하게 유심히 관찰하는 것이 디자이너에게는 큰 도움이 됩니다. 인디자인은 표지, 내지 디자인은 물론 전체 레이아웃을 한 번에 수정하

고 관리할 수 있는 프로그램이기에 매거진과 같이 반복되는 다량의 레이아웃 구성과 정리를 효율적으로 할 수 있습니다.

2 ── 인터랙티브하게 반응하는 디지털 출판 편집

인디자인은 디지털 출판 포맷으로도 저장이 가능하여 텍스트와 이미지뿐만 아니라 동영상, 사운드, 링크 등 다양한 미디어를 포함하는 전자책의 편집까지 가능합니다. 인디자인은 그야말로 종이와 스마트 디바이스 매체 구분을 막론하고 정보를 전달하는 편집 포맷을 만들기에 최적화되어 있는 디자인 소프트웨어 입니다. 디지털 출판이 지원되어 인디자인으로 제작된 파일을 다양한 모바일 디바이스 애플리케이션 마켓에 올릴 수 있으며, 동영상 삽입 및 애니메이션 기능을 추가하여 출판에서는 볼 수 없었던 오브젝트 간의 인터랙티브 반응을 체험할 수도 있습니다.

인터랙티브 쌍방향 소통이 가능한 e-book

3 ── 이미지와 텍스트가 조화를 이루는 브로슈어 편집

기업 또는 새로운 상품이나 서비스를 소비자들에게 알릴 목적으로 제작되는 가장 기본적인 홍보물이 브로슈어입니다. 기업의 전반적인 이미지를 소개하는 데 사용되는 홍보물인 만큼 브랜드 정체성을 담는 것이 가장 중요합니다. 감각적인 트렌디함과 설득력을 갖추어야 하기에 회사를 소개하는 가독성 높은 원고와 레이아웃, 사진, 포트폴리오 등 다양한 콘텐츠가 짜임새 있게 적용되어야 합니다. 포토그래퍼나 기획자, 디자이너 등의 전문 인력들이 기업 이미지에 대한 이해를 충분히 갖추면서 적극적으로 협력해야 브랜드 정체성이 뚜렷한 높은 퀄리티의 결과물이 제작됩니다.

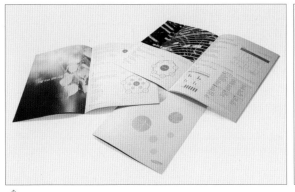

↑ 삼성SDS 브로슈어, 출처·제작 : (주)헥사인

4 ── 다양한 접지 형태의 리플릿 편집

리플릿은 가장 가볍고 작은 크기로 최대의 효율을 낼 수 있는 홍보물입니다. 리플릿은 나뭇잎의 'leaf'라는 어원에서 유래되어 나뭇잎처럼 한 장으로 이루어진 인쇄물을 일컫습니다. 원하는 홍보의 내용을 군더더기 없이 한 장의 종이에 담은 인쇄물인 만큼 손에 들고 다니면서 언제든 필요한 정보를 습득할 수 있다는 장점을 가지고 있어 휴대성이 좋습니다. 지면이 넓지 않기 때문에 내용을 핵심 있게 전달할 수 있는 기술을 필요로 합니다. 접지 방법을 다양하게 연구한다면 보다 많은 내용을 입체감 있게 전달할 수 있으나, 이 또한 종이와 접지에 대한 이해가 선행되어야 가능합니다.

↑ MAG7블렛 리플릿, 출처·제작 : (주)헥사인   ↑ 데싱디바 리플릿, 출처·제작 : (주)헥사인

5 ─── 문자를 주인공으로 만드는 타이포그래피 표지 편집

문화유산국민신탁 타이포그래피
리플릿 표지, 출처·제작 : 공감마녀

타이포그래피는 편집 디자인에 있어서 가장 중요한 영역 중 하나입니다. 서체가 작업물 전체의 분위기를 좌우합니다. 서체는 이미지를 설명하는 부가적 요소라 생각하기 쉽지만 타이틀 서체나 표지에 사용되는 서체들은 디스플레이 폰트라고 불릴 만큼 주최사나 해당 기관의 정체성을 나타내는 데 중요한 역할을 합니다. 왼쪽의 이미지는 내지와 표지 지면에서 사용되고 있는 서체들을 얇고 예리한 느낌으로 통일하여 트렌디한 분위기를 강하게 주고 있습니다. '이어지다'라는 타이틀의 느낌이나 인상을 극대화하기 위해 표지 서체의

획은 이어지는 형태로 제작되어 기관이 추구하는 방향을 간접적으로 표현하고 있습니다. 메인으로 사진 소스를 활용하기 부담스럽거나 저작권 문제가 해결되지 않는 경우, 타이포그래피가 그 자리를 대신하기도 합니다. 텍스트에 예술 작업을 더하게 되면 강한 미적인 효과 상승 및 정체성 확립에 도움을 줍니다.

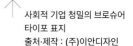

사회적 기업 청밀의 브로슈어
타이포 표지
출처·제작 : (주)이안디자인

6 ─── 전문적인 사업 내용을 담은 기업의 애뉴얼 리포트 편집

삼천리 2018 Vision Awards 은상 상패와
2018년도 애뉴얼 리포트, 사진 제공 : 삼천리

애뉴얼 리포트란 기업의 매해 회계 연도가 끝나는 시점에 결산 보고를 위해 작성하는 보고서입니다. 기업 회계 원칙에 따라 작성되지만 경영 성적과 재정 상태를 외부에 공개할 목적으로 만들어지기에 차별화된 디자인과 레이아웃은 시장에 새로운 경험을 선사하는 기회가 됩니다. 여전히 정형화된 양식으로 만들어지고 있지만, 최근 들어 연간 주요 실적을 한눈에 볼 수 있도록 인포그래픽 요소를 활용하는 등의 새로운 표현 방식들이 시도되고 있습니다. 인디자인은 각종 그래프와 표를 손쉽게 제작할 수 있을 뿐 아니라 다양한 스타일로 적용이 가능하기에 다량의 통계 자료를 담아야 하는 애뉴얼 리포트 제작 시 활용도가 높습니다.

삼천리 2018년 애뉴얼 리포트는 그룹 경영 철학을 바탕으로 사업 성과

와 지속 가능 경영 실천을 위한 다양한 노력을 일목요연하게 정리하여 '2018 대한민국 상위 30대 리포트'로 선정된 바 있습니다. 그룹이 지향하는 목표와 성과를 효과적으로 전달할 수 있는 디자인 구현에 노력한 결과, 평가 항목인 서술력, 메시지 명확성, 정보 전달력, 디자인 등 총 8개 영역에서 모두 고르게 높은 점수를 받으며 은상 수상의 영광을 차지하였습니다.

7—— 트렌드를 민감하게 담은 각종 브랜드 홍보물 편집

브랜드 시장은 어느 분야보다도 유행에 민감하고 소비자의 기호가 트렌드에 따라 빠르게 변화하는 시장입니다. 브랜드의 홍보물을 담당하는 디자이너라면, 문화의 움직임을 읽고 그 변화를 디자인에 담을 수 있어야 함은 당연합니다. 디자인팀뿐만 아니라 경영자와 리더까지도 변화의 트렌드에 민감해야 합니다. 브로슈어, 카탈로그, 리플릿, 대봉투, 핸디 노트, 메모지 등의 기업 홍보물들이 일관된 목소리로 기업의 철학과 메시지를 전달한다면 브랜드는 보다 좋은 위치로 포지셔닝이 가능합니다. 이러한 모든 과정들이 고객에게 최고의 경험을 제공하여 긍정적인 브랜드 이미지를 쌓아 가기 위함입니다. 색상, 색감, 분위기, 디자인 방향, 표현 방법까지 한결같은 메시지와 톤 앤 매너로 브랜드를 각인시키기 위해 인디자인은 기업 홍보물에 가독성과 통일성을 만들어 내는 데 효과적인 프로그램입니다.

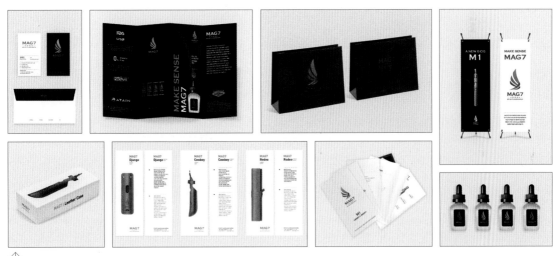

↑ MAG7블렛 브랜드 홍보물, 출처·제작 : (주)헥사인

실무 현장에서
반드시 알아야 할 색상

디자인 요소인 색상은 텍스트나 그래픽 소스, 이미지에 활력을 주며, 디자인 콘셉트에 따라 목적에 맞는 배색과 통일감, 일관성 등 시각적으로 매우 중요합니다. 실무 현장에서는 RGB 색상과 CMYK 색상, 별색의 용도를 정확하게 알아야 하며, CMYK 색상과 별색의 차이점 또한 매우 중요합니다. 모니터의 색상과 인쇄된 색상의 차이가 발생하는 이유를 인지하여 인쇄된 종이에 문제가 발생하지 않도록 색상 차이를 줄일 수 있는 방법에 대해 알아봅니다.

1 ── 어도비에서 제공하는 색상 정보 활용하기

어도비에서 제공하는 컴퓨터 그래픽에서 표현할 수 있는 색상 체계는 크게 RGB, CMYK, Grayscale 등이 있습니다. 기본적인 색상 시스템은 RGB를 기준으로 하며, 각 색상에 따라 표현할 수 있는 영역이 다르므로 인쇄용과 화면용의 작업 목적에 따라 그에 맞는 색상 체계를 활용해야 합니다.

∴ **RGB 색상**

RGB는 빛의 삼원색인 빨강(Red), 초록(Green), 파랑(Blue)을 섞어 색을 표현하는 가산 혼합 방식입니다. 영상이나 이미지를 표현하기 때문에 컴퓨터 모니터나 TV, 핸드폰 화면 등 디지털 매체에서 사용하는 색상 모드입니다.

RGB는 색을 혼합할수록 밝아지기 때문에 빛의 강약으로 색의 농도를 설정합니다. 가령 Red와 Green을 혼합하면 본래의 두 빛보다 밝은 Yellow가 되고, Green과 Blue를 혼합하면 그보다 밝은 Cyan이 됩니다. 또한 Blue와 Red를 혼합하면 마찬가지로 더 밝은 Magenta가 되며 RGB를 모두 섞으면 제일 밝은 White 가 됩니다. 이것은 눈에 들어오는 빛의 양이 혼합에 의해 증가하기 때문이며 세 종류의 광원을 모두 없애 면 Black이 나타납니다.

주변에서 흔히 접하는 모니터의 색상이 RGB로 이루어져 있기 때문에 인디자인에서 작업하는 e−book이 나 웹 페이지는 RGB 모드에서 만든 색상을 사용해야 합니다.

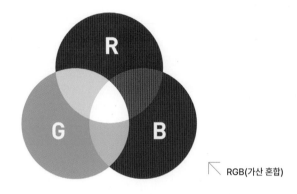

RGB(가산 혼합)

∴ CMYK 색상

CMYK는 인쇄, 출력에서 사용하는 색상으로 색의 삼원색인 사이언(Cyan), 마젠타(Magenta), 옐로 (Yellow)에 검정(Black)을 더한 감산 혼합 방식입니다. 빛의 삼원색을 이용한 RGB의 가산 혼합과 달리 물감 또는 잉크 같은 안료를 섞을 때 일어나는 혼합 방식으로, 색을 혼합하면 혼합할수록 어두워집니다. RGB가 CMYK보다 표현할 수 있는 색상의 수가 훨씬 많기 때문에 RGB로 작업한 결과물을 인쇄하면 색 상 차이가 많이 나타납니다.

인쇄, 출판을 목적으로 하는 작업이라면 반드시 CMYK 모드로 변환 후 작업해야 합니다. 일반적으로 원 색 인쇄는 CMYK 4가지 색을 혼합해 만들기 때문에 4도 인쇄라고 합니다.

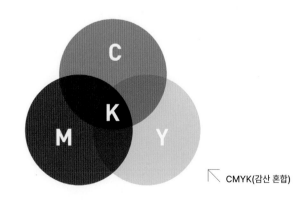

CMYK(감산 혼합)

∴ 그레이스케일과 비트맵

'그레이스케일(Grayscale)'은 흰색과 검정, 그리고 그사이의 회색 음영으로 구성된 색상을 말합니다. 화소 당 8비트로 256단계의 명암으로 표현됩니다. 컬러 이미지를 그레이스케일로 변경하면 색상 정보를 잃어 버리게 됩니다. '비트맵'은 검정과 흰색으로만 이미지를 표현하는 방법으로, 그레이스케일과 비트맵 모드 이미지는 인디자인으로 가져와 색상 패널에서 색상을 변경할 수 있습니다.

↑ 그레이스케일(Grayscale) 모드   ↑ 비트맵 모드   ↑ 인디자인에서 색상을 적용한 비트맵 이미지

2 —— 인쇄에서 CMYK 색상과 별색의 차이점

실무 현장에서 색상은 매우 중요한 부분이며, 디자이너의 역할은 디자인만 하는 것이 아니라 인쇄용인지 웹용인지에 따라 색상을 다르게 사용할 줄 알아야 합니다. 인쇄용 원고를 RGB 색상으로 작업하거나 별 색을 CMYK로 작업했다면 디자인을 아무리 잘해도 인쇄 환경에 맞지 않기 때문에 색상 적용을 다시 해야 합니다. 인쇄용 원고의 색상은 모두 CMYK 4원색과 별색만으로 완성됩니다. CMYK 색상과 별색의 차이 점을 알아봅니다.

∴ 인쇄에서 사용되는 CMYK 4원색

CMYK 4원색은 사이언(Cyan), 마젠타(Magenta), 옐로(Yellow), 검정(Black) 잉크를 혼합하여 색을 만들 어 인쇄하는 방식입니다. 잉크의 앞 글자를 따서 'CMY'라고 하며, 'K'는 B로 표기하면 RGB의 Blue와 이 름이 겹치기 때문에 Black의 뒤 글자 또는 색조를 나타내는 Key의 앞 글자에서 따왔습니다. 4원색 인쇄는

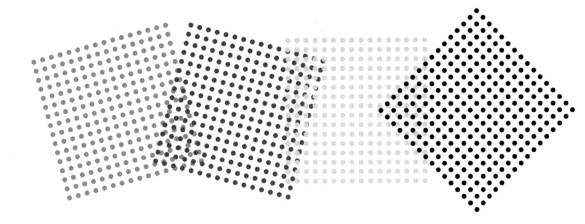

↑ Cyan 105°, Magenta 75°, Yellow 90°, Black 45°

인쇄할 색상의 잉크를 사전에 미리 혼합하지 않고 인쇄 과정에서 색상을 혼합합니다. 4원색으로 인쇄할 경우 하프톤 망점으로 구성된 각각의 스크린을 사용하며, 인쇄된 망점의 집합은 점묘화처럼 착시 현상을 일으켜 눈에는 혼합된 색상으로 보입니다. 망점의 스크린 각도가 같으면 색상이 뭉치거나 무아레 현상이 생길 수 있으므로 각각의 스크린에는 색상별로 망점 각도를 다르게 설정합니다. 인쇄할 때는 CMYK 순서대로 덧바르듯이 진행되며, 4도에는 CMYK 4개의 판이 필요합니다. CMYK 4개의 판을 이용하기 때문에 4도 인쇄라고하며, 2개의 판을 사용하면 2도 인쇄라고 합니다. 일반적으로 4도 인쇄를 4원색 인쇄라고 합니다.

TULIP

↑ C40, M70, Y90, K20

TULIP

↑ C50, M75, Y100

4원색으로 인쇄 원고를 제작할 경우 CMYK 중 가능한 적은 수의 컬러로 배합하는 것이 좋습니다. 부득이하게 4가지 색상이 배합되어야 가능한 색상도 있겠지만, 비슷한 색상을 3도 배합으로도 가능하면 3도 배합 컬러를 만들어 사용하는 것이 좋습니다.

4도를 3도로 도수를 줄이는 이유는 인쇄 핀이 안 맞을 수 있기 때문입니다. 인쇄 도수가 많으면 겹쳐진 면의 핀이 안 맞아 깔끔하지 못한 인쇄물이 나올 수 있습니다. 디자이너가 인쇄 프로세스를 알고 있으면 인쇄나 후가공 공정이 용이하도록 작업할 수 있어야 합니다. 더불어 4도인 경우 종이에 인쇄 잉크가 잘 안 마를 수 있습니다. 특히 배경에 짙은 색상을 지정할 경우 종이에 따라 쭈글쭈글 우는 경우도 간혹 발생하며, 색상이 탁해질 수 있습니다. 인쇄 색상은 잉크를 더하면 더할수록 탁해지기 때문에 3도 이상의 배합은 하지 않는 것이 좋습니다.

∴ 인쇄에서 사용되는 별색

별색(Spot Color)은 CMYK의 조합으로 표현할 수 없는 금색, 은색, 형광색 등을 망점으로 혼합하지 않은 고유한 색을 말합니다. 별색은 PANTONE 사와 DIC 사에서 만든 잉크 또는 직접 만들어 써야 하며, 인쇄 전에 미리 혼합해 놓은 특수 잉크를 말합니다.

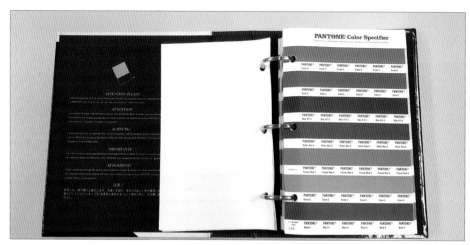

← PANTONE 별색

← DIC 별색

별색으로 인쇄한 경우(1도)

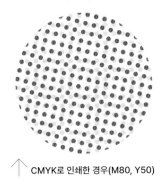

CMYK로 인쇄한 경우(M80, Y50)

별색을 사용하는 이유는 첫째, 4원색보다 채도가 높아 상대적으로 깨끗한 느낌과 부드러운 발색으로 선명한 색상을 얻을 수 있습니다. 둘째, 인쇄 핀 맞추기에 용이하기 때문에 깔끔한 결과물을 얻을 수 있습니다. 마지막으로 재제작 시 인쇄 색상 차이를 줄일 수 있습니다.

하지만 별색은 인쇄 도수를 추가하는 것이므로 비용이 추가되고 시간이 더 필요하기 때문에 꼭 필요한 경우 신중하게 사용해야 합니다. 일반적으로 흑백 1도보다 별색 1도의 가격이 2~3배 정도 비싸며, 컬러보다 금색, 은색, 형광 별색이 더 비쌉니다. 왼쪽의 이미지는 CMYK와 별색으로 인쇄하여 확대한 이미지입니다.

3 ── 태생부터 다른 모니터의 색상과 종이에 인쇄된 색상

모니터 색상과 인쇄물의 색상은 표현하는 방법이 다르기 때문에 모니터 색상에 의지하여 디자인 작업을 할 경우, 후반부 시안 출력 단계에서 인쇄 사고가 발생할 수 있습니다. 작업한 색상과 출력된 결과물이 틀려서 문제가 생기는 경우입니다. 컬러 감각이 좋고 나쁘고를 떠나서 RGB라는 빛의 삼원색으로 작업되는 모니터와 CMYK라는 4가지 색상으로 인쇄되는 출력물의 색상 차이는 어쩔수 없이 발생합니다. 아무리 좋은 모니터라 해도 인쇄 색상을 정확하게 보여 줄 수 없으며, 아무리 인쇄를 잘하는 회사라 해도 화면 색을 맞출 순 없습니다.

색상 차이가 발생하는 이유는 첫째, RGB와 CMYK의 차이에서 발생합니다. CMYK가 표현할 수 있는 색상 범위는 RGB로 표현할 수 있는 색상 범위보다 적습니다. 즉 RGB로 색을 표현하는 모니터에서는 제대로 표현된 색이 CMYK로는 표현할 수 없는 색일 수 있습니다. 또한 모니터에서 CMYK로 작성된 데이터 값의 색은 모니터에서 표현될 때 망점을 통해서 재현되지 않습니다. 결국 모니터는 CMYK를 혼합하여 나타내는 색 그 자체를 RGB로 표현할 수밖에 없습니다.

둘째, 모니터 감마 값을 어떻게 세팅하느냐에 따라 같은 색상도 달라질 수 있습니다. 개인에 따라, 모니터의 종류에 따라 기본 세팅 값이 다르기 때문에 인쇄 데이터 색상과 실제 인쇄물의 색상 차이를 줄일 수 있는 설정 값으로 조정하는 것이 좋은데, 이때 기준으로 삼기 좋은 색은 보통 '빨간색(M=100, Y=100)'입니다.

← 모니터 색상

→ 인쇄 색상

셋째, 인쇄에 사용되는 잉크는 색 대비 현상이 강합니다. 색이 생각했던 색보다 쨍하고 진해 보이는 것입니다. 흐리고 옅은 색으로 인쇄하고 싶은 경우 생각보다 더욱 약한 색으로 데이터를 설정해야 합니다.

그 밖에, 종이의 재질, 온도, 날씨, 습도, 잉크, 기계, 룰러 등 인쇄에 영향을 주는 요소들이 너무 많이 있습니다. 즉, 인쇄에 같은 색상은 존재하지 않는다고 보면 됩니다. 항상 차이를 줄이는 것에 초점을 맞춰야 합니다.

일반적으로 RGB 이미지는 형광색을 많이 띄기 때문에 CMYK로 변환할 때 탁해지는 느낌을 줍니다. 두 색상을 변환할 때 그 차이를 최소화하고 싶다면 RGB → Lab → CMYK 순으로 변환하면 완벽하진 않지만 탁해지는 느낌을 조금은 줄일 수 있습니다.

색상 차이를 줄일 수 있는 방법으로 첫째, 모니터의 특성을 파악합니다. 인쇄 데이터 작업 시 CMYK를 설정하고 작업하는 것은 기본으로 하고, 자신의 모니터를 파악해 두는 것이 필요합니다. 일정하게 설정 값을 정해 놓고 인쇄를 했을 때 어떻게 표현되는지에 대해 어느 정도 감을 익혀 두는 것이 좋습니다.

둘째, CMYK 데이터 값을 표기한 컬러 차트를 이용합니다. 원하는 색상은 컬러 차트를 보며 색상을 정해 각각 지정해 주는 방법입니다. 이때 모니터에서 나오는 색상을 무시하고 차트의 색상을 보고 인쇄하면 됩니다.

CMYK 4원색 컬러 차트

셋째, 인쇄 감리를 통해 색상의 데이터 값을 임의로 조정해 줍니다. 고급 인쇄물이나 별색 등 색상이 중요한 인쇄물일 경우 인쇄소에 감리를 보러 가는 것이 좋습니다. 인쇄 원고에서 색상이 바뀌었거나 별색이 4원색으로 되어 있을 경우에는 데이터를 수정해야 하지만 미세하게 수정해야 할 때는 비용과 시간을 효율적으로 사용하기 위해 데이터를 수정하지 않고도 룰러의 수직 방향 일직선으로 CMYK 각각 잉크의 양을 조절하여 어느 정도 색상을 수정할 수 있습니다. 하지만, 세로 일렬이 모두 동일하게 조절되므로, 색상이 알맞았던 부분이 원하지 않는 색상으로 바뀔 수 있습니다. 인쇄소 감리에서 조절하는 것은 약간의 조정 과정으로 생각하는 것이 좋습니다.

넷째, 인쇄 전문가와 충분히 상의합니다. 인쇄물에 영향을 줄 수 있는 요소는 종이의 성질에 따라, 인쇄 잉크에 따라, 계절과 습도 등 주변 환경에 따라서 여러 발생할 수 있는 변수는 너무나 많습니다. 그렇기 때문에 경험이 많은 인쇄 전문가와 충분히 상담하고 일어날 수 있는 변수들을 대비하는 것이 가장 좋습니다.

편집 디자이너의 재산이 되는 무료 글꼴 가이드

편집 디자이너에게 글꼴(폰트, 서체)은 단순한 선택이나 취향의 문제가 아닙니다. 글꼴은 편집 디자인의 시작과 끝이라고 해도 과언이 아니라 할 정도로 가장 중요한 재료이지만, 저작권 문제로 인해 그 사용이 제한적인 것이 현실입니다. 완성도가 높은 유료 폰트들도 시중에 많이 나와 있으나 상황에 따라서는 접근이 쉽지 않은 경우가 많습니다. 차선책으로 타이틀과 본문에 모두 적합하며, 현업 디자이너에게 유용한 무료 서체 사용에 대해 알아봅니다.

1 ── 유용한 본문용 글꼴

본문의 글꼴이 어떤 형태를 갖추었냐에 따라 지면은 때로는 진지하게, 때로는 유쾌한 목소리로 메시지를 전달합니다. 다양한 글꼴들을 적재적소에 사용하면 아주 좋은 효과를 내지만, 글꼴의 크기와 조합에 따라 글의 내용과 전혀 어울리지 않는 난감한 지면이 연출되기도 합니다. 여기에서는 지면의 가장 많은 공간을 차지하는 본문용 글꼴에 대해 알아보겠습니다. 그중에서도 저작권 상관없이 상업적으로 사용할 수 있는 무료 글꼴들 위주로 살펴봅시다.

몇 년 전만 해도 종이책 출판 시 사용하는 폰트가 거의 공식처럼 윤명조, 윤고딕 정도로 정해져 있었습니다. 표지에 사용되는 글꼴이거나 제목용 글꼴의 경우라면 눈에 잘 들어올 수 있도록 다양한 글꼴을 사용하여 차별화를 만들어 내려는 노력이 있었겠지만, 본문용 글꼴 하면 고민 없이 윤명조, 윤고딕 사용을 정석처럼 생각하던 시절이 있었습니다. 당시에는 본문에 사용할 만한 무료 글꼴이 나눔고딕, 나눔명조 정도 밖에 없었기 때문에 디자이너도 선택의 여지가 없었습니다. 디자이너 입장에서도 시장의 전반적인 분위기가 그렇다 보니, 늘 새로운 글꼴에 대한 고민을 하면서도 본문에서는 굳이 위험을 감수할 필요 없이 윤명조, 윤고딕 혹은 유사한 계열의 폰트들을 쓰는 것이 일종의 암묵적 약속과도 같았습니다.

지금은 완성도 높은 무료 폰트가 시장에 넘치는 상황인 데도 불구하고 본문 폰트의 성격은 크게 달라지지 않았습니다. 편집 디자인은 새로운 것을 쫓기보다 오랜 시간 동안 사람들의 눈에 익숙해진 글꼴의 규범과 관례가 중요하기 때문입니다. 본문에서 새로운 분위기의 글꼴을 접한 독자들은 이것이 전문가의 손을 거친 출판물이 아니라는 느낌을 받기도 합니다. 디자이너의 독창성 때문에 내용까지 전문성을 잃게 되는 격이 됩니다. 시대의 흐름을 앞서가야 하는 디자이너에게 무난함이 늘 정답이 될 수는 없지만, 본문의 글꼴만큼은 한결같은 안정감이 강점으로 작용될 수 있습니다. 무난함 속에서도 디자이너 특유의 완성도를 돋보이게 할 수 있다면, 10년이 지나도 낡은 느낌 없는 본문을 유지할 수 있습니다. 윤명조, 윤고딕과 대체 가능할 만한 완성도를 가졌으면서도 상업적으로 사용이 가능한 무료 글꼴들을 알아보겠습니다.

∴ 한국출판인회의에서 만든 Kopub

2011년 한국출판인회의에서 만든 Kopub체는 Kopub 바탕체와 Kopub 돋움체로 구성되어 있습니다. 무게감에 따라 Light/Medium/Bold로 구분되며 그 생김새가 윤명조, 윤고딕과 유사합니다. 컴퓨터 프로그램상에서 글자의 비례는 백분율을 사용합니다. 글꼴이 가진 고유의 가로, 세로 비율을 수정 없이 표준형으로 사용할 때 장평은 100%가 됩니다. 가로의 폭이 100% 이상으로 넓어지면 '평체', 가로의 폭이 100% 이하로 좁아지면 '장체'라고 합니다. 장평(길이와 넓이 조절을 함께 일컫는 용어)을 효과적으로 조절하면 글꼴은 완전히 다른 글꼴로 보이기도 합니다. 장평 조절은 남용하지 않는 것이 좋으나, 실무 디자인 현장에서 사용되는 대부분의 한글 서체는 가로의 폭을 좁혀 장체로 활용하고 있습니다. 윤체 역시 장평을 90~95% 정도로 줄여서 사용하는 경우가 많습니다. Kopub체는 장평이 조절된 윤체의 모습과 닮은 꼴이라 장평 조절에 익숙하지 않은 디자이너에게도 추천하는 글꼴입니다. 전자책 활성화 목적으로 만들어진 글꼴이기에 전자책 용도로도 사용되지만 종이책 용도로도 손색이 없습니다.

Kopub체 다운로드

https://www.kopus.org/biz-electronic-font2/
한국출판인회의 공식 홈페이지(kopus.org)에서 무료 다운로드 가능

↑ Kopub체, 한국출판인회의 공식 홈페이지

∵ 구글과 어도비에서 개발한 Noto Sans CJK KR

Noto Sans CJK KR 폰트는 구글(Google)과 어도비(Adobe)시스템즈가 함께 개발한 글꼴입니다. 다른 이름으로 본고딕(Noto Sans CJK/Source Han Sans)으로도 불리고 있습니다. CJK에서 유추가 가능하듯 중국어(한자)와 일본어(히라가나), 한국어(자음, 모음) 등 나라별 세계 언어를 각진 고딕 계열로 사용이 가능한 폰트입니다. 유료 폰트가 아닌 대부분의 고딕 서체는 다양한 무게 표현이 어렵습니다. 하지만 Noto Sans CJK KR(본고딕)은 무료 폰트임에도 다양한 굵기(Thin, Light, Regular, Medium, Bold, Black)로 적용이 가능하다는 장점이 있기 때문에 한 개의 서체로 일관된 강약 조절이 용이합니다. 중요한 내용을 크게 처리하거나 밑줄을 긋거나 빨간색을 적용하는 등의 전통적인 방법 외에도 글꼴의 무게감 변화만으로 강조하고 싶은 텍스트나 단어 등에 힘을 줄 수 있기 때문에 직장인과 대학생 등 PPT용 폰트로도 손색이 없습니다. 다운로드 시 아무리 무료로 사용할 수 있다고 해도 사용 범위와 이용 방법 등 라이선스를 다시 한번 확인하기를 강조합니다.

Noto Sans CJK KR체 다운로드

https://fonts.google.com/noto/specimen/Noto+Sans+KR
구글 폰트의 공식 홈페이지(fonts.google.com)에서 무료 다운로드 가능

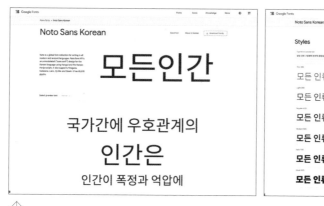

↑ Noto Sans CJK KR체, 구글 폰트 공식 홈페이지

∴ 애플과 산돌에서 개발한 Apple SD Gothic Neo

애플 SD 산돌고딕 Neo H
애플 SD 산돌고딕 Neo EB
애플 SD 산돌고딕 Neo B
애플 SD 산돌고딕 Neo SB
애플 SD 산돌고딕 Neo M
애플 SD 산돌고딕 Neo L
애플 SD 산돌고딕 Neo T

↑ 맥 OS에 기본 내장되어 있는 Apple SD Gothic Neo

Apple SD Gothic Neo(애플 산돌 고딕 네오) 폰트는 애플 사의 기본 폰트입니다. 라이선스는 모두 애플이 가지고 있으며 애플 제품의 사용자라면 비상업, 상업 용도 모두 사용 가능합니다. 애플의 기본 번들 폰트로 내장되어 있기 때문에 애플 제품 사용자라면 인쇄, 출판, 영상 등 상업적 이용에 제한 없이 사용이 가능합니다. 인쇄뿐 아니라 모바일 상세 페이지 등에 적용이 되어도 모바일 환경과 이질감 없이 잘 어우러진다는 장점이 있습니다. 굵기 단계도 다양해서 디테일하게 원하는 느낌을 표현할 수 있는 패밀리 서체로 개발되었습니다. 통일감을 잃지 않으면서 리듬감 있게 디자인할 때 유용합니다. Apple SD Gothic Neo는 맥 OS에 기본으로 내장되어 있는 폰트이기에 윈도우 OS에서 사용할 수 없다는 단점이 있습니다.

∴ 길형진 디자이너의 Pretendard

길형진 디자이너가 제작한 Pretendard(프리텐다드) 폰트는 글꼴 단독 판매를 제외한 모든 상업적 행위 및 수정, 재배포가 가능한 무료 폰트입니다. 어도비에서 개발한 본고딕을 기반으로 하여 9개 단계의 굵기로 확장되어 제작되었습니다. 윈도우와 맥 양쪽 OS에서 자유롭게 사용이 가능하기 때문에 Apple SD Gothic Neo가 없는 환경에서도 맥 시스템이 익숙한 작업자에게 유용한 글꼴입니다. 대부분의 한글 폰트들이 다른 언어들과 혼합되어 쓰일 때 비교적 크게 출력되는 경향이 있습니다. 본고딕의 한글 크기 역시

다국어 타이포그래피 환경에서는 다소 큰 비율로 잡히는 문제가 있어 예민한 디자이너라면 어느 정도의 비율 조정이 필요합니다. Pretendard 폰트는 이 같은 단점을 보완하여 라틴 글자와 한글 글자가 혼합되어 적용될 때 표준 폰트로 사용하기 좋습니다.

Pretendard체 다운로드

https://cactus.tistory.com/306?category=1007051

제작자 & 다운로드 사이트(cactus.tistory.com)에서 무료 다운로드 가능

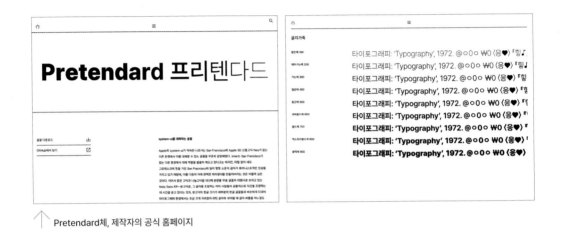

↑ Pretendard체, 제작자의 공식 홈페이지

2 ── 무료 글꼴의 사용 범위

글꼴의 다운로드는 무료였지만 사용은 또 다른 문제입니다. '무료로 받은 폰트로 상업적인 이득을 취할 수 있는 작업이 가능한가요?'라는 질문에 가장 중요한 것이 해당 폰트의 라이선스입니다. 모든 사용자에게 저작권이 오픈되어 있는 폰트라 해도, 오픈 소스 라이선스를 지킨다는 전제하에 자유로운 사용이 가능합니다.

학교 과제나 직장 생활을 하다 보면, 여러 가지 저작권 관련한 이슈가 생기는 경우가 있습니다. 그중, 우리가 가장 흔하게 접할 수 있는 저작권 관련 문제는 '폰트'입니다. 폰트는 기본적으로 목적에 따라 제한되는 이용 범위의 차이가 큽니다. 한글인 경우 유료로 구매한 폰트 이외에는 반드시 저작권의 범위를 확인해야 합니다. 이 폰트가 상업적으로 사용 가능한지, 상업적 사용이 가능하다면 출력물로 써도 되는지, 혹은 웹용만 가능한지, 유튜브나 블로그에는 사용할 수 있는지 등의 라이선스 범위까지 확인하는 과정이 선행되

어야 합니다. 저작권 관련된 내용이 제공 사이트에 명확하게 기재되어 있으니, 이용 조건을 확인하고 사용하면 차후에도 저작권 논쟁 없이 디자인할 수 있습니다. 글꼴명을 검색하거나 글꼴을 다운받을 때, 해당 글꼴의 라이선스를 확인해 보면 비교적 간단히 사용 범위를 확인할 수 있습니다.

무료 글꼴의 라이선스 확인

① Apache License 2.0
② SIL Open Font License
③ Creative Commons Zero

위의 라이선스는 무료 폰트나 무료 이미지에 붙는 대표적인 라이선스입니다. 다운받은 파일에 이 라이선스들이 있다면 상업적인 용도로 해당 파일(글꼴, 이미지 등)을 사용해도 문제가 없습니다. 폰트 라이선스가 위에 있는 세 가지 중 하나라면 해당 폰트를 상업적인 인쇄물에 안심하고 사용할 수 있습니다.

∴ Apache License 2.0

Apache License 2.0(아파치 라이선스 2.0)은 오픈 소스 라이선스 중에서 디자이너가 가장 반가워할 만한 라이선스입니다. Apache License 2.0에 해당되는 소스를 사용하고자 할 때 디자이너 입장에서 특별히 신경 써야 할 제한 사항이 적기 때문입니다. 이 라이선스를 적용한다는 것은 소수의 이익보다는 소프트웨어 산업의 발전을 위한 결정입니다. 저작물을 만든 사람 입장에서 생각해 보면 쉬운 결정이 아니기에 라이선스에 포함된 약속들이 정확히 이행되어야 합니다. 쉽게 말해 무료로 사용해도 좋지만, '누군가가 만들었다는 사실' 정도를 주장하기 위한 라이선스들이 분명히 존재합니다. 개인적 및 상업적으로 자유롭게 사용이 가능하고 이 라이선스의 소스를 적용한 프로그램을 그대로 사용하거나, 수정해서 사용할 수도 있습니다. 해당 소스를 사용하여 개발한 프로그램이라면 소스 코드를 공개해야 하는 의무는 없으나 라이선스의 사본을 LICENSE 파일에 첨부해야 하며, 수정하여 사용한 경우 수정했다는 사실과 내용을 밝혀야 합니다.

↑ Apache License 2.0 로고

∴ SIL Open Font License

SIL Open Font License(SIL 오픈 폰트 라이선스)는 국제 SIL에서 만든 자유 소프트웨어/오픈 소스 라이선스입니다. 무료 폰트의 대부분이 SIL 오픈 폰트 라이선스에 해당되며 저작권 및 라이선스 고지를 하면 자유롭게 사용이 가능합니다. 글꼴 제작을 지원하여 전 세계가 폰트를 공유하는 자유롭고 공개된 구조를 제공하려는 목표로 만들어진 라이선스입니다. 판매가 아닌 한, 폰트의 사용·연구·수정 및 재배포가 자유롭게 허락됩니다. 파생 폰트를 포함하여 하드웨어 또는 소프트웨어에 무료로 내장 및 재배포도 가능합니다. 구글 폰트, 나눔폰트 패밀리, 배달의민족 한나체 등이 오픈 폰트 라이선스에 해당됩니다. 인쇄물이나 CI 이미지에는 표기하지 않아도 되지만, 웹이나 모바일 앱에는 OFL의 적용을 받는 폰트를 사용했음과 OFL 라이선스 사본을 고지해야 합니다.

↑ Open Font License 로고

∴ Creative Commons Zero

CC0(Creative Commons Zero)은 저작권에 대해 법률적으로 허용되는 범위의 최상위 개념인 퍼블릭 도메인(Public Domain)입니다. 퍼블릭 도메인(Public Domain)을 직역하면 공적 영역이라 설명이 됩니다. 즉, 해당 소스의 소유자가 공공의 이익을 위하여 저작권과 저작인접권을 모두 포기한다는 의미의 라이선스입니다. 일반 대중들은 추후 저작권 침해 주장

↑ Public Domain 로고

에 대한 두려움 없이 해당 저작물을 수정하고 통합할 수 있으며 영리 목적으로도 활용할 수 있습니다. 저작권은 저작자 생애 동안과 사후 70년간 보호받습니다. 이 기간이 지나면 누구나 쓸 수 있는 '공유' 상태가 되지만, 퍼블릭 도메인 역시 최소한의 저작인격권이 지켜져야 합니다. 저작권은 저작인격권과 저작재산권으로 나누어지며, 저작권이 소멸된다 해도 저작인격권은 소멸되지 않습니다. 퍼블릭 도메인에 해당되는 저작물이라고 해도 원작자를 숨기고 '내가 주인'이라는 식으로 사용하는 것은 바람직하지 않습니다. 또한 저작권 만료가 된 1차 저작물이라 해도 다시 해석하고 수정하여 재생산된 저작물에는 일정한 저작권이 다시 발생합니다. 2차 창작의 경우에는 2차 창작물임과 함께 원작자를 밝혀야 합니다. 쉽게 말해서, 자유롭게 활용할 수 있지만 내 것이라는 식의 명의 도용은 허용되지 않는다는 의미입니다. 단 이는 법 개정 이후의 작품만을 말하는 것이지 개정 이전의 작품들은 모두 50년의 보호 적용을 받습니다. 여기에 적용을 받는 대표적인 작품이 2020년 80주년을 맞이한 '톰과 제리'로, 1화부터 179화까지 저작권 기한 만료로

퍼블릭 도메인이 되었습니다. 상업적 용도로 사용 가능하며, 수정·재배포가 가능하고 출처 표시를 하지 않아도 됩니다.

그 밖의 자유 이용 라이선스(CCL, Creative Commons License)에 대한 내용은 다음과 같습니다. 저작 재산권자는 다른 사람에게 저작물의 이용을 다음과 같이 허락할 수 있습니다. 이용 허락을 받은 자는 '허락 받은 이용 방법 및 조건의 범위 안에서' 저작물을 이용할 수 있습니다. 이용 허락은 당사자 간의 계약을 통하여 이루어집니다. 즉 원칙적으로 다른 이의 이용은 금지되지만, 이용 허락을 받은 특정인에게만 사용을 허락하는 형태입니다. CCL은 이와 달리 원칙적으로 모든 이의 자유 이용을 허용하되 몇 가지 조건을 부가하는 개방적인 방식의 이용 허락이라 할 수 있습니다. 이용자는 적용된 CCL을 확인한 후에 저작물을 이용함으로 당사자들 사이에 개별적인 접촉 없이도 라이선스 내용대로 이용 허락의 법률 관계가 성립됩니다.

아이콘	설명	약칭	저작자 표시 필요	2차적 저작물 허용	영리 목적 이용 가능	자유 저작물 여부	OKI의 기준 만족
PUBLIC DOMAIN	퍼블릭 도메인	CC0	X	O	O	O	O
cc BY	저작자 표시	CC BY	O	O	O	O	O
cc BY SA	저작자 표시+동일 조건 변경 허락	CC BY-SA	O	O	O	O	O
cc BY NC	저작자 표시+비영리	CC BY-NC	O	O	X	X	X
cc BY NC SA	저작자 표시+비영리+동일 조건 변경 허락	CC BY-NC-SA	O	O	X	X	X
cc BY ND	저작자 표시+변경 금지	CC BY-ND	O	X	O	X	X
cc BY NC ND	저작자 표시+비영리+변경 금지	CC BY-NC-ND	O	X	X	X	X

↑ CCL. Creative Commons License의 종류 파악하기, 출처 : http://cckorea.org/xe/main

∴ 저작권 걱정 없는 무료 폰트 모음 사이트

디자이너에게 무료 폰트는 가뭄 속 단비와 같습니다. 프리랜서로 활동하는 디자이너라면 서체 관련 저작권 문제에 더욱 예민할 수밖에 없습니다. 그만큼 상업용 무료 폰트가 반가울 수 있으나 무료 폰트라 하더라도 라이선스의 사용 범위를 반드시 확인해야 합니다. 용도에 맞게 구체적인 사용 범위까지 한곳에 정리된 사이트들을 소개합니다.

• 글자 모양을 미리 확인할 수 있는 눈누

영문 폰트에 비해 상업적으로 이용할 수 있는 무료 한글 폰트는 상대적으로 적습니다. 다양한 한글 폰트를 알리기 위해 시작된 '프로젝트 눈누'는 여기저기 흩어져 있는 여러 가지 상업용 무료 폰트들을 모은 사이트입니다. 눈누의 가장 큰 장점은 폰트를 다운받지 않아도 화면상에서 원하는 폰트를 적용할 수 있다는 것입니다. 직접 원하는 문장을 써 볼 수 있기 때문에 보다 빠른 속도로 디자인 환경에 적합한 폰트를 찾을 수 있습니다. 각 폰트의 사용 범위에 대한 구체적인 안내 사항도 사이트에서 확인이 가능합니다.

눈누 : noonnu.cc

• 사용 빈도 높은 네이버 무료 폰트

네이버에서는 2008년부터 매년 한글의 아름다움을 널리 알리고자 꾸준히 한글 글꼴들을 개발하고 있습니다. 블로그를 운영하고 있는 분들에게는 너무나도 익숙한 34종의 '나눔' 시리즈가 이에 해당됩니다. 디지털 환경에서 고딕 위주로 활용되는 한글 폰트의 한계를 극복하려는 노력으로 2021년 한글날을 맞이하여 5종의 '마루 부리'가 출시되었습니다. 무료 폰트임에도 높은 완성도를 가진 화면용 명조 계열 글꼴이라는 평가를 받고 있습니다. 뿐만 아니라, 일반 사용자들의 손글씨와 클로바 AI 기술이 만나 탄생한 109종의 손글씨 글꼴을 무료로 다운로드할 수도 있습니다. 개인은 물론이고 기업 및 단체에서도 상업용으로 활용할 수 있으며, 다운받은 글꼴을 판매하는 행위는 금지되어 있습니다. 웹 사이트에서 글꼴 체험이 가능하며 오픈 라이선스가 적용되어 있습니다.

↑ 네이버 무료 폰트 : hangeul.naver.com/2021/fonts

• 무료 이용 가능한 문체부 안심 글꼴 122종

'공유마당'과 '공유누리'는 정부에서 제공하는 저작권 공유 사이트입니다. '공유마당'은 만료 저작물이나 기증 저작물 등을 위주로 배포하고 있으며, '공공누리'에서는 공공 기관의 콘텐츠들을 한곳에서 확인할 수 있습니다. 두 곳 모두 상업용 무료 폰트 외에도 저작권 걱정 없이 사용 가능한 다양한 콘텐츠들을 제 공하고 있습니다. 각 사이트의 폰트 카테고리에 들어가면 무료 폰트들을 살펴볼 수 있습니다. 이곳에 서 제공하는 폰트 역시 여러 가지 활용 범위에 대한 구체적인 안내를 참고하는 것이 필수입니다. 무료 배포하는 글꼴을 다운받았다 해도 해당 글꼴의 이용 범위를 벗어나 사용하는 경우는 저작권 위반에 해 당합니다. 저작권자로부터 법적인 손해 배상이나, 형사 처벌을 받을 수도 있으니 반드시 사용하기 전에 해당 폰트의 저작권 이용 범위에 대해 숙지하여야 합니다.

바쁜 마감 일정 탓에 활용 범위 확인 마저 여유로운 상황이 아니라면 안심 글꼴을 따로 제공하는 '안심 글꼴 파일 서비스(gongu.copyright.or.kr/freeFontEvent.html)'를 추천합니다. 공유마당 홈페이지 오른쪽 상단에 '안심 글꼴파일 서비스'를 클릭하거나, 공공누리 홈페이지 하단 배너를 통해서 접속할 수 있습니다. 정부 기관에서 저작권을 해결하여 안심하고 사용할 수 있도록 배포된 무료 폰트들을 다운받 을 수 있습니다. 추가로 제공되는 안심 글꼴 파일은 이전과 동일하게 문체부(mcst.go.kr)와 문화정보 원 공공누리, 저작권위원회 공유마당 사이트에서 다운받을 수 있습니다.

↑ 공유마당 : gongu.copyright.or.kr/gongu/main/main.do　　↑ 공공누리 : kogl.or.kr

3 ── 인디자인에서 자주 발생하는 한글 글꼴 문제 해결하기

어도비 사의 디자인 프로그램들이 예상하지도 못한 시점에서 알 수 없는 원인으로 오류 창을 띄우는 경우
가 종종 있지만 인디자인의 경우, 주로 서체가 제대로 인식을 못 할 때 문제가 발생합니다. 인디자인에서
자주 발생하는 글꼴 문제와 꼭 알아두어야 하는 환경 설정 방법을 알아보겠습니다.

∴　특정 폰트를 설치한 후, 인디자인 실행이 멈춘다면

인디자인을 사용하다 보면 프로그램 실행이 안 되기도 하고, 어느 정도 실행되다가 멈추는 경우도 있습니다.
이러한 문제의 원인은 대부분 서체 충돌 문제일 경우가 높습니다. 몇 가지 서체를 정리하면 해결되는 경
우가 많습니다. 특정 서체 설치 후 인디자인 실행에 문제가 생겼을 경우라면 해당 서체를 깨끗하게 삭제
하고, 대체할 만한 폰트를 찾는 것이 좋습니다. 어떤 서체가 문제를 일으키는지 명확하지 않다면 기본적
으로 설치된 글꼴 시스템 폰트만을 남기고 모든 폰트를 강제 삭제 방법이 있습니다.

∴　설치된 한글 폰트 적용 시, 네모 상자가 생기거나 입력이 되지 않는다면

"CS6 버전을 사용했을 때는 문제 없었는데 CC 2022 버전을 사용하니 글꼴이 적용되지 않는 문제가 생
겨요."라는 질문을 던지는 디자이너들이 많지만, 이와 같은 오류는 버전의 문제라기보다 오래된 글꼴의
호환 문제일 가능성이 높습니다. 구형 SM서체나 윤서체 등 대부분의 한글 폰트는 자주 쓰이는 글리프
2,350자만 갖고 있습니다. '뙗'은 맞춤법상 쓰이지 않는 글자이기에 2,350자로는 표현이 어렵습니다.
맞춤법과 상관없이 '뙗'을 쓰고자 한다면 11,172자를 모두 지원하는 본고딕, 나눔고딕 등의 폰트를 사용
하는 것이 좋습니다. 윤서체도 '가변'이 안 붙은 윤서체는 11,172자를 지원합니다.

∴ 국문 편집자의 인디자인 문자 환경 설정

메뉴에서 (편집) → 환경설정 → 일반을 실행하거나 [Ctrl]+[K]를 누르면 인디자인의 기본 설정을 변경할 수 있는 환경설정 대화상자가 표시됩니다. 문자 편집을 다루는 프로그램이기 때문에 어도비 사의 타 프로그램의 환경 설정에 비해 까다로운 요소들이 많습니다. 기본적으로 작업 환경이 영문 편집 구조에 맞춰져 있습니다. 국문 편집 시 작업 도중 원인 모를 오류로 시간을 허비하지 않기 위해서는 작업 전 환경 설정을 확인하는 것이 좋습니다.

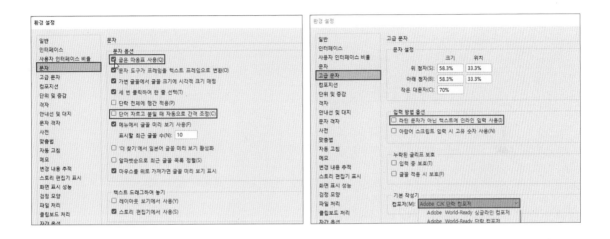

'문자'에서 '굽은 따옴표 사용'이 체크 표시되어 있어야 합니다. 태생적으로 영문이 기본 언어로 만들어진 프로그램이기에 일부 국문 사용에서 호환이 부족할 수밖에 없습니다. 영문과 국문의 따옴표는 차이가 있습니다. 영문에서는 '곧은 따옴표(")'를 사용하는 반면, 국문에서는 '굽은 동그라미 따옴표("")'를 사용합니다. 때에 따라 이 두 가지를 구분해서 사용해야 합니다.

'단어 자르고 붙일 때 자동으로 간격 조정'을 체크 표시하면, 단어를 추가하거나 삭제할 경우 단락 구간에 공백이 너무 많거나 적은 상황에서 자동으로 여백을 조정해 줍니다. 언어나 글줄의 길이에 따라 필요하다면 설정이 가능합니다.

'고급 문자'에서는 '라틴 문자가 아닌 텍스트에 인라인 입력 사용'을 체크 해제합니다. 한글 입력 시 스페이스 바를 두 번 눌러야 띄어쓰기가 되는 문제가 발생하는 경우가 있습니다. 작은 문제 같아 보이지만 스페이스 바를 두 번씩 누르는 것은 번거로운 일이기도 하고 실수를 발생시키는 주원인이 되기도 합니다. 또한 주로 편집할 문자가 한글 위주인 파일이라면 'Adobe CJK 단락 컴포저' 지정 여부를 확인합니다. 편집할 지면이 주로 영문으로 되어 있다면 'Adobe 단락 컴포저'로 지정하는 것이 좋습니다.

Part 2

새 문서 만들어
레이아웃 하기와
파일 관리하기

새 문서 만들기는 인디자인의 시작이라 할 수 있습니다. 새 문서 만들기가 시작이라면, 저장과 인쇄는 마무리 과정이라 할 수 있으나 인디자인의 경우 파일 관리와 저장이 결과에 미치는 영향이 매우 크기 때문에 이 모든 과정이 시작부터 신중히 다루어져야 합니다. 인디자인은 유난히 파일 관리와 저장 설정이 중요시되는 예민한 프로그램이라 할 수 있습니다. 사소한 설정 하나를 잘못하거나, 사용된 이미지를 이동시키기만 해도 내용이 누락 되기도 하고 폰트 설정이 초기화 되기도 합니다. 원하는 결과물에 적합한 문서를 열고, 페이지의 목적에 맞는 시각적 레이아웃을 설정한 다음 작업 파일들을 효과적으로 관리하여 실수를 예방하는 방법을 살펴봅시다.

판형을 결정짓기 전 알아야 할 배경

인디자인의 문서 설정은 작업 도중에도 얼마든지 변경이 가능하지만, 판형을 바꾸는 과정에서 텍스트 프레임의 크기가 변경되어 글이 흘러 버리거나 레이아웃 조정이 불가피한 경우가 생길 수 있습니다. 초보자일수록 판형 변경 과정이 큰 실수로 연결되기 쉽습니다. 문서가 만들어질 때부터 여러 설정들이 잘 정리된 지면으로 만들어져야 편집 과정에서 오류가 적다는 것을 기억하세요.

1 —— 페이지와 스프레드의 차이

페이지(Page)와 스프레드(Spread)의 차이는 인디자인 작업을 위한 새 문서를 생성하기에 앞서 반드시 알아야 할 개념입니다. 포토샵을 시작하기 전에 픽셀과 해상도에 대한 이해가 있어야 새 문서 설정이 가능하고, 일러스트레이터를 시작할 때 역시 벡터 파일의 특징과 해상도에 대한 이해가 필수적이듯이, 페이지와 스프레드의 차이를 명확히 이해해야 인디자인을 시작할 수 있으며, 페이지 관련 실수를 피할 수 있습니다.

먼저 페이지는 낱장의 문서를 의미하며, 한 쪽씩 나열됩니다. 파워포인트의 슬라이드 한 장을 생각하면 그 모습이 비슷하여 이해가 쉽습니다. 포토샵 역시 새 문서 만들기를 하면 페이지가 하나씩 생성됩니다. 따라서 인디자인을 활용하더라도 책의 형태가 아닌 일반 문서나 보고서, 전단지나 포스터 등을 만들어야 한다면 페이지로 작업하는 것이 적합합니다.

낱장으로 설정된 편집 페이지

반면, 스프레드는 두 쪽이 서로 붙어 있는 형태입니다. 일반적인 책의 모습을 생각하면 됩니다. 왼쪽 문서와 오른쪽 문서가 하나로 묶여 있는 형태는 마치 책을 펼쳤을 때처럼 보입니다. 책의 형태로 제본이 되는 문서라면 스프레드 형식으로 문서를 생성해야 합니다.

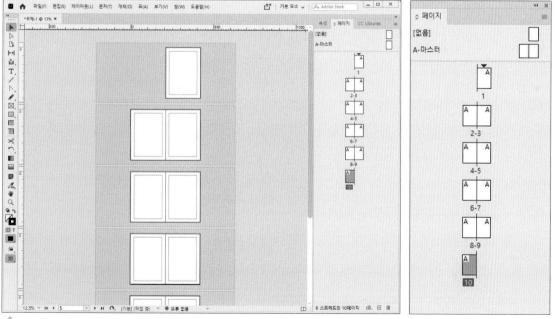

스프레드로 설정된 편집 페이지

	페이지(Page)	스프레드(Spread)
적용 형식	보고서, 발표 자료, 일반 문서, 전단지, 포스터 등	책, 연차보고서, 매거진, 브로슈어, 팸플릿 등
문서 생성 방식		
pdf / jpg 내보내기 가능 여부	낱장으로 페이지 내보내기만 가능	낱장 내보내기, 스프레드 내보내기 모두 가능
요약	새 문서 설정 시 책의 형태를 만들 것이 아니라면, 페이지 마주보기 체크 표시를 해제한다.	새 문서 설정 시 책의 형태를 만들 것이라면, 페이지 마주보기를 체크 표시한다.

2 —— 페이지 패널에서 첫 장이 홀수인 이유

초보 편집자의 경우, '홀·짝 페이지의 구분 없이 시작하면 어때?'라고 생각하는 경우도 있으나, 인디자인에서는 자동적으로 오른쪽 페이지의 페이지 번호를 홀수로 인식하며, 페이지 번호를 적용할 때 이와 같은 원칙을 지키는 것이 좋습니다. 앞서 설명한 스프레드의 형식을 제대로 이해한다면 첫 페이지가 홀수 번호가 되어야 한다는 규칙을 쉽게 이해할 수 있습니다.

인디자인이 익숙해지려면 양면으로 펼쳐서

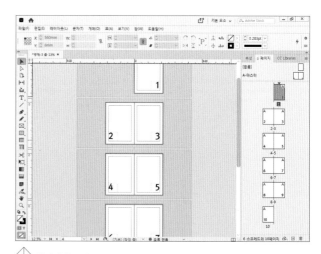

↑ 첫 장이 홀수 페이지로 시작하는 스프레드

디자인을 하는 연습이 필요합니다. 일러스트레이터에 먼저 익숙해진 디자이너라면 스프레드 형식을 낯설게 느끼기가 쉽습니다. 새 문서에 바로 클릭하는 습관대로 무작정 디자인을 하다 보면 스프레드 형식을 무시하고 1페이지부터 편집을 하게 되어 마주보기가 적용되지 않습니다. 불편할 뿐만 아니라 결국 펼침 페이지를 만들 수 없게 됩니다.

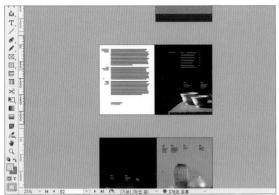

↑ 양쪽 스프레드 페이지의 배경이 어긋난 정렬

↑ 양쪽 스프레드를 와이드한 화면으로 정리

1페이지를 제외하고 2~3페이지를 스프레드 형식으로 펼침 디자인을 했다 해도 출력 시 2~3페이지를 지정하지 않을 경우, 1페이지의 빈 지면이 출력되기도 합니다. 인쇄·출력을 위한 PDF 변환 시 이와 같은 실수를 방지할 수 있는 방법이 있지만, 페이지와 스프레드의 차이와 사용 목적을 정확히 이해하는 것이 중요합니다.

∴ 첫 페이지부터 스프레드로 설정하기

첫 페이지를 1페이지부터 시작하는 것이 아니라, 2페이지부터 지정하면 자연스럽게 두 페이지로 된 스프레드 문서가 시작되는 것을 확인할 수 있습니다. 인쇄용 지면보다는 웹용 문서나 발표 자료를 제작할 때 많이 쓰이는 방법입니다.

1 ─ 인디자인을 실행하고 홈 화면에서 〈새 파일〉 버튼을 클릭합니다.
새로운 문서 만들기 대화상자가 표시되면 '인쇄'를 선택하고 'A4'를 선택합니다. 페이지를 '10'으로 설정하고 '페이지 마주보기'를 체크 표시한 다음 시작#을 '2'로 설정하여 〈여백 및 단〉 버튼을 클릭합니다.

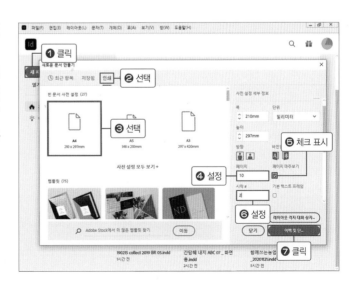

2 — 새 여백 및 단 대화상자가 표시되면 여백에서 위쪽, 아래쪽, 안쪽, 바깥쪽을 모두 '20mm'로 설정한 다음 〈확인〉 버튼을 클릭하여 새 문서를 만듭니다.

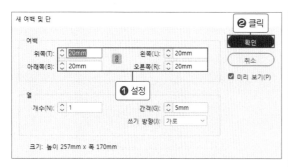
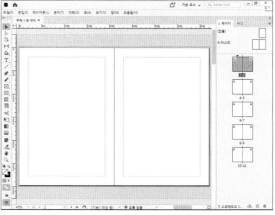

Tip

작업 중인 문서의 첫 페이지 형식을 수정할 수도 있습니다. 현재 첫 페이지가 1페이지로 시작하는 일반적인 스프레드 형태의 편집 화면입니다.

❶ 메뉴에서 **[파일]** → **문서 설정**을 실행합니다.

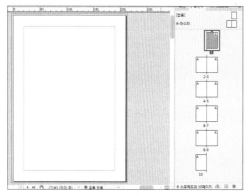

❷ 문서 설정 대화상자가 표시되면 시작 페이지 번호에 '2'를 입력하고 <확인> 버튼을 클릭합니다.

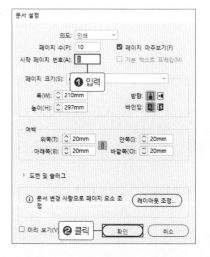

❸ 첫 페이지부터 스프레드 페이지로 설정되었습니다.
첫 시작 페이지를 4로 설정해도 짝수로 시작되기 때문에 인디자인은 이를 양면 마주보기 생성으로 실행시킵니다. 즉, 스프레드 페이지로 작업을 시작하고 싶다면 '페이지 마주보기'에 체크 표시한 다음 시작 페이지 번호를 짝수로 설정하면 됩니다.

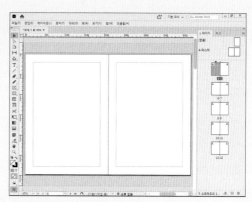

Tip

표지의 페이지 설정

'내지 첫 페이지가 1페이지로 시작한다면 표지는 몇 페이지로 인식이 될까?'라는 의문이 생길 수 있습니다. 내지와 표지는 원고가 따로 만들어지는 경우가 많습니다. 표지는 내지와 종이의 질부터 다르고, 책등과 책날개 등이 추가되어 전체 크기에도 차이가 있을 수밖에 없기 때문에 따로 만들고 각각 저장하여 내보내는 것이 일반적입니다. 책의 형태를 떠올려 보면 쉽게 이해할 수 있습니다.

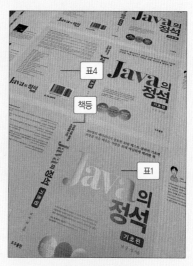

❶ 표지의 1페이지(실무에서는 이를 줄여 '표1'이라 부릅니다) : 표지
❷ 표지의 2페이지(표2) : 첫 표지를 넘겼을 때 내지 1페이지와 연결되는 면(표지의 뒷면)
❸ 표지의 3페이지(표3) : 내지의 마지막 페이지와 연결되는 면(뒤표지의 앞면)
❹ 표지의 4페이지(표4) : 뒤표지
❺ 표1과 표4 사이에, 표2와 표3 사이에 책등(세네카)이 존재함
표지가 내지를 감싸는 모습을 생각하면 표1과 책등, 표4는 한 지면에 디자인되고 인쇄됩니다.

표지만 인쇄된 이미지

3 — 왼쪽이 짝수 페이지, 오른쪽이 홀수 페이지인 이유

인디자인에서 페이지 번호를 넣을 때는 오른쪽 페이지가 홀수 번호, 왼쪽 페이지가 짝수 번호가 되도록 설정해야 합니다. 첫 페이지를 항상 홀수로 시작한다고 생각하면 쉽습니다. 표지에 해당되는 4페이지가 한 장에 인쇄된다는 기본적인 형식을 이해한다면 오른쪽 페이지가 홀수 번호가 되어야 한다는 규칙을 쉽게 이해할 수 있습니다.

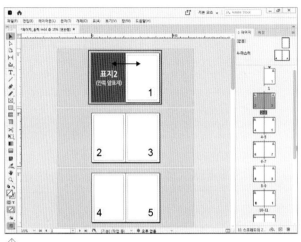

↑ '1'페이지와 마주보는 페이지는 '표2(표지의 뒷면)'

인디자인은 기본적으로 첫 페이지를 항상 홀수로 시작합니다. 책을 만들려면 첫 페이지는 '1'페이지로 시작되어야 하는 것이 기본이기 때문입니다. 초보 디자이너의 경우, 첫 페이지를 펼침면으로 디자인하기 위한 의도로 '1'페이지를 삭제하기 위해 시간을 허비하기도 합니다. 첫 페이지부터 펼침면으로 연결된 디자인을 하고자 한다면, '1'페이지는 '표2(표지의 뒷면)'와 연결되도록 디자인할 수 있습니다.

혹은 '1'페이지를 면지로 활용하여 인트로 부분에 여유를 만들어 낼 수 있습니다. 표지와 내지를 연결하기 위한 표지 안쪽 두 페이지의 공간을 '면지(End Paper)'라고 합니다. 책 커버를 넘기면 나오는 색지를 떠올릴 수 있습니다.

색지는 일반적으로 120g 밍크지를 많이 사용하지만, 최근의 추세는 색지보다는 컬러 인쇄를 선택합니다. 컬러 인쇄로 면지를 어떻게 구성하는가에 따라 완성도가 달라지기도 합니다.

제본 방식에 따라 달라지는 판형 설정

포스터나 엽서 등 낱장 형태의 문서를 제작할 것인지, 브로슈어나 단행본 등 제본 형태의 문서를 제작할 것인지, 접지 형태의 문서를 제작할 것인지에 따라 인디자인 문서의 판형이 달라집니다. 최종 인쇄물의 목적에 맞게 페이지를 설정할 수 있어야 함은 물론, 접지 방법이나 제본 형태까지 고려하여 크기를 설정할 수 있어야 디자인의 전 과정을 독립적으로 진행할 수 있습니다.

1 ── 무선 제본은 2의 배수, 페이지 마주보기 설정

무선 제본이란 가장 일반적인 제본 방식 중 하나로, 우리가 주변에서 쉽게 찾아볼 수 있는 일반적인 책의 형태는 대부분이 무선 제본입니다. 현장에서는 떡제본이라고도 불리며 표지와 내지를 풀로 접착하는 형식입니다.

∴ 무선 제본을 2의 배수로 구성해야 하는 이유

페이지가 늘어나도 책등을 페이지만큼 두껍게 설정하면 되기 때문에 제본 방법 중에는 페이지 제한이 여유롭다는 장점이 있습니다. 표지와 내지가 따로 인쇄된 다음 내지와 묶여 제책되기에 '표지 4페이지+내지 2의 배수'로 제작됩니다. 페이지 패널을 보면, 첫 페이지와 마지막 페이지가 합쳐져서 2의 배수가 만들어집니다. 이것이 페이지 마주보기에 체크 표시가 되어야 하는 이유입니다.

↑ 무선 제본

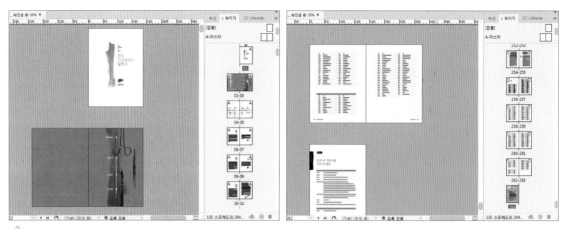

첫 장과 마지막 장이 낱장으로 설정되어 있으나 짝수로 끝나는 무선 제본 페이지 구성, 첫 페이지와 마지막 페이지가 하나의 스프레드를 이룬다.

∴ 무선 제본의 판형

무선 제본 같은 경우, 책 표지를 작업할 때 뒤표지+책등+앞표지를 한 장에 붙여서 작업한다는 점을 기억해야 합니다. 내지와 표지를 결합하는 구조이기에 다음 이미지와 같이 표지로 인쇄된 한 장의 종이가 내지 묶음을 감싸게 되는 과정을 생각하면 무선 제본의 전체 판형을 쉽게 이해할 수 있습니다. 내지의 양과 종이 선택에 따라 달라지는 두께가 책등의 크기에 영향을 미친다는 부분도 반드시 고려되어야 합니다. 내지와 표지를 별개로 분리한 다음, 펼쳐진 면으로 보이도록 작업하면 앞·뒤로 연결된 디자인을 검토할 수 있습니다.

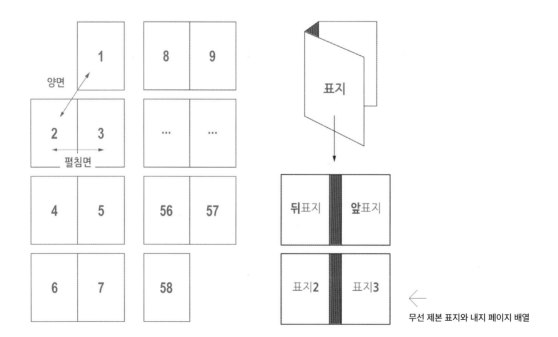

무선 제본 표지와 내지 페이지 배열

2── 표지 파일을 별도로 생성하고 책등 크기 계산하기

편리성을 생각한다면 표지와 내지를 한 파일로 묶어서 저장할 수도 있으나 인쇄를 위한 파일 내보내기를 생각한다면 표지와 내지는 분리하여 작업해야 합니다. 표지에는 내지에 없는 책등이 포함되며, 때로는 후가공 첨가를 위한 별도의 인쇄 파일이 필요합니다. 표지 파일을 만들어 보고 정확한 크기 적용을 위한 책등 크기를 구해 봅니다.

∵ 표지 판형 생성하기

표지나 내지는 비교적 유사한 콘셉트를 유지하는 것처럼 보이지만 그 작업 방식에서는 차이가 있습니다. 내지는 책 구성에 따라 개별 페이지에 들어간 내용들이 잘 읽히도록 만들면 되지만, 표지는 이 내지 페이지 묶음들이 떨어지지 않도록 둘러싸는 커버의 형태이므로 표지, 책등, 날개 각 3면의 너비가 다르며 물론 날개가 없는 책도 있습니다. 또한 표지는 이 모든 면이 연결된 형태로 인쇄되어야 합니다. 본문 내지 작업을 위해 '페이지', '스프레드'의 개념을 연습했다면, 표지 제작을 위한 '페이지 병합', '문서 페이지 재편성 허용'을 알아봅니다.

- **완성 파일** : 02\표지판형_완성.indd
- **구성** | 표지 3페이지(앞표지(표1), 뒤표지(표4), 책등) + 날개 2페이지, A5(가로 148mm, 세로 210mm)
  표지 3페이지(표2, 표3, 책등) + 날개 2페이지

1 ── Ctrl+N을 눌러 새로운 문서 만들기 대화상자가 표시되면 '인쇄'를 선택하고, 폭을 '148mm', 높이를 '210mm'로 설정합니다. 페이지를 '3'으로 설정하고 '페이지 마주보기'를 체크 표시한 다음 〈여백 및 단〉 버튼을 클릭합니다.

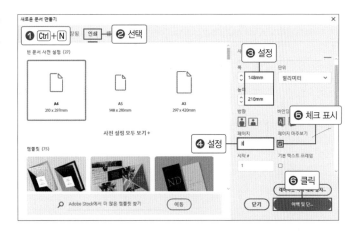

2 ── 새 여백 및 단 대화상자가 표시되면 여백에서 위쪽, 아래쪽, 안쪽, 바깥쪽을 모두 '0mm'로 설정하고, 열에서 개수를 '1', 간격을 '5mm'로 설정한 다음 〈확인〉 버튼을 클릭합니다.

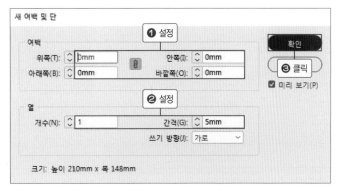

3 ― 페이지 패널에서 3페이지가 생성된 것을 확인할 수 있습니다.
한 장의 스프레드 페이지로 만들기 위해 페이지 패널에서 페이지를 선택하고 마우스 오른쪽 버튼을 클릭한 다음 **문서 페이지 재편성 허용**을 실행하여 체크 표시를 해제합니다.

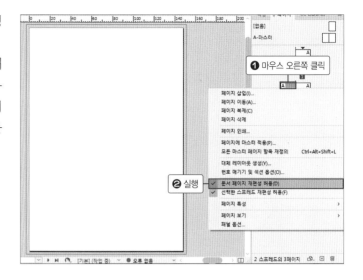

4 ― 페이지 패널에서 2~3페이지를 선택하여 1페이지의 오른쪽으로 드래그합니다. 3페이지가 하나의 스프레드 페이지로 구성됩니다.

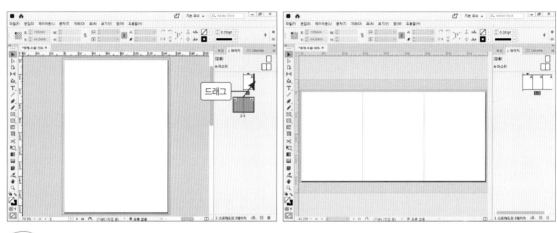

Tip

본문에서는 새 문서를 만들 때 3페이지를 생성했지만, 마스터 페이지를 가져와 페이지를 삽입할 수도 있습니다.

❶ 1페이지를 선택하고 오른쪽 마우스 버튼을 클릭한 다음 **문서 페이지 재편성 허용**을 실행하여 체크 표시를 해제합니다.

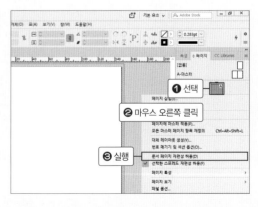

❷ 'A-마스터'를 클릭하여 마스터 양쪽 페이지가 모두 선택
된 것이 확인되면, 1페이지 오른쪽으로 드래그합니다.

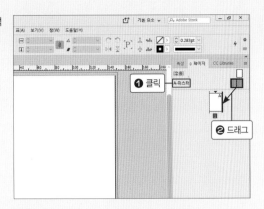

❸ 하나의 스프레드 페이지에 3페이지가 나란히 생성되었
습니다.

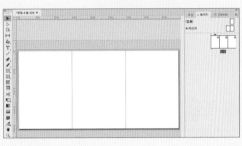

5 ― 왼쪽부터 순서대로 뒤표지-책등-
앞표지가 됩니다.
책등이 될 페이지의 너비를 줄이기 위해
페이지 도구(▣)를 선택한 다음 2페이지
를 선택합니다. 속성 패널에서 W를
'10mm'로 설정하여 너비를 줄입니다.

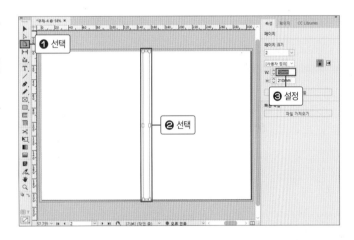

Tip

화면 설정에 따라 상단에 컨트롤 패널이 표시된다면 여기에
서도 W를 '10mm'로 설정하여 너비를 줄일 수 있습니다.

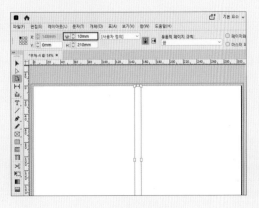

6 — 표지에 날개를 만들어 봅니다. 'A-마스터'의 페이지를 드래그하여 양 끝으로 붙입니다.

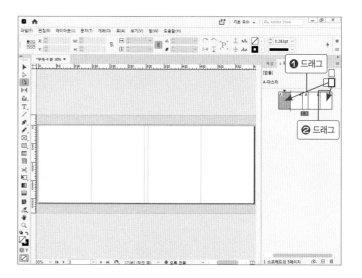

7 — 왼쪽부터 순서대로 날개-뒤표지-책등-앞표지-날개가 됩니다.

날개가 될 페이지의 너비를 줄이기 위해 페이지 도구(⬚)를 선택한 다음 양쪽 날개 부분을 각각 선택하여 속성 패널에서 W를 '60mm'로 설정하여 너비를 줄입니다.

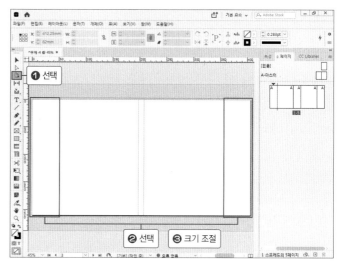

8 — 표지의 뒷면이라 할 수 있는 '표2 페이지'와 '표3 페이지'를 추가하려면 '날개-뒤표지-책등-앞표지-날개'의 구성을 그대로 복사합니다. 페이지 패널에서 '1-5'를 더블클릭하여 페이지를 모두 선택한 다음 '새 페이지 만들기' 아이콘(⬚)으로 드래그합니다. 6~10페이지가 생성된 것을 확인할 수 있습니다.

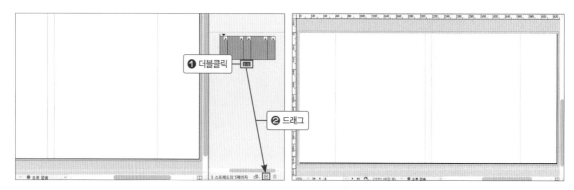

∴ 후가공을 위한 페이지 설정하기

후가공 원고를 어렵게 생각하는 경우가 많으나 대부분의 후가공 원고는, 후가공을 적용하고 싶은 부분만 검은색으로 남기고 나머지를 모두 삭제하는 방법으로 만들어지며, 대개의 후가공은 원고 제작 방식이 같습니다. 다만 후가공을 적용할 위치가 틀어지지 않도록 신경 써야 합니다.

- **예제 파일** : 02\표지후가공.indd   • **완성 파일** : 02\표지후가공_완성.indd
- **구성** | 표지 3페이지(앞표지, 뒤표지, 책등), 가로 180mm, 세로 220mm, 책등 5mm

1 — 02 폴더에서 '표지후가공.indd' 파일을 불러옵니다.
표지 원고는 왼쪽부터 뒤표지(표4)–책등(세네카)–앞표지(표1)로 구성되어 있습니다. 같은 위치와 레이아웃을 정확히 유지하기 위해 1~3페이지를 그대로 복사하여 후가공 원고를 만들어 봅니다.

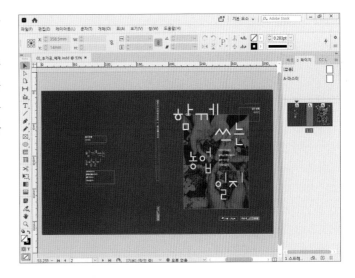

2 — 페이지를 복사하기 위해 페이지 패널에서 '1-3'을 더블클릭하여 복사할 페이지를 모두 선택한 다음 '새 페이지 만들기' 아이콘(▣)으로 드래그합니다.

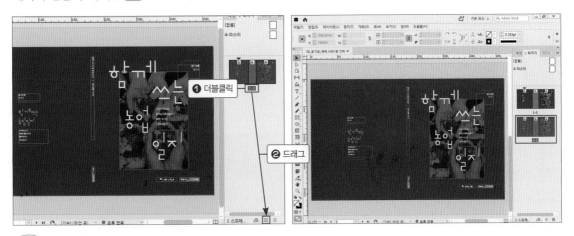

Tip

페이지를 선택한 다음 '새 페이지 만들기' 아이콘(▣)으로 드래그하지 않고 클릭하는 방법을 사용하면, 선택한 페이지 다음 페이지에 새 페이지가 추가됩니다.

3 ― 후가공 원고를 만들기 위해 복사된 4~6페이지에서 후가공이 올라갈 정확한 위치의 문자 또는 이미지를 제외하고 그 외의 디자인 요소들을 모두 삭제합니다. 모든 후가공 작업은 인쇄 현장에서 이루어 지므로 후가공 원고는 디자인이 된다라는 의미보다 위치 지정으로 생각하는 것이 좋습니다.

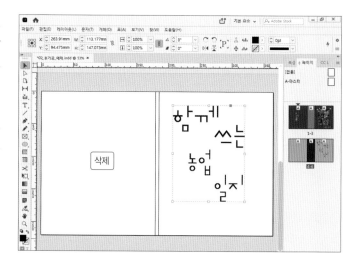

4 ― 예제는 실제 의뢰 업체의 시안으로 구성되었기에 저작권 문제가 있는 글꼴들은 아웃라인이 해제된 상태입니다.
색상을 변경할 개체를 선택한 다음 도구 패널에서 '칠'을 더블클릭합니다. 색상 피커 대화상자가 표시되면 'C=0%, M=0%, Y=0%, K=100%'로 지정한 다음 〈확인〉 버튼을 클릭하면 후가공이 적용될 개체의 색상이 변경됩니다.

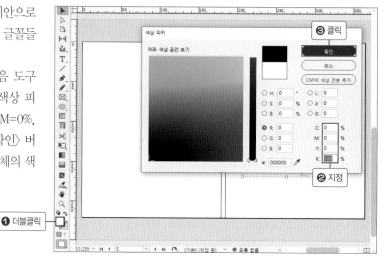

> **Tip**
>
> 후가공 원고를 제작할 때 정확한 위치가 설정되었다면 해당 요소는 'K=100%'로 설정하는 것이 보편적입니다. 현장과 협의된 약속이라고 생각할 수 있습니다.

5 ― 후가공 원고가 완성되었습니다. 지정된 위치에 형압이나 에폭시 코팅, 금박 등의 후가공을 올려 인쇄물의 고급스러움을 한층 더할 수 있습니다.

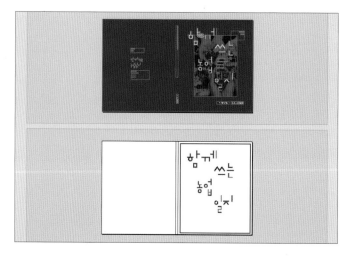

6 — 지금까지 후가공 원고는 '함께 쓰는 농업 일지'라는 문자가 종이 위에 인쇄된 다음, 후가공을 문자와 같은 위치에 올리는 방법으로 제작되었습니다. 만약 문자를 인쇄하지 않고 후가공만 올리는 형태로 제작한다면, 미리 보기용 원고를 남기고 인쇄용 원고를 추가하여 마무리하는 것을 추천합니다.

인쇄용 원고 페이지를 추가하기 위해 '1-3'을 더블클릭한 다음 다음 새 페이지 만들기 아이콘(⊞)으로 드래그합니다. 새로 만들어진 페이지는 인쇄용 원고이므로 '함께 쓰는 농업 일지' 문자를 삭제합니다.

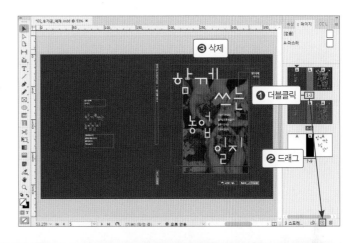

미리 보기용 원고

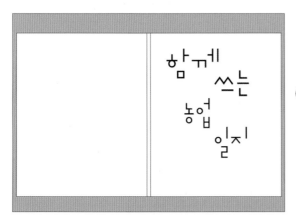

인쇄용 원고

위치 보기용 원고

> **Tip**
>
> 인쇄를 제외하고 후가공만 올릴 경우 눈에 보이지는 않으며, 빛으로 느껴지거나, 읽히기에는 어려움이 있으나 촉각으로 만져지는 등의 재미를 만들어 볼 수 있습니다. 디자이너가 후가공 과정을 조금 더 이해하고 있다면 독자에게 차별화된 경험을 제공할 수 있습니다.

∴ 책등을 구하는 다섯 가지 방법

책등은 무선 제본 책자를 제작할 때 앞표지와 뒤표지를 연결하는 부분으로, 완성된 책의 두께를 말합니다. 실무 현장에서는 세네카라는 용어를 사용하기도 합니다. 일본어인 '세나카(せなか : 背中)'에서 유래된 용어로, 등, 배, 가운데라는 의미를 갖고 있습니다. 지양해야 할 단어이지만 현장에서는 빈번하게 사용되고 있는 용어이기 때문에 언제든 소통은 가능해야 합니다.

디자인만 하면 그만이라는 생각이라면 책등을 디자인하는 방법만 알면 되겠지만, 애초부터 인쇄를 목적으로 만들어지는 원고인 만큼 인쇄 진행에서 당황하는 모습을 보이는 디자이너가 되지 말아야겠습니다. 책등을 구하는 다섯 가지 방법은 다음과 같습니다.

• 공식으로 계산하기

(페이지÷2) × 종이 두께 + 1.05(풀 두께를 감안)

가장 기본적인 방법이지만 오차가 있으며, 면지의 두께를 알아야 한다는 단점이 있습니다.

종이 평량(g)	종이 종류	두께
80g	미색모조	0.09mm
100g	미색모조	0.115mm
120g	백상지	0.135mm
150g	아트지	0.160mm
200g	아트지	0.200mm
250g	아트지	0.255mm

다양한 종이 종류와 평량에 따라 각각의 두께를 정확히 안다는 것도 일반적이지는 않기에 위의 방법이 어렵게 생각될 수 있습니다. 하지만 종이의 두께에 대한 정보만 확실하다면 가장 확실하고 빠른 방법이라 할 수 있습니다.

예를 들어, 미색모조 80g, 240쪽의 구성이라면 (240÷2) × 0.09 + 1.05 = 11.85라는 계산이 나옵니다. 그럼 책등을 대략 12mm로 잡으면 됩니다.

• 인쇄 사이트의 견적 창 활용하기

최근에는 고객 맞춤형 인쇄 서비스를 전문으로 하는 업체가 많습니다. 인쇄 견적이 동시에 산출되는 자동 견적 산출 시스템을 갖추고 있어 가장 손쉽게 사용되는 방법입니다. 숙련된 인쇄 전문가들의 노하우로 만들어진 사이트이기에 신뢰도가 높은 결과물 산출이 가능합니다.

↑ 출처 : 성원애드피아 견적 산출 시스템(swadpia.co.kr)

↑ 출처 : 레드프린팅 견적 산출 시스템(redprinting.co.kr)

• 실물 책을 샘플로 하여 실측하기

계산을 한다고 해도 실제로는 미세한 차이가 나는 경우가 많습니다. 주로 본문으로 사용되는 종이가 일정하기에 견본책을 기준으로 실측이 가능합니다. 가지고 있는 견본책이 360페이지이고 제작할 책이 200페이지라면 앞 날개에서 200페이지까지의 두께를 자로 잴 수 있습니다. 견본책보다 페이지가 많다면 해당 페이지만큼 추가하여 계산이 가능합니다.

↑ 실물 책을 참고하여 실측하기

• 종이를 구매한 지업사를 통해 도움받기

가장 정확하고 안정된 방법일 수 있으나 통화 연결이 어려운 상황 중에 작업 시간이 빠듯하거나 지업사를 통한 프로세스가 아니라면 가장 번거로운 방법이기도 합니다. 처음 사용하는 종이거나 경험 데이터가 없는 수입지의 경우라면 전문가의 도움을 받는 것이 좋습니다.

• 페이퍼프라이스 앱을 이용하여 계산하기

페이퍼프라이스는 쉽고 빠른 인쇄 용지 견적 서비스입니다. 일반적인 앱과 사용 방법이 비슷하여 처음 접하는 디자이너도 비교적 직관적으로 책등을 계산할 수 있습니다. 앱만 다운받으면 누구나 사용할 수 있기 때문에 접근성이 좋으나 앞서 설명한 방법을 주로 사용해 온 디자이너라면, 시도 자체가 낯설게 느껴질 수 있습니다. 어떤 방법을 이용하든 약간의 오차는 있을 수밖에 없는 부분이기에 책등의 두께를 구할 때 한 가지 방법에 의지하기보다 적어도 두 가지 방법 이상으로 값을 비교하는 것이 좋습니다. 이전 방법으로 산출한 책등의 값에 자신이 없을 때, 다음과 같은 앱을 함께 사용할 수 있습니다.

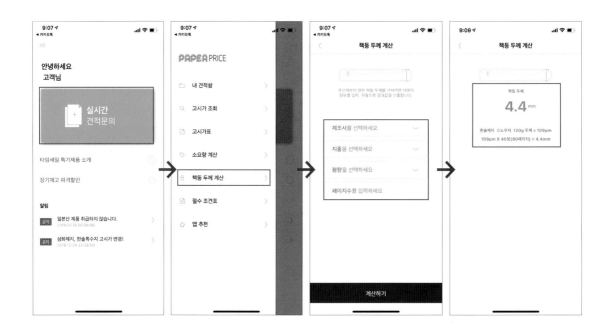

3 ── 중철 제본은 4의 배수, 페이지 마주보기 설정

중철 제본이란 좌우 펼침이 한 장이 되도록 인쇄하여 4쪽을 순서대로 묶어 접히는 위치에 철심(스테이플러 심)을 박는 제본 방식입니다. 최종 결과물의 크기가 A4가 되려면, A4보다 2배가 큰 크기인 A3로 인쇄하여 제본해야 합니다. 4페이지씩 작업이 되어야 하는 이유를 외우려기보다 중철 제본 결과물을 생각해 보면 이해가 쉽습니다. 총 4페이지가 앞·뒤·좌·우로 한 장에 인쇄되어야 책의 형태로 엮여질 수가 있습니다.

∴ 중철 제본의 판형

중철 제본은 페이지를 다음 이미지와 같이 4의 배수로 만들어야 합니다. 중철 제본의 경우 책등이 없어 표지와 내지를 같은 문서에서 작업할 수 있는 장점이 있으며, 편리한 만큼 단가도 저렴한 편이나 종이 두 께에 따라 40페이지 이상의 페이지는 책자가 벌어지기 때문에 제본이 어렵습니다.

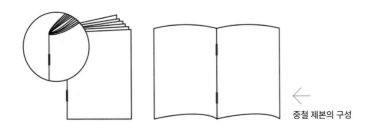

중철 제본의 구성

중철 제본은 종이 한 장에 앞·뒤로 2페이지씩 4페이지가 양면으로 인쇄됩니다. 이렇게 인쇄된 인쇄물들 을 순서대로 포개어 가운데 철심을 박으면서 반으로 접어 제본하는 방식이기에 반드시 4의 배수로 작업해 야 합니다. 중철 제본이 예전만큼 다양한 곳에 활용되지는 않지만 관공서나 공공 기관의 마케팅 또는 지 자체의 관광 홍보를 목적으로 만들어지는 인쇄물에는 여전히 활용되고 있습니다.

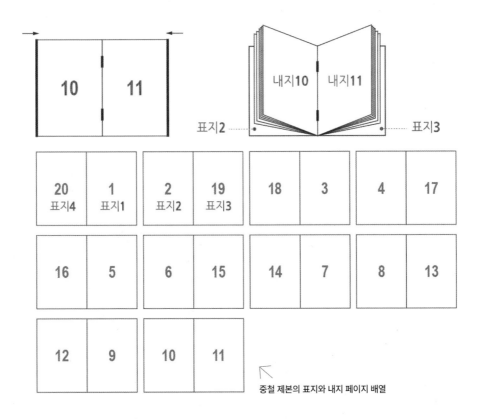

중철 제본의 표지와 내지 페이지 배열

∴ 중철 제본 문서 설정하기

중철 제본의 경우, 페이지 분량이 4의 배수로 제작되어야 한다는 것을 항상 유의하세요. A5 크기의 결과물을 얻기 원한다면 두 배 크기인 A4 용지에 한 번에 인쇄한 다음, 중앙을 스테이플러로 박는 방식이기 때문에 양면 두 페이지 모두 인쇄됩니다. 1페이지만 늘려야 하는 상황이더라도 3페이지가 함께 추가되어야 하는 구조이므로 페이지 구성에 신중해야 합니다.

- **구성** | 표지 4페이지(앞표지, 표지2, 표지3, 뒤표지), 내지 16페이지의 총 20페이지 편집물,
  A5(가로 148mm, 세로 210mm)

1 — 메뉴에서 (**파일**) → **새로 만들기** → **문서**를 실행하여 새로운 문서 만들기 대화상자가 표시되면 '인쇄'를 선택하고 'A5'를 선택합니다. '페이지 마주보기'를 체크 표시한 다음 〈여백 및 단〉 버튼을 클릭합니다.

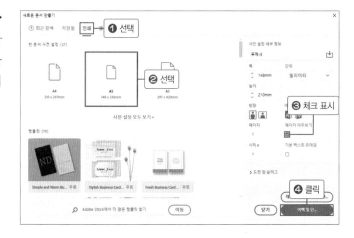

2 — 새 여백 및 단 대화상자가 표시되면 여백에서 위쪽, 아래쪽, 안쪽, 바깥쪽을 모두 '10mm'로 설정하고, 열에서 개수를 '1', 간격을 '5mm'로 설정한 다음 〈확인〉 버튼을 클릭합니다.

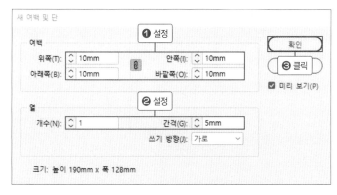

3 — 페이지 패널에서 '패널 메뉴' 아이콘(▤)을 클릭한 다음 **페이지 삽입**을 실행합니다. 페이지 삽입 대화상자가 표시되면 페이지에 '19'를 입력한 다음 〈확인〉 버튼을 클릭합니다.

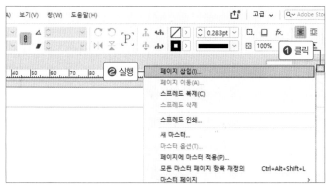

4 — 추가로 19페이지가 연속으로 생성
됩니다.

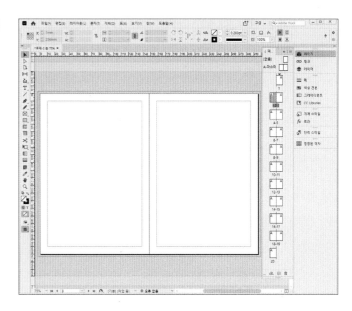

5 — 1페이지는 앞표지, 2페이지는 표2, 3~18페이지까지는 내지, 19페이지는 표3, 20페이지는 뒤표지입니다.

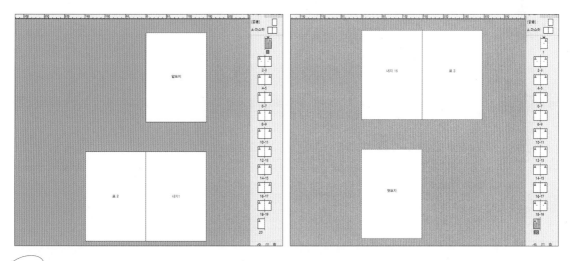

Tip

중철 제본은 표지에서 내지로 들어갈수록 재단에 의해 가로 크기가 미세하게 짧아지기 때문에 디자인할 때 내지 좌우 여백
을 고려해야 합니다. 20페이지를 기준으로 했을 경우 종이 두께에 따라 달라질 수 있지만 10페이지에서 펼쳐 보았을 때 표
지 크기에 비해 2mm 정도 짧은 것을 확인할 수 있습니다.

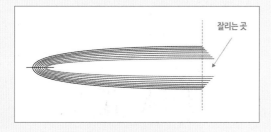

4── 접지 형식은 페이지 마주보기 설정 해제

접지란 낱장 인쇄물을 2단, 혹은 3단 등으로 접어서 페이지가 구분되게 만드는 방법입니다. 접지의 방식은 너무나 많기에 정보의 양에 맞게 형태를 선정할 수 있습니다. 상황에 맞게 여러 가지 모양으로 개성 있는 인쇄물을 제작할 수 있기에 후가공으로 간주되기도 하지만, 작업 시작 시점의 문서 설정이 상당히 중요합니다. 주로 표지와 내지를 구분해야 하는 리플릿이나 초청장 등에 많이 사용됩니다.

∴ 접지 형태의 방법에 따라 달라지는 판형

접지에서 몇 쪽으로 나누어 접었느냐에 따라 O단 접지라고 불리며, 4단 이상으로 접는 방식으로는 주로 대문접지, 8단접지, 병풍접지 등이 사용되고 있습니다. 다양한 접지의 방법 중, 그 모습이 대문을 여닫는 형태와 비슷하다는 대문접지는 양쪽 끝을 한 번 접은 후에 다시 반으로 완전히 접는 형태이기 때문에 안쪽으로 접혀 들어가는 양쪽 날개 부분은 가운데 페이지보다 약간 작게 작업해 주어야 접지가 자연스럽게 이루어진다는 것을 유의해야 합니다. 종이가 두꺼울수록 고급스럽지만, 접힐 때 어려움이 있을 수 있기에 문서 설정 시 예민하게 다루어야 하는 부분입니다.

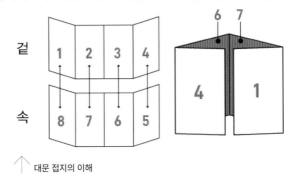

대문 접지의 이해

∴ 접지 형태의 편집물 문서 설정하기

A4 크기를 가로로 접지하고, 양쪽을 접으면 총 8페이지의 효과를 볼 수 있습니다. 휴대하기 알맞은 크기가 되며, DM 발송용으로도 활용된다는 장점이 있습니다. 접지 형태의 편집물은 여러 페이지로 구성되기 때문에 내용이 많은 경우 일목요연하게 구분지어 나열하기 좋은 구조가 됩니다.

- **완성 파일** : 02\접지편집물_완성.indd
- **구성** | 가로 658mm, 세로 225mm
   　　　　1페이지와 4페이지 각각 가로 164mm, 2페이지와 3페이지 각각 가로 165mm

1 ― 메뉴에서 [파일] → 새로 만들기 → **문서**를 실행하여 새로운 문서 만들기 대화 상자가 표시되면 '인쇄'를 선택하고 폭을 '164mm', 높이를 '225mm'로 설정합니다. '페이지 마주보기'를 체크 표시한 다음 〈여백 및 단〉 버튼을 클릭합니다.

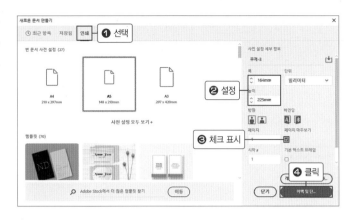

2 ― 새 여백 및 단 대화상자가 표시되면 여백에서 위쪽, 아래쪽, 안쪽, 바깥쪽을 모두 '10mm'로 설정하고, 열에서 개수를 '2', 간격을 '7mm'로 설정한 다음 〈확인〉 버튼을 클릭합니다.

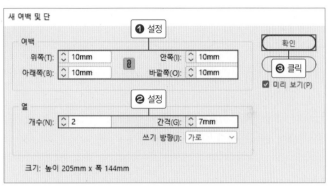

3 ― 양면 4단 대문접지로 4개의 페이지를 만듭니다. 페이지 패널에서 '패널 메뉴' 아이콘(▤)을 클릭한 다음 **문서 페이지 재편성 허용**을 실행하여 체크 표시를 해제합니다.

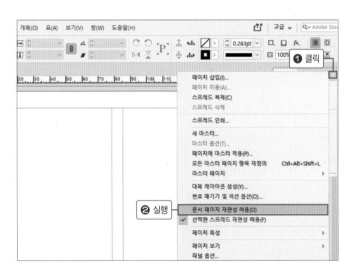

4 ― 페이지 패널에서 '패널 메뉴' 아이콘(▤)을 클릭한 다음 **페이지 삽입**을 실행합니다.
페이지 삽입 대화상자가 표시되면 페이지에 '3'을 입력한 다음 〈확인〉 버튼을 클릭합니다.

5 ─ 4페이지가 연속으로 생성됩니다.

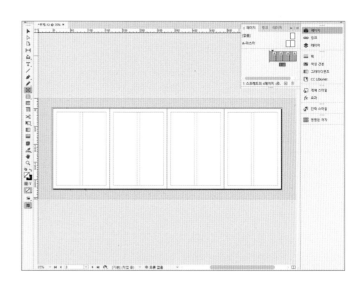

6 ─ 양면 4단 대문접지 리플릿의 경우
종이 두께에 따라 페이지의 가로가 달라야
합니다. 1페이지와 4페이지는 접어서 안
으로 들어가는 페이지이므로 2페이지와 3
페이지보다 1mm씩 짧게 문서를 설정합
니다.
현재 문서는 1페이지와 4페이지 가로에
맞게 164mm로 설정되어 있습니다.
2페이지와 3페이지만 선택하고 '페이지 크
기 편집' 아이콘(⊡)을 클릭한 다음 **사용
자 정의**를 실행합니다.

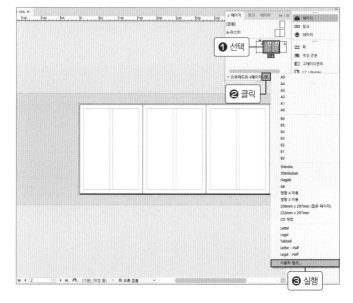

7 ─ 사용자 정의 페이지 크기 대화상자
가 표시되면 폭을 '165mm'로 설정한 다음
〈확인〉 버튼을 클릭합니다.

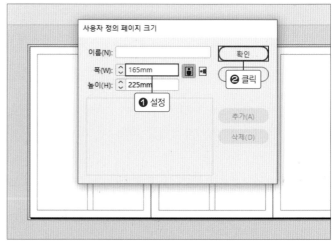

8 — 1페이지와 4페이지는 164mm, 2페이지와 3페이지는 165mm로 설정된 4단 대문접지 리플릿 겉면이 만들어집니다.

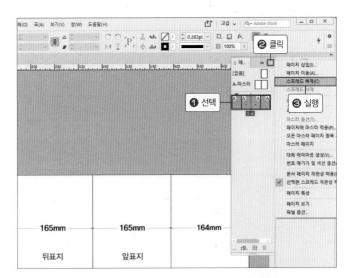

Tip

접지 시에 안쪽으로 접혀 들어가는 면의 경우 다른 면보다 1~3mm정도 작아야 접히는 면이 구겨지는 것을 방지할 수 있습니다.

9 — 양면 4단 대문접지 리플릿이므로 겉면과 똑같이 속지 4페이지를 만듭니다. 페이지 패널에서 Shift를 눌러 1~4페이지까지 4개의 페이지를 선택합니다. '패널 메뉴' 아이콘(▤)을 클릭한 다음 **스프레드 복제**를 실행합니다.

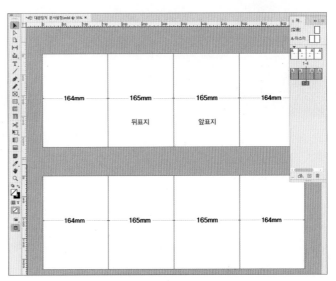

10 — 양면 8페이지의 4단 대문접지 리플릿 새 문서를 만들었습니다. 리플릿 작업 시 2페이지는 뒤표지, 3페이지는 앞표지입니다.

양면 인쇄 결과물은 1페이지와 8페이지, 2페이지와 7페이지, 3페이지와 6페이지, 4페이지와 5페이지가 앞뒤로 인쇄됩니다.

5 ── 180° 펼침 형식을 고려하여 지면을 넓게 활용한 판형

제본을 고려한다면 중요한 정보나 그림이 제본 방향에 묻히지 않도록 안쪽 여백을 여유 있게 두어야 합니다.
안쪽 여백을 원칙적으로 유지하려면 다양한 디자인적 시도가 어렵기 마련입니다. 양쪽 페이지가 180° 펴
지는 방식을 염두에 두고 디자인한다면, 마치 넓은 화면에서 영화를 보듯 시각적으로 보다 다양한 시도를
할 수 있으며 고급스러운 느낌을 줍니다.

↓ 무선 제본(PUR)

오타바인딩(PUR 제본의 업그레이드, 광개본) : 본문과 표지의 책등이 붙어 있지
↓ 않은 제본이다.

↑ 레이플랫 : 일반 무선 제본에 비해 펼침성과 내구성이 월등히 좋으며, 페이지가 서로 만나는 부분의 마감도 매끄럽게 펼쳐지기에 고급스러운 느낌을 준다.

완성도를 높이는 레이아웃 계획하기

기초적인 부분이지만 왜 여백이 중요하며 단을 지정하는 기술이 곧 감각이 되는지 이해하는 것은 인디자인 프로그램 스킬을 떠나 편집 기초에 해당하는 부분입니다. 워드프로세스를 잘 사용한다고 소설을 잘 쓸 수 있는 것이 아니듯이, 여백과 단을 설정하는 기술보다 안정된 여백을 운용하는 감각이 인쇄물의 완성도에 영향을 미친다는 점에 주목해야 합니다.

1 ── 여백 및 단을 활용하여 세련된 레이아웃 만들기

인디자인에서 여백과 단의 설정은 디자인 결과물에 직접적인 영향을 미치는 부분이기에 초기 설정뿐 아니라 디자인 전 과정에서 지속적으로 고려해야 할 부분입니다. 여백과 단 설정은 기술적으로는 전혀 어려운 부분이 아닙니다. 그럼에도 많은 디자이너가 그래픽 요소나 본문 레이아웃에 집중하느라 여백을 필요보다 적게 잡거나 넓게 설정하여 완성도를 떨어트리는 실수를 반복합니다.

← 다양한 책자와 홍보물의 여백과 단 설정

소지하고 있는 책들이나 홍보물들을 다양하게 참고하면, 여백과 단 사용에는 정해진 규칙이나 답이 없다는 것을 알 수 있습니다. 디자이너의 의도와 상황에 맞게 다양한 방법으로 여백 활용이 가능합니다. 판에 박은 듯한 천편일률적인 레이아웃보다는 여백도 디자인한다는 생각을 가지고 필요에 맞는 공간을 배열하는 것이 좋습니다. 여백은 가독성과 완성도뿐만 아니라 책의 미적인 부분에까지 영향을 주기 때문에 매우 중요한 역할을 합니다.

여백 설정 시 고려해야 할 부분

① 책의 용도
② 책의 판형(크기)
③ 텍스트의 양
④ 색상 사용 여부
⑤ 사진 삽입 여부

∴ 텍스트를 불러와 안정된 여백 조정하기

마스터 페이지에서 여백 및 단을 적용하여 반복되는 전체 페이지에 일괄적으로 변화를 줄 수 있습니다. 단행본이나 간행물 같이 페이지 수가 많거나 같은 구조, 디테일을 가져가야 하는 작업물일수록 활용도가 높습니다.

• **예제 파일** : 02\알렉세이브로도비치.hwp   • **완성 파일** : 02\여백조정_완성.indd
• **구성** | 가로 128mm, 세로 188mm
　　　　　위쪽 여백 20mm, 아래쪽 여백 20mm, 안쪽 여백 20mm, 바깥쪽 여백 20mm에서
　　　　　위쪽 여백 20mm, 아래쪽 여백 30mm, 안쪽 여백 22mm, 바깥쪽 여백 16mm로 변경
　　　　　양쪽 스프레드 페이지의 여백이 동일한 구성 내에서 변화 주기

1 — Ctrl + N 을 눌러 새로운 문서 만들기 대화상자가 표시되면 '인쇄'를 선택하고, 폭을 '128mm', 높이를 '188mm'로 설정합니다. 페이지를 '1'로 설정하고, '페이지 마주보기'와 '기본 텍스트 프레임'을 체크 표시한 다음 〈여백 및 단〉 버튼을 클릭합니다.

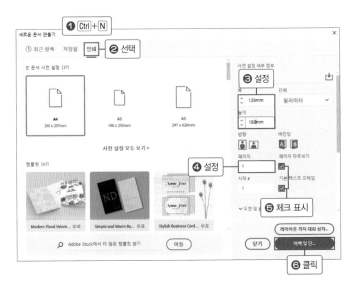

2 — 새 여백 및 단 대화상자가 표시되면 '20mm'로 설정되어 있습니다. '모든 설정 동일하게 만들기' 아이콘(⑧)을 클릭하여 해제하면, 여백을 각각 다르게 설정할 수 있습니다.

이 단계에서 여백 및 단을 명확하게 결정 짓기는 어렵습니다. 판형이 같다 해도 작가마다 문체와 문단의 길이가 다르고 텍스트의 양도 다르기 때문입니다. 예제에서는 기본 설정을 유지하고 〈확인〉 버튼을 클릭합니다.

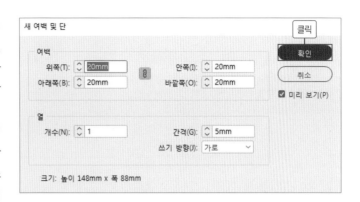

3 — 02 폴더에서 '알렉세이브로도비치.hwp' 파일을 불러온 다음 [Ctrl]+[C]를 눌러 텍스트를 복사합니다. 인디자인에서 선택 도구(▶)가 선택된 상태에서 텍스트 프레임을 더블클릭하여 텍스트 프레임 시작 위치에서 커서가 활성화되면 [Ctrl]+[V]를 눌러 붙여 넣습니다.

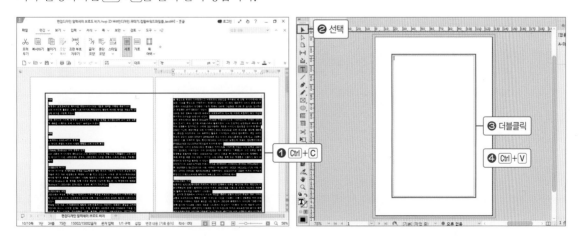

4 ― 새 문서를 생성할 때 1페이지의 문서를 만들고 시작했으나, 텍스트를 붙여넣은 후 페이지가 자동으로 추가된 모습을 확인할 수 있습니다.

Tip

기본적으로 한글 원고에서 기본 글꼴 크기로 작성된 텍스트를 예제와 같은 단행본 형식의 소책자 크기로 불러온다면 1.5배~2배까지 페이지가 늘어난다고 예상할 수 있습니다.

5 ― 원하는 페이지의 여백만 정리하기 위해서는 페이지 패널에서 '2-3'을 더블클릭한 다음 메뉴에서 [레이아웃] → **여백 및 단**을 실행하여 여백을 설정합니다.

6 ― 전체 페이지에 여백을 적용하려면 반드시 마스터 페이지에서 수정해야 합니다. 페이지 패널에서 'A-마스터'를 더블클릭하여 마스터 페이지로 이동합니다.

메뉴에서 [레이아웃] → **여백 및 단**을 실행하여 여백 및 단 대화상자가 표시되면 '모든 설정 동일하게 만들기' 아이콘(▯)을 클릭하여 해제 상태(▯)로 변경합니다.

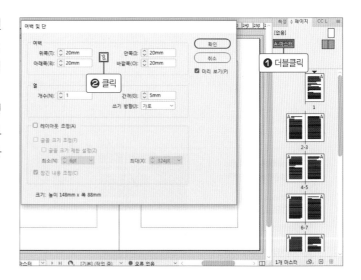

7 — 여백에서 위쪽을 '20mm', 아래쪽을 '30mm', 안쪽을 '22mm', 바깥쪽을 '16mm'로 설정하고, '미리 보기'를 체크 표시하거나 해제하여 기존 판형과의 차이를 확인할 수 있습니다. 처음에 페이지를 생성할 때 설정된 여백과 단에 맞게 만들어진 기존의 텍스트 상자와 새로 만들어진 여백 가이드라인을 일치시키기 위해 '레이아웃 조정'을 체크 표시한 다음 〈확인〉 버튼을 클릭합니다.

8 — 페이지 패널에서 '2-3'을 더블클릭하여 본문으로 이동하면 모든 페이지에 여백 및 단이 새롭게 적용된 것을 알 수 있습니다. 각 페이지마다 텍스트 프레임의 크기와 위치를 조절하거나 여백 및 단을 수정할 필요가 없습니다. 페이지 추가 삽입이 필요하다면 자동으로 텍스트 흐름까지 설정되는 것을 볼 수 있습니다. 판면이 좁아지면서 전체 페이지가 2페이지 늘어났습니다.

> **Tip**
>
> 여백 크기에 대한 부분은 완성도를 높이는 가이드라인으로 제시될 수는 있으나 정답은 없습니다. 작업을 여러 번 하다 보면 각 판형에 맞는 자신만의 기준이 생기기도 합니다. 경험에서 나오는 노하우라고 할 수 있습니다. 전체적으로 안정감을 주는지, 기획 단계에서 잡은 방향에 부합되는지 등을 살펴 언제든 미세 조절이 가능합니다. 소지하고 있는 서적들을 펼쳐 자를 들고 직접 여백의 수치를 재는 것도 좋은 방법입니다.

여백을 활용하여 지면의 표정 바꾸기

앞서 설명했듯이 여백은 디자이너의 의도에 따라 조절할 수 있습니다. 여백을 설정하는 데 있어 정보의 양을 무시할 수는 없으나 여백을 어떻게 설정하느냐에 따라 인상이 바뀌기 때문에 페이지의 기본 요소에서 여백은 첫인상을 결정하는 중요한 부분이라 할 수 있습니다. 여백이란 페이지 안에서 가장자리에 얼마만큼의 공간을 두고 본문이 보이게 할 것인지 정하는 기준선이라고 할 수 있습니다.

- **예제 파일** : 02\여백활용.indd, 알렉 1.jpg, 알렉 2.jpg　　　• **완성 파일** : 02\여백활용_완성.indd
- **구성** ｜ 가로 128mm, 세로 188mm

　　　위쪽 어백 20mm, 아래쪽 여백 30mm, 안쪽 여백 22mm, 바깥쪽 여백 16mm에서
　　　위쪽 여백 16mm, 아래쪽 여백 30mm, 안쪽 여백 50mm, 바깥쪽 여백 16mm로 변경
　　　양쪽 스프레드 페이지의 여백이 동일한 구성 내에서 변화 주기

1 — 02 폴더에서 '여백활용.indd' 파일을 불러옵니다.

여백과의 조화를 위해 기본 서체로 불러온 텍스트의 글꼴과 크기를 변경합니다.

선택 도구(▶)로 텍스트 프레임을 더블클릭하여 커서가 활성화되면 Ctrl+A를 눌러 전체 선택합니다. '기본 텍스트 프레임'으로 만들어진 텍스트 프레임이기 때문에 모든 페이지의 텍스트가 연결되어 선택됩니다.

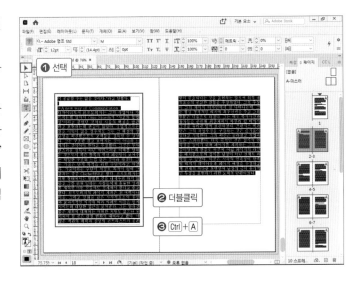

2 ── 메뉴에서 (문자) → 문자를 실행하면 문자 패널이 표시됩니다. 글꼴을 'KoPub돋움체_Pro', 글꼴 크기를 '9pt', 행간을 '14pt', 가로 비율을 '98%', 자간을 '−10'으로 지정합니다. 도구 패널에서 선택 도구(▶)를 선택하여 텍스트 프레임 선택을 해제합니다.

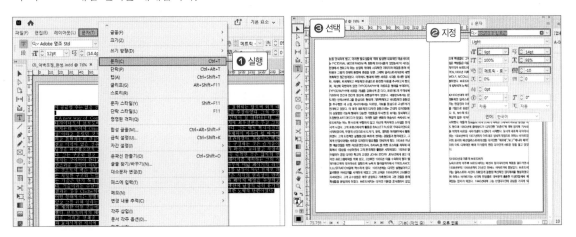

3 ── 전체 페이지의 여백을 변경하기 위해 페이지 패널에서 'A−마스터'를 더블클릭하여 마스터 페이지로 이동한 다음 메뉴에서 (레이아웃) → 여백 및 단을 실행합니다.

4 ── 여백 및 단 대화상자가 표시되면 여백에서 위쪽을 '16mm', 아래쪽을 '30mm', 안쪽을 '50mm', 바깥쪽을 '16mm'로 설정하고, '레이아웃 조정'을 체크 표시한 다음 〈확인〉 버튼을 클릭합니다.

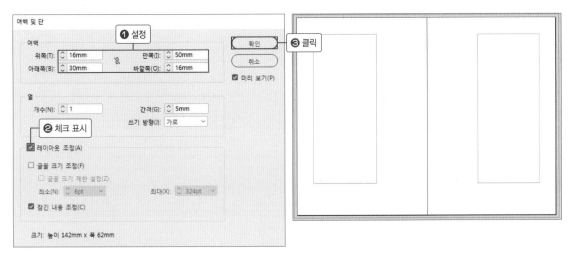

5 ─ 페이지 패널에서 '2-3'을 더블클릭하여 본문으로 이동하면 모든 페이지에 여백 및 단이 새롭게 적용된 것을 확인할 수 있습니다.

여백이 넓어지면서 상대적으로 판면은 좁아졌기 때문에 전체 페이지가 늘어난 것을 알 수 있습니다.

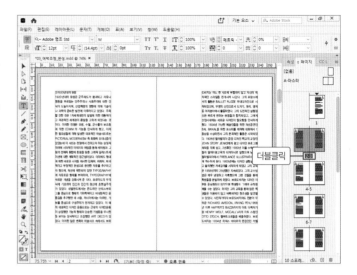

6 ─ 도구 패널에서 사각형 프레임 도구(⊠)를 선택한 다음 이미지를 삽입하고자 하는 부분에 드래그하여 사각형 프레임을 만듭니다. 속성 패널에 W를 '25mm', H를 '35mm'로 설정한 다음 사각형 프레임을 적당한 위치로 이동합니다.

사각형 프레임이 보이지 않는다면 메뉴에서 (**보기**) → **화면 모드** → **표준**을 실행합니다.

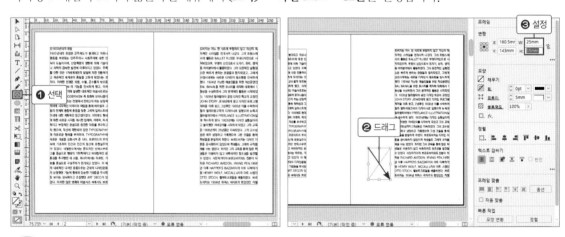

Tip

디자이너들은 이미지의 크기나 위치가 정확한 좌표로 떨어지도록 작업하는 경우가 많습니다. 작업자의 성향에 따라 차이가 있을 수는 있으나 지면을 채워 나가는 그래픽 소스들의 위치가 그리드라는 논리에 맞게 정확히 맞아떨어질 때 보기에도 편안한 레이아웃이 됩니다.

Tip

사각형 프레임 도구(⊠)와 사각형 도구(▢)의 다른 점은, 사각형 프레임 도구(⊠)의 경우 선과 면의 색이 없다는 것입니다. 면과 선의 성격을 갖고 있지 않기 때문에 테두리 없이 이미지 원본만을 가져오고 싶을 때 사용하는 기능입니다. 사각형 도구를 이용하여 이미지를 삽입하면 도형에 적용된 선과 면의 색이 자동으로 적용되므로 나중에 다시 색을 없애기 위해 변경해야 하는 번거로움이 생깁니다.

7 — 사각형 프레임을 선택하고 Shift +Alt 를 누른 상태에서 위쪽으로 드래그 하여 하나 더 복사합니다.

도구 패널에서 선택 도구(▶)를 선택한 다음 2개의 사각형 프레임을 선택합니다.

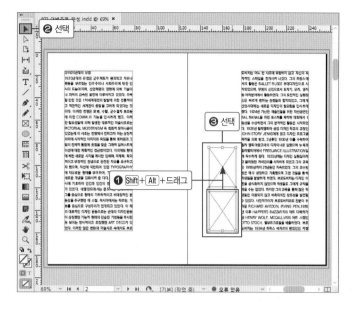

8 — 메뉴에서 (파일) → **가져오기**를 실행하여 가져오기 대화상자가 표시되면 02 폴더에서 '알렉 1.jpg', '알렉 2.jpg' 파일을 선택한 다음 〈열기〉 버튼을 클릭합니다. 선택한 이미지가 미리 보기 형식으로 마우스 커서를 따라다닙니다. 사각형 프레임을 클릭하여 2개의 빈 프레임에 이미지를 삽입합니다.

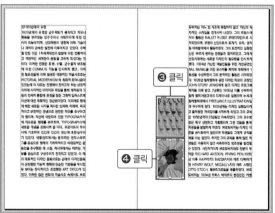

Tip

미리 보기 이미지는 파일명 순서대로 보이기 때문에 순서대로 이미지 프레임에 삽입하지 않을 경우 키보드의 방향키를 이용하여 미리 보기를 하나씩 보면서 이미지 프레임에 삽입할 수 있습니다. 이미지를 잘못 가져왔거나 제외하고 싶은 이미지가 있을 때는 Esc 를 누릅니다.

9 ― 여백만 조절하여 공간의 대비 효과가 돋보이는 레이아웃을 만들 수 있습니다. 여백 공간이 커지면 주변 공간도 영향을 받아 지면이 단순해지면서 집중력이 생기는 효과가 있습니다. 여백을 통해 세련되고 고급스러운 느낌을 받기도 합니다.

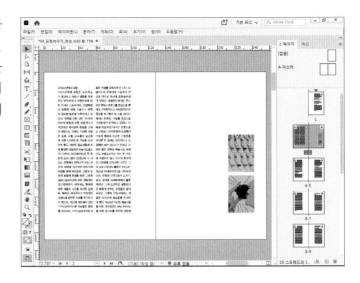

이렇듯 여백 자체가 심미적인 목적으로 사용되기도 하지만 이미지와 서체 등을 삽입하여 콘텐츠를 강조하기도 합니다. 여백의 성격을 고려하지 않고 필요 이상으로 정보들을 채운다면 여백을 낭비하는 경우가 될 수 있으니 유의해야 합니다.

Tip

마스터 페이지에서 양쪽 페이지를 선택하지 않고, 한 쪽 페이지씩 선택하여 '여백 및 단'을 수정하면 또 다른 인상을 주는 지면이 만들어집니다. 디자이너가 조금씩만 응용하고 변형한다면 얼마든지 시각적으로 흥미를 더하는 새로운 편집물을 제작할 수 있습니다.

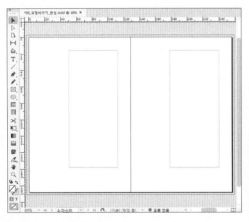
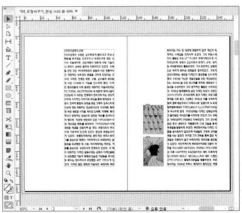

2 —— 하단 면주 고려하여 쪽 번호와 표제 삽입하기

완성도가 높은 서적들을 살펴보면, 생각보다 여백을 넓게 지정하고 있다는 것을 확인할 수 있습니다. 상단보다 하단 여백을 더 여유롭게 둔 책들도 쉽게 눈에 띕니다. 하단에 페이지 번호나 서명, 쪽표제 등을 넣을 수 있도록 '면주' 혹은 '하시라'라고 하는 여백을 고려하기 위해서입니다. 하단 여백에 들어가는 요소로는 주로 러닝핏, 쪽 번호 등이 있습니다.

• **러닝핏** : 장 제목이나 도서명이 있는 부분을 가리키는 말로, '면주'라고도 합니다. 하단에 들어갈 경우 '러닝핏', 상단에 존재할 경우 '러닝헤드'라고 불리기도 합니다. 머리말이나 기타 모든 페이지에 반복적으로 노출되는 내용으로 챕터명이나 소제목, 캐치프레이즈, 지은이 등을 강조하거나 독자가 현재 위치를 알 수 있도록 내비게이션 역할을 합니다. 여기서 Running은 연속적인 또는 반복된다는 의미이고, Head는 책 페이지의 상부나 글의 첫머리, 신문 등의 표제(Headline) 등을 의미합니다. 생소한 용어이지만 현장에서는 여전히 '하시라'라는 용어를 더 많이 사용합니다.

하시라는 일본어로 '기둥'이라는 뜻을 갖고 있습니다. 편집 용어로는 적당해 보이지 않는 이 단어가 왜 현장에서 사용되고 있는지를 이해하려면 적어도 600년 전으로 돌아가야 합니다. 당시에는 글자 틀의 정중앙에 책의 이름과 페이지 번호를 기록했는데 이것을 '판구' 또는 '판심제(版心題)'라고 불렀습니다. 조선의 활자술과 인쇄술이 일본에 전해지면서 이것을 '츄고쿠다이(柱刻題)' 또는 '하시라다이(柱題)'라고 부르기 시작했고, 그 후 일본어로 된 어려운 출판 용어가 속속 등장했습니다. 오늘에 이르러 결국 하시라(柱)라고만 부르게 되었고 이것이 한국에서도 그대로 통용되었습니다.

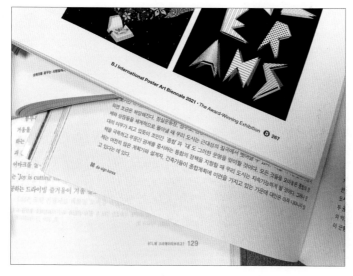

'하시라'라고 불리는 하단 정보(면주)

- **쪽 번호** : 보통 양쪽 페이지에 대칭이 되도록 배치합니다. 펼침면의 경우 양쪽 페이지에 위치하는 것이 전통적인 방법이나 최근에는 차별화된 디자인적 요소를 고려하여 홀수 페이지 혹은 짝수 페이지 한 쪽에만 노출되는 경우도 많습니다. 시중에 나와 있는 서적들을 살펴보면 하시라와 쪽 번호를 또 하나의 디자인적 요소로 활용하여 하단 여백을 기능적 공간이 아닌 미적 공간으로 사용하고 있습니다.

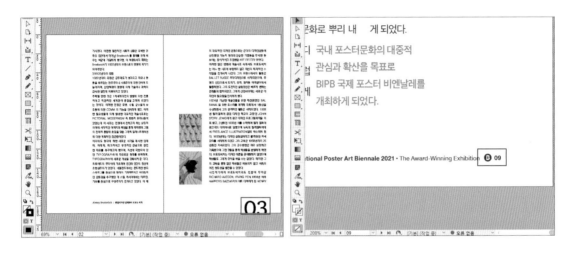

> **Tip**
>
> 하단 여백 디자인에 대한 설명은   Part 3의 Section 3
>
> 해당 파트의 챕터를 참고하세요.   마스터 페이지를 활용한 다양한 페이지 번호와 쪽표제 만들기

3── 무선 제본 시 중앙 여백 부분을 여유 있게 고려하기

전통적인 책의 경우, 안쪽 여백이 바깥쪽 여백보다는 좁고, 상단 여백보다는 하단 여백이 넓습니다. 손가락으로 책을 넘겼을 때, 본문에 손이 닿지 않도록 하기 위해 바깥쪽 여백이 넓게 작업되는 경향이 있으나 제본이 될 인쇄물이라면 기본적으로 안쪽 여백을 여유 있게 고려해야 합니다. 최근에는 안쪽 여백을 충분히 주어 본문이 제책 방향으로 쏠리는 느낌을 방지하고, 바깥쪽 여백을 10mm 정도까지 좁혀 운동감이 느껴지는 지면을 구성하기도 합니다. 정해진 규칙이 있다기보다 여백이라는 공간을 자유자재로 이동하며 독자의 시선을 사로잡고자 다양한 레이아웃으로 활용되고 있습니다. 적절하게 잡은 여백은 결국 책을 읽기 편하게 만들어 주고 지면을 세련된 구성으로 완성해 줍니다.

안쪽과 바깥쪽 여백을 설정하여 편하게 읽히는 본문 디자인하기

제본되는 면의 내지는 안쪽으로 묶이는 형태로 만들어지기 때문에 본문이 안쪽 여백에 가깝다면 읽기가 어려울 수밖에 없습니다. 대부분의 무선 제본 책들은 180°로 펴지지 않습니다. 물론 판형이나 편집 스타일에 따라 안쪽 여백에 대한 설정 방법은 달라질 수 있겠지만, 기본적으로 여유 있게 두는 것이 안전합니다.

- **예제 파일** : 02\안쪽여백(거터마진).indd   **완성 파일** : 02\안쪽여백(거터마진)_완성.indd
- **구성** | 가로 128mm, 세로 188mm
  오른쪽 페이지 : 위쪽 여백 16mm, 아래쪽 여백 30mm, 안쪽 여백 60mm, 바깥쪽 여백 5mm
  왼쪽 페이지 : 위쪽 여백 16mm, 아래쪽 여백 30mm, 안쪽 여백 5mm, 바깥쪽 여백 60mm
  안쪽과 바깥쪽 여백 넓히기(5mm → 20mm)

1 — 02 폴더에서 '안쪽여백(거터마진).indd' 파일을 불러옵니다.
페이지 패널에서 '02-03'을 더블클릭하여 이동합니다. 안쪽 여백이 좁게 설정되어 있습니다. 작업 화면상으로는 크게 불편함을 느끼지 못할 수 있으며, 인쇄 단계에서도 실수로 보이지 않을 수 있습니다.

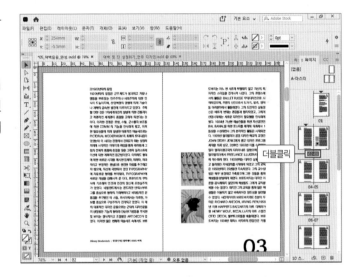

2 — 안쪽 여백을 넓히기 위해 페이지 패널에서 'A-마스터'의 왼쪽 페이지를 더블클릭합니다. 왼쪽 페이지의 안쪽 여백과 오른쪽 페이지의 안쪽 여백을 같게 설정할 수 없는 구조를 가진 페이지입니다.
메뉴에서 (레이아웃) → **여백 및 단**을 실행하여 여백 및 단 대화상자가 표시되면 '모든 설정 동일하게 만들기' 아이콘( )을 클릭하여 해제 상태( )로 변경된 것을 확인합니다. 안쪽을 '20mm', 바깥쪽을 '45mm'로 설정하고, '레이아웃 조정'을 체크 표시한 다음 〈확인〉 버튼을 클릭합니다.

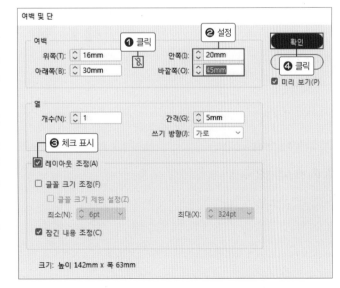

3 — 오른쪽 페이지의 바깥쪽 여백을 넓히기 위해 페이지 패널에서 'A-마스터'의 오른쪽 페이지를 더블클릭합니다.

메뉴에서 〔레이아웃〕 → **여백 및 단**을 실행하여 여백 및 단 대화상자가 표시되면 안쪽을 '45mm', 바깥쪽을 '20mm'로 설정한 다음 〈확인〉 버튼을 클릭합니다.

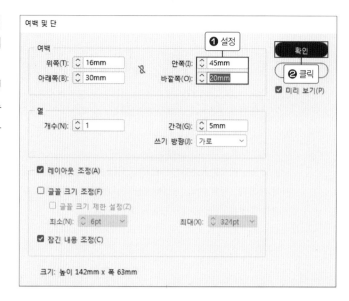

4 — 페이지 패널에서 '02-03'을 더블클릭하여 본문으로 이동하면 모든 페이지에 여백 및 단이 새롭게 적용된 것을 확인할 수 있으며, 안쪽과 바깥쪽 여백에 여유가 생겼습니다.

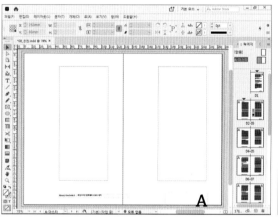

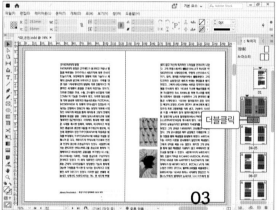

∴ 안쪽 여백을 설정하여 삽입된 이미지가 잘리지 않게 디자인하기

제본이 되는 방향으로 본문만 말려 들어가는 것이 아니라 이미지 역시 안쪽으로 묶여 보기에 불편한 레이아웃을 만듭니다. 이미지의 크기와 중요도에 따라 안쪽 거터 라인으로 붙은 사진이나 그림은 재미를 만드는 요소가 되는 경우도 있습니다. 하지만 사람의 얼굴이나 문자가 들어간 이미지의 경우에는 의도된 정보가 정확히 전달되도록 안쪽 여백을 충분히 두는 것이 좋습니다.

• 예제 파일 : 02\안쪽이미지여백.indd • 완성 파일 : 02\안쪽이미지여백_완성.indd
• 구성 | 가로 128mm, 세로 188mm
　　　　　안쪽 여백 주의하여 이미지 위치 조절하기

1 — 02 폴더에서 '안쪽이미지여백. indd' 파일을 불러옵니다.

페이지 패널에서 '04-05'를 더블클릭하여 삽입된 이미지의 위치를 살펴봅니다. 오른쪽 페이지의 안쪽 여백 중앙선(거터 라인)에 이미지가 붙어 있습니다.

무선 제본 책자라 하더라도 페이지가 많지 않은 인쇄물이라면, 안쪽 여백 없이 이미지를 중앙에 밀착시켜 지면을 넓게 활용하는 것도 재미를 더할 수 있는 레이아웃이 됩니다.

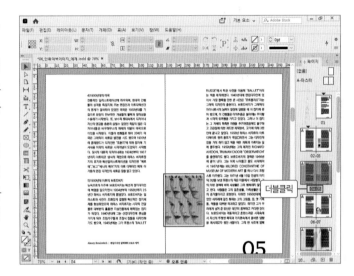

2 — 페이지 패널에서 '06-07'을 더블클릭하여 이미지의 위치를 살펴봅니다. 05페이지의 해당 위치에 이미지가 삽입되어 있다 하더라도 내용에 따라 이미지의 특성을 고려하는 세심한 주의가 필요합니다.

사람의 얼굴이나 상세히 보여 주어야 하는 상품 등의 이미지라면 위치를 이동하거나 전체적인 그리드 수정이 필요합니다.

3 — 이미지가 양쪽 스프레드 페이지에 넓게 삽입되면 인상적인 레이아웃을 만들어 냅니다. 과감한 이미지 삽입을 통해 독자의 집중도를 높일 수 있으며, 다채로운 레이아웃을 제공할 수 있습니다.

08~09페이지의 경우, 이미지의 중앙 부분이 제본 방향으로 묶이더라도 전체 지면의 분위기에 큰 영향을 끼치지 않습니다.

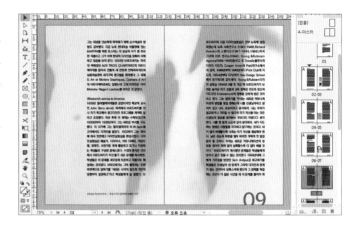

4 — 10~11페이지에는 동일한 레이아웃에 같은 방법으로 이미지가 삽입되어 있으나 수정이 필요합니다.

중요 이미지가 사람의 얼굴이기 때문에 페이지의 중앙 여백에 사진의 주요 부분이 겹치지 않도록 하는 것이 좋습니다. 이미지의 비율과 해상도가 괜찮다면 사진의 크기를 조절하여 대처할 수 있습니다.

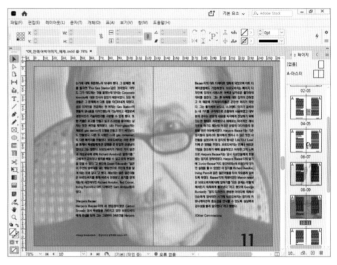

5 — 선택 도구(▶)로 이미지를 클릭합니다. 이때 이미지의 위치를 옮기면 이미지 프레임이 통째로 이동되어 사진의 위치를 다시 자리 잡아야 하는 번거로움이 생깁니다.

실제 이미지만 드래그하여 위치나 비율을 조절하려면 갈색 프레임(컨테이너 프레임)을 선택해야 합니다. 이미지의 가운데로 커서를 이동해 '내용 선택 도구' 아이콘(◎)이 표시될 때 드래그하여 이미지만 이동할 수 있습니다.

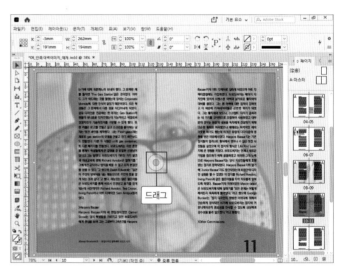

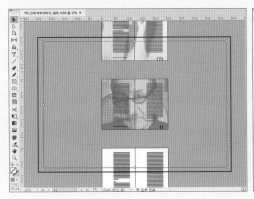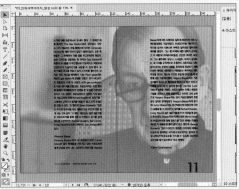

4 ── 책의 완성도를 결정하는 여백과 그리드 활용하기

여백은 어쩌다 보니 만들어지는 빈 공간이 아닙니다. 디자이너의 기획에 의해 의도적으로 비워진 필수적 공간으로 콘텐츠를 강조하기도 하고 가독성을 높여 주며, 완성도를 만들어 내는 중요한 요소가 됩니다. 그리드 시스템을 활용하면 레이아웃을 할 때 여백의 감각을 이끌어 내는 데 유용한 수단이 됩니다.

∴ 여백을 디자인하는 그리드 시스템

'그리드를 짠다.'라는 말은 지면에 들어갈 이미지와 글이 몇 단으로 들어갈 것인지를 결정하는 것뿐 아니라, 여백의 양과 분배 스타일을 정한다는 의미가 되기도 합니다. 그리드는 인쇄물의 시각적 질서와 다양한 변화를 만들어 내는 훌륭한 도구이며, 그리드를 통해 전체 페이지를 통합된 한 덩어리로 보고 일관성을 유지할 수 있습니다. 내부적으로는 각 페이지마다 메시지의 변화에 맞게 리듬을 살릴 수도 있습니다.

- 예제 파일 : 02\그리드규칙01.indd   • 완성 파일 : 02\그리드규칙01_완성.indd
- 구성 | 가로 128mm, 세로 188mm
    열의 개수 6, 간격 3mm의 여백 및 단을 그리드로 활용하며,
    판면이 넓고 여백이 좁은 레이아웃 VS 판면이 좁고 여백이 넓은 레이아웃 비교하기

1 — 02 폴더에서 '그리드규칙01.indd'
파일을 불러옵니다.
메뉴에서 [창] → **페이지**를 실행하여 페이
지 패널을 표시합니다.

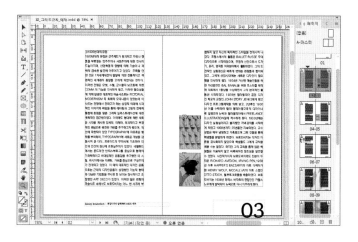

2 — 여백 및 단을 이용하여 그리드를 만들어 봅니다. 먼저 마스터 페이지 삽입을 위해 마스터 페이지 영역
에서 마우스 오른쪽 버튼을 클릭한 다음 **새 마스터**를 실행합니다. 새 마스터 대화상자가 표시되면 접두어를
'B', 이름을 '마스터', 마스터 기준을 '없음', 페이지 수를 '2'로 설정한 다음 〈확인〉 버튼을 클릭합니다. 'B-마스
터'가 생성되었습니다.

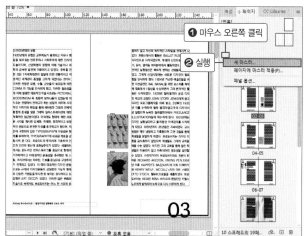

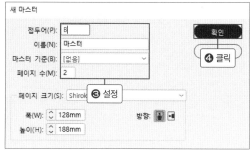

3 — 'B-마스터'에 그리드 시스템으로 활
용될 새로운 여백 및 단을 적용해 봅니다.
'B-마스터'를 더블클릭하여 양쪽 페이지
를 모두 선택한 다음 메뉴에서 [레이아웃]
→ **여백 및 단**을 실행합니다.

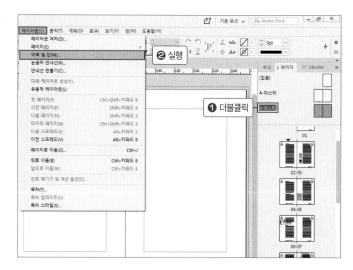

4 — 여백 및 단 대화상자가 표시되면 '모든 설정 동일하게 만들기' 아이콘(⬚)을 클릭하여 해제 상태(⬚)로 변경한 다음 위쪽을 '20mm', 아래쪽을 '30mm', 안쪽을 '22mm', 바깥쪽을 '16mm'로 설정합니다. 열의 개수를 '6', 간격을 '3mm'로 설정한 다음 〈확인〉 버튼을 클릭합니다.

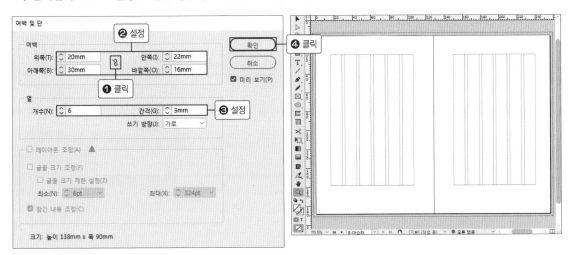

5 — 모든 페이지에 새로운 그리드로 구성된 'B-마스터'를 적용해 봅니다. 먼저 'B-마스터'의 오른쪽 페이지를 선택한 다음 01페이지로 드래그합니다.

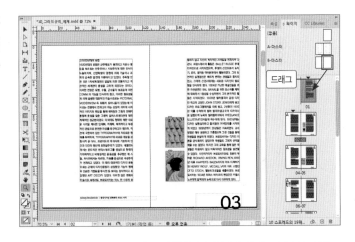

6 ─ 여러 페이지를 한 번에 적용해 봅니다. 페이지 패널에서 02페이지를 선택한 다음 (Shift)를 누른 상태로 05페이지를 선택하면 여러 페이지가 선택됩니다.

(Alt)를 누른 상태로 'B-마스터'를 클릭하면 선택한 페이지에 'B-마스터'가 적용됩니다.

Tip

'B-마스터'에는 면주와 페이지 번호가 없기 때문에 02~05페이지에 'B-마스터'가 적용된 후에는 하단 여백이 깨끗하게 보입니다.

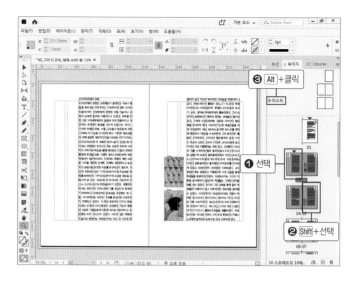

7 ─ 전체 페이지에 'B-마스터'를 적용해 봅니다. 이미 05페이지까지 'B-마스터'가 적용되어 있지만, 다시 모든 페이지를 선택한 다음 '패널 메뉴' 아이콘(▤)을 클릭한 다음 **페이지에 마스터 적용**을 실행합니다.

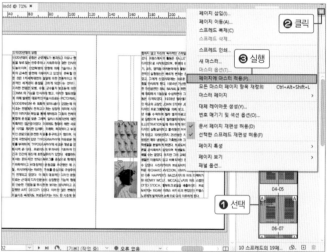

8 ─ 마스터 적용 대화상자가 표시되면 마스터 적용을 'B-마스터', 적용 페이지를 '모든 페이지'로 지정한 다음 〈확인〉 버튼을 클릭합니다.

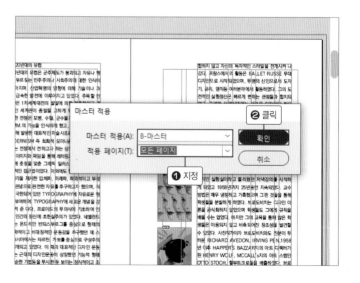

9 — 그리드에 맞춰 페이지마다 레이아웃을 변경합니다. 'A-마스터'에는 텍스트 프레임이 적용되어 있었지만 'B-마스터'에는 여백 및 단만 적용된 상태로, 'A-마스터'보다 자유로운 레이아웃 변경이 가능합니다.

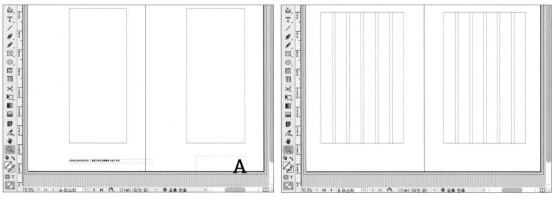

A-마스터의 구성   B-마스터의 구성

10 — '01'을 더블클릭한 다음 선택 도구(▶)가 선택된 상태에서 텍스트 프레임의 왼쪽 조절점을 왼쪽으로 드래그합니다.

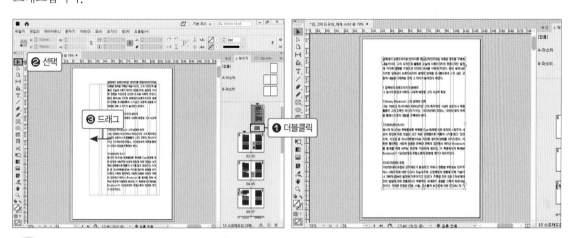

> **Tip**
>
> 키보드의 W를 눌러 가며 그리드 적용 전·후를 비교하면서 편집을 진행하면 전체 그리드의 감각을 익히기 쉽습니다. 프로그램이 익숙해질 때까지는 화면을 확대하여 그리드에 텍스트 프레임을 붙이는 연습을 하는 것이 좋습니다. Ctrl + Alt + 0을 누르면, 양쪽 스프레드가 화면에 꽉 채워진 비율로 보여 변화를 확인할 수 있습니다.

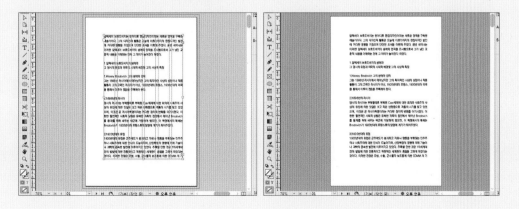

11 — 계속해서 그리드를 신경 쓰며 레이아웃을 변경합니다. '02-03'페이지를 더블클릭한 다음 같은 방법으로 텍스트 프레임을 변경합니다. Shift를 눌러 03페이지의 이미지도 함께 선택한 다음 그리드에 맞추어 왼쪽으로 이동합니다.

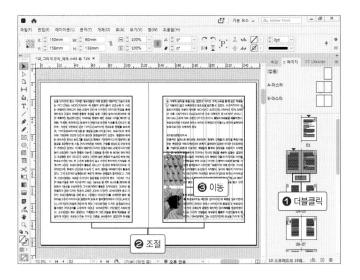

12 — 이미지의 크기를 키울 수도 있습니다. 두 이미지를 선택하고 Ctrl + Shift를 누른 상태로 조절점을 원하는 방향으로 드래그합니다. 같은 비율로 유지하며 확대됩니다.

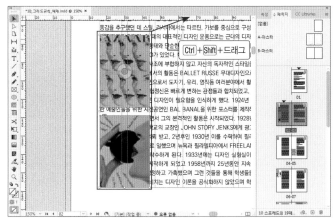

13 — 본문을 가리는 이미지를 보기 좋게 위치시키기 위해 텍스트 감싸기를 사용합니다. 이미지 두 개를 모두 선택한 다음 메뉴에서 〔창〕 → **텍스트 감싸기**를 실행합니다. 텍스트 감싸기 패널이 표시되면 '테두리 상자 감싸기' 아이콘(圃)을 클릭합니다.

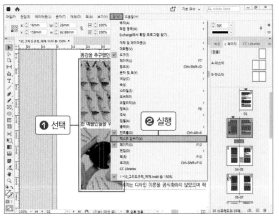

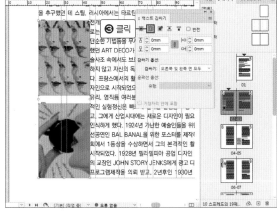

14 — 이미지가 텍스트와 겹치지 않습니다. 이미지의 여백을 동일하게 추가하기 위해 '모든 설정 동일하게 만들기' 아이콘(▦)을 클릭하고, 위쪽 오프셋을 '3mm'로 설정합니다. 이미지와 본문이 그리드에 맞게 정리되었으며, 판면이 넓고 여백이 좁은 레이아웃이 만들어졌습니다.

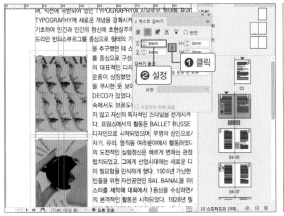 

15 — 위쪽 이미지 상단 여백이 넓어 보입니다. 이미지 위쪽으로 설정된 오프셋 여백과 텍스트 프레임의 행간이 만나 예상하지 못했던 결과를 만드는 경우입니다. 이미지를 선택하고 텍스트 감싸기 패널에서 '모든 설정 동일하게 만들기' 아이콘(▦)을 클릭하여 해제 상태(▨)로 변경한 다음 위쪽 오프셋을 '2mm'로 설정하면 적절한 여백이 적용된 것을 확인할 수 있습니다.

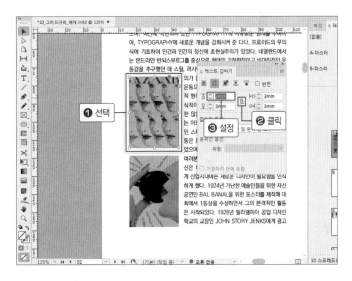

Tip

전체적인 지면의 균형을 자주 살피며 여백을 채우는 것이 좋습니다. 하단 면주 디자인을 'A-마스터'에서 가져오고 싶다면 'A-마스터'에서 하단 면주 요소들을 복사한 다음 'B-마스터'로 이동하여 마우스 오른쪽 버튼을 클릭하고 **현재 위치에 붙이기**를 실행하여 붙여 넣습니다.

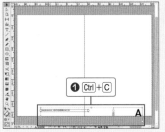 

16 — 그리드를 활용하여 판면이 좁고 여백이 넓은 레이아웃을 만들어 봅니다. '04-05'를 더블클릭하고 그림과 같이 텍스트 프레임의 조절점을 드래그하여 조절합니다.

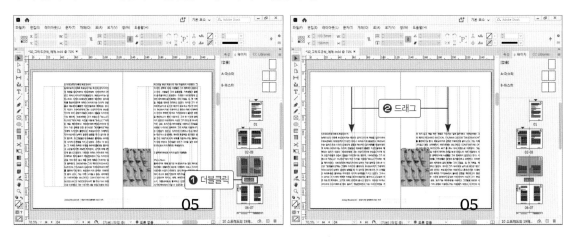

17 — 05페이지의 이미지를 그리드에 맞추어 왼쪽 페이지로 이동합니다. [Ctrl]+[Shift]를 누른 상태로 이미지 프레임의 조절점을 원하는 방향으로 드래그하여 크기를 줄입니다. 그리드를 활용하여 판면이 좁고 여백이 넓은 레이아웃이 만들어졌습니다.

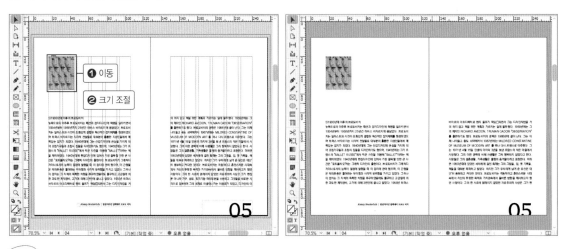

(Tip)

그리드 시스템의 개념

그리드 시스템은 디자인의 모든 요소, 즉 타이포그래피, 사진, 그림, 문자 등이 디자인 결과물로 융화될 수 있도록 돕는 중요한 편집 요소입니다.

지면에 질서를 유지하는 수단이 되지만, 연습 단계에서는 '이 그리드 대로만 움직여야만 한다.'라는 마음가짐보다는 '지금의 그리드를 크게 벗어나지만 않는다면 무엇이든 아이디어로 확장되어도 좋다.'라는 태도로 접근하는 것이 좋습니다. 지면에 그리드 시스템이 적용되면 시각적 질서와 일관성을 유지할 수 있어 보기에도 좋고, 독자에게 최적의 리딩 시스템(Reading System)을 제공할 수 있습니다.

∴ 의미 있는 공간을 찾아 주는 여백 활용

무작정 비어 있는 공간을 남긴다 하여 여백의 아름다움이 만들어지는 것은 아닙니다. 흐르는 여백들을 알맞은 덩이로 묶어 한눈에 인식될 수 있도록 하는 것이 중요합니다. 분리된 공간들은 여백의 역할을 제대로 수행하지 못합니다. 흩어진 여백을 하나의 덩이로 정리하면 지면이 어떤 구조로 나누어져 있는지 분명하게 인식됩니다. 지면 위에 이미지와 글들을 균형 있게 채우려는 노력만큼 여백이 아름답게 흐를 수 있는 구조를 만드는 것 또한 중요합니다.

- 예제 파일 : 02\그리드규칙02.indd   • 완성 파일 : 02\그리드규칙02_완성.indd
- 구성 | 가로 128mm, 세로 188mm
  열의 개수 6, 간격 3mm의 여백 및 단을 그리드로 활용하며,
  분할된 여백의 레이아웃 VS 덩이 구조의 여백 활용 비교하기

1 — 02 폴더에서 '그리드규칙02.indd' 파일을 불러옵니다. 06~07페이지는 'B-마스터'에 적용된 그리드가 충분히 고려된 레이아웃이지만 의미 있는 여백이 충분히 구현되지 못한 경우입니다. 분리된 공간들이 하나의 덩어리로 보일 수 있도록 정리해 봅니다.

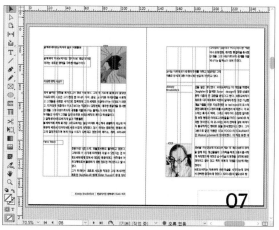 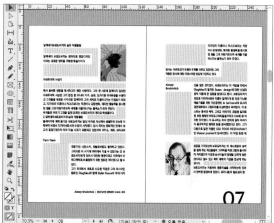

2 — 06~07페이지를 선택하고 그림과 같이 그리드 시스템을 염두에 두며 텍스트 프레임의 조절점을 드래그하여 조절합니다.

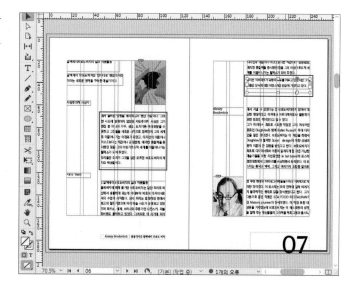

3 — 계속해서 그리드를 신경 쓰며 레이아웃을 변경합니다. 이미지의 위치도 이동하여 여백 공간을 강조할 수 있습니다.

4 — 그리드 적용을 유지하면서 의미 없는 여백들을 줄이면 여백은 제 역할을 할 수 있게 됩니다. 흩어진 여백 공간을 덩이로 묶고 연결하는 과정(Chunking)을 통해 지면에 무게 중심이 형성되어 안정감이 생깁니다.

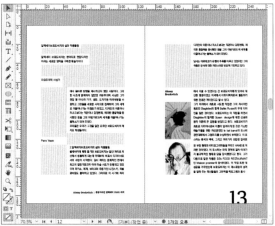

Tip

- 덩이짓기(Chunking, 청킹) : 정보를 의미있는 묶음으로 만드는 것을 말합니다. 인간의 정보 처리 능력의 한계가 있음을 발견한 조지밀러의 연구는 오늘날 하나의 디자인 원리로 적용되어 그래픽 디자인이나 사용자 인터페이스의 디자인에서 보다 편리한 사용성의 향상을 위해 사용되고 있습니다. 같은 그룹 위 요소나 비슷한 요소끼리 가깝게 배열하고 연결성 없는 것을 떨어뜨려 배열합니다.
- 게슈탈트(Gestalt, 게슈탈트) : 사람들은 무의식적으로 비슷한 형태나 근처에 있는 것을 하나의 덩어리로 연결시켜 이해한다고 하는 이론입니다. 지면을 설계할 때, '근접한 개체들은 동일한 개체로 인식된다.'는 근접성의 원칙(Proximity)을 적용한다면, 유사한 정보를 그룹화하거나 여백을 사용하여 시각적 계층과 정보 흐름을 높일 수 있으므로 내용 확인을 더욱 쉽게 만들어 줍니다.

명암과 크기에 있어 중요도의 차이를 두어 시각적 위계를 명확하게 하는 것을 기억해야 합니다.

내용의 위계를 만드는 여백 활용

좋은 레이아웃이란 무게 배분을 생각하는 디자인입니다. 편집 디자인에서 무게란 무엇이 더 중요한지에 대한 고민이라 할 수 있습니다. 공간을 많이 차지하는 정보는 힘을 갖게 되며, 이것이 제목이나 부제 등을 공간이 넓은 곳에 두는 이유입니다. 여백은 중요도가 서로 다른 정보에 위계질서를 부여하고, 중요한 순서대로 한눈에 글이 읽힐 수 있도록 역할을 합니다.

• **예제 파일** : 02\그리드규칙03.indd   • **완성 파일** : 02\그리드규칙03_완성.indd
• **구성** | 가로 128mm, 세로 188mm
　　　　　열의 개수 6, 간격 3mm의 여백 및 단을 그리드로 활용하며,
　　　　　위계 구조가 약한 레이아웃 VS 위계 구조가 잘 표현된 레이아웃 비교하기

1 — 02 폴더에서 '그리드규칙03.indd' 파일을 불러옵니다.
08~09페이지는 'B-마스터'에 적용된 그리드가 충분히 고려된 레이아웃입니다. 여백이 하나의 덩어리로 보이도록 정리되어 있지만 정보 간 위계 구조가 분명하지 않습니다.

2 — 먼저 지면의 정보 간 강약을 만듭니다. 타이틀을 강조하기 위해 텍스트 상자를 더블클릭하여 커서가 활성화된 상태로 텍스트를 드래그한 다음 컨트롤 패널에서 글꼴 스타일을 'Bold', 글꼴 크기를 '16pt', 행간을 '13pt'로 지정합니다. 텍스트가 보이지 않는다면 텍스트 프레임의 크기를 조절합니다. 변경한 텍스트를 오른쪽으로 드래그하여 이동합니다.

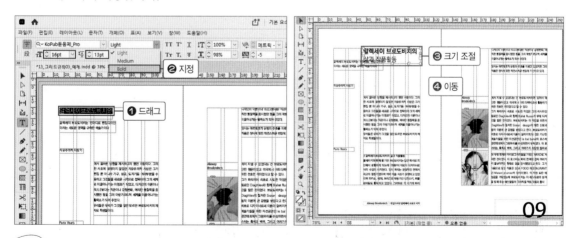

> *Tip*
>
> 컨트롤 패널은 [Ctrl]+[Alt]+[6]을 누르거나 메뉴에서 **[창] → 컨트롤**을 실행하여 나타내거나 없앨 수 있습니다.

3 — 계속해서 그리드를 신경 쓰며 타이틀 왼쪽 내용의 글꼴을 'Kopub돋움체_Pro', 글꼴 스타일을 'Bold', 글꼴 크기를 '8pt', 행간을 '13pt'로 지정합니다. 텍스트 프레임의 크기를 조절하여 텍스트를 모두 보이게 합니다.

하단의 텍스트와 오른쪽 페이지의 텍스트를 오른쪽 그림과 같이 보이도록 텍스트 프레임의 크기를 그리드에 맞게 조절해 줍니다.

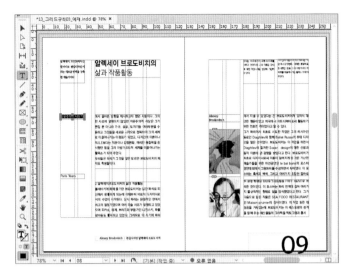

4 — 정보의 성격과 중요도에 따라 문자의 크기, 두께, 위치 등을 조정하여 정보의 위계(Hierarchy)를 다르게 표현하였습니다.

정보의 계층적 구조를 시각적으로 달리 표현하여 중요한 정보를 빠르게 파악할 수 있으며, 효율적 독서를 가능하게 합니다.

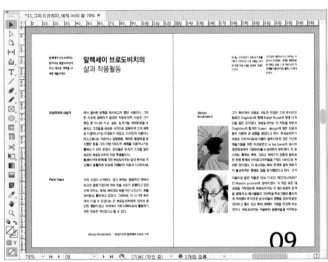

∴ 가독성을 높이는 여백 활용

한눈에 읽히는 가독성이 좋은 편집물을 제작하기 위해서는 여백이 필수적입니다. 가독성이란 글이 얼마나 쉽게 읽히는지를 의미하지만 지면의 완성도와 미적 영역에도 영향을 미치는 부분입니다. 큰 공간을 구분 짓는 능동적 여백은 전체 디자인을 이끄는 또 하나의 그리드 역할을 합니다. 본문을 구성하고 있는 작은 공간들은 가독성을 좌우하는 요소가 됩니다. 글자 사이, 낱말 사이, 문단 사이, 단락 사이, 이미지 사이의 여백 등을 예로 들 수 있습니다.

폰트, 레이아웃, 이미지 등 지면을 구성하는 다양한 디자인 요소가 있지만 정보를 직관적으로 나타내는 텍스트, 즉 본문의 구성은 편집 디자인에서 매우 중요한 부분입니다. 본문의 가독성을 좌우하는 자간, 행간,

컬럼, 마진 등의 경우 그 간격이 너무 떨어지게 되면 단어와 문장이 분산되어 보이고 너무 붙어 있으면 글자 간 인식이 어려워집니다. 디자인 작업 시 텍스트에도 숨 쉴 수 있는 공간이 필요합니다.

• 자간(Letter Spacing)

자간은 글자와 글자 사이의 간격을 의미합니다. 대부분 한글 타입페이스는 자간이 다소 넓습니다. 자간은 특정 공간 안에 많은 글자를 넣어야 하거나 글자와 글자 사이 간격을 좁혀 긴장감을 높일 때 사용되지만 한글의 경우 자간 조절이 거의 필수적으로 이루어지는 경우가 많습니다. 자간이나 행간 조절은 정해진 수치가 있다기보다 상황에 맞게 디자이너의 감각으로 결정되어야 하는 경우가 많습니다. 수치를 정형화하고 싶어 하는 디자이너들이 많지만 자간의 경우 정해진 수치가 없습니다. 같은 글꼴, 같은 행간과 두께라도 배경색과 본문 텍스트의 색상에 의해 자간의 간격이 달라 보이기도 하고 글꼴에 따라 차이가 크기도 합니다. 그래픽 툴마다 다른 자간 수치를 기준으로 소통의 문제가 발생할 수 있으니 프로그램 특성에 대한 이해도 어느 정도 필요합니다. 디자이너의 감각이 중요하게 작용되는 부분이므로 숙련도가 낮다면 크기, 두께, 행간과 함께 문자 활용 연습을 꾸준히 하는 것이 좋습니다.

• 행간(Line Spacing)

문자 줄 사이의 세로 간격을 행간이라고 합니다. 행간은 텍스트에서 한 줄의 기준선부터 그 윗줄의 기준선까지의 거리로 측정됩니다. 행간의 간격이 충분히 주어진다면 내용을 파악하기가 한결 쉬울 뿐만 아니라 가독성 또한 높아집니다. 행간의 수치가 작아지면 가독성이 떨어지고, 수치가 너무 높아지면 사용자의 시선은 분산됩니다. 행간이 넓어지면 직관적으로 다음 글줄을 찾는 데 혼란을 주기도 합니다. 행간은 주로 글자 포인트 사이즈(pts)의 120~150%로 설정됩니다. 여러 조건에 영향을 받지만 일반적으로 폰트가 10포인트라면 행간은 12~15포인트 정도일 때 불편함 없이 읽힌다고 볼 수 있습니다. 인디자인의 기본 자동 행간 옵션에서는 문자 크기의 120%로 행간이 설정됩니다.

• 마진(Margin)

마진은 편집 지면의 테두리 여백을 의미합니다. 위치에 따라 바깥 여백, 안쪽 여백 등으로도 불리며, 마진의 중요성은 편집 공간을 편집 공간답게 할 수 있는 결정적인 요소라는 데 있습니다. 마진은 본문의 시작과 끝을 나타내는 최선의 표시이며, 모든 편집 요소들을 하나가 되도록 에워싸므로 낱장이나 펼침 페이지에서 시선을 모으고 한 덩어리처럼 보이도록 합니다. 그래서 마진 여백의 크기에 따라 지면의 분위기가 크게 달라지기도 합니다.

• 컬럼 마진(Column Margin)

컬럼 마진은 컬럼(단)과 컬럼(단) 사이의 마진(여백)이라 할 수 있습니다. 단 혹은 거터(Gutter)라고도 불리는 컬럼은 지면의 포맷을 형성하는 데 있어서 빼놓을 수 없는 요소로, 레이아웃을 구사하는 데 중요한 역할을 합니다. 디자이너들은 자주 경험하겠지만, 컬럼 수가 적을수록 레이아웃에 제약이 많이 따르며 컬럼 수가 많을수록 변화 요소가 다양하게 만들어질 가능성이 높습니다. 지나치게 컬럼의 폭을 좁게 설정하면 독자들에게 오히려 혼란을 줄 수 있습니다. 페이지에서 컬럼의 폭과 길이는 항상 신중하게 다루어져야 하지만 컬럼과 컬럼 간 간격 또한 가독성에 영향을 미치는 중요한 부분이 됩니다.

∴ 가독성을 높여 주는 자간, 행간, 컬럼 마진 활용

폰트는 누구나 사용할 수 있지만 자간과 행간, 본문 안팎의 섬세한 여백 공간 등의 조정은 일반인이나 신입 편집자에게는 익숙하지 않은 영역입니다. 여백을 잘 활용하면 디자인의 전반적인 인상을 쉽게 바꿀 수 있고, 가독성을 크게 개선할 수 있습니다.

- 예제 파일 : 02\그리드규칙04.indd　　　• 완성 파일 : 02\그리드규칙04_완성.indd
- 구성 │ 가로 128mm, 세로 188mm
　　　　　열의 개수 6, 간격 3mm의 여백 및 단을 그리드로 활용하며, 자간, 행간, 마진, 컬럼 마진(커터) 조절하기

1 — 02 폴더에서 '그리드규칙04.indd' 파일을 불러옵니다.
02~03페이지는 그리드 시스템이 적용된 레이아웃입니다. 여백을 활용하였지만 본문 편집면에서 가독성이 떨어지는 구조라 할 수 있습니다.

2 — 이동하고자 하는 텍스트 프레임을 선택하기 위해 도구 패널에서 선택 도구(▶)를 선택합니다. 마진(상단 여백)을 넓히기 위해 상단 4개의 텍스트 프레임을 드래그하여 선택한 다음 Shift를 누른 상태로 드래그하여 아래로 이동합니다.

3 — 본문 가독성에 큰 영향을 미치는 행간을 좁히기 위해 왼쪽 상단 텍스트 프레임을 선택한 다음 [Ctrl]+[T]를 눌러 문자 패널을 표시합니다. 문자 패널에서 행간을 '15pt'로 지정합니다.

Tip

행간을 조절하는 단축키는 [Alt]+[↑](좁히기) 또는 [↓](넓히기)입니다. 대부분의 단축키는 작업이 익숙해지면서 자연스럽게 습득이 되지만, 문자 설정과 관련된 단축키는 처음부터 익숙해지는 것이 좋습니다.

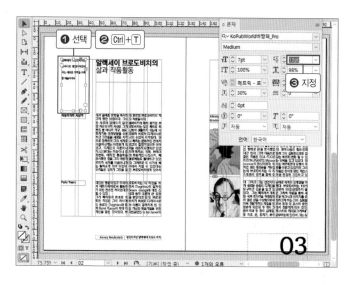

4 — 같은 방법으로 타이틀 텍스트 프레임을 선택한 다음 행간을 '25pt'로 지정합니다. 충분한 여백이 생겨 제목이 눈에 잘 들어옵니다.

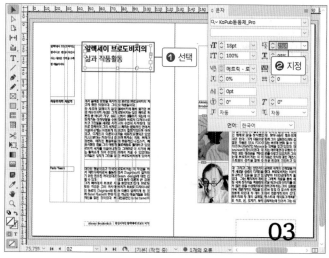

5 — 오른쪽 페이지 상단 두 개의 텍스트 프레임을 선택한 다음 행간을 '11pt'로 지정합니다. 글꼴 크기가 작은 문자에도 글줄 간 충분한 여백이 필요합니다.

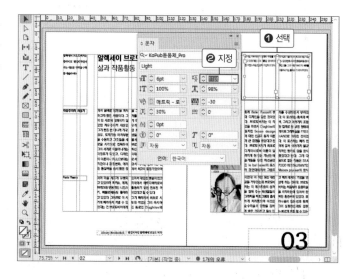

6 — 본문 내용은 여러 단으로 구성되어 있으며 텍스트 스레드가 적용되어 있음을 알 수 있습니다.

글꼴의 크기나 행간, 자간 조절에 따라 내용이 따라 올라오기도 하고 텍스트 프레임을 넘치기도 합니다. 본문 내용이 선택되어 있지만 문자 패널은 활성화되지 않습니다.

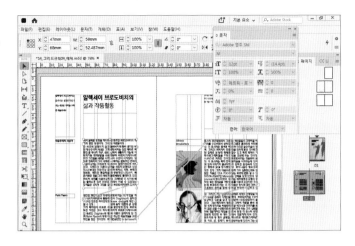

7 — 본문 내용 텍스트 프레임을 더블클릭하여 커서가 활성화된 상태로 [Ctrl]+[A]를 눌러 전체 선택하면 문자 패널이 활성화됩니다.

행간을 '12pt'로 지정하면 충분하지는 않지만 글줄 간 행간 여백이 생기면서 본문에 가독성이 확보되고 있습니다.

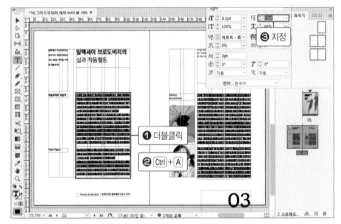

8 — 컬럼 마진이라 불리는 단과 단 사이 여백을 늘리기 위해 본문 내용 텍스트 프레임을 더블클릭한 다음 [Ctrl]+[A]를 눌러 전체 선택합니다. 마우스 오른쪽 버튼을 클릭하고 **텍스트 프레임 옵션**을 실행하여 텍스트 프레임 옵션 대화상자가 표시되면 '일반'에서 열의 수를 '2', 간격을 '3mm'로 설정한 다음 〈확인〉 버튼을 클릭합니다.

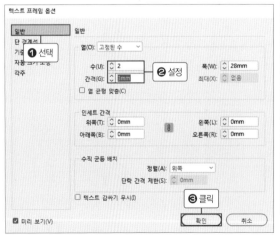

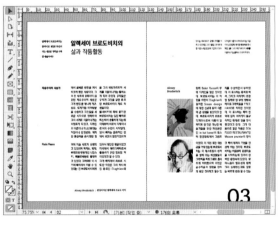

Tip

[Alt]를 누른 상태로 설정을 변경하려는 텍스트 프레임을 더블클릭하는 방법으로 텍스트 프레임 옵션을 실행할 수도 있습니다.

∴ 형태의 일관성을 만드는 여백 활용

여러 페이지에 걸쳐 전개되는 지면을 제작할 경우에는 페이지 간의 통일감이 고려되어야 합니다. 그래서 여백의 활용은 오히려 정보의 양이 많거나 페이지의 양이 많은 편집물에서 특히 중요합니다. 여백을 고려한 그리드 시스템은 질서 속에서 통합적 감각의 흐름을 형성하는 데 큰 도움이 되는 유용한 도구입니다. 여백의 구조는 기본 편집 방향과 철학에 반드시 부합되어야 합니다. 여백은 레이아웃에 있어서 근본적인 지주가 되는 요소이기 때문입니다. 디자이너는 정해진 콘셉트에 맞는 여백의 비율부터 염두에 두고 지면을 이루는 요소들을 순차적으로 정리해야 합니다. 지면의 아이덴티티 구축을 이끄는 요소가 여백이라 해도 과언이 아닙니다. 모든 페이지의 여백 공간과 활용 방법이 비슷한 성향으로 보여져야 전체적인 일관성과 완성도가 만들어질 수 있습니다.

5 ── 인디자인에서 도련이 중요한 이유

신입 디자이너가 가장 큰 어려움을 느끼게 되는 상황은 프로젝트의 마감일이 가까워지면서 발생합니다. 이 과정에서 직면하게 되는 인쇄 사고는 대부분 완료된 파일을 인쇄 환경에 적합한 포맷으로 만들어 달라는 요청 과정에서 나타납니다. 도련 설정 여부에 따른 인쇄 사고는 일반적으로 가장 빈번하게 발생하는 디자이너의 실수 중 하나입니다. 인쇄 과정을 이해한다면 전혀 어렵지 않은 부분이며, 도련을 남기는 것이 중요한 이유를 알아보겠습니다.

∴ 인쇄를 목적으로 하는 모든 편집물에 필요한 도련

도련이란, 지면에 바탕색이 있는 경우 종이의 크기보다 상하좌우로 더 넓게 편집하여 제본 시에는 버려지는 부분입니다. '재단 시 여유분을 둔다'라는 말을 사용하기도 합니다. 실제로 인쇄물이 납품될 때는 모두 잘리는 부분이므로 인쇄의 경험이 없는 디자이너가 컴퓨터 화면만으로 이 부분을 이해하기는 어려운 것이 사실입니다. 도련은 '닷지'라고도 불리며, 인디자인 영문 버전에서는 '블리드(Bleed)'라고 합니다. 도련이 필요한 이유는 재단 시 생기는 오차 때문입니다. 인쇄 기계를 떠올릴 때 가정용 프린트기를 생각하면 이해가 어렵습니다. 디자인된 판형과 같

↑ 여러 페이지가 앉혀진 한 장의 인쇄물

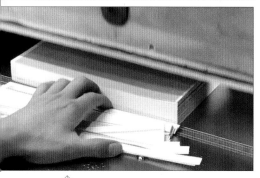

↑ 도련 여분이 함께 잘리는 재단 환경

은 크기의 종이가 낱장으로 한 장씩 출력되는 가정용 프린터기와는 달리 현장에서는 디자이너가 지정한 판형보다 훨씬 큰 종이에 여러 페이지가 인쇄됩니다. 재단 과정을 통해 최종 판형에 맞도록 종이를 잘라야 하는데 수백 장씩 한 번에 잘리는 과정에서 오차가 발생합니다.

같은 크기의 종이, 동일한 재단 환경이라 하더라도 도련 설정 여부에 따라 결과물에는 큰 차이가 있습니다. 도련이 설정된 인쇄물은 사방이 깔끔하게 재단되지만, 도련 여분이 없이 판형 크기와 딱 맞게 이미지가 들어가 있는 경우 사방으로 흰 여백이 남을 가능성이 높습니다. 깔끔하지 못한 재단은 애써서 작업을 마친 디자이너에게 가장 아쉬운 일이기도 하지만, 클라이언트로부터 재인쇄 요청을 각오해야 하는 일이기도 합니다. 비용이 가장 큰 문제이겠지만 납기일에 맞춰 인쇄 스케줄을 재조정하는 일 또한 쉬운 일이 아닙니다. 조금만 신경 쓰면 큰 사고를 예방할 수 있으니 도련 설정은 작업의 초기 단계에서부터 습관처럼 적용이 되어야 하는 부분입니다.

∴ 도련 값 설정하기

맨 처음 편집 디자인을 시작할 때 인디자인에서 할 일은, 작업할 문서의 형식을 지정하는 일입니다. 새로운 문서를 만들 때 도련 값을 지정하는 것이 가장 좋은 방법입니다. 편집 디자인의 구조를 이해하려면 그 첫 번째 단계로 '용어 파악'이 우선입니다. 설정 항목이 많아 보여 설정 단계가 복잡하게 여겨질 수 있으나 '도련', '슬러그', '여백'의 용어만 정확히 파악하면 적용이 쉬워집니다.

• 도련 : 도련선은 보통 3mm로 지정합니다. 재단 칼이 지나가는 선(재단선) 밖으로 3mm의 여분을 두어 배경을 채우면 칼날이 지나가는 위치에 약간의 오차가 발생하더라도 지면에 하얀 여백이 생기는 것을 방지할 수 있습니다. 도련을 지정해 놓고 막상 디자인 작업 시에는 그 공간을 채우지 않는 디자이너가 종종 있습니다. 재단선보다 약간 크게 여유를 둔 도련선에 배경 이미지를 꽉 차게 채워야 지면을 깨끗하게 채운 배경 인쇄가 가능합니다. 도련을 크게 잡으면 잡을수록 안전하다 생각할 수 있지만, 넉넉하게 도련을 확보하기 어려운 이미지도 있을 수 있으며, 잉크가 많이 들어간다는 점도 숙지하고 있어야 합니다.

- **슬러그** : 도련선보다 더 여유를 두는 공간으로 이 부분은 인쇄되지 않는 부분입니다. 인쇄 현장 담당자에게 전할 메모를 적는 공간입니다. 디자이너와 현장의 소통을 돕는 공간이지만 실수가 날 확률이 있기 때문에 일반적으로는 쓰이지 않습니다. 메일을 통해 작업의뢰서와 원고 파일을 주고받으면서 충분히 소통이 가능합니다. 파일 안에 인쇄되면 안 되는 설명을 넣는다는 것을 부담스럽게 생각하기 때문에 보통 0mm로 설정합니다.

- **여백** : 보통 글을 쓸 경우 페이지의 위쪽, 아래쪽, 안쪽, 바깥쪽에 여유를 두고 글을 쓰게 됩니다. 이때 여유를 두는 부분을 여백이라고 합니다. '마진(Margin)'이라고도 하는 이 부분은 반드시 비워야 한다는 원칙은 없지만 여백도 디자인의 일부이기에 신중하게 다루어져야 합니다. 보통 글 작업을 할 때 여백선에 맞추어 단을 나누고 레이아웃을 기획하게 됩니다.

가장자리에 흰 여백 없게 도련 값 설정하기

신입 디자이너에게는 도련 마저도 어렵게 느껴집니다. 도련의 중요성은 대부분 인쇄사고로 깨닫게 됩니다. 배경에 색상을 가득 채우거나, 지면 가득 이미지를 채워야 할 경우 종이가 밀리면서 재단되면 재단 주변에 흰색 여백이 남게 됩니다. 종이가 밀렸을 경우 원하는 색상과 이미지가 잘려 여백이 보이지 않게 하기 위해서 여분을 더 주는 방법을 알아봅니다.

- **예제 파일** : 02\알렉 3.jpg   • **완성 파일** : 02\도련설정_완성.indd
- **구성** | 가로 148mm, 세로 210mm
  가로 148mm, 세로 210mm 지면에 위쪽 3mm, 아래쪽 3mm, 안쪽 3mm, 바깥쪽 3mm 도련 설정

1 — Ctrl+N을 눌러 새로운 문서 만들기 대화상자가 표시되면 '인쇄'를 선택하고, 'A5'를 선택합니다. '페이지 마주보기'를 체크 표시한 다음 '도련 및 슬러그'를 클릭합니다.

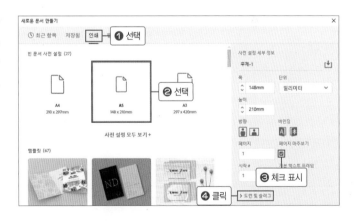

2 — 항목이 표시되면 도련의 상단, 하단, 안쪽, 바깥쪽을 모두 '3mm'로 동일하게 설정한 다음 〈여백 및 단〉 버튼을 클릭합니다.

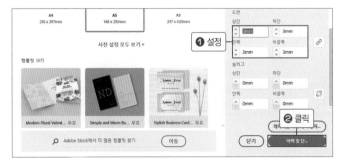

3 — 새 여백 및 단 대화상자가 표시되면 여백에서 위쪽, 아래쪽, 안쪽, 바깥쪽을 모두 '20mm'로 설정하고, 열에서 개수를 '1', 간격을 '5mm'로 설정한 다음 〈확인〉 버튼을 클릭합니다.

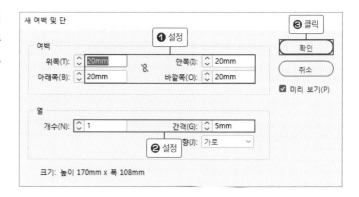

4 — A5 크기로 설정된 문서이므로 흰색 지면이 폭 148mm, 높이 210mm의 공간입니다. 지면 밖으로 설정된 빨간색 선까지가 도련의 공간입니다. 이미지를 지면 가득 채우려면 빨간색 선으로 생성된 도련 여백까지 채워야 합니다. 도구 패널에서 사각형 프레임 도구(⊠)를 선택한 다음 빨간색 선까지 드래그하여 사각형 프레임을 만듭니다.

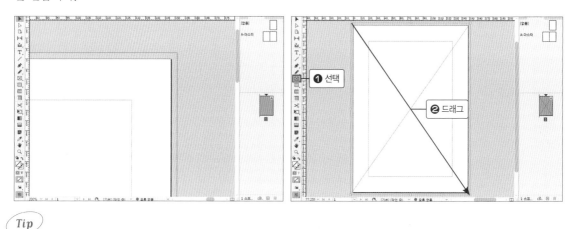

Tip

지면과 도련선 사이의 공간은 재단 과정에서 잘리는 부분입니다. 이 공간에 잘리면 안 되는 중요한 이미지나 텍스트 등이 포함되지 않도록 유의해야 합니다.

5 — Ctrl+D를 눌러 가져오기 대화상자가 표시되면 02 폴더에서 '알렉 3.jpg' 파일을 선택하고 〈열기〉 버튼을 클릭하여 프레임에 이미지를 삽입합니다. 프레임보다 이미지가 작을 경우 이미지를 마우스 오른쪽 버튼으로 클릭한 다음 **맞춤 → 비율에 맞게 프레임 채우기**를 실행하면 도련까지 이미지가 채워집니다.

∴ 작업 중 도련 값 수정하기

새로운 문서를 만들 때 도련 값을 지정하는 것이 가장 좋은 방법이지만, 상황에 따라 작업 도중 도련 값을 새롭게 추가하거나 수정해야 하는 경우가 생기기도 합니다. 보완 및 수정을 위한 컨펌 마지막 시점에서 갑작스럽게 문서의 크기나 여백 변경을 요청 받거나, 내보내기 설정 단계에서 도련 값이 반드시 필요한 페이지가 삽입된 경우 등이 있습니다.

- **예제 파일** : 02\도련값수정.indd   · **완성 파일** : 02\도련값수정_완성.indd
- **구성** | 가로 148mm, 세로 210mm
  이미 만들어진 작업 페이지에 도련 설정하기

1 — 02 폴더에서 '도련값수정.indd' 파일을 불러옵니다. 이미지가 지면에 꽉 차게 삽입되어 있지만 도련이 적용되어 있지 않습니다. 도련을 추가하기 위해 메뉴에서 (**파일**) → **문서 설정**을 실행합니다.

2 — 문서 설정 대화상자가 표시되면 도련 및 슬러그에서 도련의 위쪽, 아래쪽, 안쪽, 바깥쪽을 모두 '3mm'로 설정한 다음 '미리 보기'를 체크 표시하여 빨간색 선이 추가된 것을 확인합니다. 도련이 추가되었으면 〈확인〉 버튼을 클릭하여 설정을 완료합니다.

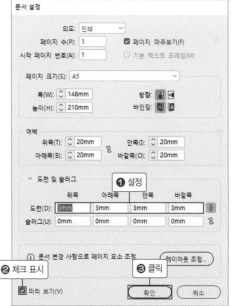

Tip

도련뿐만 아니라 작업 도중 여백이나 문서 크기, 방향 등을 수정할 때도 문서 설정 대화상자를 활용할 수 있습니다.

3 — 배경에 이미지나 색상이 적용된 페이지를 찾아 도련 여백을 채우는 작업은 반드시 필요합니다. 이미지의 가운데로 커서를 이동하여 '내용 선택 도구' 아이콘()이 표시되면 클릭합니다.

갈색 프레임의 실제 이미지가 도련까지 여유분이 있다는 것을 확인할 수 있습니다. 파란색 이미지 프레임의 조절점만 도련선에 맞게 조절해 줍니다.

Tip

이미지의 크기는 그대로 유지하며 이미지 프레임의 크기만 살짝 크게 조절하였으므로 지면에서 변화된 것은 없습니다.
이미지의 비율이나 크기 및 위치 등은 그대로 유지되고 있습니다.

∴ **PDF로 내보낼 때 도련 옵션 설정**

작업이 끝났다면 도련 값을 함께 내보내는 저장 방법을 알아봅니다. 도련 값을 설정했다고 자동으로 PDF 파일에 도련 여백이 포함되어 저장되는 것은 아닙니다. PDF로 내보내는 과정에서는 도련 값 설정뿐만 아니라 재단선 설정도 상당히 중요합니다.

• **예제 파일** : 02\내보내기도련설정.indd   • **완성 파일** : 02\내보내기도련설정.pdf
• **구성** | 가로 148mm, 세로 210mm
　　　　　재단선과 도련 설정 포함하여 PDF로 내보내기

1 — 02 폴더에서 '내보내기도련설정.indd' 파일을 불러옵니다.

메뉴에서 (파일) → **내보내기**를 실행합니다. 내보내기 대화상자가 표시되면 파일 이름, 저장 위치를 지정하고, 파일 형식을 인쇄용인 'Adobe PDF(인쇄)'로 지정한 다음 〈저장〉 버튼을 클릭합니다.

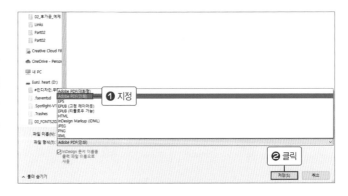

2 — Adobe PDF 내보내기 대화상자가 표시되면 '표시 및 도련'을 선택하고 '재단선 표시'와 '문서 도련 설정 사용'을 체크 표시한 다음 〈내보내기〉 버튼을 클릭합니다. 지정한 경로에 문서 생성 시 설정되었던 도련 3mm 가 적용되어 PDF로 저장됩니다.

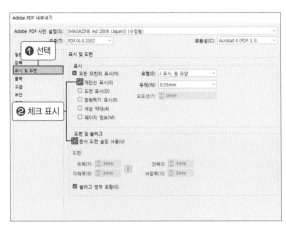

Tip

'문서 도련 설정 사용' 체크 여부에 따라 PDF 파일은 다른 형태로 저장됩니다. 재단선이 있다 해도 도련이 설정되어 있지 않으면 깔끔한 재단 결과를 얻기가 어렵습니다. 도련이 설정되어 있어도 재단선이 표시되어 있지 않다면 인쇄소에서는 어디를 잘라야 하는지 알 수가 없습니다. 모든 디자이너가 도련 값을 3mm로 일관되게 관리하는 것은 아니기 때문입니다. 따라서 도련과 재단선은 늘 함께라고 생각하는 것이 좋습니다.

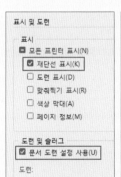

재단선과 도련 설정이 모두 사용된 경우

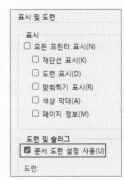

도련은 설정되어 있으나 재단선 삽입이 안 된 경우

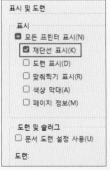

재단선은 삽입되었으나 도련 설정 사용이 안 된 경우

Part 3

많은 페이지의 편집을 단번에 가능하게 하는 페이지 관리법

인디자인은 서적, 브로슈어, 잡지, 사진 앨범, 도록 등 수백·수천 장의 페이지를 수정·편집·출판까지 가능하도록 다양한 툴을 제공하고 있는 편집 전문 프로그램입니다. 새로운 프로그램을 배우는 일이 쉽지만은 않지만, 일일이 복사하여 붙여 넣는 아마추어의 방식을 고수하기보다 다량의 페이지를 순식간에 정리해 주는 인디자인의 기능들을 알아봅니다. 멀티 페이지 삽입부터 파일 관리, 마스터 페이지 활용까지 배워 볼 수 있습니다.

책 한 권이 한 번에 보이는 페이지 관리하기

포토샵이나 일러스트레이터는 인디자인의 기능들을 비슷하게 흉내 낼 수는 있지만, 보다 정확하게 빠른 속도로 일관된 작업을 구현하기에는 어려운 구조로 되어 있습니다. 정해진 기능에 따라 몇 가지 항목에만 익숙해진다면 마치 자동화 시스템을 사용하듯이 인디자인에서 편집 페이지들을 정교하게 관리할 수 있습니다.

1 시작 페이지 변경하여 효율적으로 파일 관리하기

하나의 파일로 수백 페이지를 작업하면 이미지와 복잡한 도형이 많은 경우 용량이 커질 수밖에 없습니다. 이런 경우 작업의 능률이 떨어지고, 출력이나 인쇄를 위한 PDF 내보내기 실행 시에 에러가 발생할 확률이 높습니다. 또한 에러가 발생하여 파일이 열리지 않을 경우, 처음부터 작업을 다시 해야 하는 번거로움이 발생하기도 합니다. 이러한 문제점을 사전에 방지하기 위해 분량이 많은 북 디자인일 경우 장이나 파트 기준으로 나누어 저장하면 데이터 관리에 더욱 효과적입니다.

• 구성 | 1장 5~99, 2장 100~191, 3장 192~281페이지로 나누어 3개의 파일로 저장하기

∴ 시작 페이지 번호 재설정하기

책의 내지를 디자인하다 보면 페이지 패널의 1페이지가 책의 1페이지가 아닌 경우가 종종 있습니다. 일반적인 서적이라면 표지를 넘겼을 때 면지 혹은 간지라 불리는 여분의 지면들이 존재하고, 본격적으로 내용이 시작되는 부분부터 페이지 카운팅이 되는 경우가 많습니다. 예제 파일의 1장은 5페이지부터 99페이지까지로, 페이지 패널에서 시작 페이지 번호를 재설정해 봅니다.

• 예제 파일 : 03\한국의 발전사 5-99.indd   • 완성 파일 : 03\한국의 발전사 5-99_완성.indd

1 ─ 03 폴더에서 '한국의 발전사 5-99.indd' 파일을 불러옵니다.
페이지 패널에서 1페이지를 마우스 오른쪽 버튼으로 클릭한 다음 **번호 매기기 및 섹션 옵션**을 실행합니다.

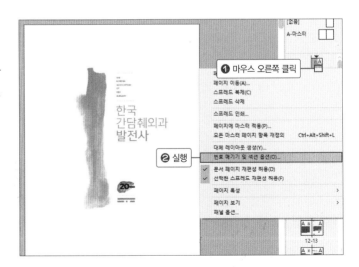

2 — 번호 매기기 및 섹션 옵션 대화상자가 표시되면 '페이지 번호 매기기 시작'을 선택한 다음 '5'를 입력하여 〈확인〉 버튼을 클릭합니다.

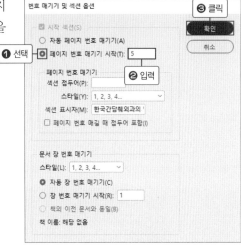

3 — 페이지 패널의 1페이지가 5페이지로 변경된 것을 확인할 수 있으며, 본문 페이지의 페이지 번호도 변경되었습니다.

∴ 페이지 재편성 허용하여 시작 페이지 번호 재설정하기

책의 시작 페이지는 대부분 오른쪽부터 시작합니다. 예제 파일의 2장은 1장과 연결되는 책의 내지로, 100페이지부터 191페이지까지입니다. 1장의 내지가 오른쪽 페이지에서 끝났으므로 2장의 시작 페이지는 왼쪽부터 시작되어야 합니다. 새 페이지를 추가하고 시작 페이지 번호를 재설정해 봅니다.

- **예제 파일** : 03\한국의 발전사 100-191.indd, 한국의 발전사 192-281.indd
- **완성 파일** : 03\한국의 발전사 100-191_완성.indd, 한국의 발전사 192-281_완성.indd

1 — 03 폴더에서 '한국의 발전사 100-191.indd' 파일을 불러옵니다.
왼쪽 페이지를 삽입하기 위해 페이지 패널에서 '패널 메뉴' 아이콘(▤)을 클릭한 다음 **문서 페이지 재편성 허용**을 실행하여 체크 표시를 해제합니다.

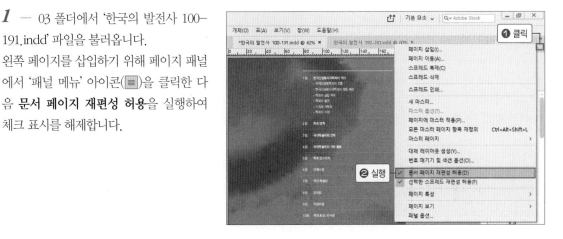

2 ─ 페이지 패널에서 '패널 메뉴' 아이
콘(≡)을 클릭한 다음 **페이지 삽입**을 실행
합니다.

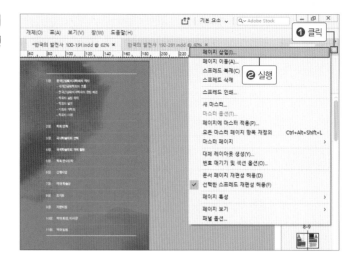

3 ─ 페이지 삽입 대화상자가 표시되면
페이지에 '1'을 입력한 다음 〈확인〉 버튼을
클릭합니다.

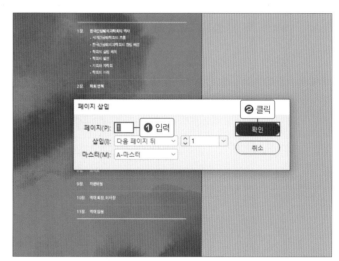

4 ─ 페이지 패널에서 1페이지 오른쪽
에 2페이지가 추가됩니다.

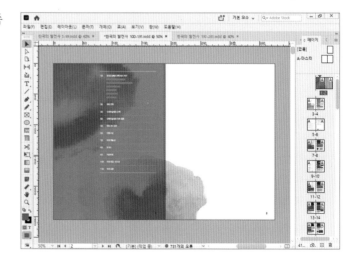

5 — 2페이지를 선택한 다음 1페이지 왼쪽으로 드래그하여 이동합니다.

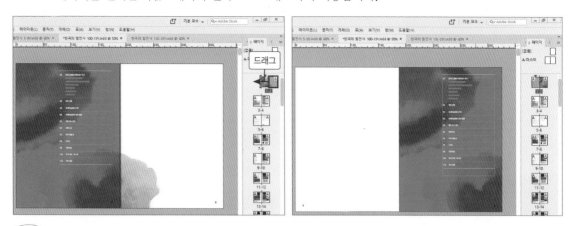

Tip

페이지 패널에서 'A-마스터' 왼쪽 페이지를 1페이지 왼쪽으로 드래그하여 페이지를 추가할 수도 있습니다.

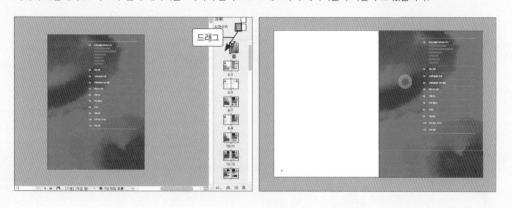

6 — 페이지 패널에서 '패널 메뉴' 아이콘(☰)을 클릭한 다음 **번호 매기기 및 섹션 옵션**을 실행합니다.

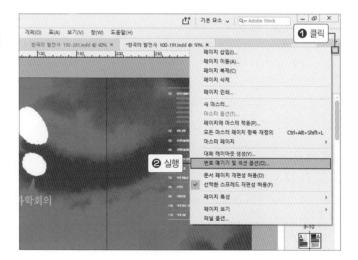

7 — 번호 매기기 및 섹션 옵션 대화상자가 표시되면 '페이지 번호 매기기 시작'을 선택한 다음 '100'을 입력하여 〈확인〉 버튼을 클릭합니다.

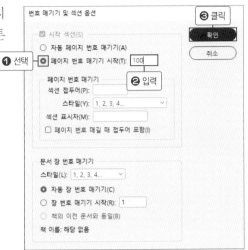

8 — 페이지 패널에서 1페이지가 100페이지로 변경된 것을 확인할 수 있으며, 본문 페이지의 페이지 번호도 변경되었습니다.

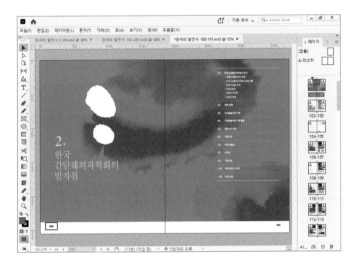

9 — 03 폴더에서 '한국의 발전사 192–281.indd' 파일을 불러와 3장도 2장과 같은 방법으로 페이지 패널에서 1페이지를 192페이지로 재설정합니다.

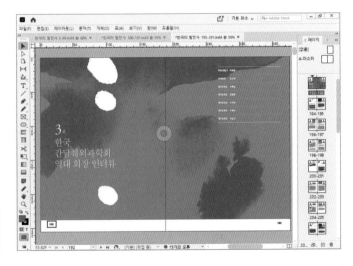

② 문서 내에 다른 판형의 페이지 삽입하기

멀티 페이지 기능을 이용하면 한 문서에서 판형이 다른 페이지를 만들 수 있습니다. 페이지를 강조하거나 이미지를 연결하여 가로로 긴 차별화된 페이지를 삽입하고자 할 때, 판형이 다른 지면을 추가하여 책의 구성을 보다 풍성하게 합니다. 주의해야 할 점은 인쇄물을 재단할 때 같은 판형으로 제작된 인쇄물끼리 한꺼번에 재단하기 때문에 인쇄소에 보낼 파일은 같은 판형끼리 묶어서 보내야 합니다. 멀티페이지 기능은 레이아웃을 잡거나 웹 페이지로 출력할 경우에 꽤 유용한 기능입니다.

∴ 판형이 다른 멀티 페이지 삽입하기

내지에서 특별하게 강조해야 하거나 이미지 또는 텍스트의 분량이 많은 상황인 데도 불구하고 반드시 같은 페이지에 들어가야 할 경우, 오른쪽 페이지를 추가하여 판형을 변경하는 방법을 알아봅니다.

• **예제 파일** : 03\멀티 페이지.indd　　• **완성 파일** : 03\멀티 페이지_완성.indd

1 ― 03 폴더에서 '멀티 페이지.indd' 파일을 불러옵니다.
판형이 다른 페이지를 17페이지 다음에 삽입해 봅니다. 페이지 패널에서 17페이지를 더블클릭하고 '패널 메뉴' 아이콘(≡)을 클릭한 다음 **문서 페이지 재편성 허용**을 실행하여 체크 표시를 해제합니다.

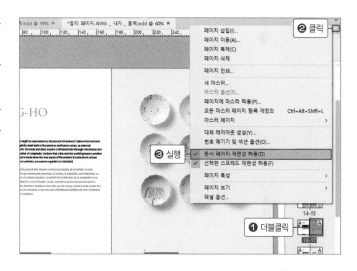

Tip

문서 페이지 재편성 허용의 체크 표시를 해제하지 않으면 17페이지 옆에 페이지가 추가되지 않고, 18페이지 위치에 빈 페이지가 추가되어 18페이지는 19페이지로 이동하여 페이지가 흐트러집니다.

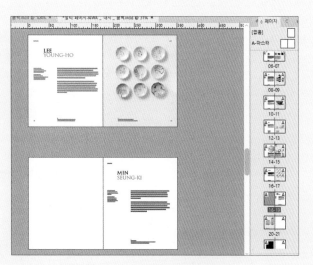

2 — 페이지 패널에서 '패널 메뉴' 아이콘(▤)을 클릭한 다음 **페이지 삽입**을 실행합니다.

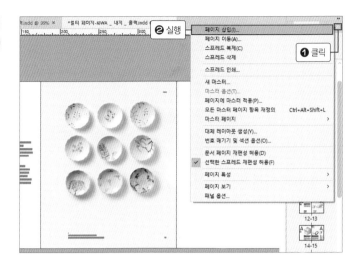

3 — 페이지 삽입 대화상자가 표시되면 페이지에 '1'을 입력한 다음 〈확인〉 버튼을 클릭합니다.

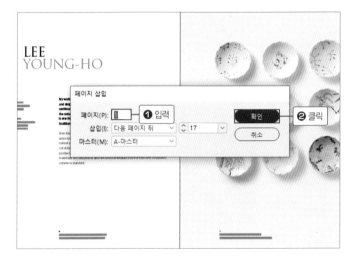

4 — 페이지 패널에 16~18페이지가 이어서 표시되고, 본문에는 빈 페이지인 18페이지가 삽입됩니다.

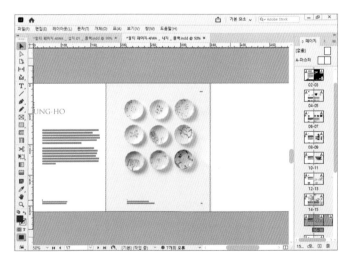

5 — 도구 패널에서 페이지 도구(⬚)를 선택한 다음 18페이지를 선택합니다.

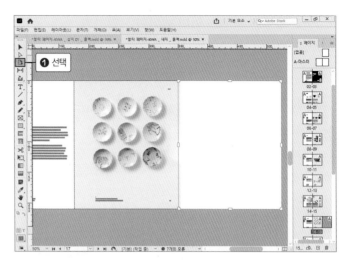

6 — 속성 패널에서 W를 '110mm', H를 '145mm'로 설정합니다.

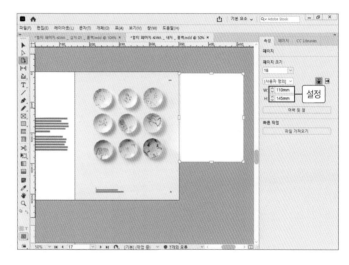

> **Tip**
>
> 또는 페이지 패널 하단에 '페이지 크기 편집' 아이콘(⬚)을 클릭한 다음 **사용자 정의**를 실 행하여 사용자 정의 페이지 크기 대화상자가 표시되면 폭과 높이를 입력하여 판형을 변경 할 수도 있습니다.

7 — 축소된 판형을 드래그하여 아래로 이동하여 디자인합니다.

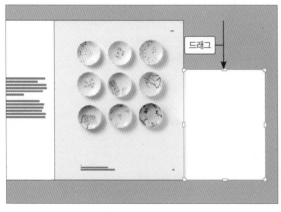

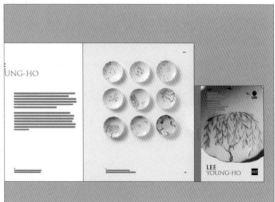

∴ 양쪽에 같은 판형의 멀티 페이지 삽입하기

내지에서 양쪽 날개를 넣어 4페이지를 한꺼번에 펼쳐서 볼 수 있는 넓은 형태의 페이지를 만들어 봅니다. 마치 영화관의 화면을 보듯, 시야가 넓어지는 효과를 지면에서도 얻을 수 있기 때문에 독자가 시각적 재미를 경험할 수 있습니다.

• **예제 파일** : 03\탄생석 디자인.indd   • **완성 파일** : 03\탄생석 디자인_완성.indd

1 — 03 폴더에서 '탄생석 디자인.indd' 파일을 불러옵니다.
20, 21페이지 양쪽에 날개를 만들어 봅니다. 페이지 패널에서 20페이지를 더블클릭하고 '패널 메뉴' 아이콘(☰)을 클릭한 다음 **문서 페이지 재편성 허용**을 실행하여 체크 표시를 해제합니다.

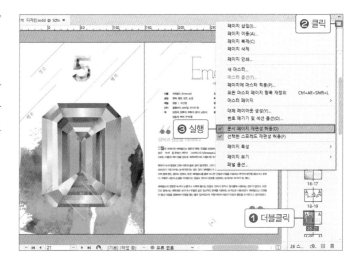

2 — 페이지 패널에서 '패널 메뉴' 아이콘(☰)을 클릭한 다음 **페이지 삽입**을 실행합니다.

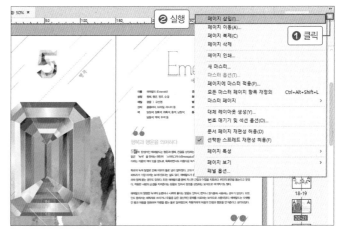

3 — 페이지 삽입 대화상자가 표시되면 페이지에 '2'를 입력한 다음 〈확인〉 버튼을 클릭합니다.

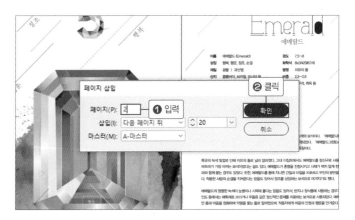

4 — 페이지 패널에 20~23페이지가 이어서 표시되고, 본문에는 빈 페이지인 22, 23페이지가 삽입됩니다.

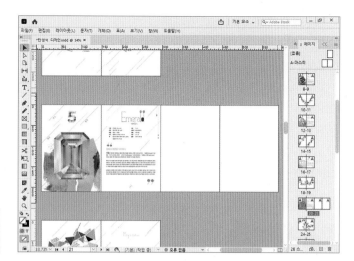

5 — 20페이지 왼쪽에 날개를 만들기 위해 22페이지를 20페이지 왼쪽으로 드래그하여 이동합니다.

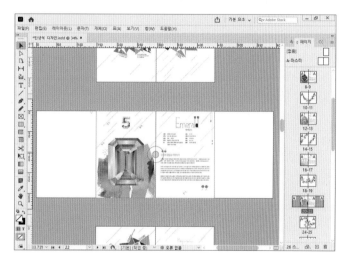

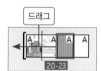

6 — 양쪽 날개인 20페이지와 23페이지는 내지에서 안쪽으로 접히는 페이지이기 때문에 본문 판형보다 폭을 3mm 정도 작게 설정해야 합니다.
페이지 패널에서 20페이지를 선택한 다음 Ctrl을 누른 상태에서 23페이지를 선택합니다.

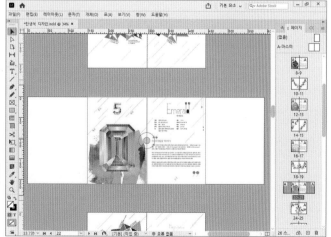

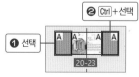

> **Tip**
>
> 20페이지와 23페이지의 폭을 3mm 정도 작게 해 주는 이유는 안쪽으로 접지를 했을 때 안으로 접히는 부분의 종이가 구겨지지 않도록 하기 위함입니다. 접혀 들어갈 수 있는 공간을 충분히 만들어 주지 않을 경우, 안으로 접힌 지면의 끝부분이 구겨지거나 볼록해져서 책이 안정적으로 제작되기 어렵습니다.

7 — 페이지 패널 하단에 '페이지 크기 편집' 아이콘(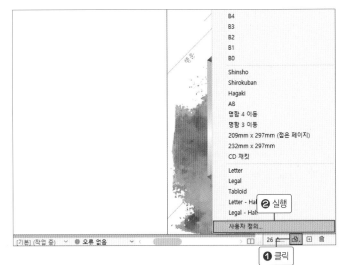)를 클릭한 다음 **사용자 정의**를 실행합니다.

8 — 사용자 정의 페이지 크기 대화상자가 표시되면 폭을 '145mm'로 설정한 다음 〈확인〉 버튼을 클릭합니다.

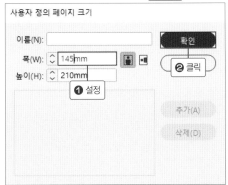

9 — 20페이지와 23페이지만 기존의 내지 폭인 148mm에서 145mm로 축소됩니다.

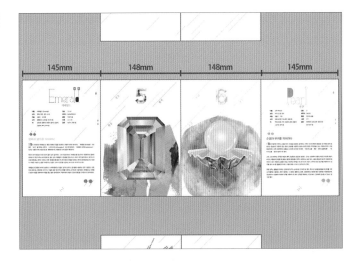

3

라이브러리 패널을 활용하여 공동 작업하기

라이브러리 기능은 문서를 편집할 때 반복적으로 사용되는 개체나 텍스트를 저장한 다음 수시로 가져와 사용하는 기능입니다. 여러 사람이 같은 디자인 콘셉트로 작업하거나 분량이 많은 문서를 편집할 때 라이브러리 패널을 활용하면 작업의 효율성을 높일 수 있습니다. 라이브러리 패널에서 개체와 텍스트를 등록하고 삭제하는 방법을 알아봅니다.

• **예제 파일** : 03\국화정원.indd   • **완성 파일** : 03\국화정원 라이브러리_완성.indl

1 — 03 폴더에서 '국화정원.indd' 파일을 불러옵니다.
메뉴에서 **(파일) → 새로 만들기 → 라이브러리**를 실행합니다.

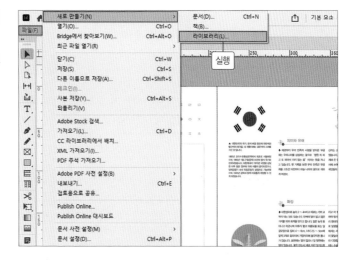

2 — CC 라이브러리 대화상자가 표시되면 〈아니요〉 버튼을 클릭하여 기존 라이브러리 패널을 사용합니다.

3 — 새 라이브러리 대화상자가 표시되면 저장 위치를 지정하고 파일 이름을 입력한 다음 〈저장〉 버튼을 클릭합니다.

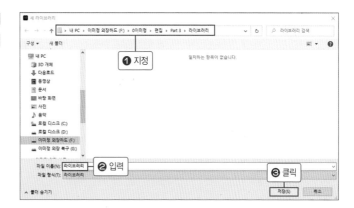

4 — 라이브러리 패널이 표시됩니다.

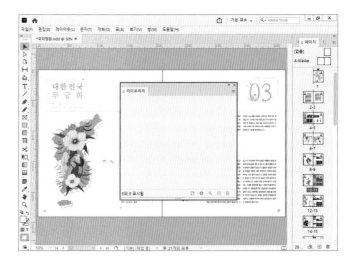

5 — 본문에 있는 개체나 텍스트를 라이브러리에 드래그하여 바로 등록하거나 라이브러리 패널에서 '패널 메뉴' 아이콘(☰)을 클릭한 다음 **항목 추가**를 실행하면 선택된 개체가 라이브러리 패널에 등록됩니다.

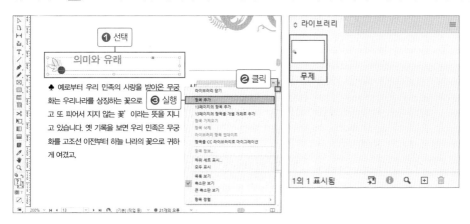

6 — 본문 페이지의 모든 개체나 텍스트를 하나의 항목으로 등록하려면 라이브러리 패널에서 '패널 메뉴' 아이콘(☰)을 클릭한 다음 **해당 페이지의 항목 추가**를 실행합니다.

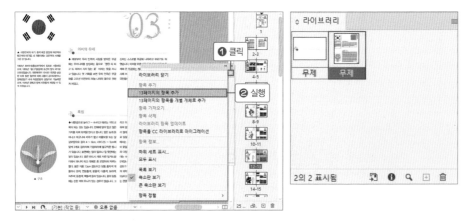

7 — 본문 페이지의 모든 개체나 텍스트를 개별 개체로 등록하려면 라이브러리 패널에서 '패널 메뉴' 아이콘 (▤)을 클릭한 다음 **해당 페이지의 항목을 개별 개체로 추가**를 실행합니다.

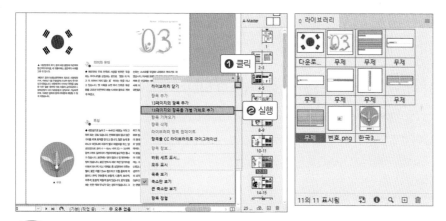

Tip

해당 페이지의 항목을 개별 개체로 추가할 경우 개별 개체가 많아 라이브러리 패널에 항목이 많아집니다. 묶을 수 있는 개체들은 그룹으로 지정하여 등록하면 사용하기 편리합니다.

8 — 라이브러리 패널에 있는 개체를 본문 페이지에 사용할 경우 사용할 개체를 드래그하거나 가져올 개체를 선택하고 라이브러리 패널에서 '패널 메뉴' 아이콘(▤)을 클릭한 다음 **항목 가져오기**를 실행합니다.

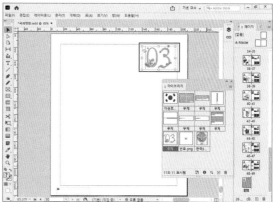

Tip

팀과 CC 라이브러리로 공유할 경우 CC Libraries 패널 상단에 '라이브러리에 초대' 아이콘(▣)을 클릭하여 공동 작업을 선택한 다음 수신자의 이메일 주소와 선택 사항인 메시지를 입력하고 <초대> 버튼을 클릭합니다. 수신자는 초대를 수락할 수 있도록 링크가 포함된 메시지를 수신하게 됩니다.

CC 라이브러리를 대체 라이브러리로 사용할 경우 라이브러리 아이콘을 더블클릭하면 라이브러리가 바로 열립니다.

4

그래픽 소스가 텍스트를 따라다니도록 위치 지정하기

본문과 함께 그래픽 소스, 표, 그룹으로 지정된 개체를 함께 이동시키는 것을 '고정된 개체'라고 합니다. 단행본이나 잡지 편집 시 고정된 개체를 사용하지 않으면 수정하는 데 많은 시간이 소요되므로 반드시 알아 두어야 합니다.

∴ 텍스트 프레임 안에서 텍스트를 따라다니는 그래픽 소스와 이미지

텍스트와 이미지가 같은 위치에 있도록 디자인하더라도 많은 페이지를 수정하다 보면 이미지가 텍스트를 따라다니지 않기에 일일이 그래픽 소스나 이미지를 다시 복사하여 위치시켜야 하는 번거로움이 생깁니다. 고정된 개체를 이용하여 텍스트 프레임 안에서 그래픽 소스와 이미지가 텍스트를 따라다니는 방법을 알아봅니다.

• **예제 파일** : 03\그래픽 소스와 이미지.indd   • **완성 파일** : 03\그래픽 소스와 이미지_완성.indd

1 — 03 폴더에서 '그래픽 소스와 이미지.indd' 파일을 불러옵니다.
텍스트와 함께 따라다닐 그래픽 소스를 선택하고 메뉴에서 〔편집〕 → **복사**를 실행하거나 Ctrl + C 를 누릅니다.

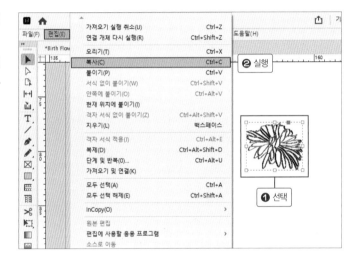

2 — 그래픽 소스가 들어갈 텍스트 앞부분을 클릭한 다음 메뉴에서 〔편집〕 → **붙이기**를 실행하거나 Ctrl + V 를 누릅니다.

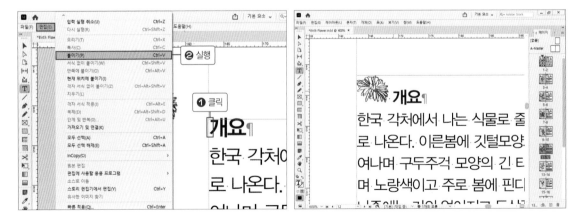

3 ── 도구 패널에서 선택 도구(▶)를 선택합니다. 하단에 왼쪽 이미지를 선택한 다음 Shift를 누른 상태에서 오른쪽 이미지를 선택합니다.

4 ── 메뉴에서 〔개체〕 → **그룹**을 실행하거나 Ctrl＋G를 누릅니다.

5 ── 그룹으로 지정된 이미지가 선택된 상태에서 메뉴에서 〔편집〕 → **오리기**를 실행하거나 Ctrl＋X를 누릅니다.

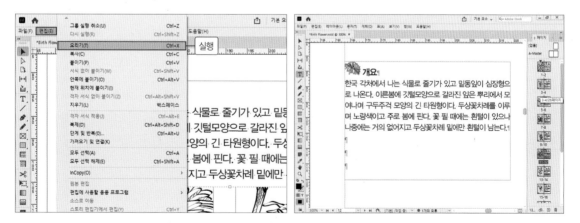

6 ─ 이미지가 들어갈 부분을 클릭한 다음 메뉴에서 (편집) → **붙이기**를 실행하거나 Ctrl + V 를 누르면 텍스트와 겹치게 이미지가 붙여 넣어집니다.

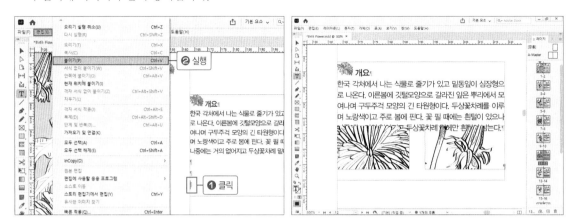

7 ─ 도구 패널에서 선택 도구(▶)를 선택하고 마우스 오른쪽 버튼을 클릭한 다음 **고정된 개체 → 옵션**을 실행합니다.

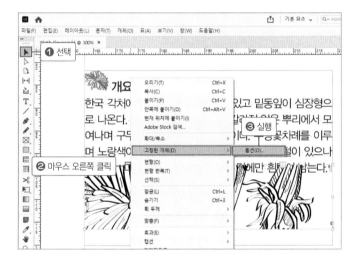

8 ─ 연결 개체 옵션 대화상자가 표시되면 가려진 텍스트를 보이게 하기 위해 '인라인'을 선택하고 Y 오프셋을 '−3.5mm'로 설정한 다음 〈확인〉 버튼을 클릭합니다.

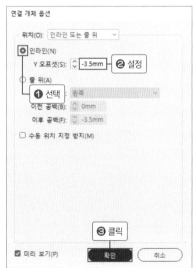

9 — 그래픽 소스와 이미지가 텍스트를 따라다니는지 확인해 봅니다. 그래픽 소스 앞부분을 클릭하고 Enter를 누릅니다.

❶ 클릭   ❷ Enter

Tip

그래픽 소스는 고정된 개체를 적용하고, 이미지는 적용하지 않았을 경우 이미지는 텍스트를 따라다니지 않고 그래픽 소스만 따라다닙니다. 많은 분량의 본문에 이미지와 표가 있을 경우 고정된 개체를 사용하지 않으면 이미지와 텍스트의 위치가 서로 바뀔 수도 있습니다.

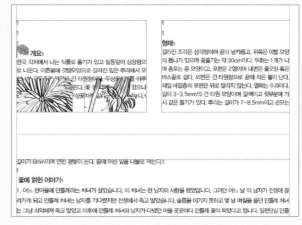

10 — 그래픽 소스를 드래그하여 선택한 다음 복사하여 중제목 앞에 붙여 넣습니다. 고정된 개체는 텍스트처럼 드래그하여 선택이 가능합니다.

❶ 드래그   ❷ Ctrl + C   ❸ Ctrl + V

텍스트 프레임 밖에서 텍스트를 따라다니는 그래픽 소스

고정된 개체를 이용하여 텍스트 프레임 밖에서 이미지나 그래픽 소스가 텍스트를 따라다니도록 설정할 수도 있습니다.
그래픽 소스를 텍스트 프레임 밖으로 이동하여 설정하는 방법을 알아봅니다.

• **예제 파일** : 03\그래픽 소스.indd　　• **완성 파일** : 03\그래픽 소스_완성.indd

1 ── 03 폴더에서 '그래픽 소스.indd' 파일을 불러옵니다.
도구 패널에서 선택 도구(▶)를 선택한 다음 그래픽 소스를 선택합니다.

2 ── 선택된 그래픽 소스의 고정된 개체 표시점을 '요' 텍스트 오른쪽으로 드래그합니다.

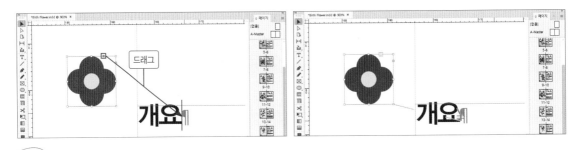

> **Tip**
>
> 연결된 표시가 보이지 않을 경우 메뉴에서 **[보기]** → **기타** → **텍스트 스레드 표시**를 실행합니다.

3 ── 그래픽 소스를 선택하고 마우스 오른쪽 버튼을 클릭한 다음 **고정된 개체** → **옵션**을 실행합니다. 연결 개체 옵션 대화상자가 표시되면 고정된 위치의 X 오프셋을 '1mm', Y 오프셋을 '2mm'로 설정한 다음 〈확인〉 버튼을 클릭합니다.

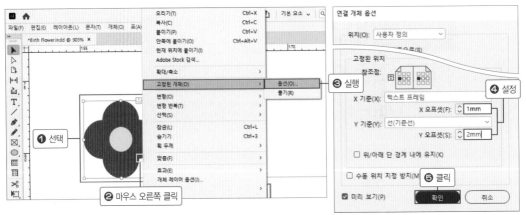

4 — 그래픽 소스의 위치를 확인합니다. 메뉴에서 (창) → 스타일 → 개체 스타일을 실행합니다.

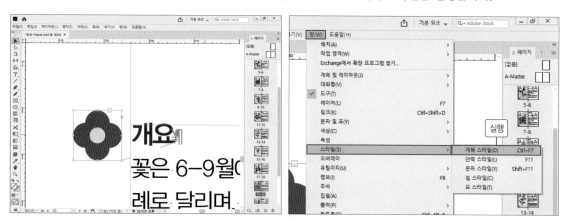

5 — 개체 스타일 패널이 표시되면 '패널 메뉴' 아이콘(▤)을 클릭한 다음 **새 개체 스타일**을 실행합니다.

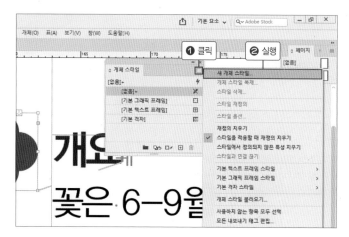

6 — 새 개체 스타일 대화상자가 표시되면 스타일 이름에 '꽃'을 입력한 다음 〈확인〉 버튼을 클릭합니다.

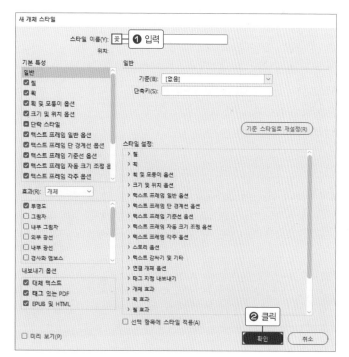

7 ─ 개체 스타일 패널에 '꽃'이 생성되며, 그래픽 소스가 선택된 상태에서 개체 스타일 패널의 '꽃'을 클릭하여 연결합니다.

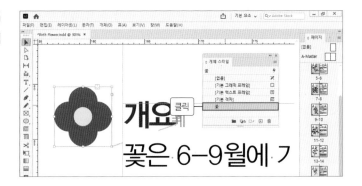

8 ─ 그래픽 소스를 다른 텍스트 프레임 밖에 그대로 붙여넣기 위해서 '요' 텍스트 오른쪽에 미세한 한 칸을 드래그하여 선택한 다음 Ctrl+C를 누릅니다.

Tip

고정된 개체를 복사할 경우 미세한 칸은 드래그가 잘 안 되는 경우가 있습니다. 이럴 때는 앞의 글자나 뒤의 글자를 같이 드래그하여 복사한 다음 붙여 넣고 필요 없는 글자는 삭제합니다.

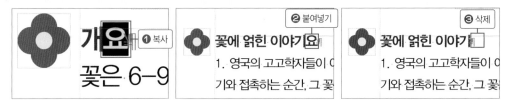

9 ─ '꽃에 얽힌 이야기' 텍스트의 '기' 텍스트 오른쪽 부분을 클릭한 다음 Ctrl+V를 누릅니다. 그래픽 소스가 붙여 넣어졌습니다.

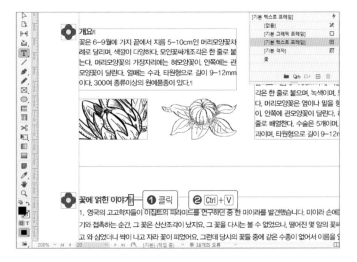

현장 실무 따라하기

손쉽게 관리하는 책 파일 만들기

장별로 문서를 나눠서 작업하다 보면 페이지 번호가 변경되거나 스타일이 추가되었을 때 변경된 내용을 모든 파일에
적용하기가 어렵습니다. 이런 경우 책 파일을 이용하여 여러 개의 문서를 엮어서 마치 하나의 문서처럼 관리할 수 있
습니다. 문서의 순서대로 페이지 번호를 자동으로 매기거나 문서에 사용된 스타일, 색상 견본, 목차, 색인 등을 동기화
하여 문서 전체를 PDF로 손쉽게 내보낼 수 있습니다. 책 파일을 만들어 페이지를 수정해 봅니다.

• **예제 파일** : 03\1부.indd ~ 4부.indd　　• **완성 파일** : 03\따라하기.indb
• **구성** | 가로 188mm, 세로 255mm

1. 메뉴에서 (파일) → 새로 만들기 → 책
을 실행합니다.

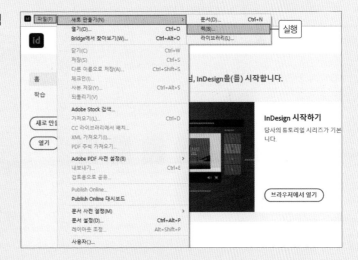

2. 새 책 대화상자가 표시되면 저장할 위
치를 지정한 다음 파일 이름에 '따라하기'
를 입력하여 <저장> 버튼을 클릭합니다.

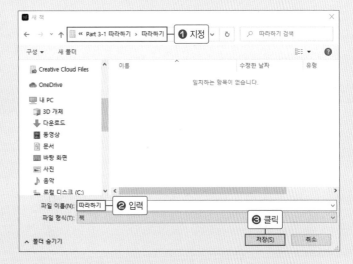

3. 따라하기 패널이 생성되며, 지정한 폴더에 '따라하기.indb' 파일이 저장됩니다.

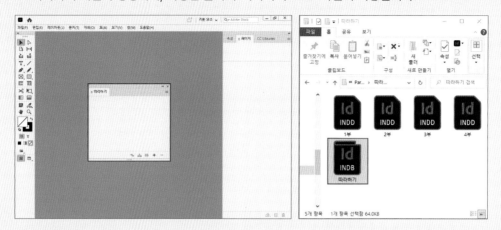

4. 따라하기 패널에 03 폴더의 '1부.indd'~'4부.indd' 파일을 드래그하거나 따라하기 패널에서 '패널 메뉴' 아이콘(▤)을 클릭한 다음 **문서 추가**를 실행합니다.

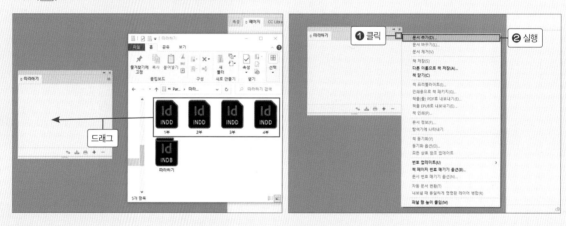

5. 문서 추가 대화상자가 표시되면 03 폴더에서 '1부. indd'~'4부.indd' 4개의 파일을 선택한 다음 <열기> 버튼을 클릭합니다.

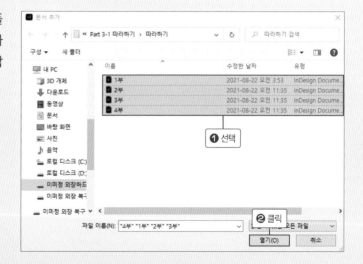

6. 따라하기 패널에 순서대로 4개의 파일이 추가되며, 페이지 번호도 연결되어 표시됩니다. 작업을 수정하거나 변경해야 할 경우 따라하기 패널에서 원하는 파일을 더블클릭하여 엽니다.

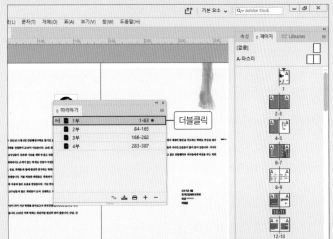

Tip

여러 개의 문서를 한 번에 추가하면 파일명을 기준으로 순서대로 파일이 정렬되면서 자동으로 페이지 번호가 매겨집니다. 파일을 하나씩 순서대로 추가하거나 파일을 원하는 위치로 드래그하면 원하는 순서대로 정렬할 수 있으며, 페이지 번호도 자동으로 변경됩니다.

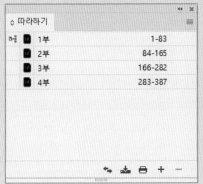

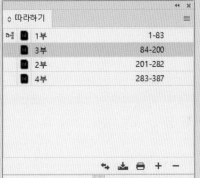

7. '2부' 파일을 열어 페이지 패널에서 164페이지와 165페이지를 삭제하기 위해 164페이지와 165페이지를 선택하고 마우스 오른쪽 버튼을 클릭한 다음 **스프레드 삭제**를 실행합니다.

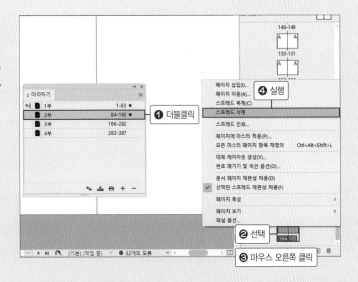

8. 따라하기 패널에서 '2부' 파일의 페이지 번호만 변경되는 것이 아니라 열지 않은 '3부' 파일과 '4부' 파일의 페이지 번호도 자동으로 수정됩니다.

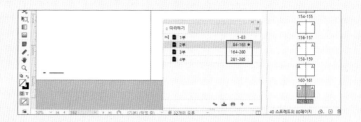

Tip

페이지 번호가 수정되지 않을 경우 따라하기 패널의 '패널 메뉴' 아이콘(≡)을 클릭한 다음 **번호 업데이트 → 모든 번호 업데이트**를 실행합니다.

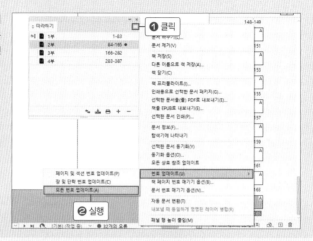

9. 번호 매기기 및 섹션 옵션 대화상자에서 '페이지 번호 매기기 시작'으로 선택하면 책 패널에서 파일들의 페이지 번호가 자동으로 이어지지 않고 끊어집니다. '2부' 파일의 페이지 번호 매기기 시작을 '84'로 설정한 다음 '2부' 파일과 '3부' 파일의 위치를 바꾸면 자동으로 페이지 번호가 이어져야 하는데 변경되지 않습니다.

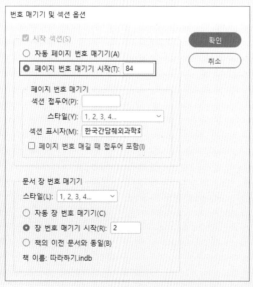

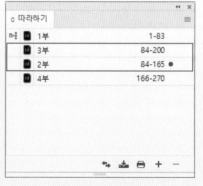

Tip

책 패널은 기본적으로 문서의 페이지 번호가 자동으로 매겨지도록 설정되어 있습니다. 따라서 책 파일에 사용할 파일은 무조건 '자동 페이지 번호 매기기'로 설정해야 합니다.

Section

02

마스터 페이지 활용하기

마스터는 여러 페이지를 동일한 포맷으로 디자인할 때 효율적입니다. 마스터 페이지에 삽입된 개체는 모든 페이지에 그대로 복사되듯이 같은 모습으로 적용되며, 페이지에서 개별적으로 변경 및 수정도 가능합니다. 마스터는 본문 레이아웃이 확정된 다음 생성하는 것이 효과적입니다. 마스터 페이지의 기본적인 특성과 활용 방법을 알아봅니다.

① 마스터 페이지에서 스타일 변경하기

마스터 페이지에서 디자인한 개체나 텍스트, 색상 등을 변경하면 마스터가 적용된 페이지에 자동으로 변경됩니다. 또한 판형, 여백 및 단을 마스터 페이지에서 재조정할 수 있어 매우 효율적입니다. 마스터 페이지에서 다양한 스타일을 변경해 봅니다.

∴ 마스터 페이지에서 개체나 텍스트, 색상을 한 번에 변경하기

작업이 진행 중이거나 마무리될 때쯤 꼭 고정적으로 들어가는 배경 색상이나 그래픽 소스의 위치, 텍스트의 오타 등을 조금 수정해야 하는 경우가 생깁니다. 이럴 경우 페이지마다 수정해야 하는 번거로운 상황이 생기지만 마스터 페이지를 사용하였다면 한 번에 해결할 수 있습니다.

• **예제 파일** : 03\색상과 텍스트 변경.indd • **완성 파일** : 03\색상과 텍스트 변경_완성.indd
• **구성** | 왼쪽 페이지 배경색과 오른쪽 페이지 'birth flower'의 대소문자와 글꼴 및 색상 변경

1 — 03 폴더에서 '색상과 텍스트 변경.indd' 파일을 불러옵니다. 변경 전 왼쪽 페이지에는 어두운 파란색의 배경과 오른쪽 페이지에는 'birth flower' 텍스트가 삽입되어 있습니다.

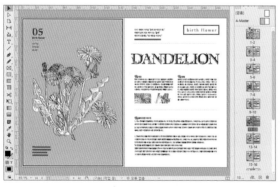

2 — 페이지 패널에서 'A-마스터'를 더블클릭하여 마스터 페이지로 이동합니다. 현재 적용된 개체와 텍스트입니다.

3 ─ 도구 패널에서 선택 도구(▶)를 선택하여 왼쪽 페이지의 배경인 사각형을 선택합니다.

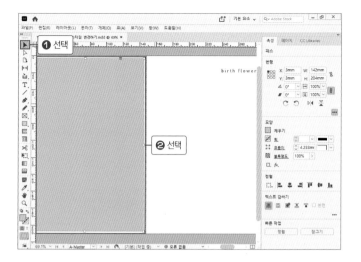

4 ─ 메뉴에서 [창] → 색상 → 색상을 실행하여 색상 패널을 표시합니다.

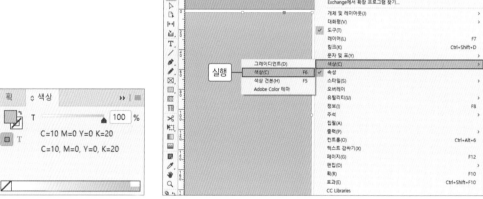

5 ─ 색상 패널에서 CMYK 색상이 표시되지 않을 경우 '패널 메뉴' 아이콘(≡)을 클릭한 다음 CMYK를 실행합니다.

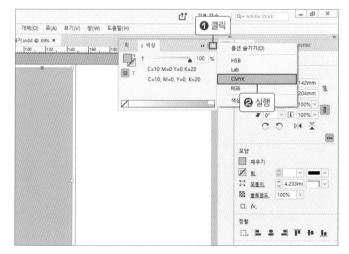

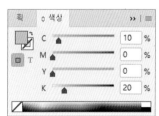

6 — CMYK 색상이 표시되면 'C=14%', 'M=14%', 'Y=14%', 'K=0%'로 지정합니다.

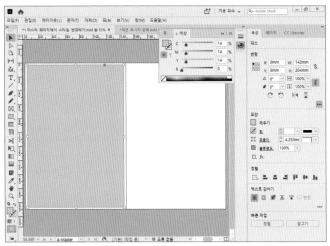

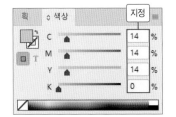

7 — 오른쪽 페이지에서 'birth flower' 텍스트의 대소문자를 'Birth Flower'로 입력한 다음 텍스트의 색상과 글꼴을 변경하기 위해 드래그하여 선택합니다. 속성 패널에서 글꼴을 'Myriad Pro', 글꼴 스타일을 'Regular'로 지정한 다음 색상 패널에서 'C=100%', 'M=90%', 'Y=10%', 'K=0%'로 지정합니다.

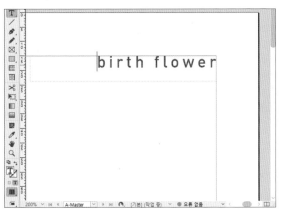

8 — 마스터 페이지 수정이 완료되었습니다.

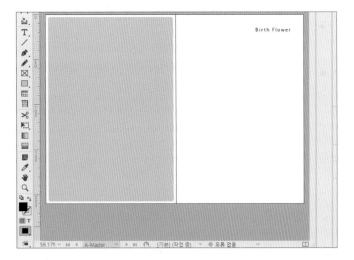

9 — 페이지 패널에서 본문 페이지로 이동하여 전체 페이지가 자동으로 변경된 것을 확인합니다.

더블클릭

Tip

마스터 페이지가 적용된 본문 페이지에서 마스터와 약간 다르게 일부 수정할 경우 마스터 항목을 재정의(오버라이드)합니다. 마스터 항목 재정의된 페이지는 마스터 페이지에서 변경해도 적용되지 않습니다.

원하는 페이지를 선택하고 마우스 오른쪽 버튼을 클릭한 다음 **모든 마스터 페이지 항목 재정의**를 실행하여 수정할 수 있습니다.

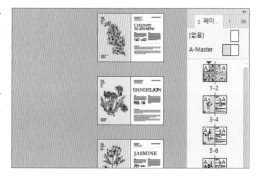

∵ 진행 중인 문서의 여백 및 단 한 번에 변경하기

본문 페이지에서 여백과 단을 설정하면 선택된 페이지만 변경되며, 마스터 페이지에서 여백과 단을 설정하면 본문 페이지 전체가 자동으로 변경됩니다.

• **예제 파일** : 03\여백 및 단 변경.indd   • **완성 파일** : 03\여백 및 단 변경_완성.indd
• **구성** | 가로 188mm, 세로 255mm
      여백 : 위쪽 23mm, 아래쪽 31mm, 안쪽 33mm, 바깥쪽 23mm, 단 : 1단, 간격 3mm에서
      여백 : 위쪽 23mm, 아래쪽 30mm, 안쪽 25mm, 바깥쪽 23mm, 단 : 2단, 간격 5mm로 변경

1 — 03 폴더에서 '여백 및 단 변경.indd' 파일을 불러옵니다.
변경 전 상하좌우의 여백과 단의 모습입니다.

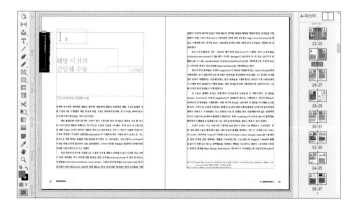

2 ─ 페이지 패널에서 'A-마스터'를 더블클릭하여 마스터 페이지로 이동합니다. 양쪽 페이지를 똑같이 여백과 단을 설정하려면 마스터 페이지에서 'A-마스터'를 클릭하거나 왼쪽 페이지와 오른쪽 페이지를 모두 선택합니다.

3 ─ 메뉴에서 (레이아웃) → **여백 및 단**을 실행합니다.

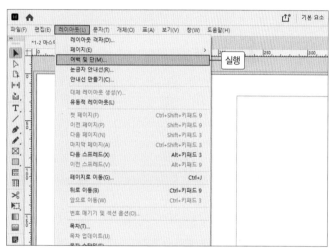

4 ─ 여백 및 단 대화상자가 표시되면 여백에서 위쪽을 '23mm', 아래쪽을 '30mm', 안쪽을 '25mm', 바깥쪽을 '23mm', 열에서 개수를 '2', 간격을 '5mm'로 설정한 다음 〈확인〉 버튼을 클릭합니다.

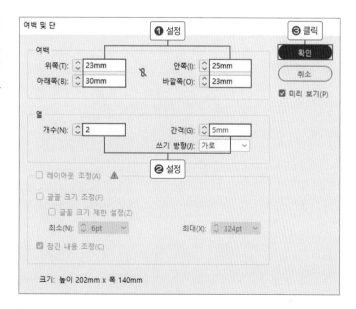

5 — 마스터 페이지에서 변경된 여백과 단을 확인합니다. 본문 페이지로 이동하여 변경된 여백과 단을 확인합니다.

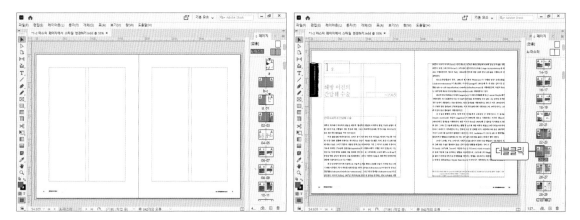

6 — 원하는 본문 텍스트 프레임을 여백과 단에 맞게 수정합니다.

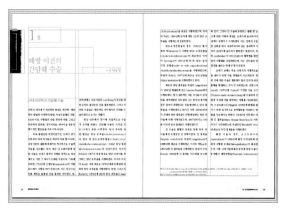

Tip

만약 좌우 페이지의 여백을 서로 다르게 적용하고 싶다면 마스터 페이지를 한 쪽만 선택한 상태에서 여백 및 단을 설정합니다.

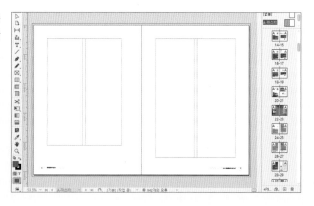

일부 페이지만 마스터 페이지 적용 해제하기

모든 페이지에 마스터 페이지를 적용할 필요가 없을 경우, 이미 마스터가 적용된 본문 페이지의 마스터를 쉽게 해제할 수 있습니다. 페이지 패널에서 마스터가 적용된 페이지에는 마스터 이름이 표시되지만 마스터가 적용되지 않은 페이지에는 아무것도 나타나지 않습니다. 마스터가 적용된 본문 페이지를 해제해 봅니다.

• **예제 파일** : 03\마스터 페이지 적용 해제.indd　　• **완성 파일** : 03\마스터 페이지 적용 해제_완성.indd

1 — 03 폴더에서 '마스터 페이지 적용 해제.indd' 파일을 불러옵니다. 'A–마스터'를 더블클릭하여 레이아웃을 확인합니다. 페이지 패널에서 1~6페이지의 마스터를 해제하기 위해 '패널 메뉴' 아이콘(≡)을 클릭한 다음 **페이지에 마스터 적용**을 실행합니다.

Tip

연결되는 여러 페이지가 아닌 경우 해제하는 가장 간단한 방법은 페이지 패널에서 '없음' 페이지를 해제하려는 페이지로 드래그합니다.

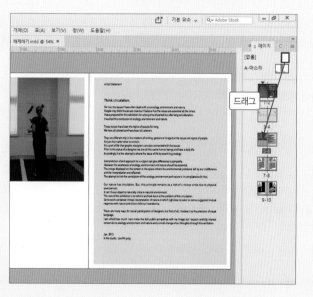

2 — 마스터 적용 대화상자가 표시되면 마스터 적용을 '없음'으로 지정하고, 적용 페이지를 '1-6'으로 입력한 다음 〈확인〉 버튼을 클릭합니다.

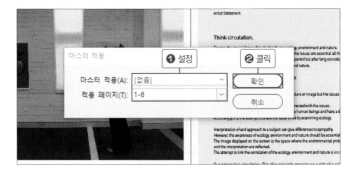

3 — 본문 페이지에 마스터가 적용된 이미지는 사라지고, 페이지 패널의 1~6페이지까지 'A' 표시가 사라집니다.

③ 같은 문서에서 여러 개의 마스터 페이지 만들어 적용하기

여러 개의 장이나 파트를 나누어 디자인할 경우 장이나 파트별로 마스터 페이지를 만들어 사용하거나 같은 문서에서 2~3가지로 나누어 디자인할 때 여러 개의 마스터 페이지를 사용하면 작업이 효율적입니다. 새 문서를 만들면 기본적으로 하나의 마스터 페이지가 있으며, 새 마스터를 만들거나 본문 페이지를 마스터 페이지로 활용하여 새 마스터를 만들 수 있습니다. 여러 개의 마스터 페이지를 만들어 적용해 봅니다.

• **완성 파일 :** 03\여러 개의 마스터 페이지_완성.indd

1 — 메뉴에서 (파일) → 새로 만들기 → 문서를 실행하여 새로운 문서 만들기 대화상자가 표시되면 '인쇄'를 선택합니다. 폭을 '175mm', 높이를 '210mm'로 설정하고 '페이지 마주보기'를 체크 표시한 다음 〈여백 및 단〉 버튼을 클릭합니다.

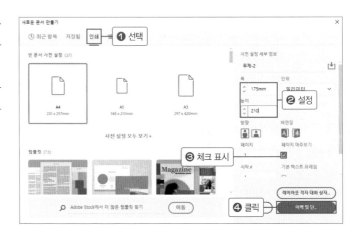

2 ― 새 여백 및 단 대화상자가 표시되면 여백에서 위쪽, 아래쪽, 안쪽, 바깥쪽을 모두 '13mm'로 설정한 다음 〈확인〉 버튼을 클릭합니다. 새 문서가 만들어지면 페이지 패널에 기본적으로 마스터 페이지 하나가 생성됩니다.

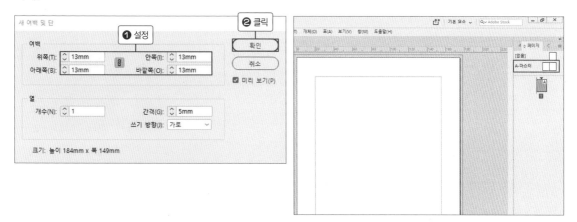

3 ― 'A-마스터'를 더블클릭하여 마스터 페이지를 디자인합니다.

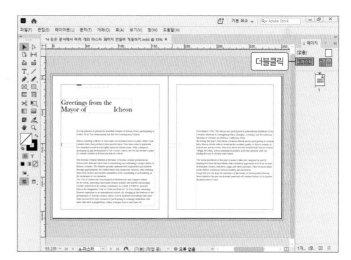

4 ― 마스터 페이지를 추가하기 위해 페이지 패널에서 '패널 메뉴' 아이콘(▤)을 클릭한 다음 **새 마스터**를 실행합니다. 새 마스터 대화상자가 표시되면 접두어를 'B'로 입력한 다음 〈확인〉 버튼을 클릭합니다. 접두어와 이름은 자유롭게 설정할 수 있습니다.

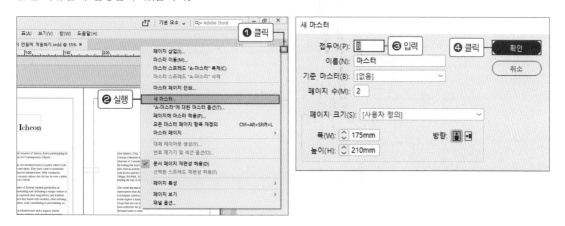

5 — 페이지 패널에 새 마스터인 'B-마스터'가 생성됩니다. 'B-마스터'를 더블클릭하여 마스터 페이지를 디자인합니다.

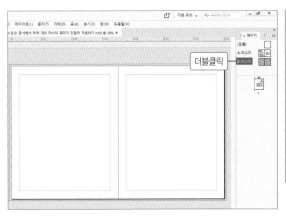
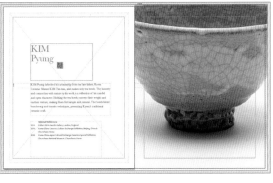

6 — 'B-마스터'와 동일한 방법으로 'C-마스터'를 만들어 디자인합니다.

Tip

페이지 패널에서 마스터 페이지 영역이 좁아 'B-마스터'와 'C-마스터'가 보이지 않을 경우 'A-마스터' 하단 회색 경계선을 아래로 드래그합니다.

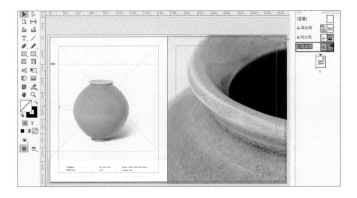

7 — 3개의 마스터 페이지를 적용하기 위해 페이지를 추가합니다. 페이지 패널에서 '패널 메뉴' 아이콘(▤)을 클릭한 다음 **페이지 삽입**을 실행합니다.

페이지 삽입 대화상자가 표시되면 페이지에 '10'을 입력하고 마스터를 '없음'으로 지정한 다음 〈확인〉 버튼을 클릭합니다.

Tip

적용할 마스터 페이지가 하나뿐일 때는 페이지 삽입 대화상자에서 마스터를 'A-마스터'로 지정하여 페이지가 삽입되면서 마스터를 적용하는 것이 효과적이지만, 같은 문서에 여러 개의 마스터를 사용할 경우 페이지 삽입 시 '없음'으로 지정하여 작업하는 것이 효율적입니다.

8 — 2~5페이지는 'A–마스터'를 적용합니다. 페이지 패널에서 '패널 메뉴' 아이콘(▤)을 클릭한 다음 **페이지에 마스터 적용**을 실행합니다.

마스터 적용 대화상자가 표시되면 마스터 적용을 'A–마스터'로 지정하고, 적용 페이지를 '2–5'로 입력한 다음 〈확인〉 버튼을 클릭합니다.

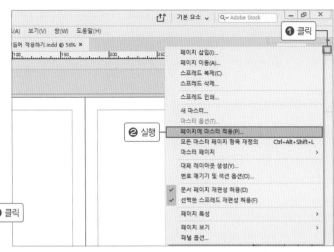

9 — 페이지 패널에서 2~5페이지까지 A 마스터가 적용됩니다. 페이지 패널의 2~5페이지에 'A'가 표시됩니다.

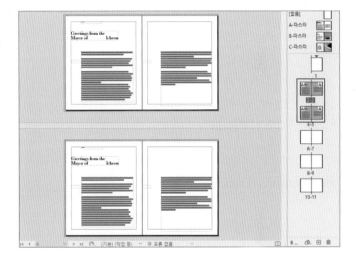

10 — 'A–마스터' 적용과 동일하게 6~7페이지에 'B–마스터'를 적용합니다. 페이지 패널의 6~7페이지에 'B'가 표시됩니다.

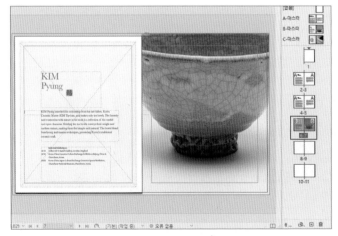

> **Tip**
>
> 페이지 패널에서 6~7페이지를 스프레드로 선택한 다음 Alt 를 누른 상태로 'B–마스터' 페이지를 클릭하면 쉽게 마스터를 적용할 수 있습니다. 또는 페이지 패널의 'B–마스터' 페이지를 6~7페이지로 드래그합니다.

11 — 'A-마스터' 적용과 동일하게 8~9페이지에 'C-마스터'를 적용합니다. 페이지 패널의 8~9페이지에 'C'가 표시됩니다.

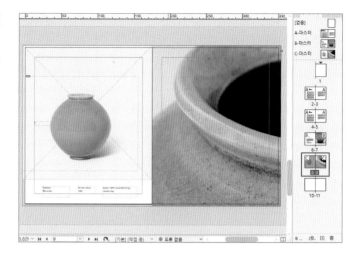

12 — 10~11페이지는 'C-마스터'의 디자인과 비슷하기 때문에 'C-마스터'를 복제하여 'D-마스터'를 만듭니다. 'C-마스터'를 선택하고 '패널 메뉴' 아이콘(▤)을 클릭한 다음 **마스터 스프레드 "C-마스터" 복제**를 실행합니다.

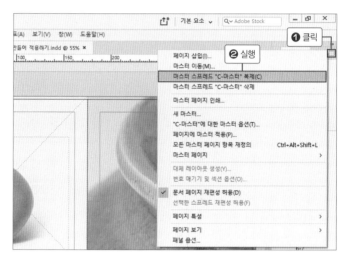

13 — 페이지 패널의 'C-마스터'가 'D-마스터'에 복제됩니다. 'D-마스터' 페이지에서 디자인을 수정합니다.

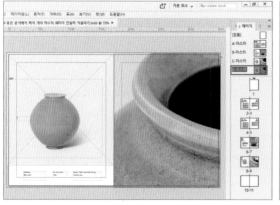
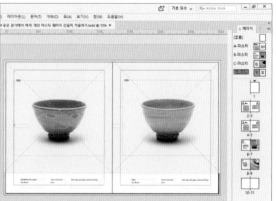

14 — 10~11페이지는 'D-마스터'를 적용합니다. 페이지 패널의 10~11페이지에 'D'가 표시됩니다.

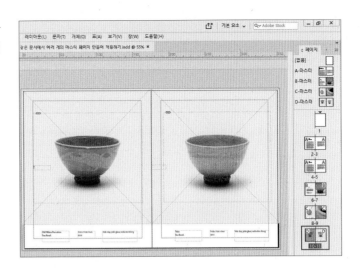

4 **다른 문서에서 마스터 페이지 불러와 적용하기**

사보나 브로슈어, 카탈로그, 단행본, 정기간행물 등 같은 레이아웃으로 디자인해야 할 경우 같은 마스터 페이지를 불러와 작업하면 효과적입니다. 또한 다른 문서의 마스터 페이지가 판형만 다르고 비슷하게 디자인한다면 기존의 마스터 페이지를 불러와 작업의 능률과 효율성을 높일 수 있습니다.

• **예제 파일** : 03\마스터 페이지 불러오기(원본).indd   • **완성 파일** : 03\마스터 페이지 불러와 적용_완성.indd

1 — 메뉴에서 [파일] → 새로 만들기 → **문서**를 실행하여 새로운 문서 만들기 대화 상자가 표시되면 '인쇄'를 선택합니다. 폭을 '175mm', 높이를 '210mm'로 설정하고 '페이지 마주보기'를 체크 표시한 다음 〈여백 및 단〉 버튼을 클릭합니다.

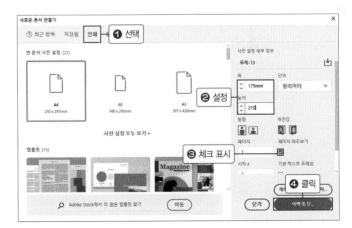

2 — 새 여백 및 단 대화상자가 표시되면 〈확인〉 버튼을 클릭합니다.

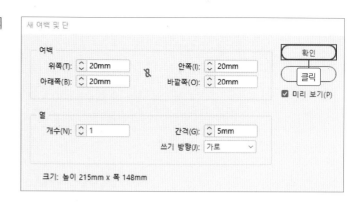

Tip

기존의 마스터 페이지를 불러오면 여백 및 단 부분도 같이 들어오기 때문에 따로 설정하지 않습니다.

3 — 기존의 마스터 페이지를 불러오기 위해 페이지 패널에서 '패널 메뉴' 아이콘 (▤)을 클릭한 다음 **마스터 페이지 → 마스터 페이지 불러오기**를 실행합니다.

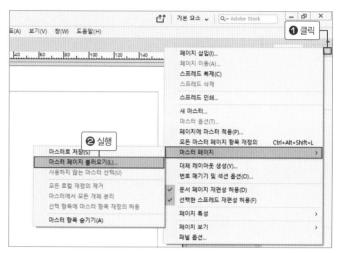

4 — 파일 열기 대화상자가 표시되면 03 폴더에서 '마스터 페이지 불러오기(원본).indd' 파일을 선택한 다음 〈열기〉 버튼을 클릭합니다.

마스터 페이지 경고 불러오기 대화상자가 표시되면 〈마스터 페이지 바꾸기〉 버튼을 클릭합니다.

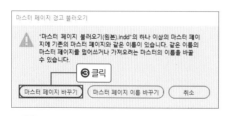

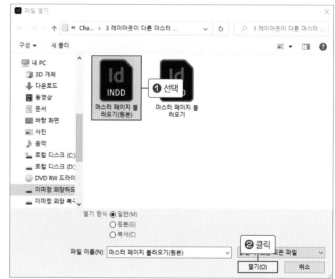

Tip

<마스터 페이지 바꾸기> 버튼은 기존의 'A-마스터'에 덮어쓰기가 되고, <마스터 페이지 이름 바꾸기> 버튼은 새로운 마스터 페이지인 'B-마스터'로 만들어집니다.

5 — 불러온 마스터 페이지가 만들어지며 페이지 패널에도 적용됩니다.

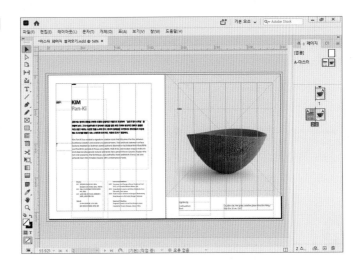

5 **작업 중인 페이지를 마스터 페이지로 만들어 자동 페이지 번호 넣기**

책에서 반복적으로 들어가야 할 이미지와 텍스트, 도형, 페이지 번호 등을 본문 페이지에서 글꼴, 크기, 자간, 그림의 크기를 설정하여 디자인하였으면 마스터 페이지로 만들어 자동 페이지 번호를 넣어 봅니다.

• **예제 파일** : 03\현재 페이지 마스터 페이지 만들기.indd   • **완성 파일** : 03\현재 페이지 마스터 페이지 만들기_완성.indd

1 — 03 폴더에서 '현재 페이지 마스터 페이지 만들기.indd' 파일을 불러옵니다. 페이지 패널에서 레이아웃이 완성된 2~3페이지를 선택합니다. '패널 메뉴' 아이콘(▤)을 클릭한 다음 **마스터 페이지 → 마스터로 저장**을 실행합니다.

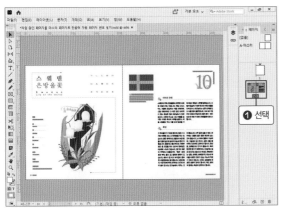

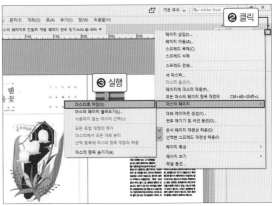

2 — 페이지 패널에 'B-마스터'로 새로운 마스터 페이지가 만들어집니다. 'B-마스터'의 왼쪽 페이지를 더블 클릭합니다. 페이지 번호가 자동으로 생성될 수 있도록 페이지 번호 부분을 확대한 다음 문자 도구(T.)로 '25' 텍스트를 드래그하여 선택합니다.

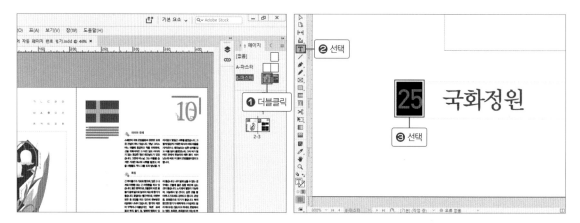

3 — 메뉴에서 (문자) → 특수 문자 삽입 → 표시자 → 현재 페이지 번호를 실행합니다.

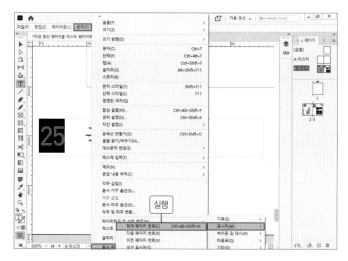

4 — '25' 텍스트가 'B'로 변경됩니다. 'B-마스터'에서 페이지 번호가 적용되었기 때문에 'B'로 표시됩니다.
글꼴, 크기, 자간이 마스터 페이지로 저장되기 전 본문 페이지에서 설정되었기 때문에 설정하지 않아도 됩니다.

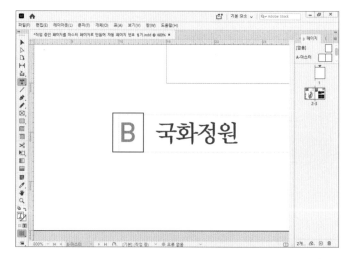

5 — 오른쪽 페이지도 똑같이 페이지 번호를 적용합니다.

6 — 스프레드로 페이지를 삽입하여 마스터 페이지를 확인하기 위해 페이지 패널에서 '패널 메뉴' 아이콘(▤)을 클릭한 다음 **페이지 삽입**을 실행합니다.

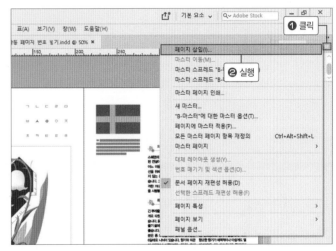

7 — 페이지 삽입 대화상자가 표시되면 페이지에 '2'를 입력하고 마스터를 'B-마스터'를 지정한 다음 〈확인〉 버튼을 클릭합니다.

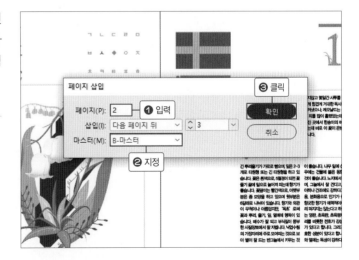

8 — 4~5페이지가 생성되면서 'B-마스터'가 적용됩니다. 페이지 패널의 4~5페이지에 'B'가 표시됩니다.

9 — 페이지 번호도 자동으로 생성되었는지 확인합니다.

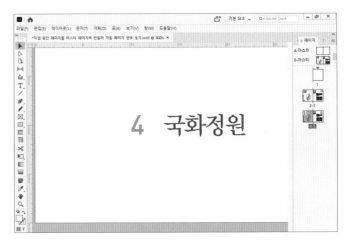

---

6 마스터 페이지 재정의를 활용하여 마스터 항목 수정하기

마스터 페이지가 적용된 페이지에서 필요에 따라 색상이나 글꼴 변경, 사진 교체 등의 수정이 필요한 경우가 생깁니다. 이 경우 마스터 항목을 재정의(오버라이드)하거나 분리(연결 해제)하여 수정이 가능합니다.

1 — 페이지 패널에서 'A-마스터'를 더블클릭하여 마스터 페이지로 이동한 다음 페이지 번호를 제외한 텍스트와 개체를 선택합니다.

'패널 메뉴' 아이콘(▤)을 클릭한 다음 **마스터 페이지 → 선택 항목에 마스터 항목 재정의 허용**을 실행하여 체크 표시합니다.

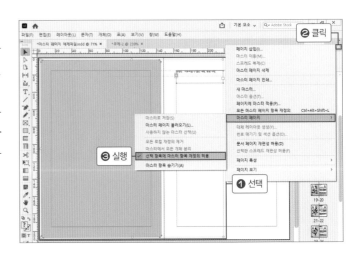

2 — 본문으로 이동하면 선택 항목에 마스터 항목 재정의가 허용된 개체와 텍스트는 점선으로 표시됩니다. 선택 항목에 마스터 항목 재정의가 허용되지 않은 페이지 번호는 점선으로 표시되지 않으며 수정할 수 없습니다.

3 — 마스터 항목 재정의가 허용된 개체를 재정의하기 위해 Ctrl + Shift 를 누른 상태로 사각형 배경을 클릭합니다.

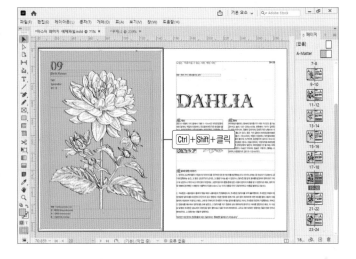

Tip

마스터 항목 재정의가 허용된 여러 개체를 재정의하려면 Ctrl + Shift 를 누른 상태로 드래그 합니다.

4 — 사각형 배경을 선택하고 색상 패널에서 'C=14%', 'M=14%', 'Y=14%', 'K=0%'로 지정합니다.

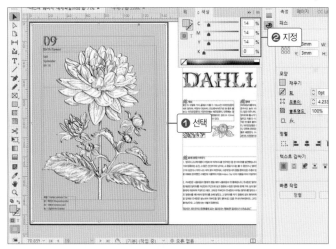

5 — 오른쪽 페이지의 텍스트 프레임도 재정의하여 텍스트 변경합니다.

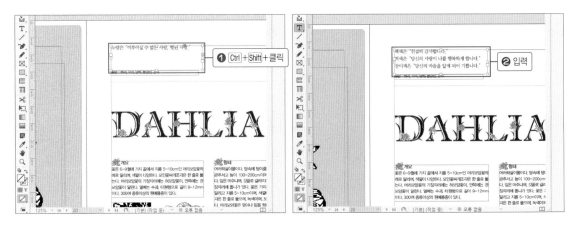

6 — 본문에서 마스터를 수정했는데 다시 기존 마스터를 적용하고 싶은 경우 해당 페이지를 더블클릭합니다.

페이지 패널에서 '패널 메뉴' 아이콘(☰)을 클릭한 다음 **페이지에 마스터 적용**을 실행하거나 마스터 페이지를 해당 페이지로 드래그합니다.

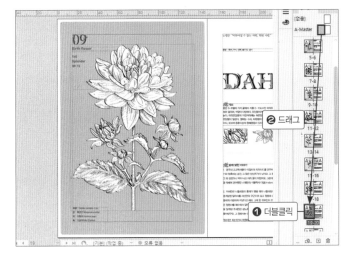

7 — 마스터 페이지의 디자인을 간단하게 수정하여 문서 전체에 적용해 봅니다. 마스터 페이지로 이동하여 왼쪽 페이지의 사각형을 축소합니다. 본문으로 이동하여 페이지를 확인하면 축소된 사각형이 적용된 것을 확인할 수 있습니다.

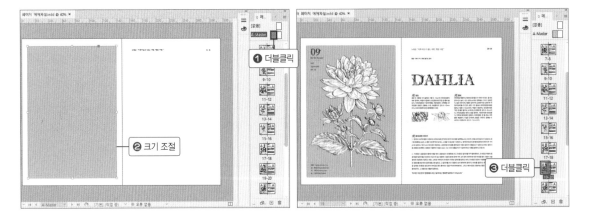

7 개체에 가려진 마스터 페이지 번호 조절하기

마스터 페이지에 적용한 페이지 번호가 본문에서 이미지나 도형으로 인해 가려져 보이지 않는 경우가 있습니다. 이유는 마스터 페이지 위에 본문 페이지가 위치하기 때문입니다. 따라서 본문에서 마스터 페이지 항목을 오버라이드하여 페이지 번호를 이미지나 도형 위로 올려 보이게 하거나 마스터 페이지에서 레이어를 이용하여 페이지 번호를 보이게 해야 합니다.

∴ 레이어를 이용하여 페이지 번호 조절하기

마스터 페이지에 있는 페이지 번호를 본문 페이지보다 상위 레이어로 만들어 문제를 해결해 봅니다.

1 — 페이지 패널에서 'A-마스터'를 더블클릭하여 마스터 페이지로 이동합니다. 페이지 번호가 위치한 부분을 확대합니다.

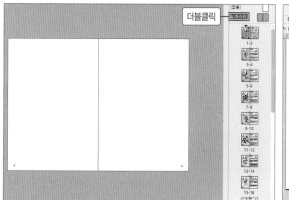
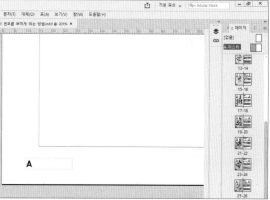

2 — 도구 패널에서 선택 도구(▶)를 선택하여 페이지 번호가 입력된 텍스트 프레임을 선택한 다음 메뉴에서 〔편집〕 → 오리기를 실행하거나 Ctrl + X 를 눌러 오립니다.

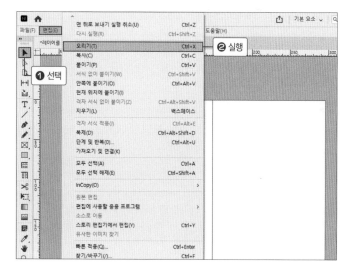

3 — 마스터 페이지에서 페이지 번호 텍스트 프레임이 사라진 것을 확인할 수 있습니다.

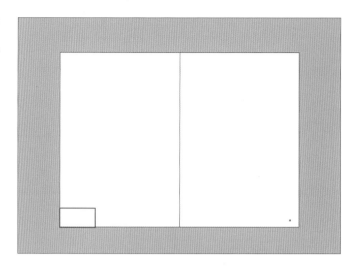

4 — 레이어 패널에서 '패널 메뉴' 아이콘(▤)을 클릭한 다음 **새 레이어**를 실행합니다. 새 레이어인 '레이어 2'가 만들어진 것을 확인할 수 있습니다.

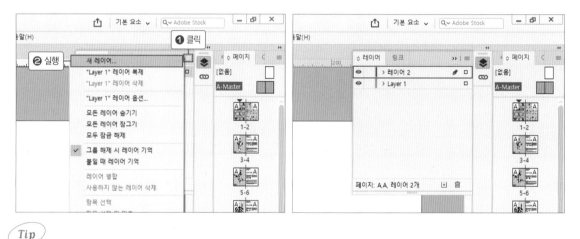

Tip

레이어를 더블클릭하여 표시되는 레이어 옵션 대화상자에서 레이어의 이름을 변경할 수 있습니다.

5 — '레이어 2'를 선택한 다음 메뉴에서 〔**편집**〕 → **현재 위치에 붙이기**를 실행하면 오린 페이지 번호 텍스트 프레임이 기존 위치에 그대로 붙여 넣어집니다.

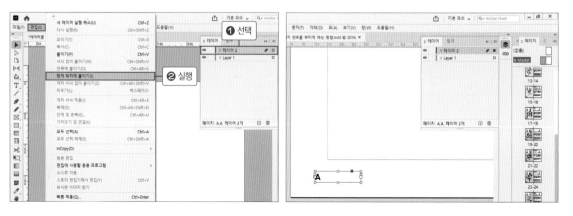

6 — 본문으로 이동하여 페이지 번호를 확인합니다. 도형은 '레이어 1'에, 페이지 번호는 '레이어 2'에 위치하여 페이지 번호가 가려지지 않고 잘 보이는 것을 확인할 수 있습니다.

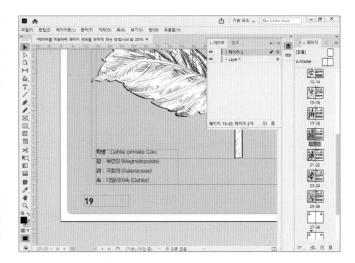

> **Tip**
>
> 본문 페이지에서 작업을 하다 보면 '레이어 2'에서 도형이나 이미지를 사용하여 페이지 번호가 다시 보이지 않을 수 있습니다. 따라서 '레이어 2'는 잠금을 설정하는 것이 좋습니다.

∵ 본문에서 오버라이드하여 페이지 번호 조절하기

마스터 페이지에서 만든 페이지 번호가 보이지 않을 경우 본문 페이지에서 오버라이드를 사용하여 문제를 해결해 봅니다.

- **예제 파일** : 03\오버라이드 페이지 번호 조절.indd   - **완성 파일** : 03\오버라이드 페이지 번호 조절_완성.indd

1 — 03 폴더에서 '오버라이드 페이지 번호 조절.indd' 파일을 불러옵니다. 페이지 패널에서 페이지 번호가 가려진 19페이지를 선택한 다음 페이지 번호가 있는 부분을 확대합니다.

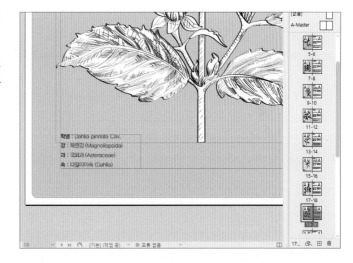

2 — 페이지 번호 텍스트 프레임이 도형에 가려 보이지 않습니다. 페이지 번호 텍스트 프레임을 선택할 때 도형이 움직이지 않게 하기 위해 도구 패널에서 선택 도구(▶)를 선택하여 도형을 선택한 다음 메뉴에서 [개체] → 잠금을 실행하여 도형을 잠급니다.

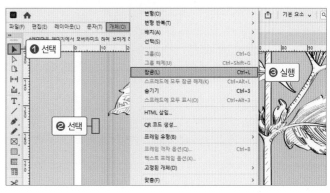

도형의 잠금을 해제하려면 메뉴에서 **[보기]** → **화면 모드** → **표준**을 실행하거나 **W**를 눌러 그리드를 보이게 설정합니다. 그리드를 보이게 해야 도형 왼쪽 상단의 '잠금' 아이콘(🔒)을 확인할 수 있습니다.

도구 패널에서 선택 도구(▶)를 선택하고 잠금 아이콘을 클릭하여 잠금을 해제합니다.

여러 개의 도형이나 이미지가 잠금으로 설정되어 있을 경우 전체 해제하려면 메뉴에서 **[개체]** → **스프레드에 모두 잠금 해제**를 실행하거나 **Ctrl**+**Alt**+**L**을 눌러 모두 잠금을 해제합니다.

3 ━ 도형 뒤에 숨겨진 페이지 번호는 마스터가 적용되어 선택되지 않으므로 오버라이드가 필요합니다. **Ctrl**+**Shift**를 누른 상태에서 페이지 번호 텍스트 프레임이 있는 주변 부분을 드래그하여 풀어 줍니다.

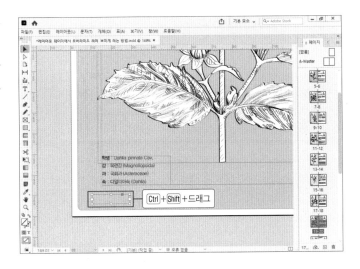

4 ━ 페이지 번호 텍스트 프레임을 선택하고 메뉴에서 **[개체]** → **배치** → **맨 앞으로 가져오기**를 실행하여 맨 앞으로 가져옵니다. 페이지 번호가 도형 앞으로 이동되어 확인할 수 있습니다.

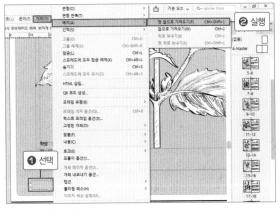
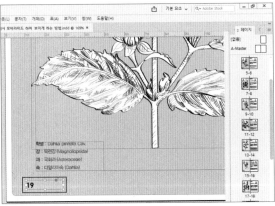

현장 실무 따라하기

레이어와 마스터 페이지 재정의 활용하여
빠르게 카탈로그 만들기

마스터 페이지에서 여러 개의 개체를 복잡하게 사용해야 할 경우 본문 페이지에서 마스터 항목을 재정의하거나 레이어를 사용하여 이미지로 인해 텍스트가 가려지지 않게 방법을 잘 선택해야 합니다. 본문 페이지에서 수정하지 않고 고정적으로 들어가는 부분은 '선택 항목에 마스터 항목 재정의 허용'을 해제하여 사용합니다.

- **예제 파일** : 03\레이어와 마스터 페이지 재정의.indd
- **완성 파일** : 03\레이어와 마스터 페이지 재정의_완성.indd
- **구성** | 가로 110mm, 세로 145mm, 총 16페이지
  마스터 페이지에서 왼쪽 페이지 일부 레이어 사용 / 오른쪽 페이지 일부 선택 항목에 마스터 항목 재정의 허용 해제

1. 03 폴더에서 '레이어와 마스터 페이지 재정의.indd' 파일을 불러옵니다. 마스터 페이지에서 레이아웃을 사용하여 개체를 맨 앞으로 올리기 위해 메뉴에서 **[창]** → **레이어**를 실행합니다. 레이어 패널이 활성화되면 '레이어 1'에 모든 개체가 포함되어 있습니다.

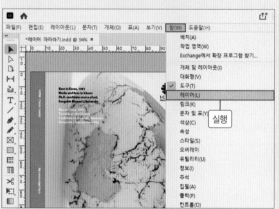

2. 레이어 패널에서 '패널 메뉴' 아이콘(≡)을 클릭한 다음 **새 레이어**를 실행합니다. 새 레이어 대화상자가 표시되면 이름을 입력한 다음 <확인> 버튼을 클릭합니다.

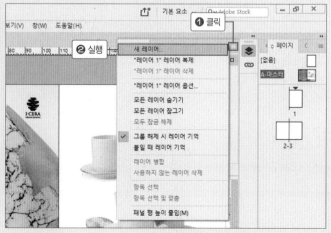

3. 레이어 패널에 새 레이어인 '레이어 2'
가 만들어집니다.

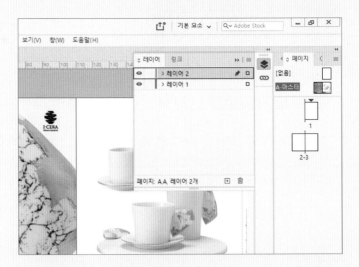

4. 왼쪽 페이지의 개체를 '레이어 2'로 옮
기기 위해 왼쪽 페이지에서 배경 이미지만
제외하고 모두 선택합니다.

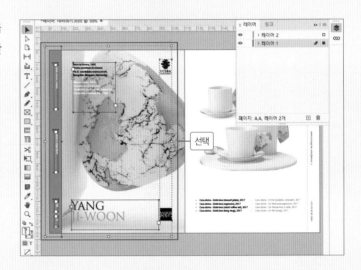

5. 메뉴에서 (편집) → 오리기를 실행합니다. 선택된 빨간색 선이 사라진 것을 확인할 수 있습니다.

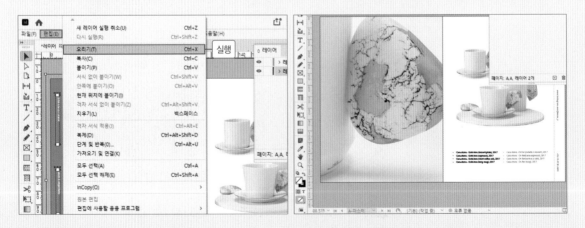

6. '레이어 2'를 선택한 다음 메뉴에서 **[편집] → 현재 위치에 붙이기**를 실행합니다.

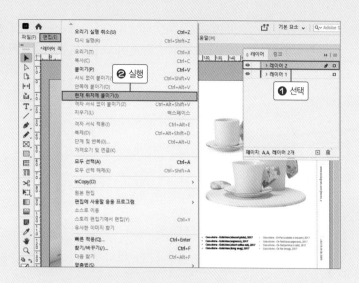

7. 여러 개의 개체가 '레이어 2'에 동일한 위치에 붙여 넣어져 파란색 선으로 선택됩니다.
'레이어 2'의 색상이 파란색으로 지정되었기 때문에 선택된 개체가 파란색 선으로 선택됩니다.

8. '레이어 1'과 '레이어 2'의 '눈' 아이콘(◉)을 각각 클릭하여 개체가 해당 레이어에 맞게 있는지 확인합니다.

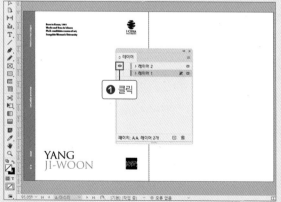

9. '레이어 1'을 선택하고 오른쪽 페이지에 4개의 선을 선택합니다. 페이지 패널에서 '패널 메뉴' 아이콘(▤)을 클릭한 다음 **마스터 페이지 → 선택 항목에 마스터 항목 재정의 허용**을 실행하여 체크 표시를 해제합니다.

10. '패널 메뉴' 아이콘(▤)을 클릭한 다음 **페이지 삽입**을 실행합니다.

11. 페이지 삽입 대화상자가 표시되면 페이지에 '13'을 입력한 다음 <확인> 버튼을 클릭합니다. 13페이지가 추가되어 총 16페이지의 문서가 되었습니다.

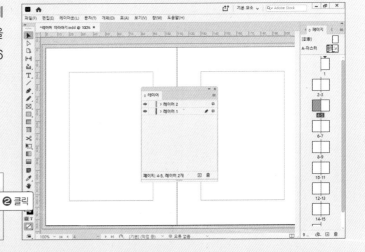

12. 페이지 패널에서 2~15페이지까지 선택합니다. 페이지 패널에서 '패널 메뉴' 아이콘(▤)을 클릭한 다음 **페이지에 마스터 적용**을 실행합니다.

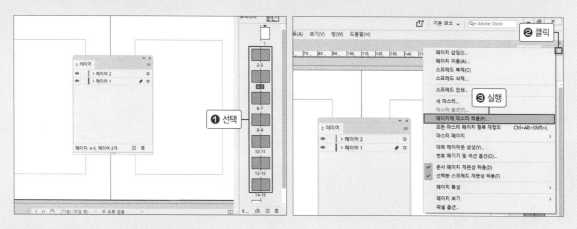

13. 마스터 적용 대화상자가 표시되면 마스터 적용을 'A-마스터'로 지정한 다음 <확인> 버튼을 클릭합니다.

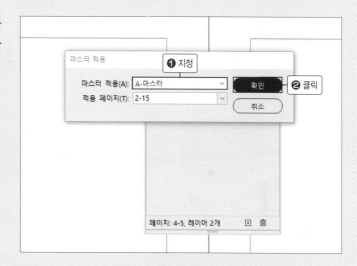

14. 본문 페이지에서 '선택 항목에 마스터 항목 재정의 허용'이 체크 표시된 개체는 점선으로 보이고 수정이 가능하며, '선택 항목에 마스터 항목 재정의 허용'이 체크 해제된 4개의 선은 수정할 수 없습니다.

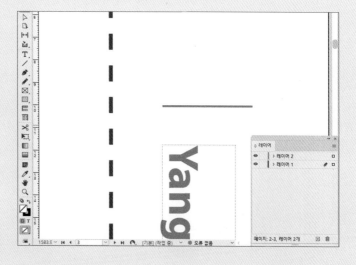

15. 본문 페이지에서 이미지와 텍스트를 교체해 봅니다. 4페이지의 배경 이미지를 교체하기 위해 '레이어 1'을 선택한 다음 Ctrl + Shift 를 누른 상태로 배경을 클릭하여 선택 항목에 마스터 항목 재정의 허용을 실행합니다.

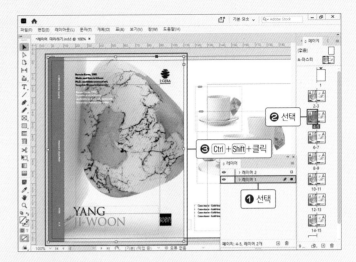

Tip

배경 이미지를 따로 레이어로 사용하지 않았을 경우 본문 페이지에서 배경 이미지만 교체하기 위해 Ctrl + Shift 를 누른 상태로 클릭하여 '선택 항목에 마스터 항목 재정의 허용'이 실행되면, 잠금이 해제되면서 배경 이미지가 가장 앞으로 배치되어 텍스트와 로고 등이 모두 가려집니다.

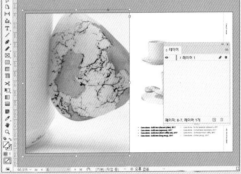

16. Ctrl + D 를 눌러 원하는 배경 이미지를 가져옵니다. 교체할 텍스트나 이미지도 Ctrl + Shift 를 누른 상태로 클릭하여 수정합니다.

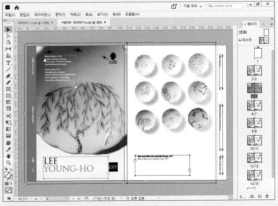

마스터 페이지를 활용한
다양한 페이지 번호와 쪽표제 만들기

페이지 번호는 페이지마다 같은 위치에서 번호만 바뀌기 때문에 마스터 페이지를 활용하는 것이 효율적입니다. 마스터 페이지에서 페이지 번호를 삽입하면 페이지마다 자동으로 페이지 번호가 생성됩니다. 페이지마다 공통으로 적용되는 부분은 모든 페이지에 반복되는 요소이므로 페이지 번호와 함께 마스터 페이지에 적용하는 것이 효과적입니다. 페이지 번호와 반복되는 쪽표제도 함께 만들어 봅니다.

1 좌우 페이지 번호 자동 생성하여 모든 페이지에 적용하기

일반적으로 페이지 번호는 좌우 같은 위치에 반복적으로 들어갑니다. 마스터 페이지를 이용하여 좌우에 자동으로 페이지 번호를 삽입하는 방법을 알아봅니다.

• **예제 파일** : 03\좌우 페이지 번호 자동 생성.indd　• **완성 파일** : 03\좌우 페이지 번호 자동 생성_완성.indd

1 — 03 폴더에서 '좌우 페이지 번호 자동 생성.indd' 파일을 불러옵니다.
페이지 패널에서 'A-마스터'를 더블클릭하여 마스터 페이지로 이동합니다.

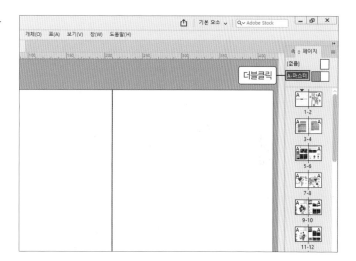

2 — 왼쪽 페이지부터 페이지 번호를 삽입해 봅니다. 먼저 페이지 번호를 만들기 위해 도구 패널에서 문자 도구(T)를 선택한 다음 페이지 번호가 들어갈 왼쪽 페이지 위치에 드래그하여 텍스트 프레임을 만듭니다.

> **Tip**
>
> 마스터 페이지에서 텍스트 프레임이나 도형을 만들면 점선으로 표시됩니다. 인디자인에서 작업 시 프레임이나 도형이 점선으로 표시되면 마스터 페이지에서 작업하고 있음을 꼭 알아야 합니다.

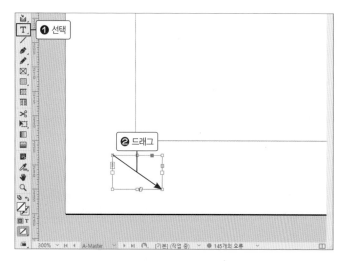

3 — 텍스트 프레임에 커서가 활성화된 상태로 메뉴에서 (문자) → 특수 문자 삽입 → 표시자 → 현재 페이지 번호를 실행하거나 Ctrl + Alt + Shift + N 을 누르면 'A' 텍스트가 표시됩니다.

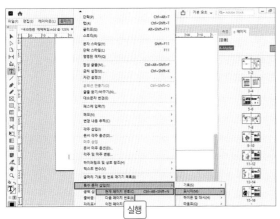
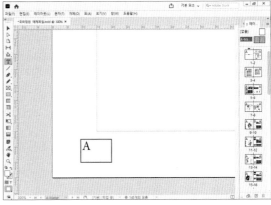

4 — 'A' 텍스트를 선택한 다음 디자인에 맞게 글꼴과 글꼴 크기, 자간, 가로 비율, 색상 등을 지정합니다.

Tip

영문과 숫자는 한글 폰트보다 영문 폰트가 시각적 측면에서 훨씬 좋아보입니다. 한글 폰트는 자음과 모음 그리고 받침에 맞게 글꼴이 디자인되어 한글 전용에 적합하고, 영문 폰트는 획이 단조로운 영문 글꼴 전용으로 디자인되어 있기 때문에 영문과 숫자에 적합합니다.

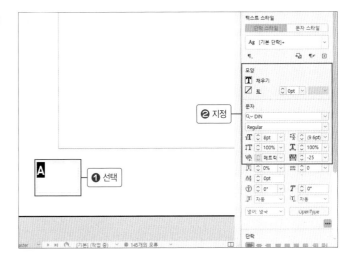

5 — 선택 도구(▶)로 왼쪽 페이지의 완성된 페이지 번호를 선택한 다음 Ctrl + C 를 눌러 복사합니다. Ctrl + V 를 눌러 붙여 넣고 오른쪽 페이지로 이동하여 페이지 번호가 들어갈 위치에 배치합니다. 오른쪽 페이지의 페이지 번호는 속성 패널에서 '오른쪽 정렬' 아이콘(≡)을 클릭하여 정렬합니다.

Tip

개체를 좌우 수평으로 복사할 경우 Alt 를 누른 상태에서 드래그하면서 Shift 를 눌러 복사합니다.

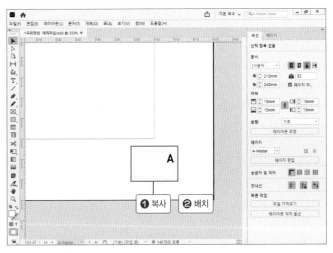

6 — 마스터 양쪽 페이지에 페이지 번호를 생성하였습니다.

7 — 본문을 확인하면 페이지 번호가 표시되는 것을 확인할 수 있습니다.

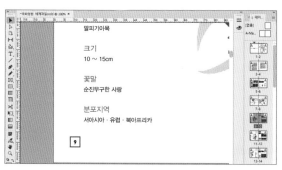

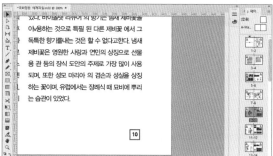

---

2 페이지 번호의 스타일과 섹션 접두어 활용하기

북 디자인에서 페이지 번호 디자인을 무시할 수 없습니다. 내지 디자인의 마무리가 페이지 번호인 만큼 위치, 크기, 글꼴 등도 중요하지만 페이지 번호를 어떤 스타일로 디자인하는지도 매우 중요합니다. 페이지 번호의 다양한 스타일과 섹션 접두어를 활용하는 방법을 알아봅니다.

• **예제 파일** : 03\섹션 접두어 활용.indd   • **완성 파일** : 03\섹션 접두어 활용_완성.indd

1 — 03 폴더에서 '섹션 접두어 활용.indd' 파일을 불러옵니다.
페이지 패널에서 1페이지를 선택한 다음 메뉴에서 (레이아웃) → **번호 매기기 및 섹션 옵션**을 실행합니다.

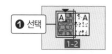

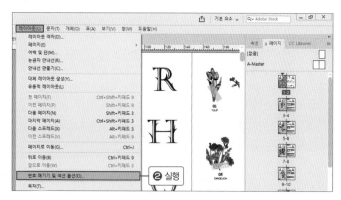

2 — 번호 매기기 및 섹션 옵션 대화상자가 표시되면 '페이지 번호 매기기 시작'을 선택한 다음 '1'을 입력하고 스타일을 '01,02,03...'으로 지정하여 〈확인〉 버튼을 클릭합니다.

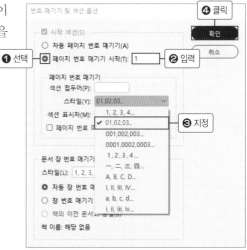

3 — 페이지 패널에서 1페이지가 01로, 본문 페이지의 페이지 번호도 01로 변경된 것을 확인할 수 있습니다.

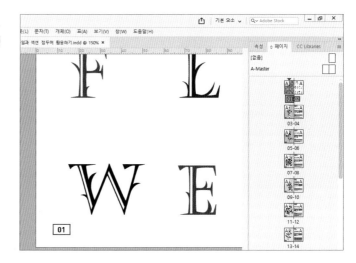

4 — 섹션 접두어를 이용하여 페이지 패널의 페이지 번호 왼쪽에 이름을 넣어 봅니다. 페이지 패널에서 1페이지를 마우스 오른쪽 버튼으로 클릭한 다음 **번호 매기기 및 섹션 옵션**을 실행하여 번호 매기기 및 섹션 옵션 대화상자를 표시합니다.

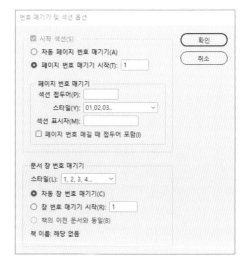

Tip

페이지 분량이 많을 경우 효율적으로 사용하기 위해 페이지 번호 앞에 장이나 Chapter의 단어를 넣어 주면 찾고자 하는 페이지를 빠르게 찾을 수 있습니다.

5 — '페이지 번호 매기기 시작'을 선택한 다음 '1'을 입력합니다. 섹션 접두어에 '1장'을 입력하고, '페이지 번호 매길 때 접두어 포함'을 체크 해제한 다음 〈확인〉 버튼을 클릭합니다.

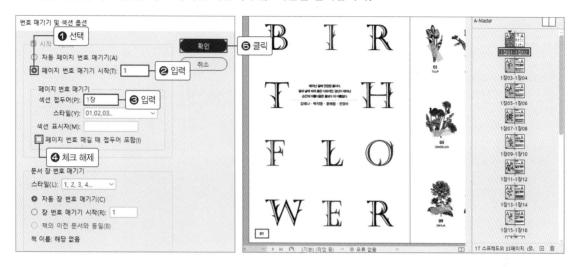

6 — 다시 번호 매기기 및 섹션 옵션 대화상자를 표시하여 '자동 페이지 번호 매기기'를 선택합니다. 섹션 접두어에 '1장_'을 입력하고, '페이지 번호 매길 때 접두어 포함'을 체크 표시한 다음 〈확인〉 버튼을 클릭합니다.

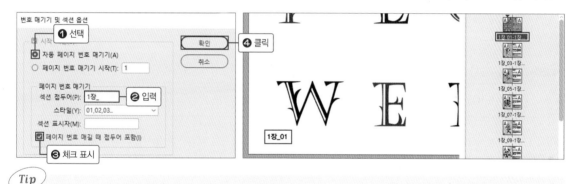

Tip

언더바(_)는 페이지 번호와 구분하기 위해 넣어 주면 보기 편합니다.

7 — 1장_21페이지부터 페이지의 '1장_'를 '2장_'로 변경해 봅니다. 페이지 패널에서 1장_21페이지를 마우스 오른쪽 버튼으로 클릭한 다음 **번호 매기기 및 섹션 옵션**을 실행합니다.

8 — 새 섹션 대화상자가 표시되면 '페이지 번호 매기기 시작'을 선택한 다음 '21'을 입력합니다. 섹션 접두어에 '2장_'을 입력하고, '페이지 번호 매길 때 접두어 포함'을 체크 표시한 다음 〈확인〉 버튼을 클릭합니다. 새로 섹션 표시자가 지정된 페이지에 '▼'가 표시되어 쉽게 확인할 수 있습니다.

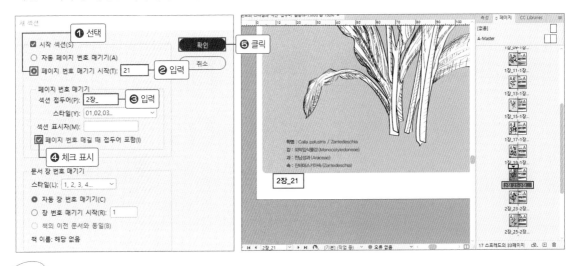

Tip

새로 지정한 섹션을 취소하려면 섹션이 새로 설정된 페이지를 마우스 오른쪽 버튼으로 클릭한 다음 **번호 매기기 및 섹션 옵션**을 실행합니다. 번호 매기기 및 섹션 옵션 대화상자가 표시되면 '시작 섹션'을 체크 해제하고 <확인> 버튼을 클릭합니다.

3 한 쪽 페이지에 양쪽 페이지 번호 자동 생성하기

페이지 번호는 일반적으로 좌우 하단에 넣는 경우가 많으며, 최근에는 오른쪽이나 왼쪽 페이지 둘 중 한 곳에 양쪽 페이지 번호를 넣어 디자인적으로 차별화를 만들기도 합니다.

∴ 하나의 텍스트 프레임에 페이지 번호 모두 넣기

스프레드 판형은 대부분 양쪽으로 페이지 번호를 삽입하여 디자인합니다. 디자인적으로 차별화를 주기 위해 왼쪽 페이지의 텍스트 프레임에 양쪽 페이지 번호를 자동으로 생성해 봅니다.

• **예제 파일** : 03\페이지 번호 모두 넣기.indd   • **완성 파일** : 03\페이지 번호 모두 넣기_완성.indd

1 — 03 폴더에서 '페이지 번호 모두 넣기.indd' 파일을 불러옵니다.
왼쪽 페이지 하단에 양쪽 페이지 번호를 생성해 봅니다. 페이지 패널에서 'A-마스터'를 더블클릭하여 마스터 페이지로 이동한 다음 왼쪽 페이지 하단을 확대합니다.

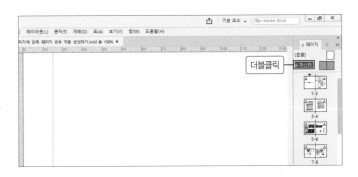

2 — 도구 패널에서 문자 도구(T)를 선택한 다음 페이지 번호가 들어갈 위치에 드래그하여 텍스트 프레임을 만듭니다. 도구 패널에서 선택 도구(▶)를 선택하여 텍스트 프레임을 선택합니다.

속성 패널에서 변형의 참조점을 왼쪽 상단으로 지정하고, X를 '10mm', Y를 '228mm'로 설정하여 페이지 번호가 들어갈 위치를 설정합니다.

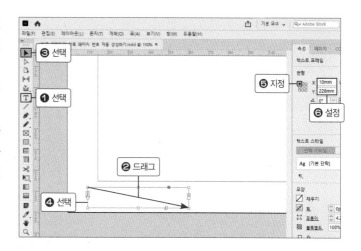

3 — [Ctrl]+[Alt]+[Shift]를 누른 상태로 텍스트 프레임을 오른쪽으로 드래그하여 복사합니다.

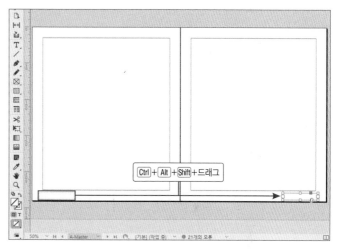

4 — 왼쪽 페이지의 텍스트 프레임을 선택합니다. 프레임의 '연결 흐름' 아이콘(□)을 클릭하고 오른쪽 페이지의 텍스트 프레임을 클릭하면 텍스트 프레임이 서로 연결됩니다.

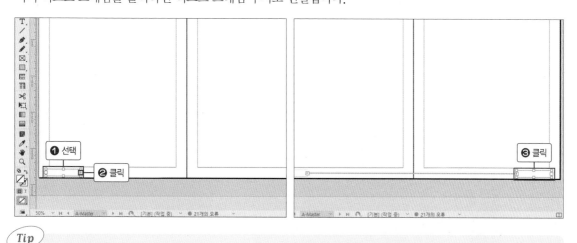

> **Tip**
>
> 좌우 연결 표시가 나타나지 않을 경우 메뉴에서 **[보기] → 기타 → 텍스트 스레드 표시**를 실행하면 텍스트 프레임 연결이 표시됩니다.

5 — 도구 패널에서 문자 도구([T.])를 선택한 다음 왼쪽 페이지의 텍스트 프레임에 커서가 활성화된 상태로 메뉴에서 (문자) → 특수 문자 삽입 → 표시자 → **현재 페이지 번호**를 실행하거나 [Ctrl]+[Alt]+[Shift]+[N]을 누릅니다. 'A' 텍스트가 표시되며, 왼쪽 페이지 번호(현재 페이지 번호)를 구분하기 위해 '하늘색'으로 지정합니다.

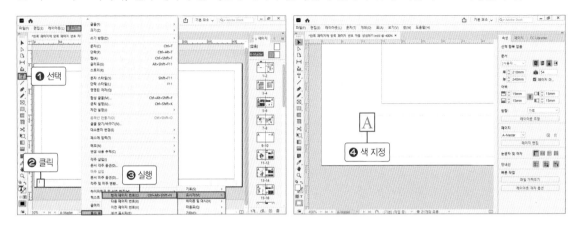

6 — 왼쪽과 오른쪽을 구분하기 위해 '_'를 입력하고 메뉴에서 (문자) → 특수 문자 삽입 → 표시자 → **다음 페이지 번호**를 실행합니다. 똑같이 'A' 텍스트가 표시되며, 오른쪽 페이지 번호(다음 페이지 번호)를 '자주색'으로 지정합니다.

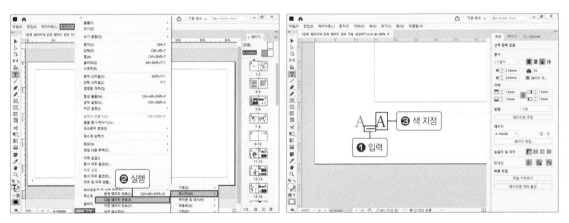

7 — 본문에서 왼쪽 페이지에 양쪽 페이지 번호가 자동으로 맞게 생성된 것을 확인합니다.

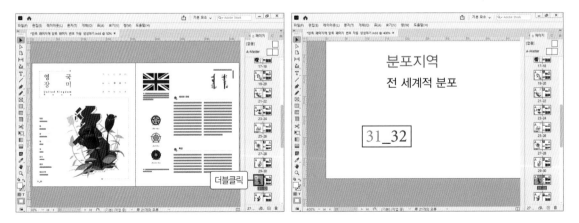

∴ 두 개의 텍스트 프레임으로 나누어 페이지 번호 넣기

왼쪽에 있는 페이지 번호 텍스트 프레임을 오른쪽 페이지에 나란히 배치하여 두 개의 텍스트 프레임에 각각 페이지 번호를 넣어 디자인해 봅니다.

• **예제 파일** : 03\나누어 페이지 번호 넣기.indd   • **완성 파일** : 03\나누어 페이지 번호 넣기_완성.indd

1 — 03 폴더에서 '나누어 페이지 번호 넣기.indd' 파일을 불러옵니다.
먼저 'A-마스터' 양쪽 페이지에 페이지 번호를 생성하고, 왼쪽에 있는 페이지 번호 텍스트 프레임의 조절점을 오른쪽으로 드래그하여 오른쪽 페이지 번호와 어울리는 위치에 배치합니다.

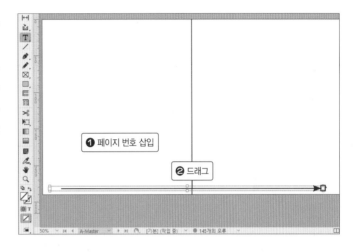

2 — 왼쪽 페이지의 페이지 번호는 속성 패널에서 '오른쪽 정렬' 아이콘(☰)을 클릭하여 정렬합니다. 오른쪽에 있는 'A' 텍스트 앞에 왼쪽과 페이지를 구분하기 위해 '-'를 입력합니다.

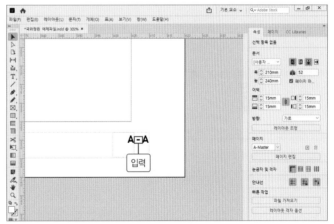

3 — 본문에서 오른쪽 페이지에 양쪽 페이지 번호가 생성된 것을 확인할 수 있습니다.

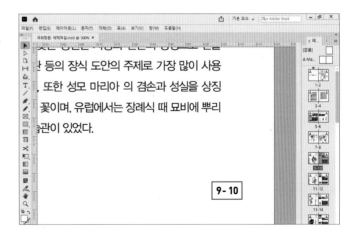

4

마스터 페이지만 이용하여 빠르고 손쉽게 쪽표제 만들기

쪽표제는 페이지 번호와 함께 표기하는 경우가 많으며, 실무 현장에서는 '하시라'라고도 합니다. 일반적으로 책을 디자인할 때 왼쪽 페이지에 상위 항목(책 제목)의 쪽표제를 넣고 오른쪽 페이지에는 하위 항목(장 제목)의 쪽표제를 넣습니다.

∴ **한 개의 마스터 페이지를 이용하여 양쪽 쪽표제 다르게 넣기**

처음부터 끝까지 쪽표제가 동일한 경우 마스터 페이지에서 간단하게 쪽표제를 디자인할 수 있습니다. 왼쪽 페이지는 한글, 오른쪽 페이지는 영문을 넣어 쪽표제 내용을 다르게 디자인해 봅니다.

• **예제 파일** : 03\양쪽 쪽표제 다르게 넣기.indd　　• **완성 파일** : 03\양쪽 쪽표제 다르게 넣기_완성.indd

1 — 03 폴더에서 '양쪽 쪽표제 다르게 넣기.indd' 파일을 불러옵니다.
페이지 패널에서 'A-마스터'의 왼쪽 페이지를 더블클릭한 다음 쪽표제와 페이지 번호가 들어갈 부분을 확대합니다.

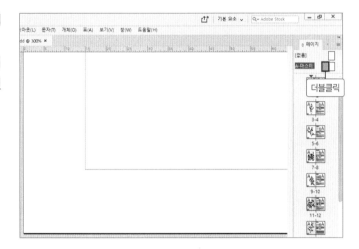

2 — 쪽표제와 페이지 번호를 만들기 위해 도구 패널에서 문자 도구(T)를 선택한 다음 쪽표제와 페이지 번호가 들어갈 위치에 드래그하여 텍스트 프레임을 만듭니다.

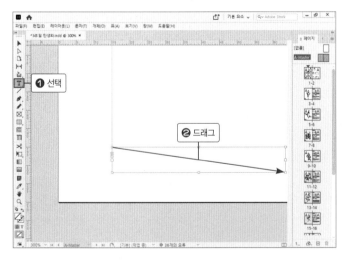

3 — 텍스트 프레임에 페이지 번호를 넣기 위해 메뉴에서 **(문자) → 특수 문자 삽입 → 표시자 → 현재 페이지 번호**를 실행하면 'A' 텍스트가 표시됩니다.

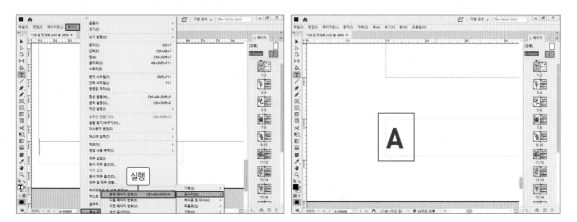

4 — 쪽표제로 '365일 탄생화'를 입력합니다. 페이지 번호인 'A' 텍스트를 선택하여 속성 패널에서 글꼴을 'DIN', 글꼴 스타일을 'Regular', 글꼴 크기를 '12pt', 자간을 '-75'로 지정합니다.

쪽표제는 글꼴을 '윤고딕330', 글꼴 크기를 '8pt', 자간을 '-50'으로 지정하여 완성합니다.

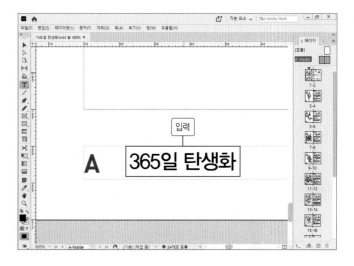

5 — 텍스트 프레임을 오른쪽 페이지에 그대로 복사하기 위해 도구 패널에서 선택 도구(▶)를 선택하고, Ctrl + Alt + Shift 를 누른 상태로 텍스트 프레임을 드래그하여 오른쪽 페이지에 수평으로 복사합니다.

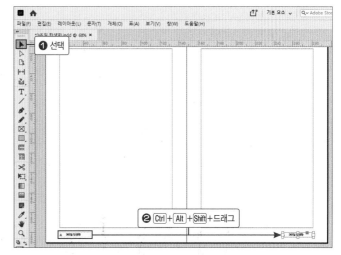

6 — 복사한 텍스트를 오른쪽 정렬한 다음 쪽표제는 삭제합니다.

페이지 번호인 'A'는 그대로 두고, 'A' 텍스트 왼쪽에 새로운 쪽표제 '365 Days Birth Flower'를 입력한 다음 속성 패널에서 글꼴을 'DIN', 글꼴 스타일을 'Regular', 글꼴 크기를 '8pt', 자간을 '-50'으로 지정합니다.

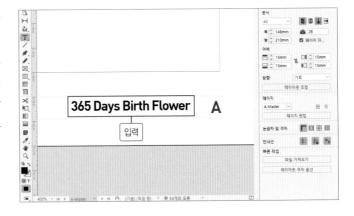

7 — 본문에서 양쪽 페이지의 페이지 번호와 쪽표제를 확인합니다.

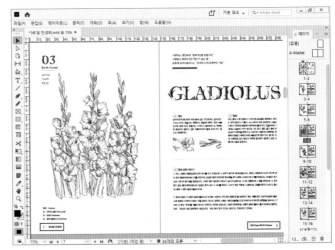

∴ 여러 개의 마스터 페이지를 이용하여 장마다 쪽표제 다르게 넣기

책에서 여러 개의 장이 있는 경우 장마다 쪽표제를 다르게 디자인하는 경우가 많습니다. 여러 개의 마스터 페이지를 이용하여 오른쪽 페이지의 장 제목만 다르게 디자인해 봅니다.

- **예제 파일** : 03\장마다 쪽표제 다르게 넣기.indd　　• **완성 파일** : 03\장마다 쪽표제 다르게 넣기_완성.indd
- **구성** | 1장 : 01~101페이지, 2장 : 102~179페이지, 3장 : 180~225페이지

1 — 03 폴더에서 '장마다 쪽표제 다르게 넣기.indd' 파일을 불러옵니다.

페이지 패널에서 'A-마스터'의 왼쪽 페이지를 더블클릭한 다음 페이지 번호와 쪽표제가 들어갈 부분을 확대합니다.

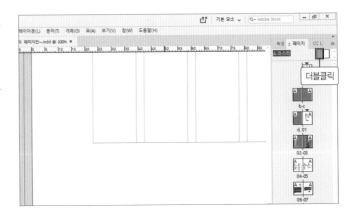

2 ─ 먼저 페이지 번호를 만들기 위해 도구 패널에서 문자 도구(T)를 선택한 다음 페이지 번호가 들어갈 위치에 드래그하여 텍스트 프레임을 만듭니다.

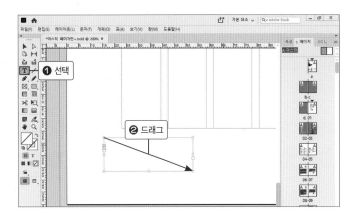

3 ─ 텍스트 프레임에 커서가 활성화된 상태로 메뉴에서 (**문자**) → **특수 문자 삽입** → **표시자** → **현재 페이지 번호**를 실행합니다.

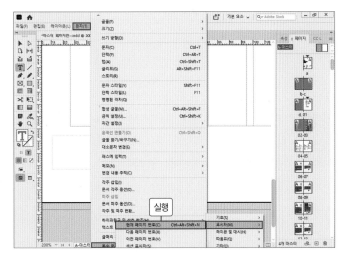

4 ─ 'A' 텍스트가 표시됩니다. 'A' 텍스트를 선택하여 속성 패널에서 글꼴을 'DIN', 글꼴 스타일을 'Regular', 글꼴 크기를 '8pt'로 지정합니다. 변형에서 참조점을 왼쪽 상단으로 지정하고, X를 '13mm', Y를 '242mm', W를 '10mm', H를 '5mm'로 설정합니다.

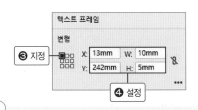

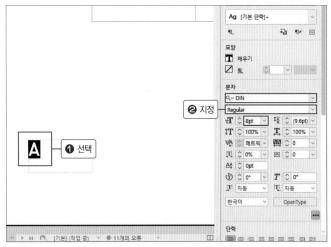

> **Tip**
>
> 여러 개의 마스터 페이지를 사용할 경우 쉽게 장마다 양쪽의 쪽표제를 다르게 넣을 수 있습니다. 예를 들어, 왼쪽은 'Part', 오른쪽은 'Chapter'를 사용하여 마스터 페이지마다 양쪽의 쪽표제를 다르게 설정할 수 있습니다.

5 — 제목 쪽표제의 텍스트 프레임을 따로 만들어 '한국간담췌외과 발전사'를 입력한 다음 속성 패널에서 글 꼴을 'SM3KGothic', 글꼴 크기를 '5pt', 가로 비율 '96%', 자간을 '−100'으로 지정합니다. 변형에서 참조점을 왼 쪽 상단으로 지정하고, X를 '23mm', Y를 '242mm', W를 '30mm', H를 '2.5mm'로 설정합니다.

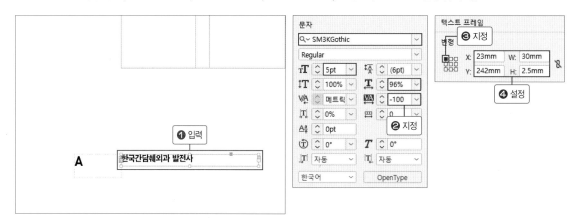

6 — 도구 패널에서 선택 도구(▶)를 선 택하여 2개의 텍스트 프레임을 선택한 다 음 Ctrl + Alt + Shift 를 누른 상태로 드래그 하여 오른쪽 페이지에 수평으로 복사합 니다.

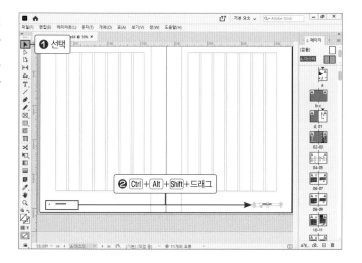

7 — 페이지 번호 텍스트 프레임과 쪽표 제 텍스트 프레임을 위치를 서로 바꿉니다. 속성 패널에서 변형의 참조점을 왼쪽 상단 으로 지정한 다음 X를 '309mm'로 설정하 여 배치합니다. 쪽표제에 첫 번째 장 제목 인 '1부ㅣ한국간담췌외과의 발전사'를 입력 한 다음 오른쪽 정렬합니다.

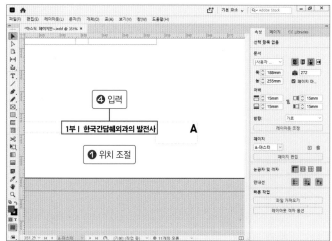

8 ─ 페이지 패널에서 'A-마스터'를 마우스 오른쪽 버튼으로 클릭한 다음 **마스터 스프레드 "A-마스터" 복제**를 실행합니다.

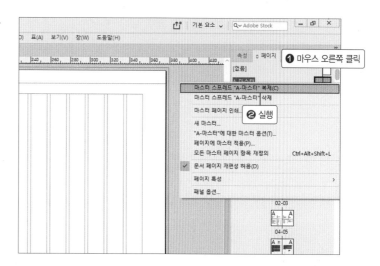

9 ─ 'A-마스터'가 복제되어 'B-마스터'가 생성됩니다. 'B-마스터'를 더블클릭하면 'A-마스터'에서 만든 페이지 번호와 쪽표제가 그대로 표시됩니다.

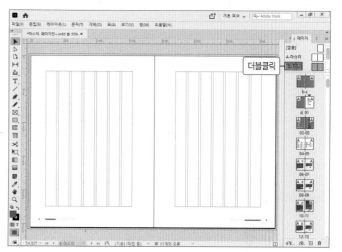

10 ─ B-마스터에서 오른쪽 페이지를 더블클릭한 다음 쪽표제에 두 번째 장 제목인 '2장 | 한국간담췌외과학회의 발자취'를 입력합니다. B-마스터의 페이지 번호와 쪽표제가 완성되었습니다.

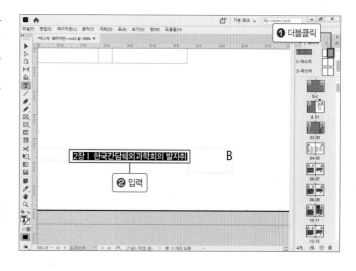

> **Tip**
>
> 페이지 번호가 'B'로 변경된 것은 마스터 페이지가 'B-마스터'이기 때문입니다.

11 — 2장에 적용되는 마스터 페이지는 'B-마스터'이며, 102페이지~179페이지까지입니다. 페이지 패널에서 102페이지를 선택한 다음 Shift를 누른 상태로 179페이지를 선택합니다.

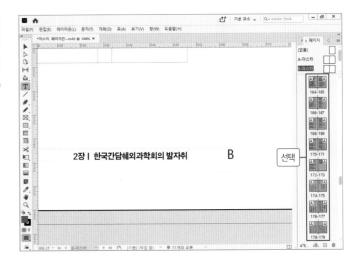

12 — 페이지 패널에서 '패널 메뉴' 아이콘(≡)을 클릭한 다음 **페이지에 마스터 적용**을 실행합니다.

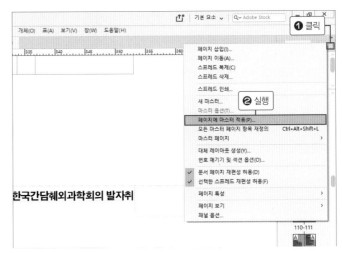

13 — 마스터 적용 대화상자가 표시되면 마스터 적용을 'B-마스터'로 지정하고 적용 페이지가 '102-179'인지 확인한 다음 〈확인〉 버튼을 클릭합니다.

Tip

페이지 패널에서 마스터 페이지를 적용할 페이지를 모두 선택하지 않고 마스터 적용 대화상자의 적용 페이지에 페이지 번호를 직접 입력해도 됩니다.

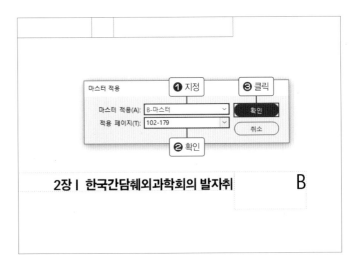

14 — 페이지 패널에서 102페이지~
179페이지까지 'B'가 표시된 것을 확인할
수 있습니다.

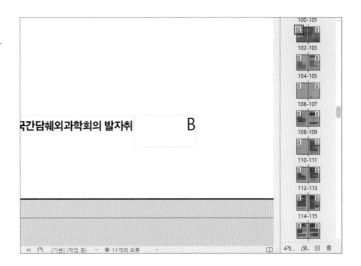

15 — 페이지 패널에서 102페이지와 103페이지로 이동하여 양쪽 페이지의 페이지 번호와 쪽표제를 확인합
니다.

16 — 'B-마스터'와 동일한 방법으로 'C-마스터'를 만들어 3장인 180페이지~225페이지까지 적용해 봅니다.

5

섹션 표시자를 활용하여 쪽표제 만들기

섹션 표시자는 한 쪽에만 쪽표제를 넣거나 양쪽 페이지에 동일하게 쪽표제를 넣을 때 많이 사용합니다. 페이지 패널에서 섹션 표시자를 수정하면 자동으로 전체 페이지의 쪽표제가 변경되며, 다음 섹션 표시자가 나오기 전까지 쪽표제의 내용은 바뀌지 않습니다. 섹션 표시자를 활용하여 다양한 쪽표제를 만들어 봅니다.

∴ 한 쪽 페이지에만 쪽표제 넣기

마스터 페이지에서 섹션 표시자를 이용하여 왼쪽 페이지에 책 제목의 쪽표제와 페이지 번호를 넣어 봅니다.

• **예제 파일** : 03\쪽표제 넣기.indd   • **완성 파일** : 03\쪽표제 넣기_완성.indd

1 — 03 폴더에서 '쪽표제 넣기.indd' 파일을 불러옵니다.
페이지 패널에서 'A-마스터'의 왼쪽 페이지를 더블클릭한 다음 페이지 번호가 들어갈 부분을 확대합니다.

2 — 페이지 번호를 만들기 위해 도구 패널에서 문자 도구(T.)를 선택한 다음 페이지 번호가 들어갈 위치에 드래그하여 텍스트 프레임을 만듭니다.

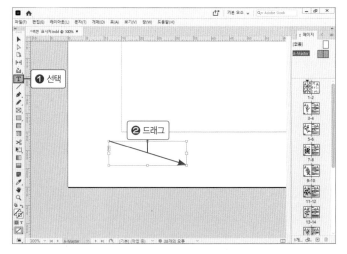

3 — 텍스트 프레임에 커서가 활성화된 상태로 Ctrl + Alt + Shift + N 을 누릅니다. 'A' 텍스트가 표시되면 드래그하여 속성 패널에서 글꼴을 'DIN', 글꼴 스타일을 'Regular', 글꼴 크기를 '12pt'로 지정합니다. 변형에서 참조점을 왼쪽 상단으로 지정하고, X를 '7.6mm', Y를 '199.5mm'로 설정합니다.

4 — 도구 패널에서 타원 프레임 도구(⊗)를 선택한 다음 가로 2.5mm, 세로 2.5mm의 정원을 그립니다. 속성 패널에서 모양의 획을 '0.25pt', 색상을 'C=0, M=100, Y=0, K=0'으로 지정합니다. 변형에서 참조점을 왼쪽 상단으로 지정하고, X를 '5.5mm', Y를 '198mm'로 설정하여 적용합니다.

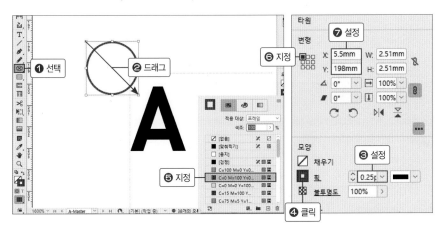

5 — 쪽표제를 만들기 위해 도구 패널에서 문자 도구(T.)를 선택한 다음 쪽표제가 들어갈 위치에 드래그하여 텍스트 프레임을 만듭니다. 메뉴에서 **(문자) → 특수 문자 삽입 → 표시자 → 섹션 표시자**를 실행하면 '섹션' 텍스트가 표시됩니다.

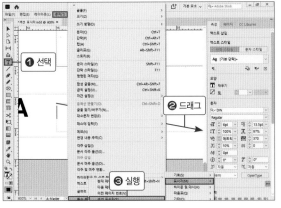
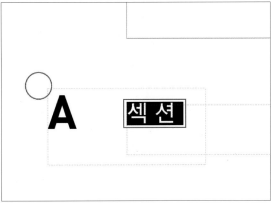

6 — '섹션' 텍스트를 드래그하여 속성 패널에서 글꼴을 '윤고딕330', 글꼴 크기를 '6pt', 가로 비율을 '97%', 자간을 '370'으로 지정합니다.

변형에서 참조점을 왼쪽 상단으로 지정하고, X를 '15mm', Y를 '201mm'로 설정합니다.

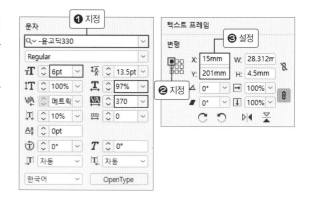

7 — 페이지 패널에서 3페이지를 더블 클릭하면 섹션 표시자에 사용될 텍스트가 아직 입력되지 않았기 때문에 페이지 번호만 표시됩니다.

쪽표제를 입력할 3페이지를 마우스 오른쪽 버튼으로 클릭한 다음 **번호 매기기 및 섹션 옵션**을 실행합니다.

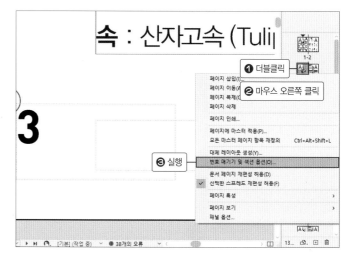

8 — 새 섹션 대화상자가 표시되면 섹션 표시자에 'the birth flower'를 입력한 다음 〈확인〉 버튼을 클릭합니다. 3페이지에 입력한 내용의 쪽표제가 표시됩니다.

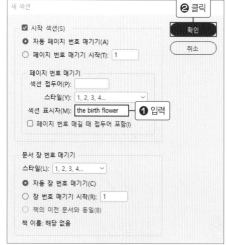

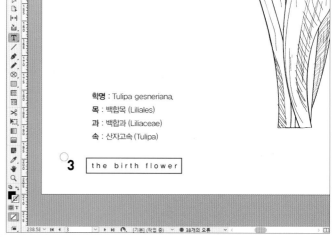

∴ 양쪽의 쪽표제가 동일한 여러 개의 섹션 표시자 만들기

마스터 페이지에서 양쪽 페이지에 섹션 표시자를 넣어 쪽표제를 만들고, 페이지 패널에서 여러 개의 섹션 표시자를 만들어 봅니다.

• **예제 파일** : 03\여러 개의 섹션 표시자.indd   • **완성 파일** : 03\여러 개의 섹션 표시자_완성.indd

1 — 03 폴더에서 '여러 개의 섹션 표시자.indd' 파일을 불러옵니다.
페이지 패널에서 'A-마스터'의 왼쪽 페이지를 더블클릭한 다음 페이지 번호와 쪽표제가 들어갈 부분을 확대합니다.

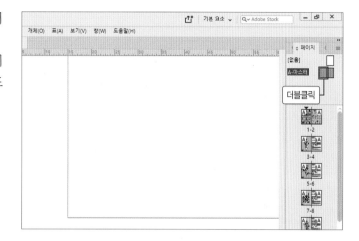

2 — 먼저 페이지 번호를 만들기 위해 도구 패널에서 문자 도구(T.)를 선택한 다음 페이지 번호가 들어갈 위치에 드래그하여 텍스트 프레임을 만듭니다.

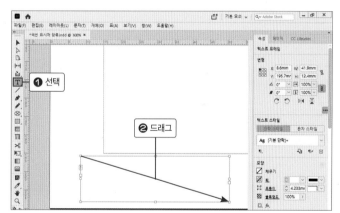

3 — 텍스트 프레임에 커서가 활성화된 상태로 메뉴에서 (문자) → 특수 문자 삽입 → 표시자 → 현재 페이지 번호를 실행합니다.

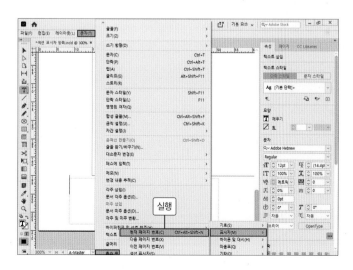

4 — 'A' 텍스트를 드래그하여 속성
패널에서 글꼴을 'DIN', 글꼴 스타일을
'Regular', 글꼴 크기를 '12pt'로 지정합니다.
변형에서 참조점을 왼쪽 상단으로 지정하
고, X를 '7.6mm', Y를 '201.5mm'로 설정
합니다.

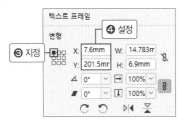

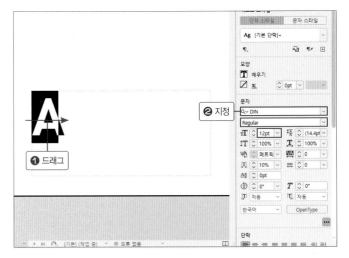

5 — 쪽표제를 만들기 위해 도구 패널에서 문자 도구(T)를 선택한 다음 쪽표제가 들어갈 위치에 텍스트 프
레임을 만듭니다. 메뉴에서 (문자) → 특수 문자 삽입 → 표시자 → 섹션 표시자를 실행하면 '섹션' 텍스트가 표
시됩니다.

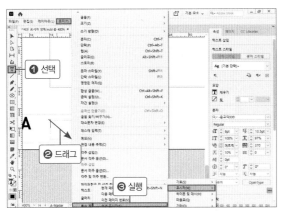

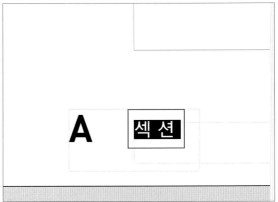

6 — '섹션' 텍스트를 드래그하여 속성 패널에서
글꼴을 '윤고딕330', 글꼴 크기를 '6pt', 가로 비율
'97%', 자간을 '370'으로 지정합니다.
변형에서 참조점을 왼쪽 상단으로 지정하고, X를
'15mm', Y를 '203mm'로 설정합니다.

7 — 2개의 텍스트 프레임을 오른쪽 페이지에 그대로 복사하기 위해 도구 패널에서 선택 도구(▶)를 선택하여 텍스트 프레임을 선택한 다음 Ctrl + Alt + Shift 를 누른 상태로 드래그하여 오른쪽 페이지에 복사합니다.

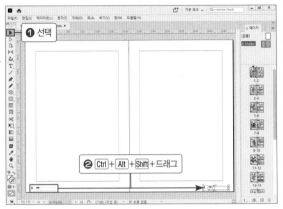

8 — 페이지 번호 텍스트 프레임을 선택하고 속성 패널에서 변형의 참조점을 왼쪽 상단으로 지정한 다음 X를 '273.6mm', Y를 '201.5mm'로 설정합니다. 섹션 표시자 텍스트 프레임을 선택하고 속성 패널에서 변형의 참조점을 왼쪽 상단으로 지정한 다음 X를 '253mm', Y를 '203mm'로 설정합니다.

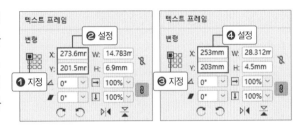

9 — 마스터 페이지를 빠져나와 본문 페이지를 확인하면 섹션 표시자에 사용될 텍스트가 아직 입력되지 않았기 때문에 페이지 번호만 표시됩니다.

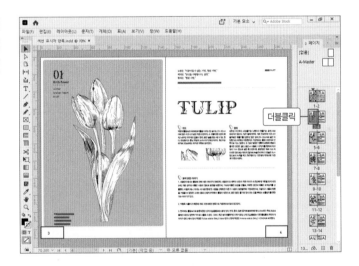

10 —— 쪽표제를 입력할 3페이지를 마우스 오른쪽 버튼으로 클릭한 다음 **번호 매기기 및 섹션 옵션**을 실행합니다.

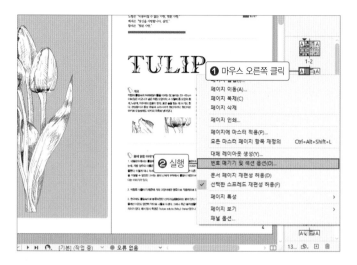

11 —— 번호 매기기 및 섹션 옵션 대화상자가 표시되면 섹션 표시자에 '튤립 · 물망초'를 입력한 다음 〈확인〉 버튼을 클릭합니다.

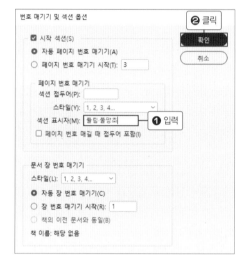

12 —— 양쪽 페이지의 쪽표제 부분을 확대하여 확인합니다. 페이지 패널에서는 새로 섹션 표시자가 지정된 페이지에 '▼'가 표시되어 쉽게 확인할 수 있습니다.

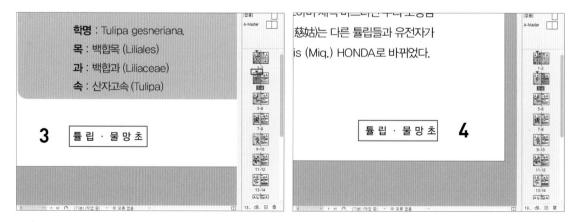

13— 7페이지에 섹션 표시자를 추가하여 다른 내용의 쪽표제를 만들어 봅니다. 7페이지를 선택하고 '패널 메뉴' 아이콘(▤)을 클릭한 다음 **번호 매기기 및 섹션 옵션**을 실행합니다.

14— 새 섹션 대화상자가 표시되면 섹션 표시자에 '글라디올러스·벚꽃·민들레'를 입력한 다음 〈확인〉 버튼을 클릭합니다.

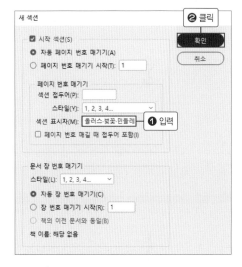

15— 7페이지부터 쪽표제가 바뀐 것을 확인할 수 있습니다. 여러 개의 섹션 표시자를 만들어 사용할 수 있으며, 추가로 섹션 표시자가 지정된 페이지에 '▼'가 표시되어 쉽게 확인할 수 있습니다.

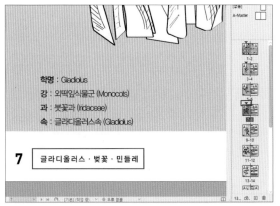

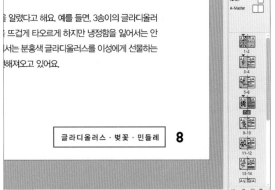

∴ 섹션 표시자를 이용하여 쪽표제 수정하기

페이지 패널에서 섹션 표시자를 수정하면 자동으로 같은 섹션 표시자 부분의 쪽표제가 변경됩니다. 섹션 표시자를 다른 페이지로 이동하고 쪽표제 내용을 일부 수정해 봅니다.

· **예제 파일** : 03\쪽표제 수정하기.indd　　· **완성 파일** : 03\쪽표제 수정하기_완성.indd

1 — 03 폴더에서 '쪽표제 수정하기.indd' 파일을 불러옵니다
7페이지에 적용된 섹션 표시자를 13페이지로 이동해 봅니다. 7페이지를 선택하고 페이지 패널에서 '패널 메뉴' 아이콘(☰)을 클릭한 다음 **번호 매기기 및 섹션 옵션**을 실행합니다.

2 — 번호 매기기 및 섹션 옵션 대화상자가 표시되면 '시작 섹션'을 체크 해제한 다음 〈확인〉 버튼을 클릭합니다.

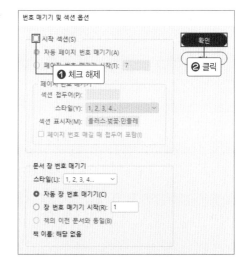

3 — 페이지 패널에서 7페이지에 '▼'가 사라진 것을 확인할 수 있으며, '글라디올러스 · 벚꽃 · 민들레' 쪽표제는 사라지고 앞 섹션 표시자의 '튤립 · 물망초' 쪽표제가 표시되는 것을 확인할 수 있습니다.

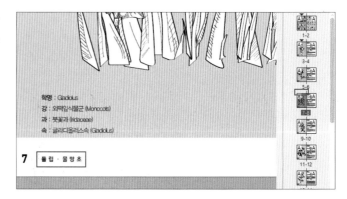

4 ─ 13페이지를 더블클릭하고 페이지 패널에서 '패널 메뉴' 아이콘(☰)을 클릭한 다음 **번호 매기기 및 섹션 옵션**을 실행합니다.

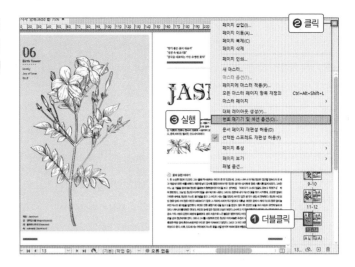

5 ─ 새 섹션 대화상자가 표시되면 섹션 표시자에 '글라디올러스 · 벚꽃 · 민들레'를 입력한 다음 〈확인〉 버튼을 클릭합니다.

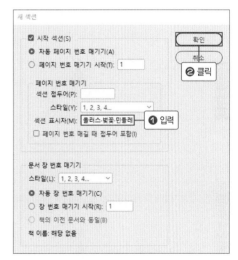

6 ─ 13페이지부터 쪽표제가 변경되었습니다. 페이지 패널에서 13페이지에 '▼' 가 표시된 것을 확인할 수 있습니다.

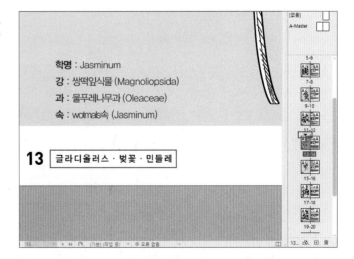

7 ─ 쪽표제 텍스트만 변경하기 위해 13페이지를 선택하고 페이지 패널에서 '패널 메뉴' 아이콘(▤)을 클릭한 다음 **번호 매기기 및 섹션 옵션**을 실행합니다.

8 ─ 번호 매기기 및 섹션 옵션 대화상자가 표시되면 섹션 표시자에 '글라디올러스 · 벚꽃 · 민들레'를 '초롱꽃 · 벚꽃 · 접시꽃'으로 수정한 다음 〈확인〉 버튼을 클릭합니다.

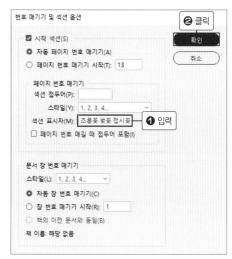

9 ─ 13페이지부터 적용된 섹션 표시자 전체의 쪽표제가 자동으로 변경된 것을 확인할 수 있습니다.

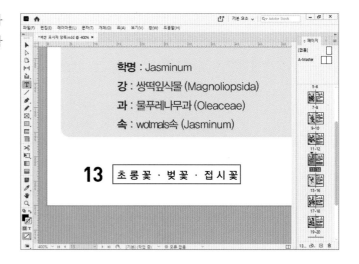

마스터 페이지와 섹션 표시자를 이용한
감각 있는 쪽표제 만들기

상위 개념(책 제목)의 쪽표제에는 마스터 페이지를 적용하고 하위 개념(장 제목)의 쪽표제에는 섹션 표시자를 적용하면 번거로운 쪽표제 작업을 상당 부분 줄일 수 있습니다. 섹션 표시자는 다음 섹션 표시자가 나오기 전까지 쪽표제의 내용이 바뀌지 않고, 페이지 패널에서 섹션 표시자를 수정하면 자동으로 전체 페이지에 쪽표제가 변경되어 효율적입니다.

· **예제 파일** : 03\감각 있는 쪽표제.indd · **완성 파일** : 03\감각 있는 쪽표제_완성.indd

· **구성** │ 가로 188mm, 세로 255mm
　　　　　왼쪽 페이지 쪽표제는 마스터 페이지를 이용한 책 제목, 오른쪽 페이지 쪽표제는 섹션 표시자를 이용한 장 제목

1. 03 폴더에서 '감각 있는 쪽표제.indd' 파일을 불러옵니다.
페이지 패널에서 'A-마스터' 왼쪽 페이지를 더블클릭하여 페이지 번호와 쪽표제가 들어갈 부분을 확대합니다.

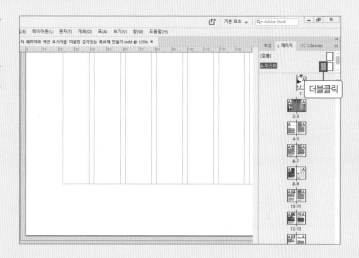

2. 책 제목이 들어갈 왼쪽 페이지부터 페이지 번호와 쪽표제를 디자인해 봅니다.
먼저 페이지 번호를 만들기 위해 도구 패널에서 문자 도구(T.)를 선택한 다음 페이지 번호가 들어갈 위치에 드래그하여 텍스트 프레임을 만듭니다.

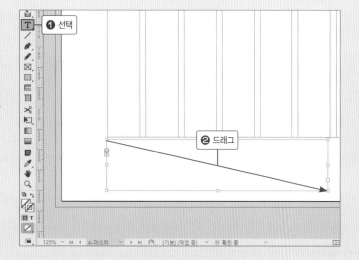

3. 텍스트 프레임에 커서가 활성화된 상태로 메뉴에서 **(문자) → 특수 문자 삽입 → 표시자 → 현재 페이지 번호**를 실행합니다.

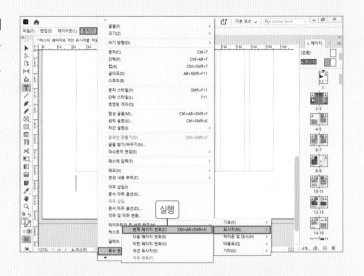

4. 'A' 텍스트가 표시되면 드래그하여 속성 패널에서 글꼴을 'Constantia', 글꼴 스타일을 'Regular', 글꼴 크기를 '10pt'로 지정하고 가운데 정렬을 합니다.
변형에서 참조점을 왼쪽 상단으로 지정하고, X를 '23mm', Y를 '240mm', W를 '132mm'로 설정합니다.

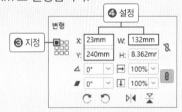

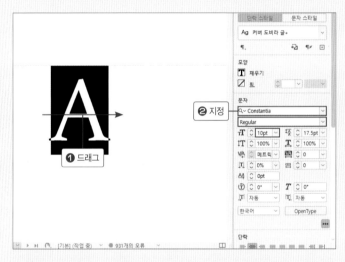

5. 페이지 번호 하단에 밑줄을 넣기 위해 메뉴에서 **(문자) → 문자**를 실행하여 문자 패널을 표시합니다.

6. 문자 패널에서 '패널 메뉴' 아이콘(≡)을 클릭한 다음 **밑줄 옵션**을 실행합니다.

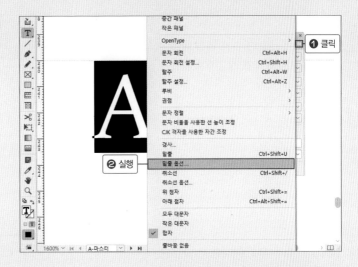

7. 밑줄 옵션 대화상자가 표시되면 옵션에서 '밑줄 켬'을 체크 표시하고, 두께를 '0.3pt', 오프셋을 '4pt'로 설정한 다음 <확인> 버튼을 클릭합니다.

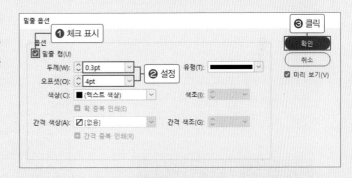

8. 'A' 하단에 밑줄이 추가되었습니다.

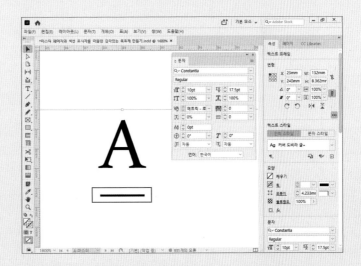

9. 왼쪽에 책 제목을 넣기 위해 도구 패널에서 문자 도구(T.)를 선택한 다음 쪽표제가 들어갈 위치에 드래그하여 텍스트 프레임을 만듭니다.

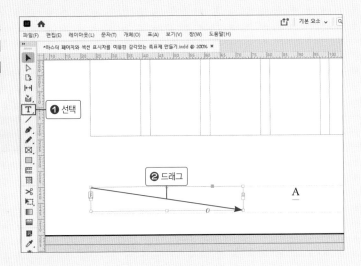

10. 책 제목인 '한국의사협회 발전사+'를 입력하고 드래그한 다음 속성 패널에서 글꼴을 '윤고딕330', 글꼴 크기를 '9pt', 자간을 '-35'로 지정합니다. 변형에서 참조점을 왼쪽 상단으로 지정하고, X를 '23mm', Y를 '240mm'로 설정합니다.

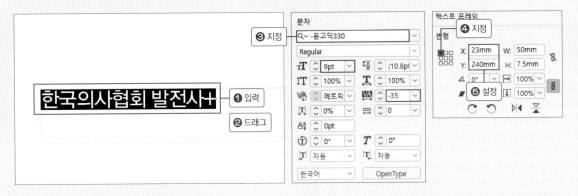

11. 2개의 텍스트 프레임을 오른쪽 페이지에 그대로 복사하기 위해 도구 패널에서 선택 도구(▶)를 선택하여 텍스트 프레임을 선택한 다음 Ctrl + Alt + Shift를 누른 상태로 드래그하여 오른쪽 페이지에 복사합니다.

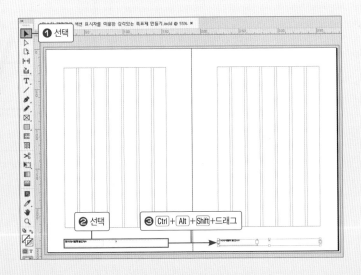

12. 쪽표제 텍스트 프레임을 선택한 다음 속성 패널에서 변형의 참조점을 왼쪽 상단으로 지정하고, X를 '303mm', Y를 '240mm'로 설정하여 오른쪽으로 이동합니다.

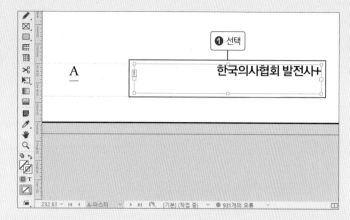

13. 쪽표제의 '한국의사협회 발전사 + ' 텍스트를 삭제합니다. 메뉴에서 **(문자) → 특수 문자 삽입 → 표시자 → 섹션 표시자**를 실행하면 '섹션' 텍스트가 표시됩니다.

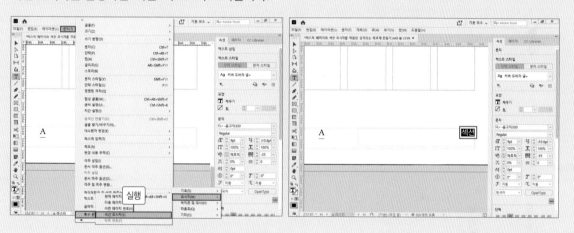

14. 본문 왼쪽 페이지는 마스터 페이지에서 쪽표제를 만들었기 때문에 책 제목이 보이며, 오른쪽 페이지는 섹션 표시자에 사용될 텍스트가 아직 입력되지 않았기 때문에 페이지 번호만 표시됩니다.

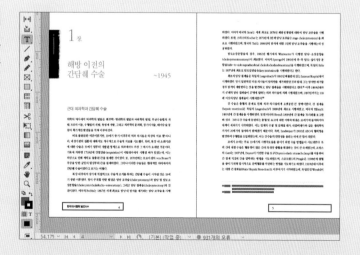

15. 쪽표제를 입력하기 위해 5페이지를 선택하고 페이지 패널에서 '패널 메뉴' 아이콘(☰)을 클릭한 다음 **번호 매기기 및 섹션 옵션**을 실행합니다.

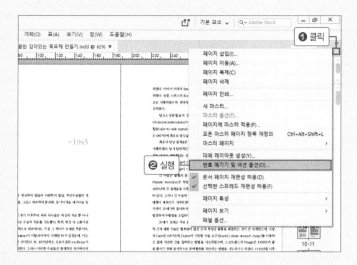

16. 새 섹션 대화상자가 표시되면 섹션 표시자에 '1장. 해방 이전의 수술'을 입력한 다음 <확인> 버튼을 클릭합니다.

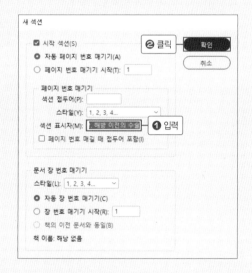

17. 양쪽 페이지의 쪽표제 부분을 확대하여 쪽표제를 확인합니다. 페이지 패널에서 5페이지에 '▼'가 표시되어 쉽게 확인할 수 있습니다.

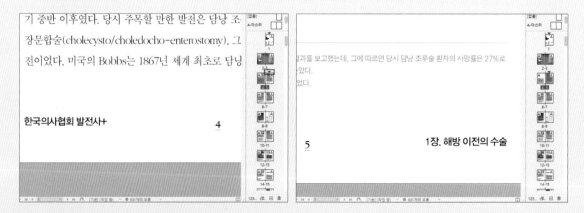

18. 25페이지에 섹션 표시자를 추가하여
다른 내용의 쪽표제를 만들어 봅니다. 25
페이지를 선택하고 페이지 패널에서 '패널
메뉴' 아이콘(▤)을 클릭한 다음 **번호 매
기기 및 섹션 옵션**을 실행합니다.

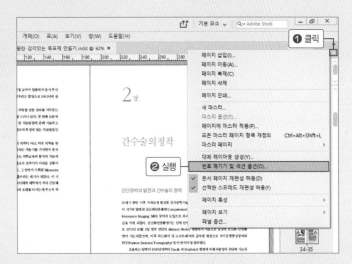

19. 새 색션 대화상자가 표시되면 섹션 표시자에 '2장. 간수술
의 정착'을 입력한 다음 <확인> 버튼을 클릭합니다.

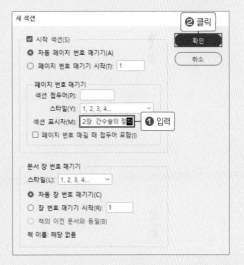

20. 왼쪽 페이지의 쪽표제는 그대로 있으며, 오른쪽 페이지는 섹션 표시자를 이용하여 쪽표제가 바뀌었습니다.
페이지 패널에서 25페이지에 '▼'가 표시되어 쉽게 확인할 수 있습니다.

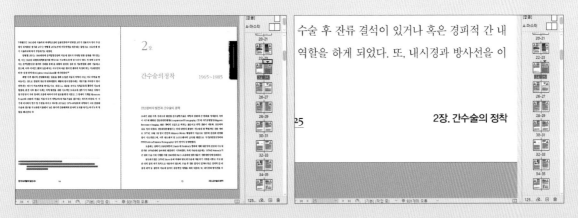

Part 4

포토샵, 일러스트레이터와 차이가 있는 인디자인의 그래픽과 색상, 표 다루기

인디자인은 포토샵(비트맵)과 일러스트레이터(벡터)에서 디자인한 이미지를 사용하여 멋진 그래픽 디자인을 만들 수 있으며, 어도비 계열 간 호환이 뛰어나 이미지를 손쉽게 관리할 수 있습니다. 포토샵과 일러스트레이터의 이미지를 효과적으로 사용하는 방법과 시각적으로 매우 중요한 요소인 색상, 그리고 인디자인의 꽃이라고 할 수 있는 표 만들기에 대해 알아봅니다.

어도비 프로그램 간 호환이 뛰어난
인디자인의 이미지 관리하기

인쇄 출판이나 웹 게시 등 디자인의 용도에 맞게 이미지 해상도나 색상 모드를 선택하고 적합한 파일 형식으로 저장하여 인디자인에서 활용하는 방법을 알아봅니다. 더불어 인디자인에서 이미지와 관련된 다양한 기능을 관리하고 학습해 봅니다.

1 이미지를 가져오는 방법과 프레임 변형하기

다양한 형태의 프레임을 만들어 여러 가지 방법으로 이미지를 가져올 수 있습니다. 또한 레이아웃에 맞게 이미지 프레임을 자유롭게 변형할 수 있습니다.

∴ 프레임 안에 이미지 가져와 자유롭게 프레임 변형하기

도구 패널에서 프레임 도구나 사각형 도구, 펜 도구 등을 선택하여 프레임을 만든 다음 이미지를 가져와 레이아웃에 따라 자유롭게 프레임을 변형해 봅니다.

• **예제 파일** : 04\프레임 변형.indd, 작호도.jpg　• **완성 파일** : 04\프레임 변형_완성.indd
• **구성** | 펜 도구를 이용하여 이미지 프레임 곡선으로 변형

1 — 04 폴더에서 '프레임 변형.indd' 파일을 불러옵니다. 도구 패널에서 사각형 프레임 도구(⊠)를 선택한 다음 이미지를 삽입하려는 부분에 드래그하여 사각형 프레임을 만듭니다. 사각형 프레임을 선택한 다음 속성 패널의 변형에서 참조점을 왼쪽 상단으로 지정하고, X를 '17mm', Y를 '10mm', W를 '130mm', H를 '184.5mm'로 설정합니다.

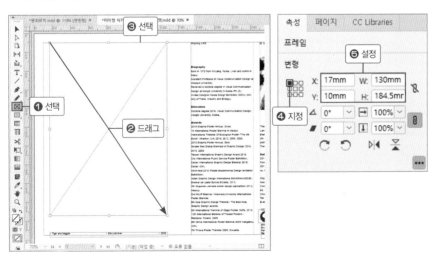

2 — 사각형 프레임을 선택한 다음 Ctrl+D를 눌러 가져오기 대화상자가 표시되면 04 폴더에서 '작호도.jpg' 파일을 선택하고 〈열기〉 버튼을 클릭합니다. 선택된 프레임에 이미지가 삽입됩니다.

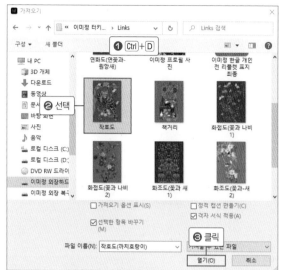

가져온 이미지가 프레임보다 크거나 작은 경우 직접 선택 도구(▷)로 이미지를 선택하여 컨테이너 프레임(갈색 프레임)을 선택한 다음 속성 패널에서 이미지 크기 조정 비율을 설정합니다.

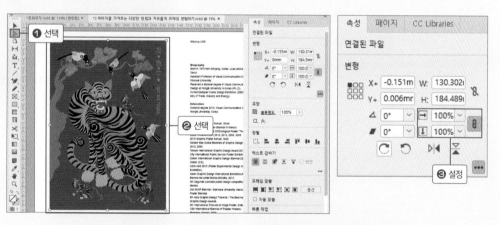

3 — 직접 선택 도구(▷)로 이미지 프레임 왼쪽 하단 조절점을 클릭하여 위로 드래그합니다.

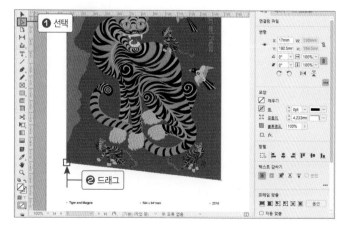

4 — 기준점 추가 도구( )로 이미지 프레임 왼쪽 상단을 클릭하여 2개의 기준점을 추가합니다.

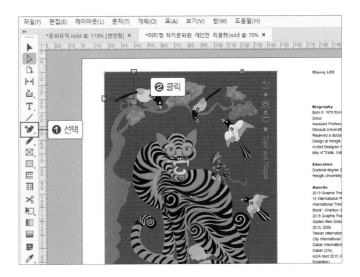

5 — 방향점 변환 도구( )로 왼쪽 상단의 조절점을 드래그하여 곡선으로 변환합니다.

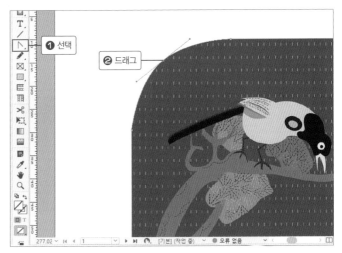

6 — 이미지 프레임을 직선과 곡선으로 자유롭게 변환하여 마무리합니다.

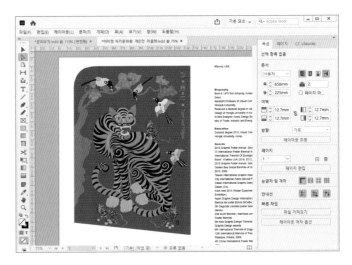

∴ 폴더에서 이미지를 프레임으로 드래그하여 바로 삽입하기

메뉴에서 가져오기를 실행하지 않고 프레임이 없어도 폴더에서 이미지 파일을 바로 드래그하여 이미지를 쉽게 가져올 수 있습니다. 폴더에서 여러 개의 파일을 드래그하여 가져올 수도 있습니다.

• 예제 파일 : 04\폴더에서 이미지 삽입.indd, 화접도(꽃과 나비 1).jpg, 화접도(꽃과 나비 2).jpg, 화조도(꽃과 새 1).jpg
• 완성 파일 : 04\폴더에서 이미지 삽입_완성.indd

1 — 04 폴더에서 '폴더에서 이미지 삽입.indd' 파일을 불러옵니다.

사각형 프레임 도구(⊠)로 이미지를 삽입하고자 하는 부분에 드래그하여 사각형 프레임을 만듭니다.

사각형 프레임을 선택한 다음 속성 패널의 변형에서 참조점을 왼쪽 상단으로 지정하고, X를 '511mm', Y를 '10mm', W를 '130mm', H를 '184.5mm'로 설정합니다.

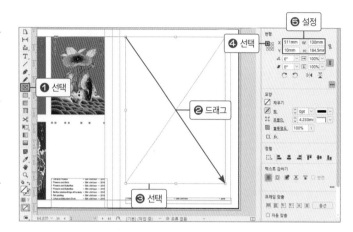

2 — 04 폴더에서 '화조도(꽃과 새 1).jpg' 파일을 사각형 프레임으로 드래그합니다.

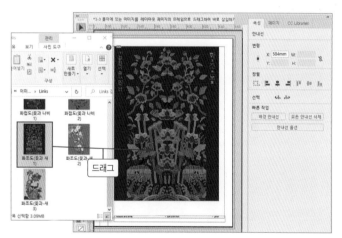

3 — 이미지 프레임 없이 폴더에서 2개의 이미지 파일을 가져오기 위해 이미지를 삽입하고자 하는 부분으로 이동합니다.

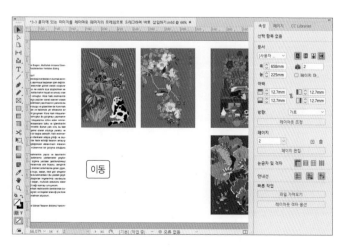

4 — 04 폴더에서 '화접도(꽃과 나비 1).jpg', '화접도(꽃과 나비 2).jpg' 파일을 본문 페이지로 드래그하여 이미지를 가져옵니다.

이때 마우스에서 손을 때면 커서 미리 보기 이미지에 (2)가 표시되며, (2)는 2개의 이미지입니다. 원하는 부분에 한 번 클릭하면 1개의 미리 보기 이미지가 남아 있어 한 번 더 클릭하여 2개의 이미지를 가져옵니다.

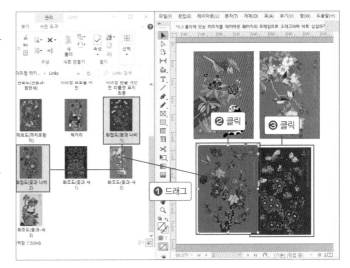

Tip

파일이 나란히 있을 경우 2개의 파일을 한꺼번에 드래그하거나 파일 하나를 선택한 다음 **Shift**를 누른 상태로 두 번째 파일을 선택합니다.
파일 2개가 떨어져 있다면 하나씩 **Ctrl**을 누른 상태로 선택합니다.

5 — 상단의 이미지와 정렬하기 위해 왼쪽 2개의 이미지를 선택한 다음 속성 패널의 정렬에서 '왼쪽 가장자리 정렬' 아이콘(▣)을 클릭합니다.

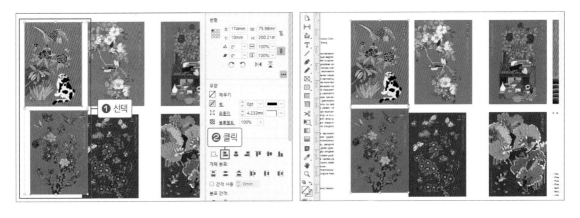

6 — 오른쪽 2개의 이미지를 선택한 다음 정렬에서 '오른쪽 가장자리 정렬' 아이콘(▣)을 클릭합니다.

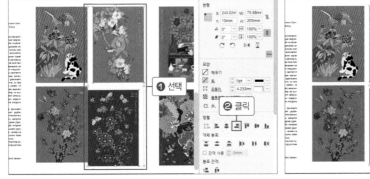
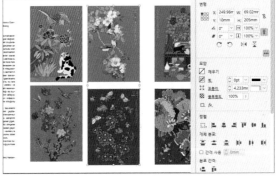

7 — 하단 3개의 이미지를 선택한 다음 정렬에서 '아래쪽 가장자리 정렬' 아이콘(🖿)을 클릭하여 마무리합니다.

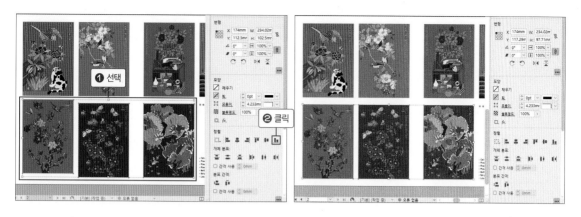

⁖ 한 번에 여러 개의 이미지 가져오기

한 번에 여러 개의 이미지를 가져올 수 있어 이미지가 많이 들어가는 단행본이나 작품집 등에 사용하면 효율적으로 작업할 수 있습니다. 같은 크기인 여러 개의 프레임이나 프레임 없이도 여러 개의 이미지를 한 번에 가져올 수 있습니다.

• **예제 파일** : 04\여러 개 이미지 가져오기.indd, 작품 이미지 폴더   • **완성 파일** : 04\여러 개 이미지 가져오기_완성.indd
• **구성** | 같은 크기의 7개 사각형 프레임을 만들어 한 번에 여러 개 이미지 가져오기

1 — 04 폴더에서 '여러 개 이미지 가져오기.indd' 파일을 불러옵니다.
사각형 프레임 도구(⊠)로 삽입하고자 하는 부분에 드래그하여 사각형 프레임을 만든 다음 사각형 프레임을 선택합니다.

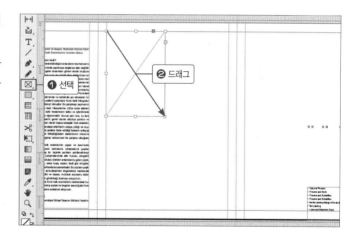

2 — 속성 패널의 변형에서 참조점을 왼쪽 상단으로 지정하고, X를 '174mm', Y를 '10mm', W를 '69mm', H를 '97.7mm'로 설정합니다.

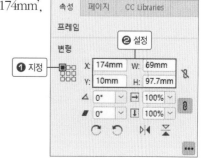

3 — Shift+Alt를 누른 상태로 사각형 프레임을 오른쪽으로 드래그하여 복사합니다. 다시 상단의 사각형 프레임 2개를 선택한 다음 Shift+Alt를 누른 상태로 아래로 드래그하여 복사합니다.

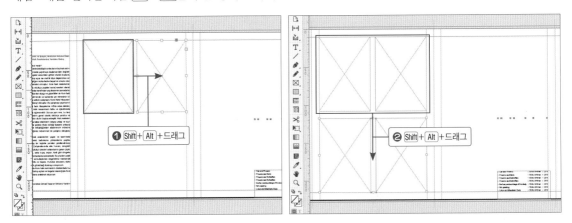

4 — 오른쪽에 3개의 프레임을 복사하여 7개의 동일한 사각형 프레임이 만듭니다. 선택 도구(▶)로 7개의 사각형 프레임을 선택합니다.

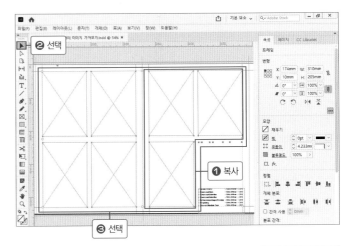

5 — Ctrl+D를 눌러 가져오기 대화상자가 표시되면 04 → 작품 이미지 폴더에서 7개의 이미지 파일을 모두 선택한 다음 〈열기〉 버튼을 클릭합니다.

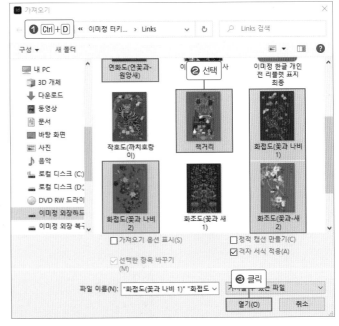

6 — 사각형 프레임을 순서대로 클릭하여 7개의 빈 프레임에 이미지를 삽입하여 마무리합니다.

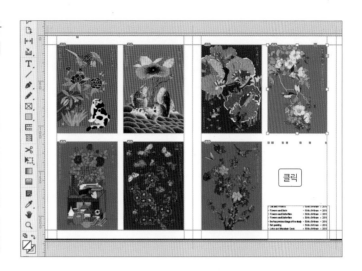

Tip

마우스 커서에 미리 보기 이미지는 파일명 순서대로 미리 보기가 되기 때문에 순서대로 이미지 프레임에 삽입하지 않을 경우 키보드의 방향키를 이용하여 미리 보기를 하나씩 보면서 이미지 프레임에 삽입할 수 있습니다.
이미지를 잘못 가져왔거나 제외하고 싶은 이미지가 있을 때 Esc를 누르면 제외할 수 있습니다.

---

2 | **이미지 확장자에 따른 가져오기 옵션 적용하기**

이미지 파일을 인디자인으로 불러올 때 확장자에 따라 이미지를 가져오는 방법은 다양하고 편리해졌습니다. 배경과 함께 이미지를 가져오거나 이미지만 가져오기, 여러 페이지 중 사용할 페이지만 지정해서 가져오기, 원하는 레이어만 선택하여 가져오기 등 다양한 방법을 알아봅니다.

∵ 가져오기 옵션을 적용하여 AI 파일과 PDF 파일 가져오기

2개의 레이어를 사용하여 저장한 AI 파일에서 레이어를 각각 가져오고, PDF 파일에서 여러 페이지 중 필요한 페이지만 선택하여 가져와 봅니다.

- **예제 파일** : 04\AI 파일과 PDF 파일 가져오기.indd, 컵케익.ai, 디저트.pdf
- **완성 파일** : 04\AI 파일과 PDF 파일 가져오기_완성.indd

1 — 04 폴더의 '컵케익.ai' 파일은 일러스트레이터에서 2개의 레이어로 작업한 컵케이크 일러스트 파일입니다.

2 — 04 폴더에서 'AI 파일과 PDF 파일 가져오기.indd' 파일을 불러옵니다.

인디자인에서 Ctrl+D를 눌러 가져오기 대화상자가 표시되면 04 폴더에서 '컵케익.ai' 파일을 선택하고, '가져오기 옵션 표시'를 체크 표시한 다음 〈열기〉 버튼을 클릭합니다.

3 — PDF 가져오기 대화상자가 표시되면 '일반'을 선택하고, 옵션에서 자르기를 '테두리 상자(표시된 레이어만)'로 지정합니다. '레이어'를 선택하고, '레이어 2'의 '눈' 아이콘(👁)을 클릭하여 비활성화하면 미리 보기에 'Layer 1'의 이미지만 표시됩니다. 〈확인〉 버튼을 클릭하여 선택한 레이어를 가져옵니다.

Tip

옵션에서 '투명한 배경'을 체크 표시하면 일러스트의 벡터 이미지만 가져올 수 있으며, 체크 해제하면 흰색 배경이 생성됩니다. 작업 상황에 맞게 선택합니다.

4 — 'Layer 1' 이미지인 컵케이크 이미지를 배치합니다.

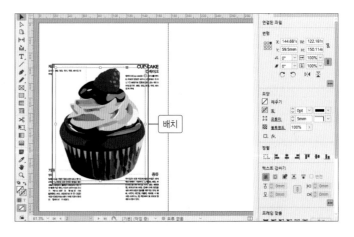

5 — '레이어 2'의 타이포그래피 이미지를 가져오기 위해 컵케이크 이미지를 선택한 다음 Ctrl+C를 눌러 복사한 다음 Ctrl+V를 눌러 붙여 넣습니다. 복사한 컵케이크 이미지를 선택한 다음 메뉴에서 〔개체〕 → **개체 레이어 옵션**을 실행합니다.

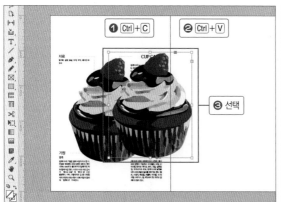
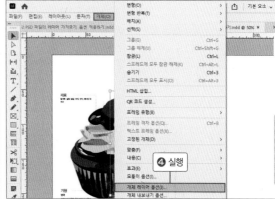

6 — 개체 레이어 옵션 대화상자가 표시되면 'Layer 1'의 '눈' 아이콘(◉)을 클릭하여 비활성화합니다.
미리 보기에 '레이어 2'의 이미지만 표시됩니다. 〈확인〉 버튼을 클릭하여 선택한 레이어를 가져옵니다.

7 — '레이어 2' 이미지인 타이포그래피 이미지를 배치합니다.

Tip

레이어가 분리되어 있지 않거나 '가져오기 옵션 표시'를 체크 표시하지 않고 하나의 파일에 2개 이상의 이미지가 포함된 경우 이미지 프레임을 필요한 개체만 보이게 조절하여 사용합니다.

오른쪽과 같이 ❶과 ❷는 각각 필요한 개체만 보이게 이미지 프레임을 조절하였습니다.

8 ─ 오른쪽 페이지에 다른 이미지를 가져오기 위해 **2**번 과정과 같은 방법으로 04 폴더에서 '디저트.pdf' 파일을 선택하여 PDF 가져오기 대화상자를 표시합니다. '일반'을 선택하고, 가져올 '2'페이지를 선택한 다음 옵션에서 자르기를 '재단'으로 지정하여 판형 크기 그대로 가져옵니다.

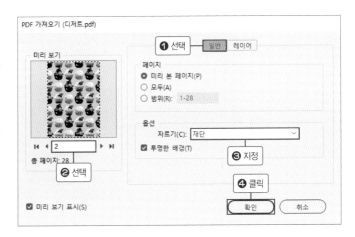

Tip

확장자를 다양한 방법으로 가져오기 위해서는 '가져오기 옵션 표시'를 반드시 체크 표시해야 합니다. 체크 표시하기 위해서는 반드시 메뉴에서 **가져오기**를 실행해야 합니다. 폴더에서 바로 본문 페이지로 이미지를 드래그하면 PDF 파일의 여러 페이지 중 1페이지만 삽입되어 필요한 페이지를 이미지로 가져올 수 없습니다.

9 ─ 2페이지의 패턴 이미지를 배치합니다. AI 파일 2개의 레이어와 PDF 파일의 원하는 페이지를 가져와 완성되었습니다.

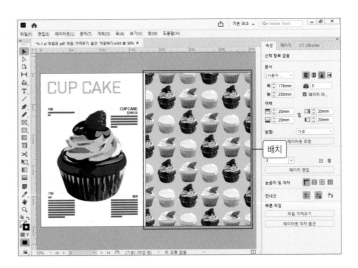

∴ AI 파일과 PDF 파일에서 필요한 페이지만 가져오기

일러스트레이터에서 하나의 파일에 여러 개의 대지를 사용하여 편집이나 그래픽 작업을 할 수 있습니다. 여러 페이지를 작업한 AI 파일과 PDF 파일을 인디자인으로 가져올 때 여러 개의 필요한 페이지를 가져오는 방법을 알아봅니다.

- **예제 파일** : 04\일러스트 여러 페이지.ai, 보석.pdf
- **완성 파일** : 04\필요한 페이지만 가져오기 1_완성.indd, 필요한 페이지만 가져오기 2_완성.indd
- **구성** | 일러스트레이터에서 편집된 10페이지를 한 번에 가져오기
  PDF로 저장된 여러 페이지 중 선택한 여러 페이지를 한 번에 가져오기

1 — 메뉴에서 (파일) → 새로 만들기 → **문서**를 실행하여 새로운 문서 만들기 대화상자가 표시되면 '인쇄'를 선택합니다. 폭을 '176mm', 높이를 '250mm'로 설정하고, '페이지 마주보기'를 체크 표시한 다음 〈여백 및 단〉 버튼을 클릭합니다.

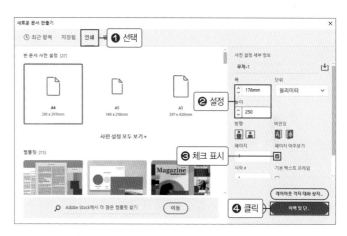

2 — 새 여백 및 단 대화상자가 표시되면 여백에서 위쪽, 아래쪽, 안쪽, 바깥쪽을 모두 '12.5mm'로 설정한 다음 〈확인〉 버튼을 클릭합니다. 페이지 패널에서 'A-마스터'를 더블클릭하여 마스터 페이지로 이동합니다.

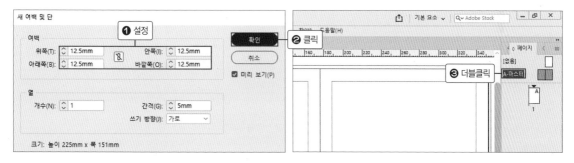

3 — 사각형 프레임 도구(⊠)로 이미지를 삽입하고자 하는 부분에 드래그하여 사각형 프레임을 만듭니다.
사각형 프레임을 선택한 다음 속성 패널의 변형에서 참조점을 왼쪽 상단으로 지정하고, X를 '0mm', Y를 '0mm', W를 '176mm', H를 '250mm'로 설정합니다.

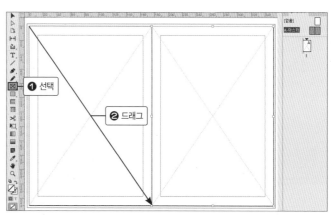

4 — Shift + Alt 를 누른 상태로 사각형 프레임을 오른쪽으로 드래그하여 복사합니다. 본문 페이지로 이동하여 페이지 패널에서 '패널 메뉴' 아이콘(☰)을 클릭한 다음 **페이지 삽입**을 실행합니다.

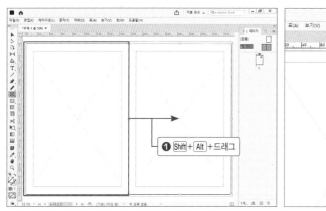 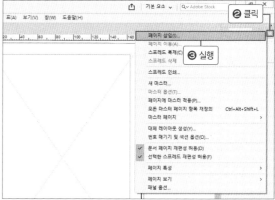

Tip

일러스트레이터에서 편집한 이미지를 실제 문서 크기로 가져오기 위해 'A-마스터'에서 문서 크기에 맞게 이미지 프레임을 만들어 페이지를 삽입하면 이미지 프레임이 자동으로 생성됩니다.

5 — 페이지 삽입 대화상자가 표시되면 페이지에 '11'을 입력한 다음 〈확인〉 버튼을 클릭합니다. 페이지 패널에 11개의 페이지가 삽입되어 총 12페이지로 구성됩니다.

6 — Ctrl + D 를 눌러 가져오기 대화상자가 표시되면 04 폴더에서 '일러스트 여러 페이지.ai' 파일을 선택하고, '가져오기 옵션 표시'를 체크 표시한 다음 〈열기〉 버튼을 클릭합니다.

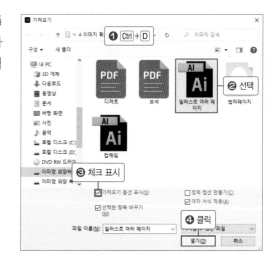

7 — PDF 가져오기 대화상자가 표시되면 '일반'을 선택하고, 페이지를 '모두', 옵션에서 자르기를 '재단'으로 지정한 다음 '투명한 배경'을 체크 해제하여 〈확인〉 버튼을 클릭합니다.

Tip

자르기를 '재단'으로 지정하면 실제로 재단될 크기, 즉 실제 문서 크기로 이미지를 가져옵니다.

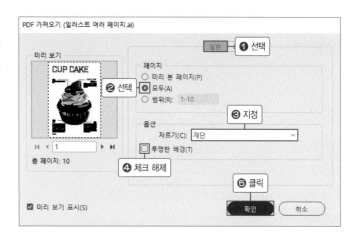

8 — 일러스트 파일의 10페이지를 모두 삽입하기 위해 커서에 삽입할 이미지가 표시되면 2페이지부터 11페이지까지 순서대로 이미지 프레임을 클릭하여 삽입합니다.

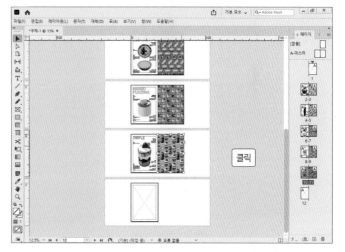

Tip

'A-마스터'에서 만든 이미지 프레임은 본문 페이지에서 오버라이드하지 않으면 선택할 수 없지만, 이미지는 삽입이 가능합니다.

9 — PDF로 저장된 여러 페이지에서 원하는 페이지만 가져오기 위해 먼저 메뉴에서 (파일) → 새로 만들기 → 문서를 실행하여 새로운 문서 만들기 대화상자가 표시되면 '인쇄'를 선택합니다.

폭을 '297mm', 높이를 '210mm'로 설정하고, '페이지 마주보기'를 체크 해제한 다음 〈여백 및 단〉 버튼을 클릭합니다.

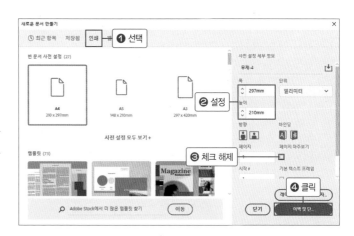

10 — 새 문서가 만들어지면 페이지 패널에서 'A−마스터'를 더블클릭하여 마스터 페이지로 이동합니다. 사각형 프레임 도구(⊠)로 문서 크기에 맞게 드래그하여 사각형 프레임을 만듭니다.

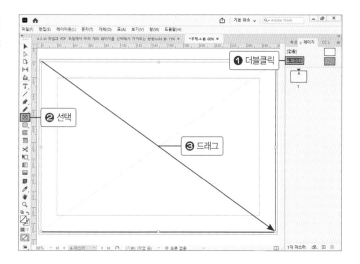

11 — 본문 페이지로 이동하여 페이지 패널에서 '패널 메뉴' 아이콘(▤)을 클릭한 다음 **페이지 삽입**을 실행합니다. 페이지 삽입 대화상자가 표시되면 페이지에 '5'를 입력한 다음 〈확인〉 버튼을 클릭합니다.

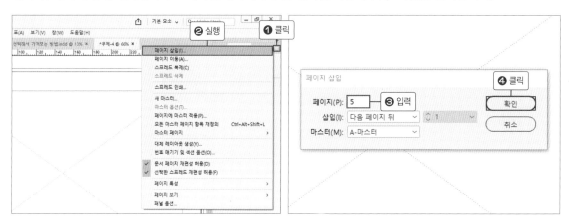

12 — 5개의 페이지가 삽입됩니다. Ctrl+D를 눌러 가져오기 대화상자가 표시되면 04 폴더에서 '보석.pdf' 파일을 선택하고, '가져오기 옵션 표시'를 체크 표시한 다음 〈열기〉 버튼을 클릭합니다.

13 ─ PDF 가져오기 대화상자가 표시되면 '일반'을 선택하고, 페이지의 범위를 '1-3', 옵션에서 자르기를 '재단'으로 지정한 다음 '투명한 배경'을 체크 해제하여 〈확인〉 버튼을 클릭합니다.

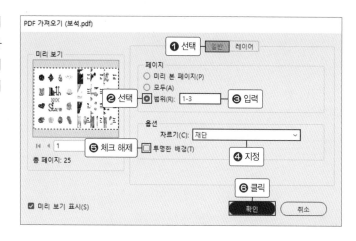

14 ─ 커서에 삽입할 이미지가 표시되면 1페이지부터 3페이지까지 순서대로 이미지 프레임을 클릭하여 삽입합니다.

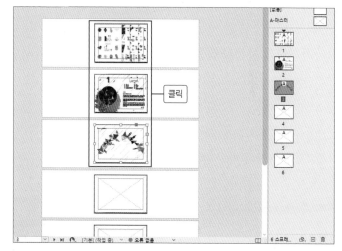

15 ─ PDF 파일에서 8페이지부터 10페이지까지 이미지를 다시 불러오기 위해 PDF 가져오기 대화상자를 표시하여 '일반'을 선택하고, 페이지의 범위를 '8-10', 옵션에서 자르기를 '재단'으로 지정한 다음 '투명한 배경'을 체크 해제하여 〈확인〉 버튼을 클릭합니다.

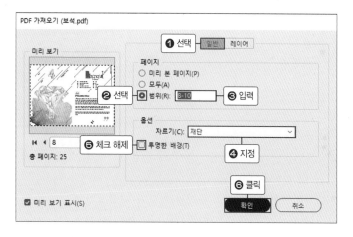

16 — 커서에 삽입할 이미지가 표시되면 4페이지부터 6페이지까지 순서대로 이미지 프레임을 클릭하여 삽입합니다.

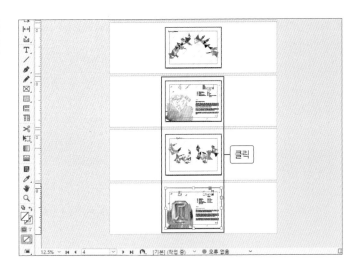

클릭

∴ 가져오기 옵션을 적용하여 PSD 파일의 레이어 가져오기

단행본의 챕터 페이지를 디자인하기 위해 여러 개의 레이어로 작업한 PSD 파일을 인디자인으로 가져올 때 필요한 레이어만 선택하여 가져오는 방법을 알아봅니다.

• **예제 파일** : 04\PSD 파일의 레이어 가져오기.indd, 챕터페이지.psd
• **완성 파일** : 04\PSD 파일의 레이어 가져오기_완성.indd

1 — 04 폴더의 '챕터페이지.psd' 파일은 포토샵에서 단행본의 챕터 페이지에 들어갈 이미지를 하나의 PSD 파일로 저장한 파일입니다.

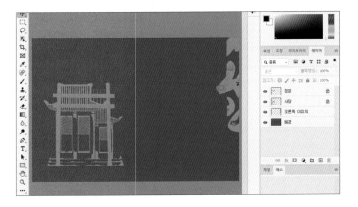

2 — 04 폴더에서 'PSD 파일의 레이어 가져오기.indd' 파일을 불러옵니다.
인디자인에서 [Ctrl]+[D]를 눌러 가져오기 대화상자가 표시되면 04 폴더에서 '챕터페이지.psd' 파일을 선택하고, '가져오기 옵션 표시'를 체크 표시한 다음 〈열기〉 버튼을 클릭합니다.

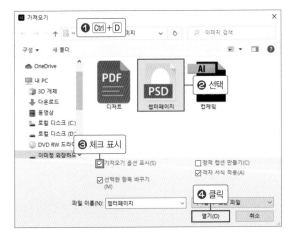

3 — 이미지 가져오기 옵션 대화상자가 표시되면 '레이어'를 선택하고, '배경'과 '사당'의 '눈' 아이콘(👁)을 클릭하여 비활성화합니다.

미리 보기에 '오른쪽 이미지'와 '정문'의 이미지만 표시됩니다. 〈확인〉 버튼을 클릭하여 선택한 레이어를 가져옵니다.

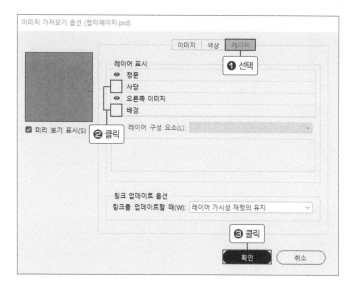

4 — 가져온 이미지를 4~5페이지에 레이아웃에 맞게 배치합니다. 챕터 페이지에 색상을 넣기 위해 이미지 프레임을 선택한 다음 속성 패널의 모양에서 '채우기'의 색상 상자를 클릭하여 색상 견본이 표시되면 'C=70, M=60, Y=0, K=0' 색상으로 지정합니다.

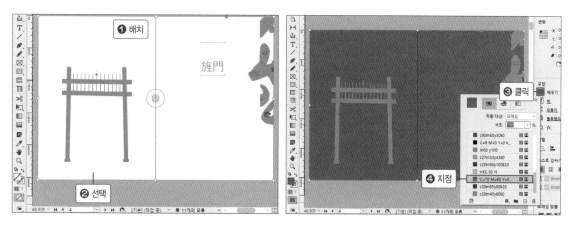

5 — 오른쪽 페이지의 챕터 제목이 배경 색상으로 가려졌습니다. 이미지 프레임을 선택한 다음 메뉴에서 (개체) → 배치 → 맨 뒤로 보내기를 실행합니다. 이미지 프레임이 맨 뒤로 이동하여 챕터 제목이 나타납니다.

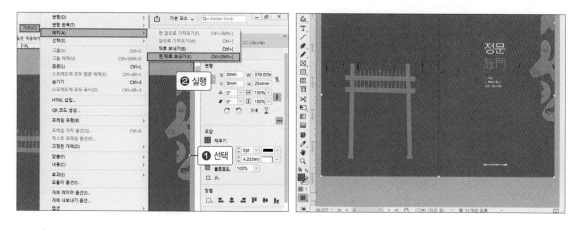

6 — 두 번째 챕터 페이지에 이미지를 가져오기 위해 이미지 가져오기 옵션 대화상자를 다시 표시하여 '레이어'를 선택하고, '배경', '정문'의 '눈' 아이콘(◉)을 클릭하여 비활성화합니다.

미리 보기에 '오른쪽 이미지'와 '사당' 이미지만 표시됩니다. 〈확인〉 버튼을 클릭하여 선택한 레이어를 가져옵니다.

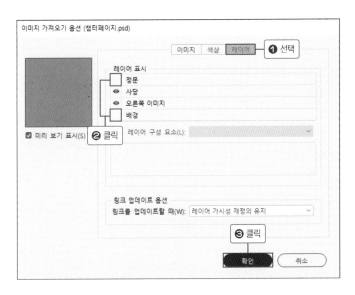

7 — 30~31페이지에 이미지를 배치한 다음 챕터 페이지에 색상을 넣기 위해 이미지 프레임을 선택합니다.

속성 패널의 모양에서 '채우기'의 색상 상자를 클릭하여 색상 견본이 표시되면 'C=90, M=60, Y=30, K=0' 색상으로 지정합니다.

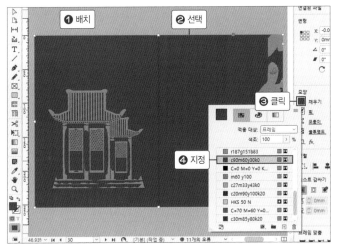

8 — 오른쪽 페이지의 챕터 제목이 배경 색상으로 가려졌습니다. 이미지 프레임을 선택한 다음 메뉴에서 (**개체**) → **배치** → **맨 뒤로 보내기**를 실행합니다. 이미지 프레임이 맨 뒤로 이동하여 챕터 제목이 나타납니다.

AI 파일이나 PSD 파일에서 레이어 이미지를 가져올 경우 폴더에서 드래그하여 이미지를 삽입한 다음 메뉴에서 [개체] → 개체 레이어 옵션을 실행합니다.
개체 레이어 옵션 대화상자가 표시되면 각 레이어의 '눈' 아이콘을 활성 또는 비활성화하여 가져올 수 있습니다.

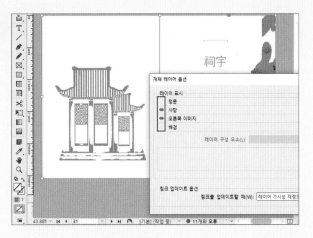

3 이미지를 불러올 때 가져오기와 복사, 붙이기의 차이점

다양한 확장자의 이미지 파일을 가져올 때 '가져오기'를 실행하여 파일을 가져오면 인디자인 파일 용량이 적어서 작업 시 편리하고, 큰 이미지를 가져와도 프로그램이 무리 없이 진행됩니다. 하지만 이미지를 일러스트레이터나 포토샵에서 복사, 붙이기 하여 가져오면 파일 용량이 커져 프로그램이 다운될 가능성이 높습니다.

작은 크기의 이미지나 페이지 수가 적고 이미지가 적게 들어가는 문서라면 복사/붙이기로 이미지를 가져오는 방법이 이미지 파일을 관리하지 않아도 되기 때문에 효과적입니다. 복사/붙이기의 단점은 이미지를 수정할 경우 파일이 없어 파일 찾기가 불편하고, 수정한 이미지는 자동으로 인디자인에서 변경되지 않아 다시 복사/붙이기를 해야 하는 번거로움이 있습니다.

• **완성 파일** : 04\복사한 이미지_완성.indd, 가져오기 한 이미지_완성.indd

1 ─ Ctrl + D를 눌러 완성된 파일을 불러옵니다. Ctrl + Shift + S를 눌러 인디자인 파일을 하나 더 다른 이름으로 저장합니다. 두 개의 파일명은 '가져오기 한 이미지'와 '복사한 이미지'로 구분해 줍니다.

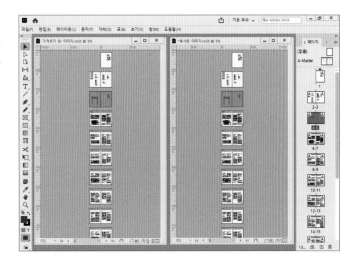

2 — 포토샵에서 이미지를 불러온 다음 [Ctrl]+[A]를 눌러 이미지가 전체 선택되면 [Ctrl]+[C]를 눌러 복사합니다.

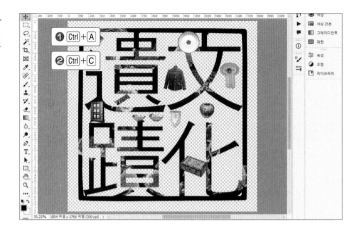

3 — 인디자인의 '복사한 이미지' 파일에서 이미지가 들어갈 사각형 프레임을 선택한 다음 메뉴에서 (편집) → **안쪽에 붙이기**를 실행합니다. 선택된 프레임 안에 이미지가 삽입됩니다.

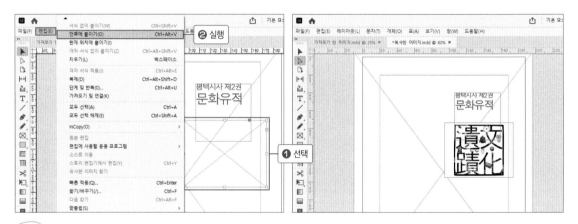

Tip

붙이기([Ctrl]+[V])와 안쪽에 붙이기([Ctrl]+[Alt]+[V])의 차이점은 붙이기는 프레임이 없는 경우에 사용하고, 안쪽에 붙이기는 프레임이 있는 경우에 사용합니다. 프레임이 있음에도 불구하고 붙이기를 하면 이미지가 프레임 안에 삽입되지 않고 따로 프레임이 만들어집니다.

Tip

인디자인에서 작업의 효율성을 높이기 위해 화면 모드를 자주 변경합니다. 안내선이나 격자, 문서 영역 밖에 있는 인쇄되지 않는 개체가 모두 표시된 화면을 보려면 메뉴에서 [보기] → **화면 모드** → **표준**을 실행하거나 [W]를 누릅니다.
반대로 격자, 안내선, 인쇄되지 않는 개체가 표시되지 않으며 재단선에 맞춰 실제 출력 환경과 같은 화면을 보려면 메뉴에서 [보기] → **화면 모드** → **미리 보기**를 실행하거나 [W]를 누릅니다.

4 ─ 계속해서 삽입할 이미지를 포토샵에서 복사하여 인디자인의 사각형 프레임에 붙여 넣습니다. 컨테이너 프레임을 선택하고 속성 패널에서 이미지 크기 조정 비율을 설정하여 이미지 크기를 조절합니다.

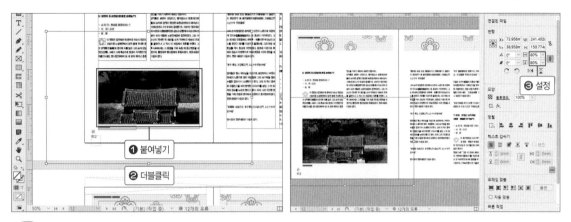

Tip

이미지 프레임이나 컨테이너 프레임을 기존과 같은 비율로 손쉽게 크기를 조정하는 방법은 다음과 같습니다.
속성 패널의 변형에서 참조점이 지정된 상태에 따라 크기 조절 기준이 달라집니다. 참조점이 중앙으로 지정되었다면 이미지 가운데를 기준으로 크기가 조절됩니다. Ctrl+Alt+,는 축소, Ctrl+Alt+.은 확대, Ctrl+,는 조금씩 축소, Ctrl+.은 조금씩 확대할 수 있는 단축키입니다.

이미지 프레임이나 컨테이너 프레임을 임의로 크기 조절하는 방법은 다음과 같습니다.
❶ 이미지 프레임과 컨테이너 프레임의 크기를 동시에 조절하려면 이미지 프레임을 선택한 다음 Ctrl을 누른 상태로 조절점을 드래그합니다. 비율은 드래그 방향에 따라 달라집니다. ❷ 같은 비율을 유지하며 크기를 조절하려면 Ctrl+Shift를 누른 상태로 드래그합니다. ❸ 이미지 가운데를 기준으로 크기를 조절하려면 Ctrl+Shift+Alt를 누른 상태로 드래그합니다.

5 ─ 컨테이너 프레임을 선택한 다음 이미지가 이미지 프레임에서 잘 보일 수 있도록 드래그하여 이미지를 조절합니다.

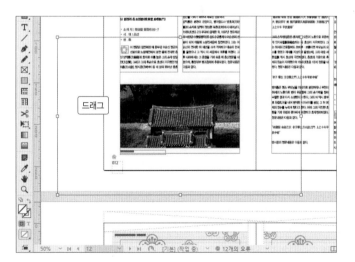

6 ─ 추가로 작업이 필요하다면 포토샵에서 이미지를 복사하여 인디자인의 사각형 프레임에 붙여 넣습니다.

이미지를 포토샵에서 복사하여 인디자인에서 붙여 넣으면 링크 패널에 이미지 파일이 따로 표시되지 않는 것을 확인할 수 있습니다.

7 ─ '가져오기 한 이미지' 파일과 '복사한 이미지' 파일을 확인해 보면 불러오는 방법에 따라 파일의 용량 차이가 많음을 알 수 있습니다.

---

4 **일러스트 이미지가 붙여 넣어지지 않는 경우 저장 후 가져오기**

일러스트는 벡터 방식으로, 아트워크가 일러스트에서 인디자인으로 넘어올 때 일정량 이상의 패스, 점, 선, 면, 그러데이션 등이 초과되면 편집할 수 없는 단일 이미지로 변경되거나 인디자인으로 붙여 넣어지지 않거나 일부만 붙여 넣어지는 경우가 있습니다. 이럴 경우 AI 파일로 저장하여 가져옵니다. AI 파일로 가져왔는데 강제 종료, 멈춤, 왜곡 현상이 일어나면 JPG로 저장하여 가져옵니다.

∴ 일러스트 이미지가 일부만 붙여 넣어지는 경우

일러스트의 이미지가 복잡하거나 패스의 양이 많아 복사한 이미지가 일부만 붙여 넣어지거나 아예 붙여 넣어지지 않는 경우 AI 파일로 저장한 다음 가져옵니다.

• **예제 파일** : 04\저장 후 가져오기.indd, 디저트 패턴.ai   • **완성 파일** : 04\저장 후 가져오기_완성.indd

1 ─ 04 폴더에서 '디저트 패턴.ai' 파일을 불러옵니다. 디저트 패턴 이미지를 선택한 다음 Ctrl + C를 눌러 복사합니다. 04 폴더에서 '저장 후 가져오기.indd' 파일을 불러온 다음 이미지가 들어갈 부분에 붙여넣기 위해 메뉴에서 (편집) → **붙이기**를 실행합니다.

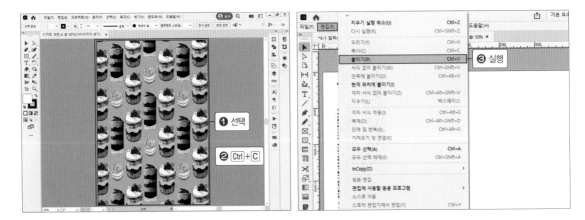

---

2 ─ 복사한 일러스트 이미지 일부만 벡터 방식으로 붙여 넣어집니다.

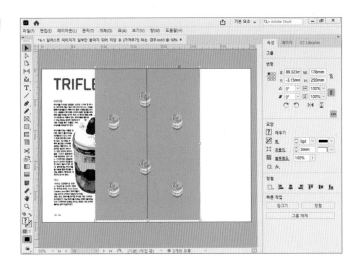

3 ─ 선택 도구(▶)로 붙여 넣은 이미지를 삭제합니다. Ctrl + D 를 눌러 가져오기 대화상자가 표시되면 04 폴더에서 '디저트 패턴.ai' 파일을 선택한 다음 〈열기〉 버튼을 클릭합니다.

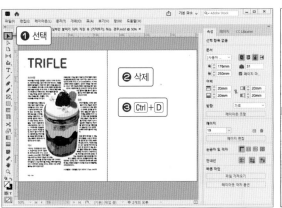

4 ─ 일러스트 이미지가 벡터 방식이 아닌 단일 이미지 형식으로 삽입됩니다.

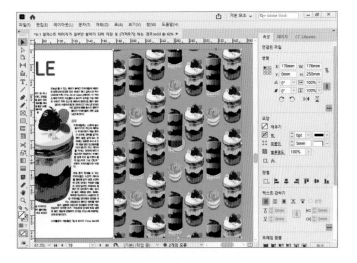

:: 일러스트 이미지가 단일 이미지로 변경되는 경우

일러스트레이터에서 작업한 이미지가 복잡하거나 파일의 용량이 크다면, 인디자인에 붙여 넣을 때 단일 이미지로 변경되는 경우가 종종 있습니다. 이런 경우 출력이나 인쇄에는 문제없지만 용량이 따로 저장한 다음 가져오는 것보다 훨씬 큽니다.

• 예제 파일 : 04\단일 이미지 변경.indd, 까치호랑이.ai　　• 완성 파일 : 04\단일 이미지 변경_완성.indd

1 — 04 폴더에서 '까치호랑이.ai' 파일을 불러옵니다. 이미지를 선택한 다음 복사합니다. 04 폴더에서 '단일 이미지 변경.indd' 파일을 불러온 다음 이미지가 들어갈 부분에 붙여넣기 위해 메뉴에서 (편집) → 붙이기를 실행합니다.

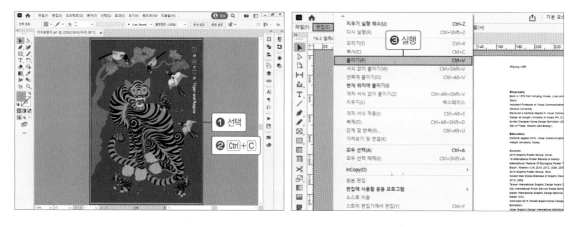

2 — 벡터 이미지가 아닌 단일 이미지로 변경되어 삽입됩니다.

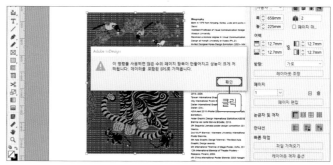

3 — 이미지를 선택한 다음 속성 패널의 변형에서 참조점을 왼쪽 상단으로 지정하고, X를 '17mm', Y를 '10mm'로 설정합니다. '폭 및 높이 비율 제한' 아이콘(🔒)을 클릭한 다음 W를 '130mm'로 설정합니다.

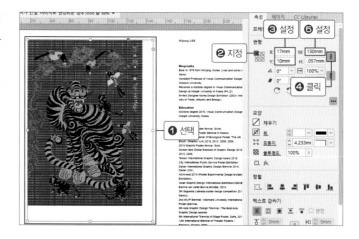

4 — 메뉴에서 (개체) → 맞춤 → 비율에 맞게 내용 맞추기를 실행합니다. 비율에 맞게 이미지 크기가 조절됩니다.

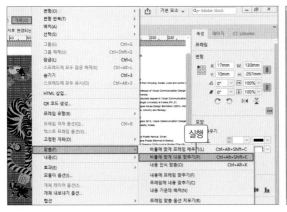

5 — 붙여 넣은 이미지를 화면에서 선명하게 보기 위해 메뉴에서 (보기) → 화면 표시 성능 → 고품질 표시를 실행합니다. 화면의 이미지를 선명하게 확인할 수 있습니다.

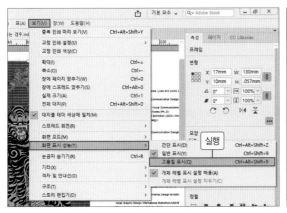

(5) 이미지 프레임에 자동 맞춤 설정하여 작업 속도 높이기

인디자인에서 디자인을 하다 보면 이미지가 이미지 프레임의 크기와 동일하지 않는 경우가 많습니다. 이런 경우 메뉴에서 다양한 맞춤 명령을 사용하면 효율적이며, 자동 맞춤 명령은 사진이나 이미지가 많이 들어가는 매거진이나 작품 카탈로그 등을 디자인할 때 여러 개의 이미지 프레임에 이미지를 한 번에 삽입할 경우 작업의 속도를 높일 수 있습니다.

- **예제 파일** : 04\자동 맞춤 설정.indd, 작품 이미지 폴더 ・ **완성 파일** : 04\자동 맞춤 설정_완성.indd
- **구성** | 포토샵 이미지 가로 130mm, 세로 184mm
  이미지 프레임 가로 70mm, 세로 99mm

1 — 04 폴더에서 '자동 맞춤 설정.indd'
파일을 불러옵니다.
사각형 프레임 도구(⊠)로 이미지를 삽입
하고자 하는 부분에 드래그하여 사각형 프
레임을 만듭니다.
사각형 프레임을 선택한 다음 속성 패널의
변형에서 참조점을 중앙으로 지정하고, X
를 '209mm', Y를 '59.5mm', W를 '70mm',
H를 '99mm'로 설정합니다.

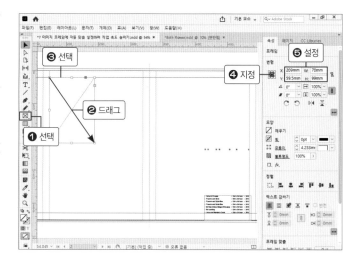

2 — Shift + Alt 를 누른 상태로 오른쪽으로 드래그하여 사각형 프레임을 하나 복사합니다. 상단의 사각형 프
레임 2개를 선택한 다음 Shift + Alt 를 누른 상태로 드래그하여 아래로 복사합니다.

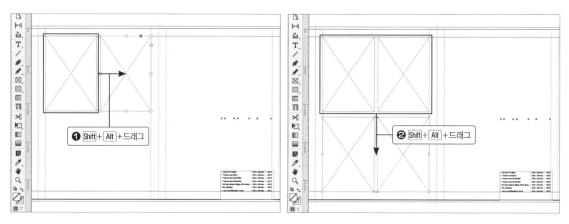

3 — Shift + Alt 를 누른 상태로 오른쪽으
로 3개의 프레임을 복사합니다. 7개의 동
일한 사각형 프레임을 만들었습니다.

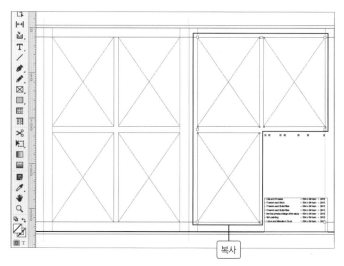

4 — 선택 도구(▶)로 7개의 사각형 프레임을 선택한 다음 메뉴에서 [개체] → **맞춤 → 프레임 맞춤 옵션**을 실행하거나 속성 패널에서 프레임 맞춤의 〈옵션〉 버튼을 클릭합니다.

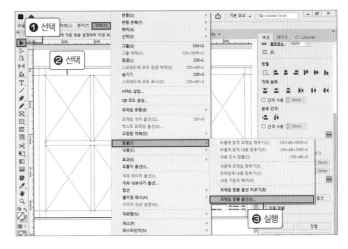

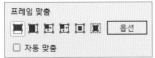

5 — 프레임 맞춤 옵션 대화상자가 표시되면 '자동 맞춤'을 체크 표시하고, 맞춤을 '비율에 맞게 내용 맞추기', 정렬 시작을 '중앙'으로 지정한 다음 〈확인〉 버튼을 클릭합니다.

Ctrl + D 를 눌러 가져오기 대화상자가 표시되면 04 → 작품 이미지 폴더에서 7개의 이미지 파일을 선택한 다음 〈열기〉 버튼을 클릭합니다. 순서대로 사각형 프레임을 클릭하여 7개의 빈 프레임에 이미지를 삽입합니다.

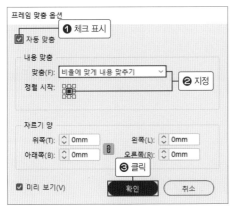

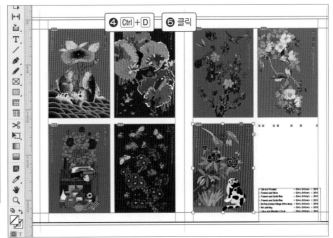

Tip

❶의 이미지 프레임은 자동 맞춤을 설정하지 않았으며, ❷의 이미지 프레임은 자동 맞춤을 설정하였습니다.

이미지 프레임을 자동 맞춤으로 설정해 놓으면, 다른 파일에서 이미지를 복사하여 안쪽에 붙여 넣거나 이미지를 다시 가져와도 자동 맞춤이 실행됩니다.

6

링크 패널의 경고 표시와 기호 이해하기

인디자인에서 편집을 시작한다면 이미지와 인디자인 파일을 같은 폴더에 보관하여 디자인해야 합니다. 인디자인에 불러온 원본 이미지가 여러 폴더에 흩어져 있거나 위치가 바뀌면 링크 패널에 유실이나 수정의 경고 표시가 나타납니다. 링크 패널의 경고 표시와 기호에 대해 알아봅니다.

∴ **파일명이나 파일의 위치가 바뀌어 유실된 이미지 다시 연결하기**

폴더를 이동하거나 파일 이름을 수정해도 이미지가 유실된 것으로 표시됩니다. '이미지 누락' 아이콘이 표시되어 있을 때 문서를 인쇄하거나 내보내면 파일이 최저 해상도로 인쇄되거나 내보내기가 되지 않을 수 있습니다.

• 예제 파일 : 04\유실된 이미지 연결.indd, 왼쪽.jpg, 오른쪽.jpg　　• 완성 파일 : 04\유실된 이미지 연결_완성.indd

1 — 04 폴더에서 '유실된 이미지 연결.indd' 파일을 불러옵니다. [Ctrl]+[Shift]+[D]를 눌러 링크 패널을 표시합니다. 문서에 가져온 모든 파일은 링크 패널에 표시됩니다. 그러나 웹 사이트에서 복사하여 붙여 넣은 파일은 링크 패널에 표시되지 않습니다.

2 — 링크 패널에서 2페이지와 3페이지에 삽입된 '왼쪽'과 '오른쪽' 이미지의 파일명을 04 폴더에서 '목차왼쪽'과 '목차오른쪽'으로 수정합니다.

3 ― 폴더에서 파일명을 수정하면 링크
패널과 본문 페이지의 이미지 프레임에
'이미지 누락' 아이콘()이 표시됩니다.

4 ― 링크 패널에서 '왼쪽.jpg'를 선택한 다음 '다시
연결' 아이콘()을 클릭합니다. 찾기 대화상자가 표
시되면 04 폴더에서 유실된 이미지인 '목차왼쪽.jpg'
파일을 선택한 다음 〈열기〉 버튼을 클릭합니다.

5 ― 링크 패널에서 '오른쪽.jpg'를 선택한 다음
'다시 연결' 아이콘(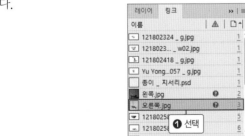)을 클릭합니다. 찾기 대화상
자가 표시되면 04 폴더에서 유실된 이미지인 '목차오
른쪽.jpg' 파일을 선택한 다음 〈열기〉 버튼을 클릭합
니다.

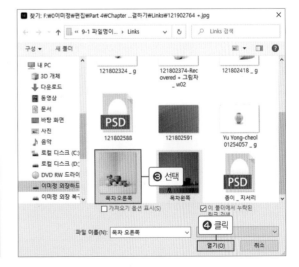

6 — 유실된 이미지가 복구되면서 이미
지 누락 표시가 사라집니다.

Tip

유실된 이미지는 직접 폴더에서 파일을 드래
그하여 삽입해도 이미지가 복구되면서 이미
지 누락 표시가 사라집니다.

∴ 수정된 여러 개의 이미지를 한 번에 링크 업데이트하기

원본에서 이미지 크기나, 색상 모드 변경, 그래픽을 수정하면 인디자인에서 '이미지 수정' 아이콘이 표시됩니다. 수정된
이미지 링크는 업데이트할 수 있지만 누락된 이미지 링크는 업데이트하지 못합니다. 한 개씩 링크 업데이트하는 방법과
여러 개를 한 번에 업데이트하는 방법을 알아봅니다.

1 — Ctrl + Shift + D를 눌러 링크 패널을
표시합니다. 링크 패널과 본문 페이지의
이미지 프레임에 여러 개의 '이미지 수정'
아이콘(⚠)이 표시되어 있습니다.

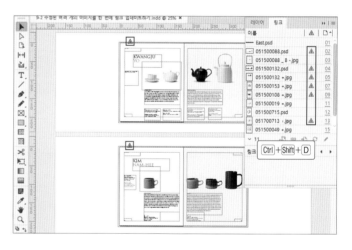

2 — 링크 하나만 업데이트하려면 링크 패널에서 '이미지 수정' 아이콘(⚠)이
표시된 원하는 이미지를 선택한 다음 이미지가 있는 페이지로 이동하기 위해
'링크로 이동' 아이콘(▣)을 클릭합니다.

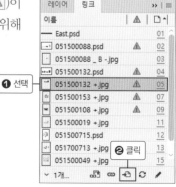

3 — 링크를 업데이트할 이미지가 있는 페이지로 이동되며, 컨테이너 프레임이 선택됩니다. 링크 패널에서 '링크 업데이트' 아이콘(🔄)을 클릭합니다.

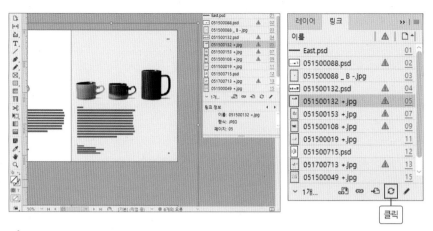

4 — 링크가 업데이트되어 이미지가 변경된 것을 확인할 수 있습니다.

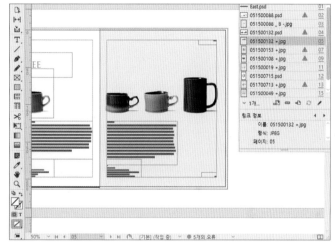

5 — 링크를 모두 업데이트하려면 링크 패널에서 '패널 메뉴' 아이콘(☰)을 클릭한 다음 **모든 링크 업데이트**를 실행합니다. 링크가 모두 업데이트되어 '이미지 수정' 아이콘(⚠️) 표시가 사라집니다.

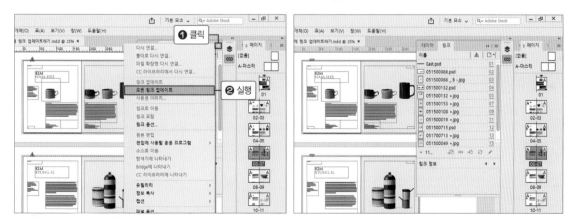

⁝ 교체할 이미지가 삽입된 페이지로 이동하여 이미지 교체하기

페이지가 많거나 이미지 파일이 많을 때 작업의 속도를 높이기 위해 링크 패널에서 교체할 이미지를 선택한 다음 '링크로 이동' 아이콘을 클릭하여 해당 본문 페이지로 이동하는 방법을 알아봅니다.

• **예제 파일** : 04\이미지 교체하기.indd, 목차 이미지 교체.jpg　　• **완성 파일** : 04\이미지 교체하기_완성.indd

1 — 04 폴더에서 '이미지 교체하기.indd' 파일을 불러옵니다.
링크 패널에서 교체할 이미지인 '목차 왼쪽.jpg'를 선택한 다음 해당 본문 페이지로 이동하기 위해 '링크로 이동' 아이콘(⬚)을 클릭합니다.

2 — 해당 페이지로 이동되면 컨테이너 프레임이 선택됩니다.

3 — 양쪽으로 나누어진 두 개의 이미지를 삭제합니다.

 Tip
교체할 이미지가 기존의 이미지와 비슷하거나 왼쪽 페이지의 이미지만 교체한다면 이미지 프레임을 삭제하지 않고 가져오기하면 됩니다.

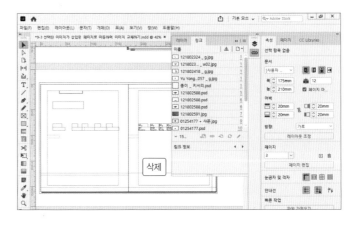

4 ─ 사각형 프레임 도구(⊠)로 이미지를 삽입하고자 하는 부분에 드래그하여 사각형 프레임을 만듭니다.

사각형 프레임을 선택한 다음 속성 패널의 변형에서 참조점을 왼쪽 상단으로 지정하고, X를 '-3mm', Y를 '-3mm', W를 '356mm', H를 '216mm'로 설정합니다.

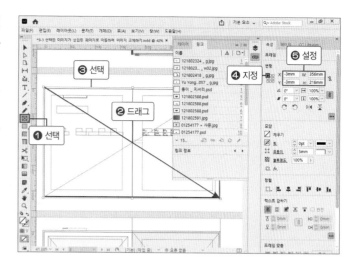

5 ─ Ctrl+D를 눌러 가져오기 대화상자가 표시되면 04 폴더에서 '목차 이미지 교체.jpg' 파일을 선택한 다음 〈열기〉 버튼을 클릭합니다. 교체된 이미지가 삽입됩니다.

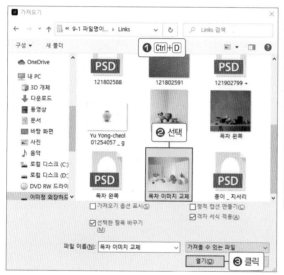
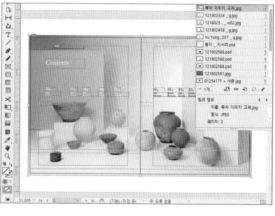

6 ─ W를 눌러 화면 모드를 '미리 보기'로 변경한 다음 교체한 이미지를 보기 좋게 배치하여 마무리합니다.

∴ **선택한 이미지가 있는 폴더 쉽게 찾기**

페이지 분량이 많거나 이미지 파일이 많을 때 수시로 원본 이미지를 수정해야 하는 경우가 있습니다. 이런 경우 선택한 이미지를 폴더에서 빨리 찾는 방법을 알아봅니다.

1 — Ctrl + Shift + D를 눌러 링크 패널을 표시한 다음 본문 페이지에서 원하는 이미지를 선택하면 링크 패널에 파일이 자동 선택됩니다.

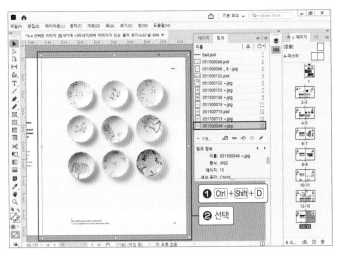

2 — 링크 패널에서 '패널 메뉴' 아이콘(≡)을 클릭한 다음 **탐색기에 나타내기**를 실행합니다.

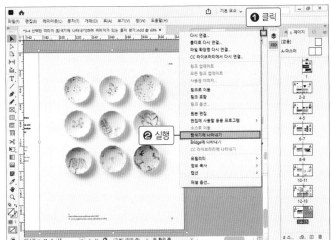

3 — 선택한 이미지가 있는 폴더가 화면에 표시됩니다.

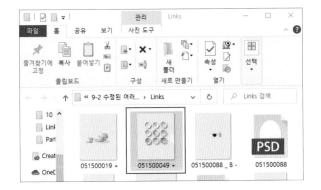

7 연결 프로그램을 이용하여 원본 이미지 편집하기

수정할 원본 이미지를 폴더에서 열어 수정한 다음 이미지를 업데이트하지 않고, 원본 프로그램과 자동으로 연결하여 수정된 이미지를 업데이트 방법을 알아봅니다.

• **예제 파일**: 04\원본 이미지 편집하기.indd, 도자기.png　　• **완성 파일**: 04\원본 이미지 편집하기_완성.indd

1 — 04 폴더에서 '원본 이미지 편집하기.indd' 파일을 불러옵니다.
Ctrl+Shift+D를 눌러 링크 패널을 표시합니다. '목차 왼쪽.jpg' 이미지를 수정하기 위해 '목차 왼쪽.jpg'를 선택한 다음 '원본 편집' 아이콘(✏)을 클릭합니다.

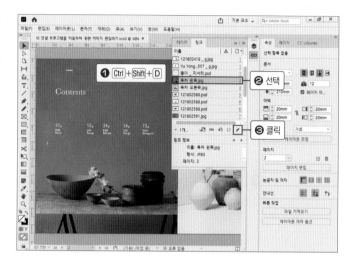

Tip
본문 페이지에서 Alt를 누른 상태로 수정할 이미지를 더블클릭하면 연결 프로그램이 실행됩니다. 또 다른 방법은 이미지를 선택하고 마우스 오른쪽 버튼을 클릭한 다음 **편집에 사용할 응용 프로그램**을 실행합니다.

2 — 해당 이미지 파일이 수정할 수 없는 사진이나 기타 프로그램으로 열립니다. 연결 프로그램을 변경하기 위해 04 폴더에서 '목차 왼쪽.jpg' 파일을 선택하고 마우스 오른쪽 버튼을 클릭한 다음 **속성**을 실행합니다.

3 — 목차 왼쪽 속성 대화상자가 표시되면 〈변경〉 버튼을 클릭합니다. 포토샵에서 이미지를 수정할 수 있도록 'Adobe Photoshop'을 선택한 다음 〈확인〉 버튼을 클릭합니다.

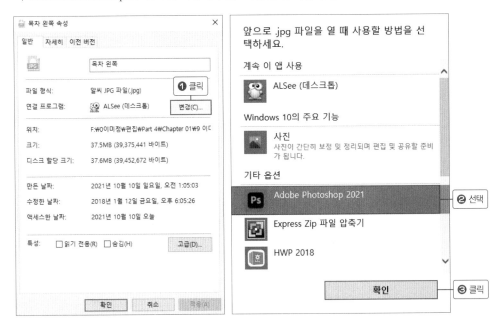

4 — 인디자인에서 '목차 왼쪽.jpg'를 다시 선택한 다음 '원본 편집' 아이콘( )을 클릭하면 포토샵에서 '목차 왼쪽.jpg' 이미지 파일이 열립니다.

5 — 왼쪽 하단에 도자기 이미지를 추가하기 위해 04 폴더에서 '도자기.png' 파일을 불러옵니다.

6 — 추가한 도자기 이미지 레이어와 배경 레이어를 선택하고 마우스 오른쪽 버튼을 클릭한 다음 **배경으로 이미지 병합**을 실행하여 레이어를 합칩니다.

7 — 이미지가 수정 완료되었습니다. 저장한 다음 인디자인에서 링크 패널과 본문 페이지를 확인하면 '이미지 수정' 아이콘(⚠)이 표시됩니다.

Tip

포토샵에서 원본 이미지를 수정할 경우 간단하게 이미지를 지우거나 삭제하여 저장하면 인디자인에서 '이미지 수정' 아이콘(⚠)이 표시되지 않고 자동으로 링크가 업데이트되는 경우도 있습니다.

8 — 링크 패널에서 '목차 왼쪽.jpg'를 선택하고 '링크 업데이트' 아이콘(🔄)을 클릭하면 수정된 이미지로 업데이트되면서 이미지 수정 표시가 사라집니다.

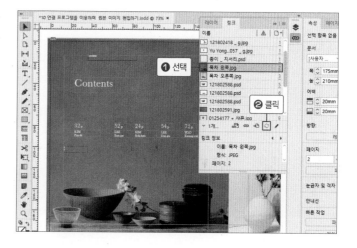

클리핑 패스(Clipping Path) 이미지는 패스로 지정한 형태만큼 보이기 때문에 배경이 있어도 인디자인에 가져오면 클리핑 패스한 부분만 보입니다. 따라서 다양한 확장자를 사용할 수 있습니다. 투명한 배경의 이미지는 포토샵에서 배경을 투명하게 한 다음 확장자를 PSD나 PNG로 배경 없이 가져오기 때문에 인디자인에서 배경을 자유롭게 넣거나 이미지를 서로 겹칠 수 있습니다. 클리핑 패스 이미지와 투명한 배경 이미지를 이용하여 텍스트를 자연스럽게 배치하기 위해 텍스트 감싸기를 적용해 봅니다.

- **예제 파일** : 04\텍스트 감싸기.indd, 디저트(클리핑 패스 o).jpg, 디저트(클리핑 패스 x).psd
- **완성 파일** : 04\텍스트 감싸기_완성.indd

1 — 04 폴더에서 '텍스트 감싸기.indd' 파일을 불러옵니다.
사각형 프레임 도구(⊠)로 이미지를 삽입하고자 하는 부분에 드래그하여 사각형 프레임을 만듭니다.
사각형 프레임을 선택한 다음 속성 패널의 변형에서 W를 '71mm', H를 '130mm'로 설정합니다.

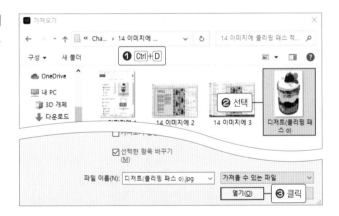

2 — 사각형 프레임을 선택한 다음 Ctrl+D를 눌러 가져오기 대화상자가 표시되면 04 폴더에서 '디저트(클리핑 패스 o).jpg' 파일을 선택한 다음 〈열기〉 버튼을 클릭합니다.

3 — 클리핑 패스된 이미지만 나타납니다. JPG 파일은 배경이 있음에도 불구하고 클리핑 패스는 사용자가 지정한 이미지 형태만 나타나기 때문에 배경이 투명합니다.

4 — 가져온 이미지를 선택한 다음 메뉴에서 (개체) → **클리핑 패스** → **옵션**을 실행합니다.

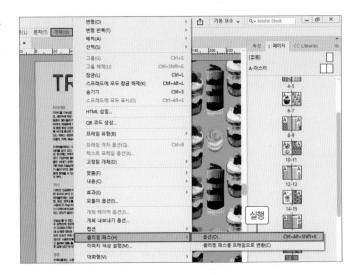

5 — Clipping Path 대화상자가 표시되면 유형에 'Photoshop 패스', 패스에 '디즈트'로 표시됩니다. 확인한 다음 〈확인〉 버튼을 클릭합니다.

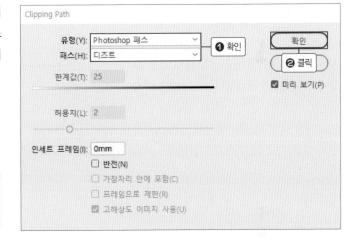

6 — 메뉴에서 (창) → **텍스트 감싸기**를 실행합니다.

텍스트 감싸기 패널이 표시되면 '개체 모양 감싸기' 아이콘(▣)을 클릭한 다음 감싸기를 '오른쪽 및 왼쪽 면 모두', 유형을 '클리핑과 동일'로 지정하고 위쪽 오프셋을 '3mm'로 설정합니다. 개체 주변에 오프셋이 표시되며 텍스트가 밀려납니다.

7 ─ 04 폴더에서 투명한 배경의 이미지인 '디저트(클리핑 패스 x).psd' 파일도 불러옵니다. 해당 이미지 또한 클리핑 패스 이미지처럼 배경이 투명합니다.

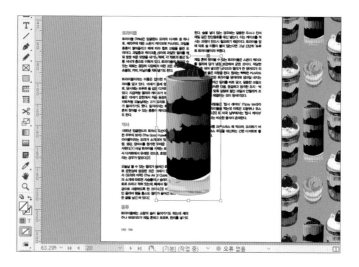

8 ─ 가져온 이미지를 선택한 다음 메뉴에서 (개체) → **클리핑 패스** → **옵션**을 실행합니다.

Clipping Path 대화상자가 표시되면 유형에 '없음'으로 표시됩니다. 확인한 다음 〈확인〉 버튼을 클릭합니다. 클리핑 패스 이미지인 '디저트(클리핑 패스 o).jpg' 파일과 다른 것을 확인할 수 있습니다.

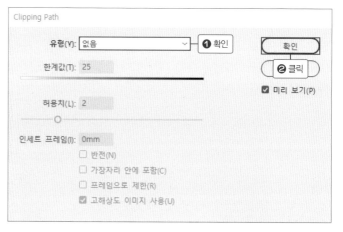

9 ─ 텍스트 감싸기 패널에서 '개체 모양 감싸기' 아이콘(▣)을 클릭한 다음 감싸기를 '오른쪽 및 왼쪽 면 모두', 유형을 '가장자리 감지'로 지정하고, 위쪽 오프셋을 '3mm'로 설정합니다. 개체 주변에 오프셋이 표시되며 텍스트가 밀려납니다.

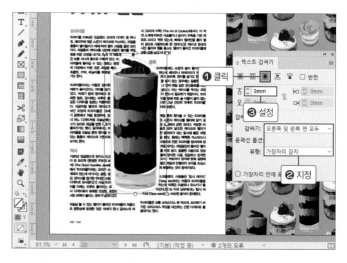

> **Tip**
>
> 포토샵에서 클리핑 패스하지 않고 인디자인에서 유형을 '가장자리 감지'로 지정하면 자동으로 배경을 빠르게 지우고, 패스가 만들어져 인디자인에서도 직접 클리핑 패스를 만들 수 있습니다. 복잡한 배경이 있거나 깨끗하게 패스 작업을 해야 하는 이미지는 펜 도구(✎)를 사용하면 효과적입니다.

9 효과를 단번에 적용하고 수정하는 개체 스타일을 만들고 재정의하기

여러 페이지에 같은 요소를 일관되게 사용할 때 개체에 적용된 효과나 칠, 획 등을 개체 스타일로 만들면 클릭 한 번에 적용, 수정이 가능합니다. 개체 스타일에는 획, 색상, 투명도, 그림자, 단락 스타일, 텍스트 감싸기 등에 대한 설정이 포함됩니다. 스타일이 적용된 개체는 모든 개체 설정을 지우거나 바꿀 수 있으며, 특정 설정만 바꿀 수도 있습니다.

∴ 그림자 효과를 적용하여 개체 스타일 만들고 재정의하기

본문의 타이포그래피에 그림자 효과를 적용하여 모든 페이지에 일관되게 적용하고 재정의를 해 봅니다.

• **예제 파일** : 04\그림자 효과 개체 스타일.indd   • **완성 파일** : 04\그림자 효과 개체 스타일_완성.indd

1 — 04 폴더에서 '그림자 효과 개체 스타일.indd' 파일을 불러옵니다.
그림자 효과를 적용하기 위해 그림과 같은 타이포그래피를 선택합니다. 속성 패널의 모양에서 '선택한 대상에 개체 효과 추가' 아이콘(fx.)을 클릭한 다음 **그림자**를 실행합니다.

2 — 효과 대화상자가 표시되면 혼합에서 불투명도를 '40%', 위치에서 X 오프셋을 '1mm', Y 오프셋을 '1mm', 옵션에서 크기를 '1mm'로 설정한 다음 〈확인〉 버튼을 클릭합니다.

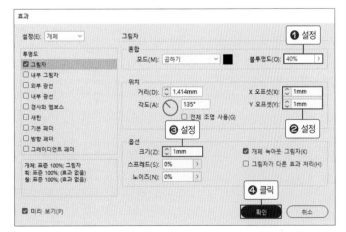

3 — 타이포그래피에 그림자 효과가 적용됩니다. 그림자 효과를 개체 스타일로 저장하기 위해 메뉴에서 **(창)**
→ **스타일** → **개체 스타일**을 실행합니다.

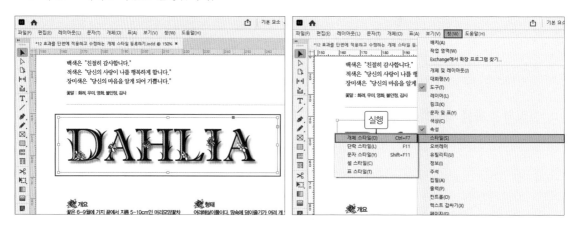

4 — 개체 스타일 패널에서 '패널 메뉴'
아이콘(☰)을 클릭한 다음 **새 개체 스타일**
을 실행합니다.

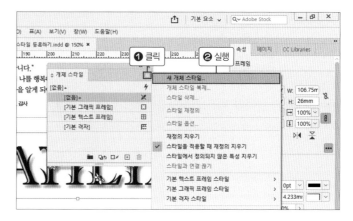

5 — 새 개체 스타일 대화상자가 표시되
면 스타일 이름을 '그림자'로 입력하고, '그
림자'를 선택한 다음 속성을 확인합니다.
〈확인〉 버튼을 클릭하면 개체 스타일이
저장됩니다.

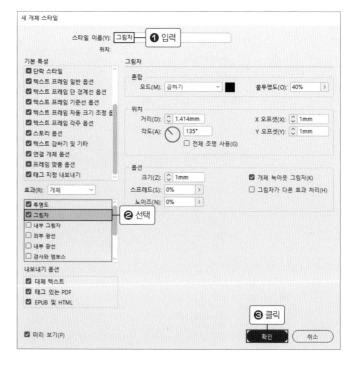

6 — 4, 6페이지의 타이포그래피도 선택하여 같은 스타일로 그림자를 적용합니다.

7 — 개체 스타일이 적용된 타이포그래피를 선택합니다. 속성 패널의 모양에서 '선택한 대상에 개체 효과 추가' 아이콘(*fx.*)을 클릭한 다음 **그림자**를 실행합니다.

8 — 효과 대화상자가 표시되면 혼합에서 모드의 색상 상자를 클릭합니다. 효과 색상 대화상자가 표시되면 원하는 색상을 지정한 다음 〈확인〉 버튼을 클릭합니다.

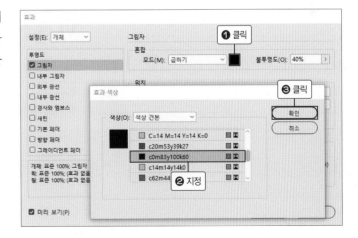

9 ─ 재정의가 적용된 개체를 선택하면 개체 스타일 패널의 '그림자' 옆에 '+'가 표시됩니다.

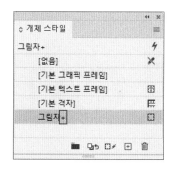

10 ─ '그림자+'를 선택하고 '패널 메뉴' 아이콘(☰)을 클릭한 다음 **스타일 재정의**를 실행합니다. 재정의하면 '그림자'에 '+'가 사라집니다.

11 ─ 적용한 재정의 설정에 따라 개체 스타일이 변경됩니다. 해당 개체 스타일이 적용된 모든 개체가 업데이트되어 그림자의 색상이 변경되었습니다.

둥근 모퉁이와 칠을 적용하여 개체 스타일 만들고 재정의하기

사각형 배경 프레임의 모서리를 둥글게 적용하여 모든 페이지에 일관되게 적용하고 재정의를 해 봅니다.

• **예제 파일** : 04\개체 스타일 만들고 재정의.indd   • **완성 파일** : 04\개체 스타일 만들고 재정의_완성.indd

1 — 04 폴더에서 '개체 스타일 만들고 재정의.indd' 파일을 불러옵니다.
사각형 배경 프레임의 모서리를 둥글게 적용하기 위해 사각형 프레임을 선택합니다.

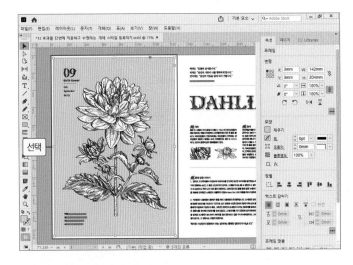

2 — 먼저 색상을 변경하기 위해 속성 패널의 모양에서 '채우기'의 색상 상자를 클릭한 다음 원하는 색상을 지정합니다.

3 — 메뉴에서 (개체) → **모퉁이 옵션**을 실행합니다. 모퉁이 옵션 대화상자가 표시되면 모퉁이 크기 및 모양을 '5mm', '둥글게'로 설정한 다음 〈확인〉 버튼을 클릭합니다.

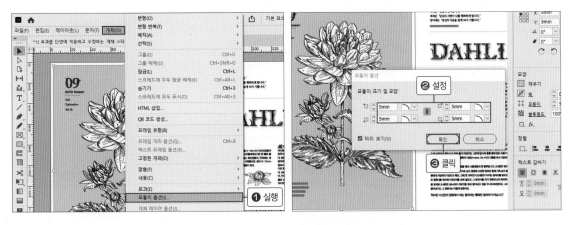

4 — 사각형 프레임의 모서리가 둥글게 변경됩니다. 둥근 모퉁이와 칠을 개체 스타일로 저장하기 위해 먼저 메뉴에서 (창) → **스타일** → **개체 스타일**을 실행합니다.

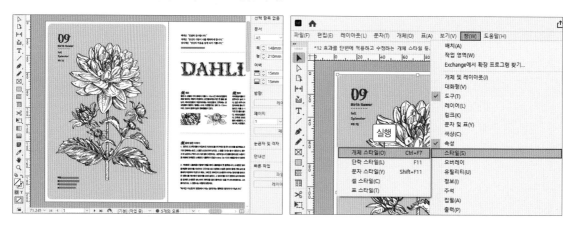

5 — 개체 스타일 패널이 표시되면 '패 널 메뉴' 아이콘(▤)을 클릭한 다음 **새 개 체 스타일**을 실행합니다.

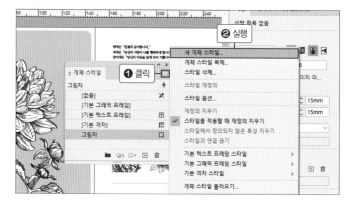

6 — 새 개체 스타일 대화상자가 표시되면 스타일 이름을 '모퉁이와 칠'로 입력하고, 기본 특성에서 '획 및 모 퉁이 옵션'과 '칠'을 선택한 다음 속성을 확인합니다. (확인) 버튼을 클릭하면 개체 스타일이 저장됩니다.

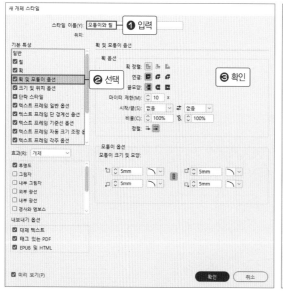
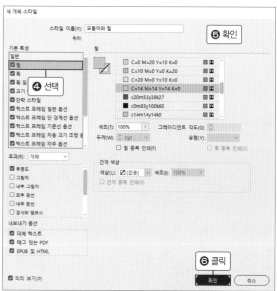

7 — 나머지 3, 5페이지의 사각형 배경 프레임을 선택하여 모서리와 칠을 같은 스타일로 적용합니다.

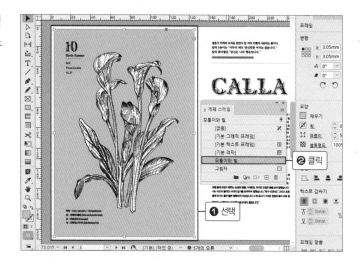

8 — 개체 스타일이 적용된 사각형 배경 프레임을 선택합니다. 둥근 모퉁이를 변경하기 위해 메뉴에서 (개체) → **모퉁이 옵션**을 실행합니다. 모퉁이 옵션 대화상자가 표시되면 모퉁이 크기 및 모양을 '경사'로 지정한 다음 〈확인〉 버튼을 클릭합니

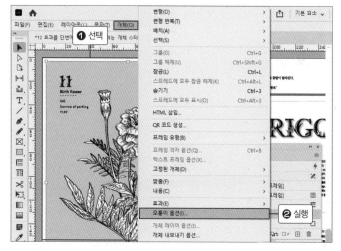

9 — 재정의가 적용된 개체를 선택하면 개체 스타일 패널의 '모퉁이와 칠' 옆에 '+'가 표시됩니다.

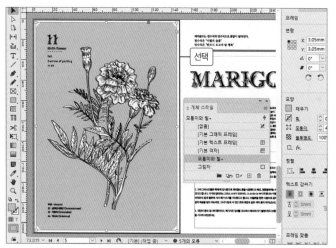

10 ― '모퉁이와 칠+'를 선택하고 '패널 메뉴' 아이콘(▤)을 클릭한 다음 **스타일 재정의**를 실행합니다.

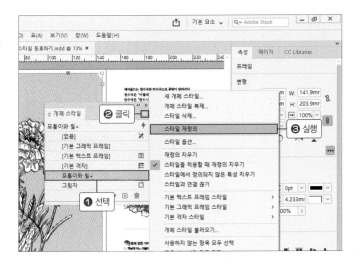

11 ― 재정의하면 '모퉁이와 칠'에 '+'가 사라집니다.

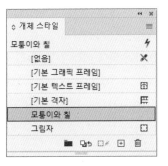

12 ― 적용한 재정의 설정에 따라 개체 스타일이 변경됩니다. 해당 개체 스타일이 적용된 모든 개체가 업데이트되어 모퉁이의 모양이 변경되었습니다.

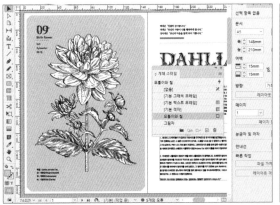
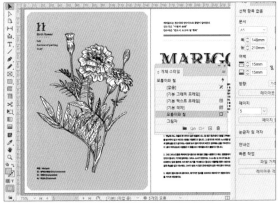

현장 실무 따라하기

개체 스타일을 이용하여
텍스트 따라 움직이는 고정된 개체 만들기

단행본 본문에 이미지와 텍스트의 내용이 같은 위치에 있어야 하거나 텍스트 프레임의 위치나 크기가 변경될 때 이미지가 텍스트를 따라 움직이는 고정된 개체 만드는 방법을 알아봅니다.

· **예제 파일** : 04\고정된 개체 만들기.indd   · **완성 파일** : 04\고정된 개체 만들기_완성.indd

1. 04 폴더에서 '고정된 개체 만들기.indd'
파일을 불러옵니다.
이미지가 텍스트를 따라 움직이기 위해 페
이지마다 텍스트가 연결되어 있습니다.

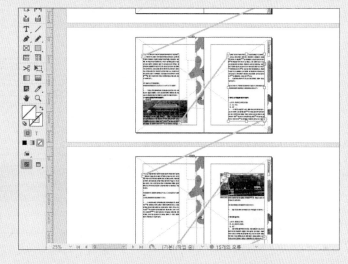

Tip

연결된 표시가 보이지 않을 경우 메뉴에서
[보기] → 기타 → 텍스트 스레드 표시를 실
행합니다.

2. 메뉴에서 **[창] → 텍스트 감싸기**를 실행합니다. 텍스트 감싸기 패널이 표시되면 '텍스트 감싸기 없음' 아이콘
(▣)이 선택되어 있어 이미지 프레임 뒤로 텍스트가 가려집니다.

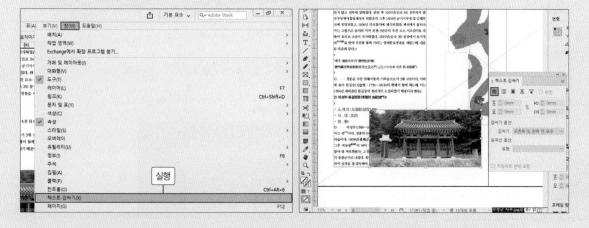

3. 8페이지의 이미지 프레임을 선택하고 텍스트 감싸기 패널에서 '개체 건너뛰기' 아이콘(圖)을 클릭한 다음 위쪽 오프셋과 아래쪽 오프셋을 '6mm'로 설정합니다. 이미지 프레임이 있는 공간에 텍스트가 표시되지 않습니다.

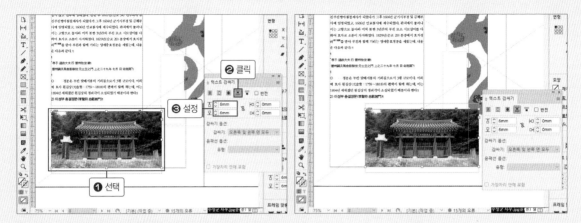

4. 텍스트 프레임에서 커서가 깜박일 때 Enter를 누르면 텍스트만 내려가고 이미지 프레임은 움직이지 않습니다.

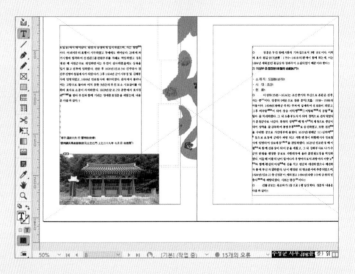

5. 선택 도구(▶)로 이미지 프레임을 선택한 다음 고정된 개체 표시점을 '다.' 텍스트 오른쪽으로 드래그합니다.

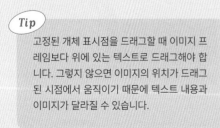

Tip

고정된 개체 표시점을 드래그할 때 이미지 프레임보다 위에 있는 텍스트로 드래그해야 합니다. 그렇지 않으면 이미지의 위치가 드래그된 시점에서 움직이기 때문에 텍스트 내용과 이미지가 달라질 수 있습니다.

6. 이미지 프레임과 '다.' 텍스트를 연결하는 연결선이 표시됩니다. 이미지 프레임을 선택하고 마우스 오른쪽 버튼을 클릭한 다음 **고정된 개체 → 옵션**을 실행합니다.

7. 연결 개체 옵션 대화상자가 표시되면 위치를 '사용자 정의'로 지정하고, '제본 영역을 기준으로'를 체크 표시합니다. 고정된 위치에서 X 오프셋을 '0mm', Y 오프셋을 '15mm'로 설정한 다음 <확인> 버튼을 클릭합니다.

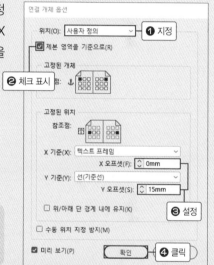

> **Tip**
>
> '제본 영역을 기준으로'를 체크 표시하면 양면으로 디자인할 때 텍스트를 따라 이미지가 오른쪽과 왼쪽 페이지 모두 자유롭게 따라다닙니다.

8. 고정된 개체의 참조점이 변경됩니다. 텍스트 프레임에서 커서가 깜박일 때 Enter를 누르면 텍스트를 따라 이미지 프레임이 움직입니다.

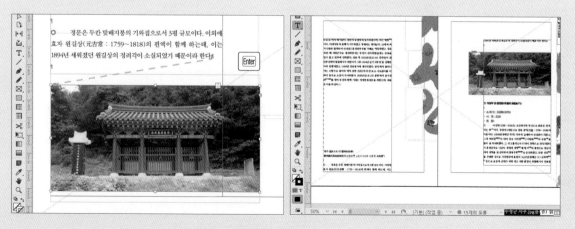

9. 다른 이미지 프레임에도 개체 스타일을 동일하게 적용하기 위해 메뉴에서 **[창] → 스타일 → 개체 스타일**을 실행하여 개체 스타일 패널을 표시합니다.

> **Tip**
>
> 많은 이미지에 동일한 효과를 한 번에 적용하기 위해 개체 스타일을 만들어 작업의 속도를 높입니다.

10. 이미지 프레임을 선택하고 '패널 메뉴' 아이콘(▤)을 클릭한 다음 **새 개체 스타일**을 실행합니다.

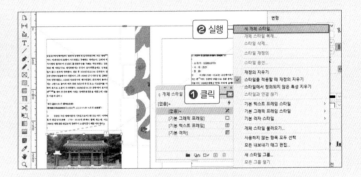

11. 새 개체 스타일 대화상자가 표시되면 스타일 이름에 '본문 사진 프레임'을 입력하고, 기본 특성에서 '텍스트 감싸기 및 기타'와 '연결 개체 옵션'을 선택하여 확인한 다음 <확인> 버튼을 클릭합니다.

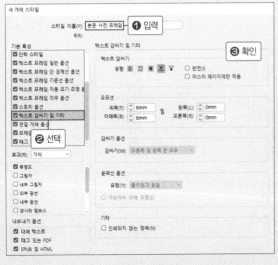 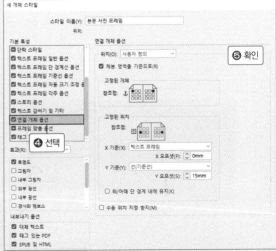

12. 선택된 이미지 프레임을 개체 스타일 패널에서 '본문 사진 프레임'으로 적용합니다. 11페이지에서 다른 동일한 스타일의 이미지 프레임에도 개체 스타일 패널에서 '본문 사진 프레임'을 클릭하여 적용합니다.

13. 선택 도구(▶)로 텍스트를 따라 움직이는 이미지 프레임을 선택한 다음 고정된 개체 표시점을 텍스트로 드래그합니다.

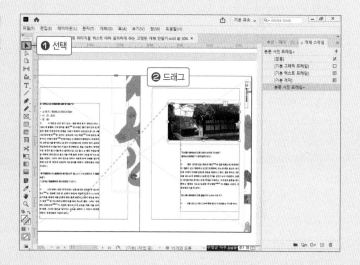

14. 이미지 프레임이 텍스트를 따라 움직입니다.

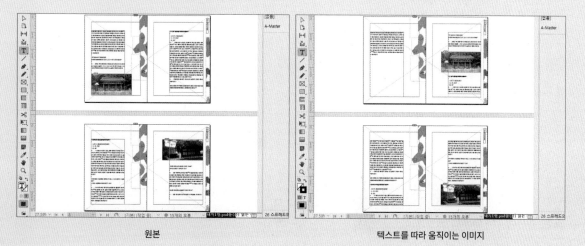

원본   텍스트를 따라 움직이는 이미지

Section

02

벡터 이미지의 편집과 개체 다루기

인디자인에서도 도형과 선을 그려 벡터 이미지를 자유자재로 만들어 사용할 수 있습니다. 벡터 이미지를 다양하게 활용하는 방법과 패스로 개체를 만들어 적용하는 방법을 알아봅니다.

---

1 패스로 개체를 만들어 텍스트 감싸기

이미지와 중첩된 텍스트에 펜 도구를 이용하여 개체를 그려 텍스트가 이미지를 따라 배치될 수 있도록 텍스트를 감싸는 방법을 알아봅니다.

• **예제 파일**: 04\ 패스 텍스트 감싸기.indd　　• **완성 파일**: 04\패스 텍스트 감싸기_완성.indd

1 ― 04 폴더에서 '패스 텍스트 감싸기.indd' 파일을 불러옵니다.
펜 도구(✒)로 왼쪽에 도자기 이미지를 따라 텍스트를 배치하기 위해 그림과 같이 패스를 그립니다. 곡선 부분은 방향선을 조절하며 그립니다.

Tip

펜 도구(✒)로 이미지를 따라 개체를 그릴 때는 '칠' 색상 없이 '획' 색상만 적용된 상태에서 그려야 가리는 부분 없이 그릴 수 있습니다.

2 ― 패스의 시작점과 끝점을 이어 왼쪽의 패스를 완성합니다. 펜 도구(✒)로 오른쪽의 도자기 이미지를 따라 패스를 그립니다.

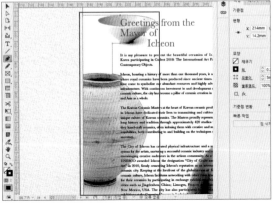

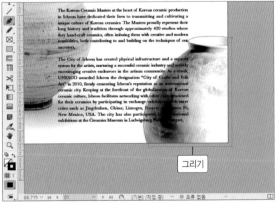

3 — 텍스트와 중첩되는 도자기 이미지 부분에 패스가 완성되었습니다.

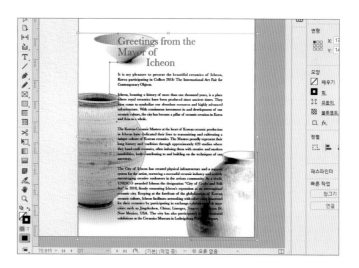

4 — 메뉴에서 [창] → **텍스트 감싸기**를 실행하여 텍스트 감싸기 패널을 표시합니다. 선택 도구(▶)로 2개의 패스를 선택합니다.

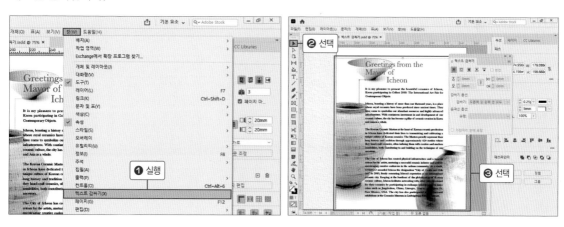

5 — 텍스트 감싸기 패널에서 '개체 모양 감싸기' 아이콘(▤)을 클릭하면 텍스트가 이미지와 겹치지 않습니다.
감싸기를 '오른쪽 및 왼쪽 면 모두'로 지정한 다음 위쪽 오프셋을 '3mm'로 설정하여 텍스트를 자연스럽게 배치합니다.

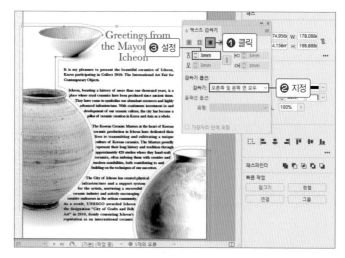

6 — 속성 패널의 모양에서 '획'의 색상 상자를 클릭한 다음 '없음'으로 지정합니다. 이미지를 따라 텍스트가 자연스럽게 배치되도록 완성되었습니다.

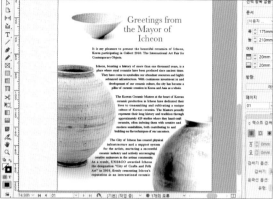

② 개체 크기 조절할 때 획 두께 조절하기

인디자인에서 그린 개체나 일러스트레이터에서 그려 가져온 개체는 벡터 이미지이기 때문에 인디자인에서 수정할 수 있습니다. 이미지 프레임이나 벡터 이미지에 획이 설정되었을 경우 크기를 조절하면 획 두께가 함께 달라지는 방법을 알아봅니다.

• **예제 파일** : 04\ 획 두께 조절하기.indd

1 — 04 폴더에서 '획 두께 조절하기. indd' 파일을 불러옵니다.

개체 크기와 획 두께가 같이 조절될 수 있도록 Ctrl+K를 눌러 환경 설정 대화상자가 표시되면 '일반'을 선택하고, 개체 편집에서 '획 두께 포함'을 체크 표시한 다음 〈확인〉 버튼을 클릭합니다.

2 — 선택 도구(▶)로 개체의 획 두께를 확인하기 위해 [Ctrl]+[Shift]+[G]를 눌러 그룹을 해제합니다. 현재 획 두께는 '3pt'입니다. 축소할 개체를 선택하고 [Ctrl]+[G]를 눌러 다시 그룹으로 지정합니다.

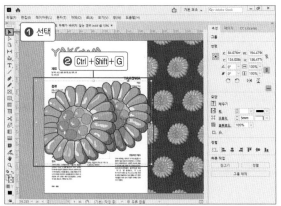 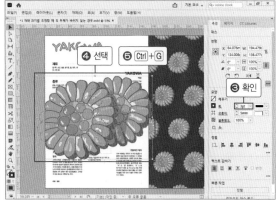

Tip

그룹된 개체 전체를 선택하면 획의 두께가 서로 다른 개체가 있을 경우 획 두께에 숫자가 표시되지 않습니다.

3 — 속성 패널의 변형에서 참조점을 중앙으로 지정한 다음 [Ctrl]+[Shift]를 누른 상태로 이미지의 조절점을 드래그하여 크기를 축소합니다.

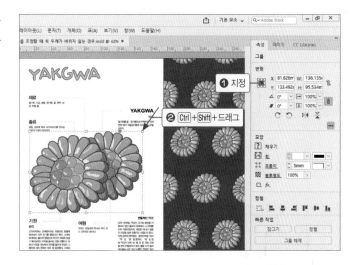

Tip

개체 크기를 조절하는 방법은 도구 패널에서 크기 조정 도구(▣)를 선택하거나 메뉴에서 **[개체] → 변형 → 크기 조정**을 실행합니다.

4 — 개체의 크기가 축소된 만큼 획 두께도 축소되었습니다. 개체의 크기와 획 두께가 함께 조절된 것을 알 수 있습니다.

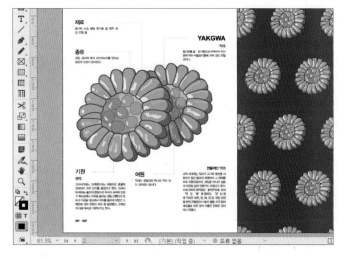

환경 설정에서 '획 두께 포함'을 체크 해제하면 개체만 축소되고 획의 두께는 축소되지 않아 이미지가 투박해 보입니다.

'획 두께 포함' 체크 표시한 모습   '획 두께 포함' 체크 해제한 모습

3 패스파인더 패널을 이용해 구멍 내기

개체를 자유자재로 활용하여 편집할 수 있는 패스파인더 패널에서 '오버랩 제외'를 사용하여 겹친 개체 부분을 제외한 배경이 보이도록
만들어 봅니다.

• 예제 파일 : 04\패스파인더로 구멍 내기.indd   • 완성 파일 : 04\패스파인더로 구멍 내기_완성.indd

1 — 04 폴더에서 '패스파인더로 구멍
내기.indd' 파일을 불러옵니다.
사각형 프레임 도구(▣)로 드래그하여 사
각형 프레임을 만듭니다.
사각형 프레임을 선택한 다음 속성 패널
에서 변형의 참조점을 왼쪽 상단으로 지
정하고, X를 '34mm', Y를 '48mm', W를
'80mm', H를 '112mm'로 설정합니다.

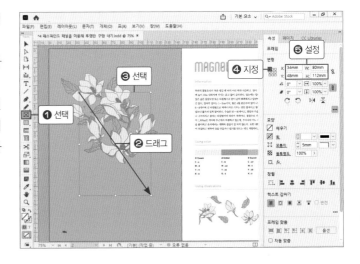

2 — 사각형 프레임에 흰색을 적용하기 위해 '채우기'의 색상 상자를 클릭한 다음 '용지'로 지정합니다.

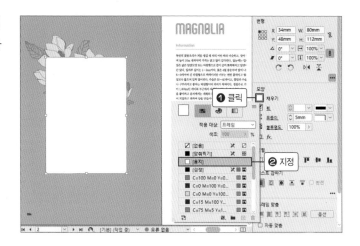

3 — 사각형 프레임을 하나 더 만듭니다. 사각형 프레임을 선택한 다음 속성 패널의 변형에서 참조점을 왼쪽 상단으로 지정하고, X를 '35.5mm', Y를 '49.5mm', W를 '77mm', H를 '65mm'로 설정합니다. '채우기'의 색상 상자를 클릭한 다음 'C=0, M=0, Y=100, K=0' 색상으로 지정합니다.

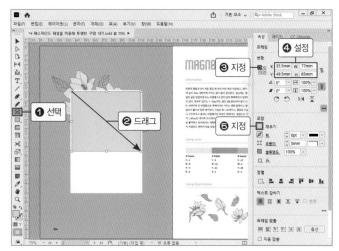

4 — 꽃 이미지를 맨 앞으로 이동하기 위해 메뉴에서 (개체) → 배치 → 맨 앞으로 가져오기를 실행합니다. 사각형 프레임에 가려진 꽃 이미지가 보입니다.

5 — 두 개의 사각형 프레임을 선택한 다음 서로 겹친 부분을 구멍 내기 위해 메뉴에서 (창) → 개체 및 레이아웃 → 패스파인더를 실행합니다.

6 — 패스파인더 패널이 표시되면 '오버랩 제외' 아이콘(☐)을 클릭합니다. 노란색 사각형 프레임이 투명하게 뚫려 배경색이 보입니다.

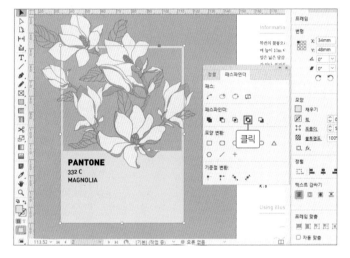

(Tip)
패스파인더의 '오버랩 제외'는 컴파운드 패스 만들기와 동일합니다.

7 — 사각형 프레임의 색상을 변경하기 위해 속성 패널에서 '채우기'의 색상 상자를 클릭한 다음 '용지'로 지정하여 마무리합니다.

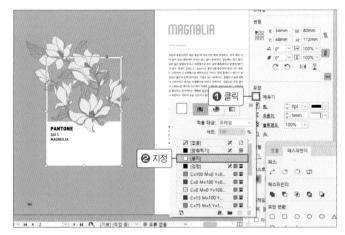

컴파운드 패스를 이용해 다양한 개체에 이미지 넣기

두 개의 개체를 겹쳐 놓고 컴파운드 패스 만들기를 실행하면 앞에 있는 개체의 모양대로 뒤의 개체에 구멍을 뚫을 수 있습니다. 이를 이용하여 개체에 다양한 이미지를 삽입할 수 있습니다. 또한 여러 프레임에 하나의 이미지를 넣을 수도 있습니다.

∴ 컴파운드 패스 풀기를 이용해 텍스트마다 다른 이미지 넣기

텍스트 안에 이미지를 넣는 방법은 다양합니다. 윤곽선 만들기를 이용하면 컴파운드 패스가 자동으로 만들어져 글자 수에 관계없이 하나의 이미지만 삽입할 수 있습니다. 컴파운드 패스 풀기를 이용하여 글자마다 다른 이미지를 넣어 봅니다.

- **예제 파일** : 04\컴파운드 패스 풀기.indd, 비 패턴.jpg, 비 패턴 1.jpg ~ 비 패턴3.jpg
- **완성 파일** : 04\컴파운드 패스 풀기_완성.indd

1 — 04 폴더에서 '컴파운드 패스 풀기.indd' 파일을 불러옵니다.
'RAIN' 텍스트 프레임을 선택합니다. 속성 패널의 문자에서 글꼴은 'unbutton', 글꼴 크기는 '140pt'인 것을 확인할 수 있습니다.

2 — 메뉴에서 (문자) → 윤곽선 만들기를 실행합니다. 'RAIN' 텍스트가 도형으로 변경되었습니다. 직접 선택 도구(▷)로 선택하면 도형으로 변경된 것을 확인할 수 있습니다.

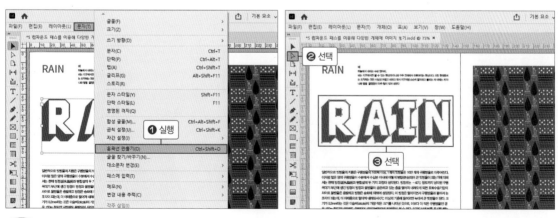

Tip 텍스트를 윤곽선으로 만들면 자동으로 컴파운드 패스 만들기가 되기 때문에 선택 도구로 글자 도형을 하나씩 이동하여 배치할 수 없습니다. 이런 경우 이동할 개체만 직접 선택 도구로 선택하여 이동합니다.

3 — 메뉴에서 [개체] → 패스 → **컴파운드 패스 풀기**를 실행합니다. 컴파운드 패스 풀기가 적용되어 뚫렸던 부분이 개체로 생성되었습니다.

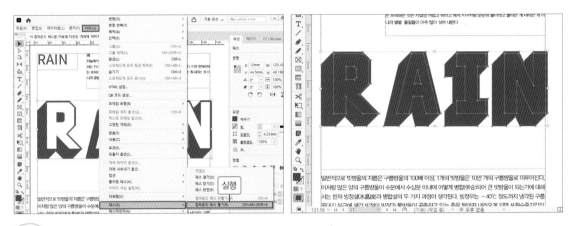

Tip

컴파운드 패스 만들기가 적용되었을 경우 하나
의 개체로 인식하여 이미지를 하나만 삽입할
수 있습니다.

4 — 선택 도구(▶)로 개체를 선택하면 한 개씩 선택됩니다. 메뉴에서 [창] → **개체 및 레이아웃** → **패스파인
더**를 실행합니다.

5 — 패스파인더 패널이 표시되면 '오버랩 제외' 아이콘(▣)을 클릭하여 'RAIN' 개체의 모든 겹친 부분을 제
외합니다. 선택 도구(▶)로 보기 좋게 개체를 배치합니다.

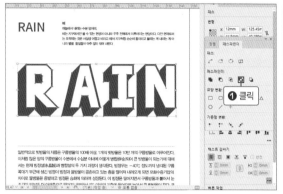 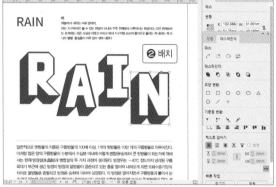

6 — 선택 도구(▶)로 'R' 개체를 선택합니다.
Ctrl+D를 눌러 가져오기 대화상자가 표시되
면 04 폴더에서 '비 패턴.jpg' 파일을 선택한
다음 〈열기〉 버튼을 클릭합니다.

7 — 'R' 개체에 패턴 이미지가 삽입됩니다. 나머지 'A', 'I', 'N' 개체에도 같은 방법으로 04 폴더에서 '비 패턴
1.jpg'~'비 패턴3.jpg' 파일의 이미지를 삽입합니다.

 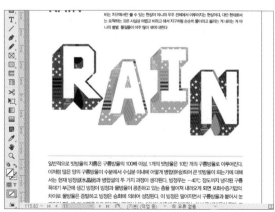

8 ─ 개체 안에 패턴 이미지의 위치를
이동하려면 컨테이너 프레임을 선택하여
이동합니다.

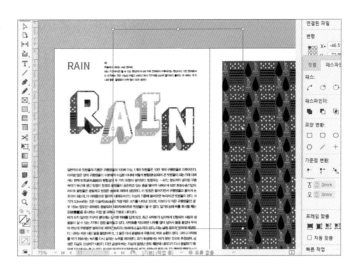

∵ 여러 개의 사각형 프레임에 한 개의 이미지 넣기

2개 이상의 사각형 프레임을 하나의 개체로 인식시켜 한 개의 이미지만 삽입하는 방법을 알아봅니다.

- **예제 파일** : 04\한 개의 이미지 넣기.indd, 까치호랑이.jpg, 고양이와 봉황.jpg
- **완성 파일** : 04\한 개의 이미지 넣기_완성.indd

1 ─ 04 폴더에서 '한 개의 이미지 넣기.
indd' 파일을 불러옵니다.
사각형 프레임 도구(⊠)로 드래그하여 사
각형 프레임을 만듭니다.
사각형 프레임을 선택한 다음 속성 패널
의 변형에서 참조점을 왼쪽 상단으로 지
정하고, X를 '12mm', Y를 '73mm', W를
'8mm', H를 '125mm'로 설정합니다.

2 ─ 사각형 프레임을 선택한 다음 Alt
+Shift를 누른 상태로 오른쪽으로 드래그하
여 5개 복사합니다. 6번째 사각형 프레임
은 오른쪽 여백 선에 닿도록 배치합니다.

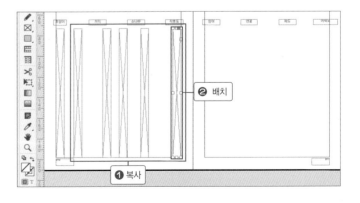

3 ─ 메뉴에서 〔창〕 → **개체 및 레이아웃** → **정렬**을 실행하여 정렬 패널을 표시합니다. 선택 도구(▶)로 6개의 사각형 프레임을 선택한 다음 정렬 패널에서 '수평 가운데 분포' 아이콘(▥)을 클릭하여 가로 간격이 동일하게 정렬합니다.

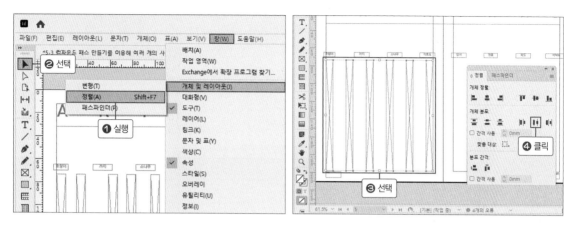

4 ─ 6개 사각형 프레임을 오른쪽 페이지로 복사합니다. 왼쪽 6개의 사각형 프레임을 선택한 다음 메뉴에서 〔개체〕 → **패스** → **컴파운드 패스 만들기**를 실행합니다.

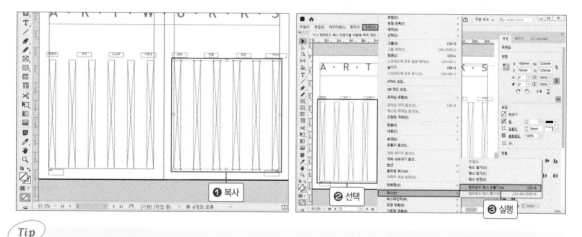

Tip

여러 개의 개체를 하나의 개체로 적용하여 하나의 이미지를 가져올 경우 컴파운드 패스 만들기를 적용하거나 패스파인더 패널에서 '더하기' 아이콘(▤)을 클릭해도 됩니다.

5 — 왼쪽 6개의 사각형 프레임이 1개의 프레임으로 만들어집니다.

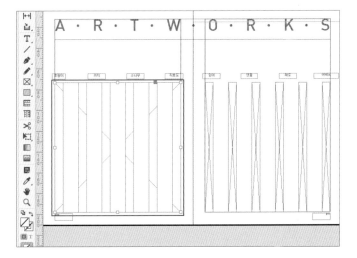

Tip

컴파운드 패스 만들기가 되면 사각형 프레임 하나하나에 X 표시가 사라지고 6개의 프레임에 하나의 X가 표시됩니다.

6 — 선택 도구(▶)로 왼쪽 사각형 프레임을 선택합니다. Ctrl + D를 눌러 가져오기 대화상자가 표시되면 04 폴더에서 '까치호랑이.jpg' 파일을 선택한 다음 〈열기〉 버튼을 클릭합니다.

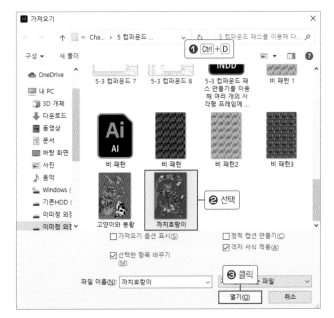

7 — 6개의 사각형 프레임에 하나의 이미지가 삽입됩니다.

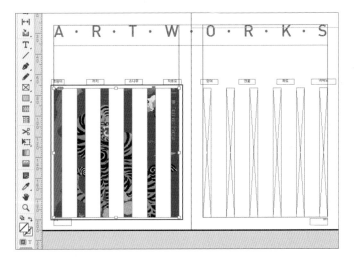

8 — 오른쪽 사각형 프레임에는 컴파운드 패스 만들기가 적용되지 않아 사각형 프레임마다 X가 표시되며, 04 폴더에서 '고양이와 봉황.jpg' 파일의 이미지를 가져오면 사각형 프레임마다 다른 이미지가 삽입됩니다.

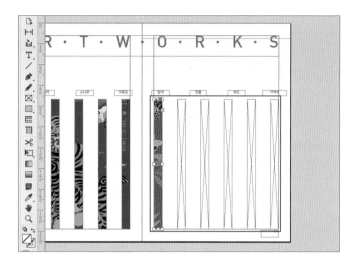

9 — 오른쪽 사각형 프레임도 컴파운드 패스로 만들기 위해 6개의 사각형 프레임을 선택합니다. 메뉴에서 〔개체〕→ 패스 → **컴파운드 패스 만들기**를 실행합니다.

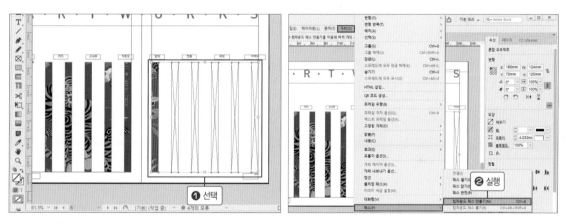

10 — 첫 번째 사각형 프레임에 삽입된 이미지가 두 번째와 세 번째 사각형 프레임에 연결되어 보입니다. 직접 선택 도구(▷)로 컨테이너 프레임을 선택하여 이미지가 모두 보이도록 조절합니다. 양쪽 페이지에 컴파운드 패스 만들기가 적용되어 완성되었습니다.

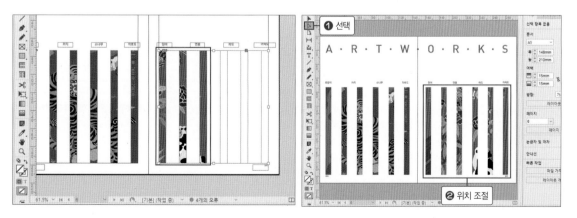

인디자인에서는 간단한 패스 작업을 하고, 일러스트레이터에서는 복잡한 패스 작업을 많이 합니다. 또한 일러스트레이터에서도 패스 작업한 개체에 이미지를 넣을 수 있지만, 용량이 훨씬 커지기 때문에 작업에 따라 일러스트레이터에서 작업한 패스를 인디자인으로 붙여 넣어 이미지를 넣는 방법이 효과적일 수 있습니다.

- **예제 파일** : 04\ 개체 안에 이미지 넣기.indd, 해바라기.jpg, 이미지 라인.ai
- **완성 파일** : 04\개체 안에 이미지 넣기_완성.indd

1 — 04 폴더에서 '이미지 라인.ai' 파일을 불러와 라인 개체를 선택한 다음 메뉴에서 (**편집**) → **복사**를 실행하여 복사합니다. 04 폴더에서 '개체 안에 이미지 넣기.indd' 파일을 불러온 다음 [Ctrl]+[V]를 눌러 붙여 넣습니다.

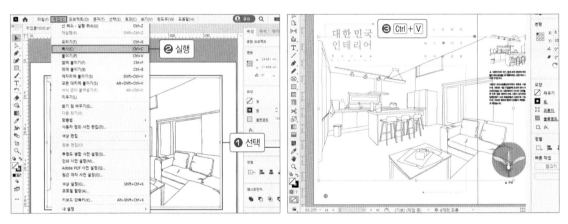

2 — 개체를 선택한 다음 [Ctrl]+[Shift]를 누른 상태로 원본 비율을 유지하며 조절점을 드래그하여 크기를 조절합니다. 이미지를 삽입할 패스를 선택합니다.

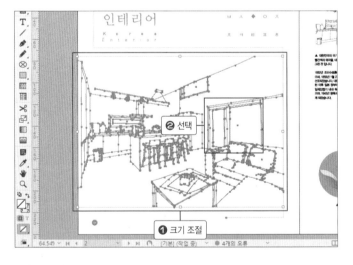

Tip
크기를 줄인 만큼 획의 두께가 같은 비율로 줄어들지 않을 경우 환경 설정의 일반에서 '획 두께 포함'을 체크 표시합니다.

3 — [Ctrl]+[D]를 눌러 가져오기 대화상자가 표시되면 04 폴더에서 '해바라기.jpg' 파일을 선택한 다음 〈열기〉 버튼을 클릭합니다.

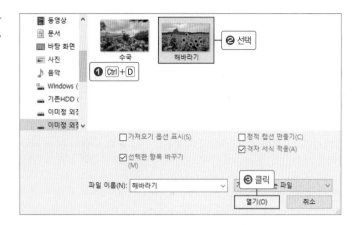

4 — 해바라기 이미지가 삽입되면 이미지 크기 조정 비율을 설정하여 보기 좋게 축소합니다. 같은 방법으로 쿠션과 테이블 등에도 원하는 이미지를 삽입하여 완성합니다.

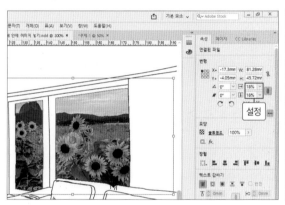 

---

6 개체를 정렬하고 정확한 간격으로 분포하기

편집 디자인을 하다 보면 이미지 프레임이나 다양한 형태의 도형을 정렬하기 위해 기준 개체를 설정하거나 정확하게 간격을 분포해야 하는 경우가 많습니다. 동일한 형태의 개체를 일관된 규칙으로 정렬하는 방법은 정렬 패널에서 자동으로 적용하면 효과적이지만 불규칙한 형태의 개체를 정렬할 경우에는 먼저 정렬 패널을 사용하여 정렬한 다음 눈으로 간격을 미세하게 조절하면 자연스럽고 보기 좋은 디자인이 완성됩니다. 정렬 패널을 이용하여 여러 개의 개체를 일관된 규칙으로 정렬하거나 분포하기 위한 효과적인 방법을 알아봅니다.

∴ 여러 개의 개체를 정렬할 경우 기준 개체 설정하기

여러 개의 개체가 불규칙하게 나열된 경우 기준 개체를 설정하여 정렬하는 방법이 작업의 효율성을 높일 수 있습니다. 먼저 개체를 모두 선택한 다음 기준으로 삼을 개체를 다시 한번 클릭하여 맞춤 대상이 '주요 개체에 맞춤'으로 설정되면 선택한 개체의 테두리가 두꺼운 파란색으로 강조 표시됩니다. 이 상태에서 정렬 아이콘을 클릭하면 기준 개체를 중심으로 정렬이 이루어집니다.

• **예제 파일** : 04\ 기준 개체 설정.indd • **완성 파일** : 04\기준 개체 설정_완성.indd

1 — 04 폴더에서 '기준 개체 설정.indd'
파일을 불러옵니다.
개체를 정렬하기 위해 메뉴에서 (창) → 개
체 및 레이아웃 → 정렬을 실행하여 정렬
패널을 표시합니다.

2 — 가로 첫 줄에 있는 4개의 보석 이미지를 선택한 다음 첫 번째 보석 이미지를 기준 개체로 설정하기 위해
다시 선택하면 선택한 이미지의 테두리가 두꺼운 파란색으로 강조 표시됩니다. 정렬 패널에서 '수직 가운데 정
렬' 아이콘(▮)을 클릭하여 가로로 정렬합니다.

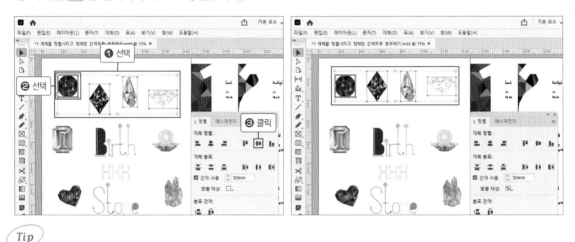

(Tip)

기준 개체를 선택하면 정렬 패널에서 맞춤 대상의 '선택 항목에 정렬' 아이콘(▦)이 '주요 개체에 맞춤' 아이콘(▨)으로 변
경됩니다.

3 — 세로 첫 줄에 있는 4개의 보석 이미지를 선택한 다음 첫 번째 보석 이미지를 기준 개체로 설정하기 위해
다시 선택하면 선택한 이미지의 테두리가 두꺼운 파란색으로 강조 표시됩니다. 정렬 패널에서 '수평 가운데 정
렬' 아이콘(▬)을 클릭하여 세로로 정렬합니다.

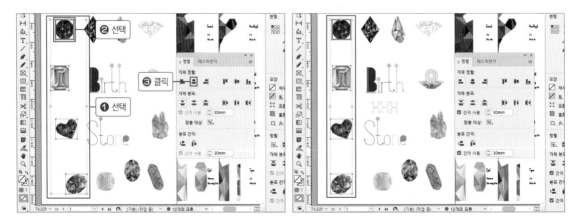

4 ─ 가로 마지막 줄에 있는 4개의 보석 이미지를 선택한 다음 첫 번째 보석 이미지를 다시 선택합니다. 정렬 패널에서 '수직 가운데 정렬' 아이콘(█)을 클릭하여 가로로 정렬합니다.

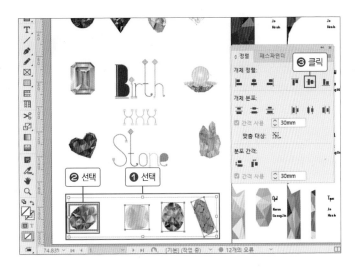

5 ─ 세로 마지막 줄에 있는 4개의 보석 이미지를 선택한 다음 첫 번째 보석 이미지를 다시 선택합니다. 정렬 패널에서 '수평 가운데 정렬' 아이콘(█)을 클릭하여 세로로 정렬합니다.

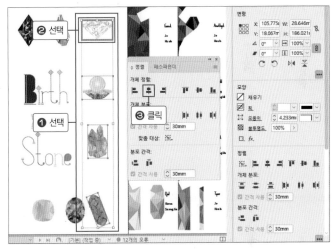

6 ─ 상하좌우의 여백이 비슷하게 보이도록 가로 마지막 줄의 보석 이미지를 보기 좋게 위로 이동합니다.

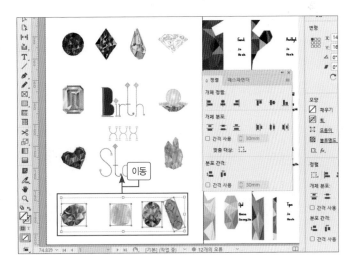

7 — 가로 첫 줄에 있는 4개의 보석 이미지를 선택한 다음 정렬 패널에서 '수평 가운데 분포' 아이콘(▮▮)을 클릭하여 가로 간격이 동일하게 정렬합니다.

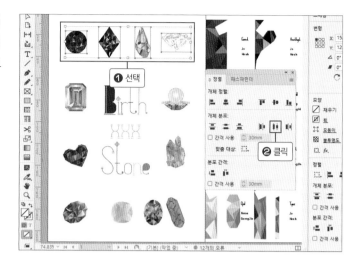

8 — 세로 첫 줄에 있는 4개의 보석 이미지를 선택한 다음 정렬 패널에서 '수직 가운데 분포' 아이콘(≣)을 클릭하여 세로 간격이 동일하게 정렬합니다.

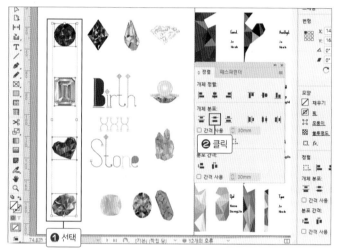

9 — 가로 마지막 줄에 있는 4개의 보석 이미지를 선택한 다음 정렬 패널에서 '수평 가운데 분포' 아이콘(▮▮)을 클릭하여 가로 간격이 동일하게 정렬합니다.

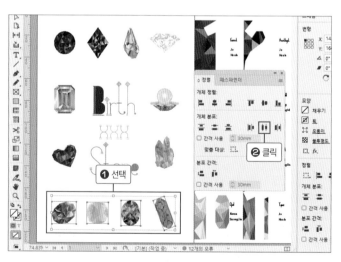

10 ─ 세로 마지막 줄에 있는 4개의 보석 이미지를 선택한 다음 정렬 패널에서 '수직 가운데 분포' 아이콘(▤)을 클릭하여 세로 간격이 동일하게 정렬합니다.

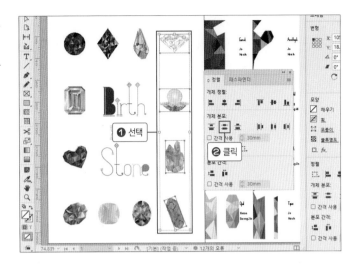

11 ─ 불규칙한 여러 개의 개체를 수직과 수평으로 자동 정렬한 다음 눈으로 간격을 미세하게 조절하여 자연스럽고 보기좋게 디자인을 완성합니다.

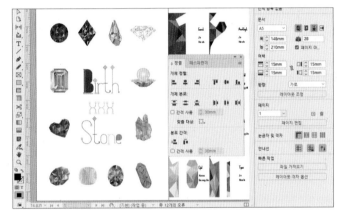

∷ 개체 분포에서 간격 사용하기

개체 분포는 개체의 가장자리나 가운데를 기준으로 선택한 개체를 균등하게 정렬할 수 있으며, 개체 분포에서 '간격 사용'을 체크 표시하여 개체 분포를 적용하면 정확한 간격으로 개체를 정렬할 수 있습니다.

• **예제 파일** : 04\개체 분포.indd   • **완성 파일** : 04\개체 분포_완성.indd

1 ─ 04 폴더에서 '개체 분포.indd' 파일을 불러옵니다. 개체 분포 간격을 적용하기 위해 메뉴에서 〔창〕 → **개체 및 레이아웃** → **정렬**을 실행하여 정렬 패널을 표시합니다. 개체 분포를 정확하게 하기 위해 이미지 프레임과 텍스트 프레임을 그룹으로 지정하였습니다.

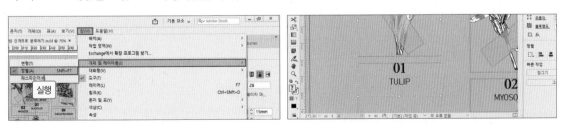

2 — 가로 첫 번째 줄 '01'~'04'의 이미지와 텍스트 프레임을 선택합니다. 정렬 패널에서 개체 분포의 '간격 사용'을 체크 표시하여 '31mm'로 설정한 다음 '왼쪽 가장자리 분포' 아이콘(🔳)을 클릭합니다.

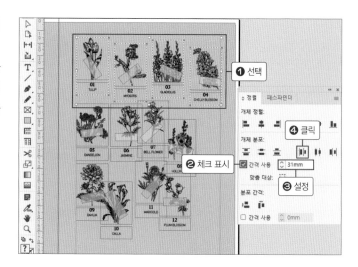

3 — 가로 두 번째 줄 '05'~'08', 가로 세 번째 줄 '09'~'12'의 이미지와 텍스트 프레임도 **2**번 과정과 같은 방법으로 정렬합니다.

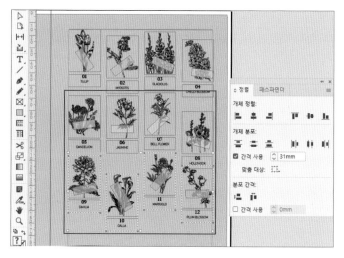

4 — 가로 첫 번째 줄 '01'~'04'의 이미지와 텍스트 프레임을 선택한 다음 정렬 패널에서 '위쪽 가장자리 정렬' 아이콘(🔳)을 클릭하여 위쪽으로 정렬합니다.

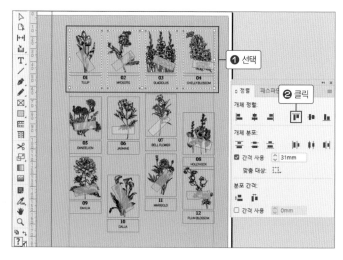

5 ― 세로 첫 번째 줄 '01', '05', '09'의 이미지와 텍스트 프레임을 선택합니다. 정렬 패널에서 개체 분포의 '간격 사용'을 체크 표시하여 '69mm'로 설정한 다음 '위쪽 가장자리 분포' 아이콘(▤)을 클릭합니다.

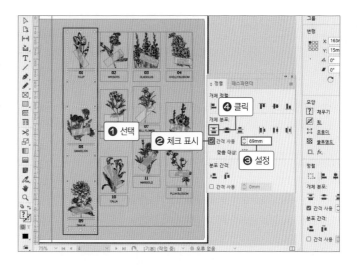

6 ― 세로 두 번째 줄, 세로 세 번째 줄, 세로 네 번째 줄도 각각 **5**번 과정과 같은 방법으로 정렬합니다.

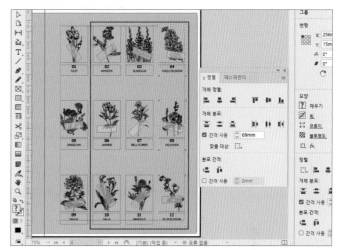

7 ― 여러 개의 개체에 개체 분포 간격을 적용하여 완성하였습니다.

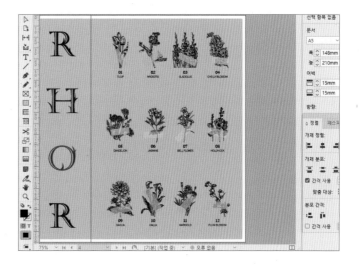

∷ 분포 간격에서 간격 사용하기

분포 간격은 수평 또는 수직 방향으로 개체를 균등하게 배치할 수 있으며, 분포 간격에서 '간격 사용'을 체크 표시하여 적용하면 정확한 간격으로 개체를 정렬할 수 있습니다.

• **예제 파일** : 04\분포 간격.indd • **완성 파일** : 04\분포 간격_완성.indd

1 — 04 폴더에서 '분포 간격.indd' 파일을 불러옵니다.
분포 간격을 적용하기 위해 메뉴에서 (창) → **개체 및 레이아웃** → **정렬**을 실행합니다.
가로 첫 번째 줄 'BIR'을 선택하고, 정렬 패널에서 분포 간격의 '간격 사용'을 체크 표시하여 '30mm'로 설정한 다음 '수평 공간 분포' 아이콘(圖)을 클릭합니다.

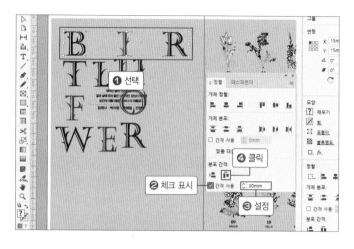

2 — 개체와 개체 사이에 30mm씩 간격이 생깁니다.

3 — 세로 첫 번째 줄의 'BTFW'를 선택하고, 정렬 패널에서 분포 간격의 '간격 사용'을 체크 표시하여 '30mm'로 설정한 다음 '수직 공간 분포' 아이콘(圖)을 클릭합니다.

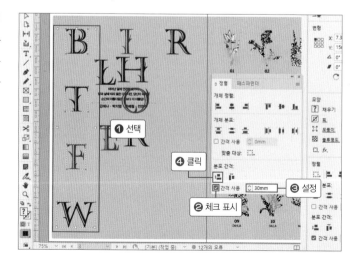

4 — 세로 마지막 줄에 배치할 'RHOR'을 선택하고, 'R'을 기준 개체로 설정하기 위해 다시 한번 선택하면 개체의 테두리가 두꺼운 파란색으로 강조 표시됩니다. 정렬 패널에서 '수평 가운데 정렬' 아이콘(🔳)을 클릭하여 세로로 정렬합니다.

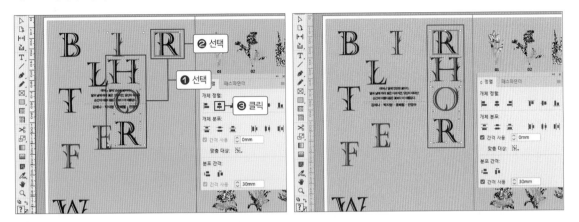

5 — 수직으로 분포하기 위해 분포 간격의 '간격 사용'을 체크 표시하여 '30mm'로 설정한 다음 '수직 공간 분포' 아이콘(🔳)을 클릭합니다.

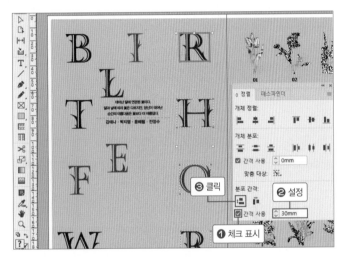

6 — 가로 마지막 줄에 배치할 'WER'을 선택하고, 'W'를 기준 개체로 설정하기 위해 다시 한번 선택하면 개체의 테두리가 두꺼운 파란색으로 강조 표시됩니다. 정렬 패널에서 '수직 가운데 정렬' 아이콘(🔳)을 클릭하여 가로로 정렬합니다.

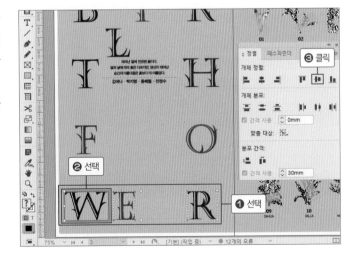

7 — 'WER'에서 'W'를 기준 개체 해제한 다음 정렬 패널에서 '수평 가운데 분포' 아이콘(▮▮)을 클릭하여 가로로 분포합니다.

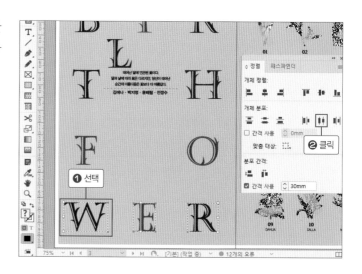

Tip
기준 개체를 해제하는 방법은 기준 개체로 선택된 개체를 다시 한번 선택하면 두꺼운 파란색의 테두리가 사라집니다.

8 — 가로 세 번째 줄에 배치할 'FLO'를 선택한 다음 'F'를 기준 개체로 설정하기 위해 다시 한번 선택합니다.
정렬 패널에서 '수직 가운데 정렬' 아이콘(▮▮)을 클릭하여 가로로 정렬합니다.

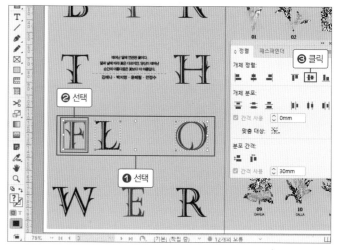

9 — 'FLO'에서 'F'를 기준 개체 해제한 다음 정렬 패널에서 '수평 가운데 분포' 아이콘(▮▮)을 클릭하여 가로로 분포합니다. 여러 개체에 분포 간격을 적용하여 완성하였습니다.

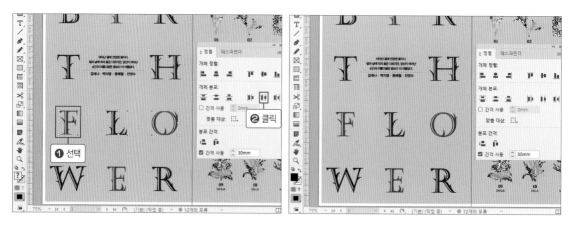

현장 실무 따라하기

패스파인더 패널로 꽃문양 만들어 내지 상단 디자인하기

펜 도구와 프레임 도구를 이용하여 꽃문양을 만들어 단행본 내지에 반복적으로 들어가는 상단 디자인을 해 봅니다. 복잡한 벡터 이미지를 만들 때는 일러스트레이터에서 이미지를 만들어 가져오지만, 간단한 작업은 인디자인에서도 손쉽게 할 수 있습니다. 복제와 그룹, 크기 조절, 패스파인더 등을 이용하여 내지 상단 디자인을 해 봅니다.

• **예제 파일** : 04\꽃문양 만들기.indd • **완성 파일** : 04\꽃문양 만들기_완성.indd
• **구성** | 펜 도구와 타원 프레임 도구를 이용해 오얏꽃 문양 만들기

1. 04 폴더에서 '꽃문양 만들기.indd' 파일을 불러옵니다.
사각형 프레임 도구(⊠)로 드래그하여 사각형 프레임을 만듭니다. 속성 패널에서 변형의 참조점을 왼쪽 상단으로 지정하고, X를 '10mm', Y를 '10mm', W를 '168mm', H를 '26mm'로 설정합니다. 사각형 프레임에 맞게 눈금자에서 드래그하여 안내선을 가져옵니다.

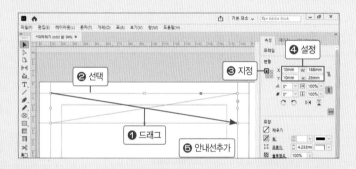

Tip

눈금자가 보이지 않을 경우 메뉴에서 **[보기]** → **눈금자 표시**를 실행하거나 Ctrl + R을 누르면 표시됩니다. 또는 아무것도 선택되지 않은 상태로 속성 패널의 눈금자 및 격자에서 '눈금자' 아이콘(⌐)을 클릭합니다.

2. 사각형 프레임은 위치를 표시하기 위해 만들었기 때문에 삭제합니다. 안내선을 잠그기 위해 메뉴에서 **[보기]** → **격자 및 안내선** → **안내선 잠그기**를 실행합니다.

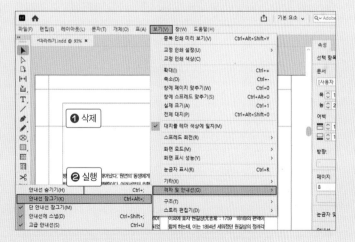

3. 펜 도구(✏️)로 안내선을 따라 가로로 직선을 그립니다. 속성 패널에서 변형의 참조점을 왼쪽 상단으로 지정하고, X를 '10mm', Y를 '10mm', L을 '168mm'로 설정합니다.

획 두께를 '0.5pt', 획을 'C=30, M=40, Y=80, K=40', 채우기를 '없음'으로 지정합니다.

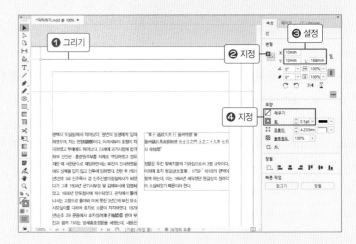

4. 선을 선택한 다음 메뉴에서 **[개체]** → **변형** → **이동**을 실행합니다. 이동 대화상자가 표시되면 위치에서 세로를 '0.7mm'로 설정한 다음 <복사> 버튼을 클릭합니다.

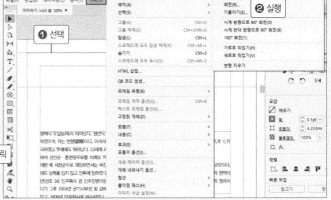

> **Tip**
>
> 개체를 이동하려면 선택 도구(▶)를 더블클릭하여 이동하는 방법도 있습니다.

5. 선을 같은 간격으로 복사하기 위해 메뉴에서 **[편집]** → **복제**를 실행합니다. 가로 안내선 끝까지 복제를 실행합니다.

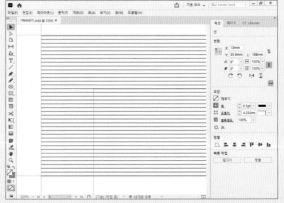

6. 이번에는 오얏꽃 문양을 만들어 봅니다. 타원 프레임 도구(⊠)로 드래그하여 프레임을 그린 다음 속성 패널에서 W를 '13mm', H를 '13mm'로 설정합니다.

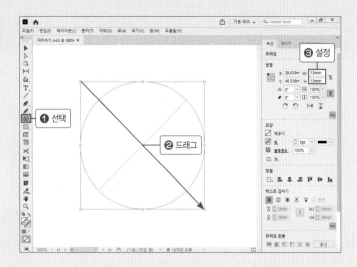

7. 속성 패널에서 획 두께를 '3pt', 획을 'C=30, M=40, Y=80, K=0', 채우기를 '없음'으로 지정합니다. 타원 프레임을 선택한 다음 Alt + Shift 를 누른 상태로 위로 드래그하여 복사합니다.

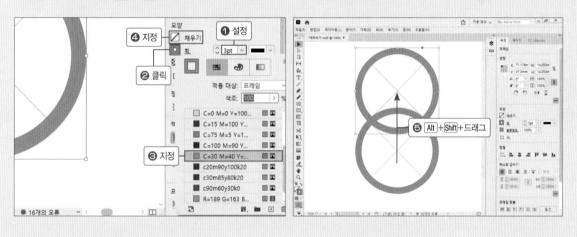

8. 펜 도구(✎)로 타원 프레임의 가운데에 세로로 직선을 그립니다. 속성 패널에서 획 두께를 '3pt', 획을 'C=30, M=40, Y=80, K=0', 채우기를 '없음'으로 지정합니다.

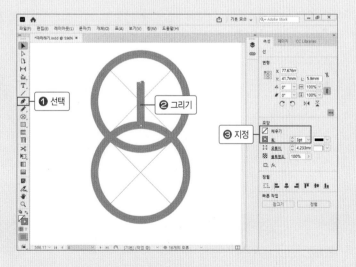

9. 타원 프레임 도구(⊗)로 드래그하여 프레임을 그린 다음 속성 패널에서 W를 '2.6mm', H를 '2.6mm'로 설정합니다. 속성 패널에서 채우기를 'C=30, M=40, Y=80, K=0'으로 지정합니다.

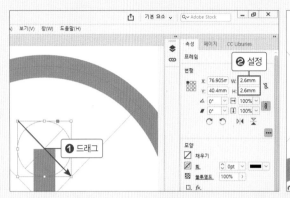

10. 작은 정원 프레임과 세로 선을 선택한 다음 메뉴에서 **[개체] → 그룹**을 실행합니다. 그룹으로 지정한 개체를 Alt 를 누른 상태로 오른쪽으로 드래그하여 복사합니다.

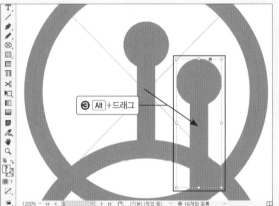

11. 속성 패널에서 회전 각도를 '-20°'로 설정합니다. 직접 선택 도구(▷)로 선의 끝부분을 드래그하여 길이를 조절합니다.

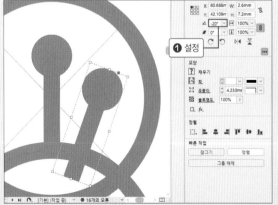
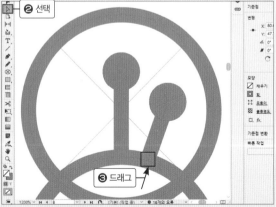

12. 오른쪽의 그룹으로 지정한 개체를 Alt 를 누른 상태로 왼쪽으로 드래그하여 복사합니다.

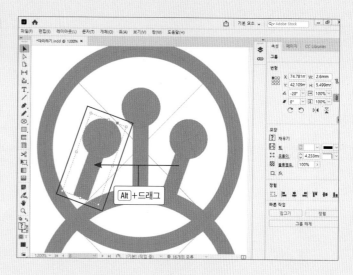

13. 메뉴에서 [개체] → 변형 → 가로로 뒤집기를 실행합니다. 좌우 간격에 맞게 배치합니다.

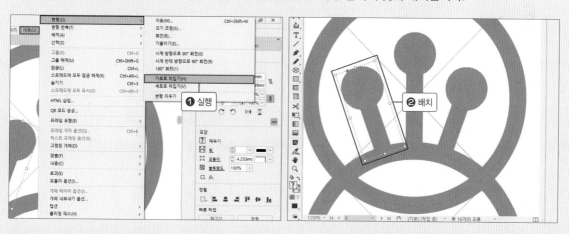

14. 상단의 완성된 개체를 모두 선택한 다음 Ctrl + G를 눌러 그룹으로 지정합니다. 눈금자에서 안내선을 하단의 타원 프레임 중앙으로 드래그합니다. 회전 도구(○)를 선택한 다음 타원 프레임 중앙의 안내선 교차점을 클릭합니다.

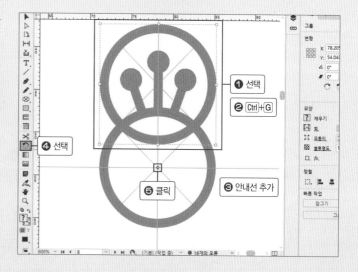

15. 회전 대화상자가 표시되면 각도를 '72°'로 설정한 다음 <복사> 버튼을 클릭합니다. 시계 반대 방향으로 72° 회전하여 개체가 복사됩니다.

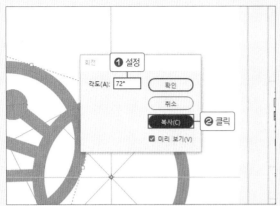 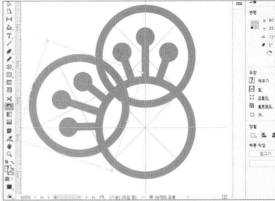

16. 회전 도구(⟳)를 이용하여 그림과 같이 개체를 3개 더 복사합니다. 5개의 꽃잎 형태의 개체를 선택하고 Ctrl + Shift + G를 눌러 그룹으로 지정한 개체를 그룹 해제합니다.

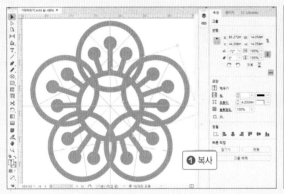 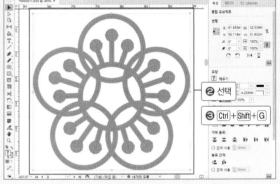

17. 선택 도구(▶)로 6개의 타원 프레임을 모두 선택합니다. 메뉴에서 **[창] → 개체 및 레이아웃 → 패스파인더**를 실행하여 패스파인더 패널이 표시되면 '오버랩 제외' 아이콘(◪)을 클릭하여 겹친 부분만 제외합니다.

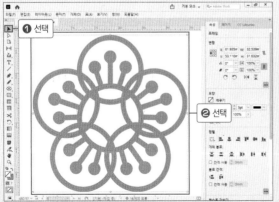 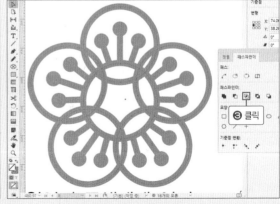

18. 직접 선택 도구(▷)로 필요 없는 선을 삭제합니다. 오얏꽃 문양이 완성되었습니다.

19. 오얏꽃 문양을 그룹으로 지정한 다음 몇 개 더 복사하고 크기를 조절하여 배치합니다.

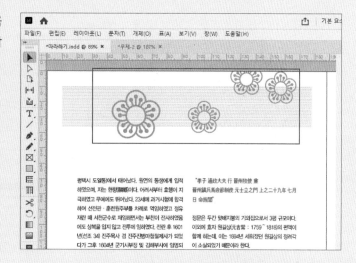

20. 사각형 패턴 밖의 오얏꽃 문양은 보이지 않게 하기 위해 사각형 프레임 도구(⊠)로 드래그하여 사각형 프레임을 만듭니다. 속성 패널의 변형에서 참조점을 왼쪽 상단으로 지정하고, X를 '0mm', Y를 '0mm', W를 '188mm', H를 '45mm'로 설정합니다. 채우기와 획은 '없음'으로 지정합니다.

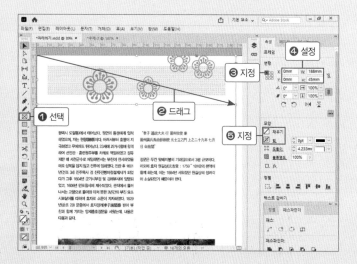

21. 사각형 프레임 도구(⊠)로 드래그하여 사각형 프레임을 만듭니다. 속성 패널의 변형에서 참조점을 왼쪽 상단으로 지정하고, X를 '10mm', Y를 '10mm', W를 '168mm', H를 '26mm'로 설정합니다. 채우기를 '용지', 획을 '없음'으로 지정합니다.

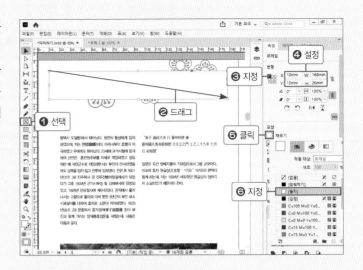

22. 2개의 사각형 프레임을 선택한 다음 패스파인더 패널에서 '오버랩 제외' 아이콘(▣)을 클릭하여 겹친 부분을 제외하면 사각형 패턴 밖의 오얏꽃 문양은 보이지 않습니다.

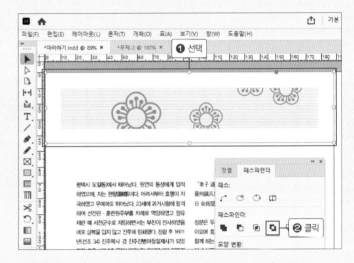

23. 왼쪽 페이지 상단의 개체를 모두 선택한 다음 Alt + Shift를 누른 상태로 오른쪽 페이지로 드래그하여 복사합니다. 복사한 다음 오얏꽃 문양을 자연스럽게 배치하여 완성합니다.

실무 현장에서 필요한 인디자인 색상 다루기

인디자인에서 문서에 등록하여 사용할 수 있는 색상은 원색과 별색으로 나눌 수 있습니다. 실무 현장에서 원색은 CMYK 잉크로 인쇄할 수 있는 색상이며, 별색은 CMYK 잉크로 표현할 수 없는 색을 별색으로 만들어 사용합니다. 원색과 별색을 설정하고 활용하는 방법에 대해 알아봅니다.

① 원색과 별색 만들어 적용하고, 사용하지 않는 색상 삭제하기

색은 디자인에 활력을 주고 완성도를 높입니다. 텍스트나 이미지에 원색과 별색을 사용하여 좋은 디자인을 할 수 있도록 4원색과 별색을 만드는 방법을 알아봅니다. 또한 디자인 작업이 마무리되면 사용하지 않는 색상만 삭제하는 방법도 알아봅니다.

• **예제 파일** : 04\원색과 별색 만들기.indd　　• **완성 파일** : 04\원색과 별색 만들기_완성.indd

1 — 04 폴더에서 '원색과 별색 만들기.indd' 파일을 불러옵니다. 원색을 만들기 위해 메뉴에서 (창) → **색상** → **색상 견본**을 실행하여 색상 견본 패널이 표시되면 '패널 메뉴' 아이콘(▤)을 클릭한 다음 **새 색상 견본**을 실행합니다.

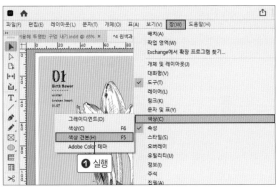
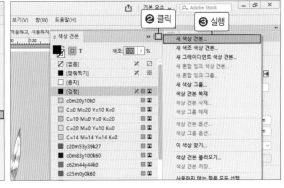

2 — 새 색상 견본 대화상자가 표시되면 '색상 값을 사용한 이름'을 체크 표시하고, 색상 유형을 '원색', 색상 모드를 'CMYK'로 지정합니다. 녹청을 '100%', 자홍을 '80%', 노랑을 '0%', 검정을 '50%'로 지정한 다음 〈확인〉 버튼을 클릭합니다.

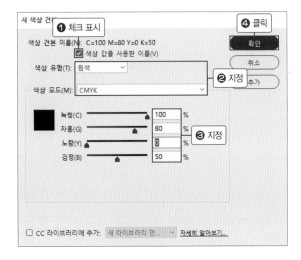

3 ─ 색상 견본 패널에 색상이 추가되며, 추가된 파란색을 적용할 개체를 선택하여 적용합니다.

① 선택
② 지정

Tip

4도 원색 작업 시 본문의 작은 글씨나 얇은 선은 핀이 어긋날 위험이 있기 때문에 3도 이상의 색을 섞지 않습니다.

4 ─ 별색을 만들기 위해 색상 견본 패널에서 '패널 메뉴' 아이콘(≡)을 클릭한 다음 **새 색상 견본**을 실행합니다. 새 색상 견본 대화상자가 표시되면 색상 유형을 '별색', 색상 모드를 'PANTONE+ Solid Coated', 'PANTONE 538 C'로 지정한 다음 〈확인〉 버튼을 클릭합니다.

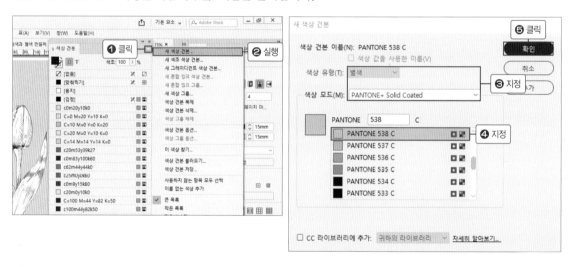

5 ─ 배경을 선택한 다음 색상 견본 패널에 추가된 별색을 적용합니다.

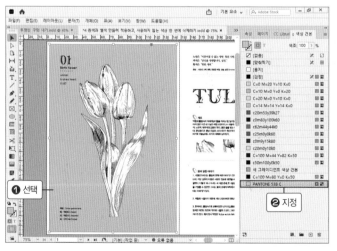

6 — 작업이 마무리되면 사용하지 않는 색상을 삭제하기 위해 색상 견본 패널에서 '패널 메뉴' 아이콘(☰)을 클릭한 다음 **사용하지 않는 항목 모두 선택**을 실행합니다.

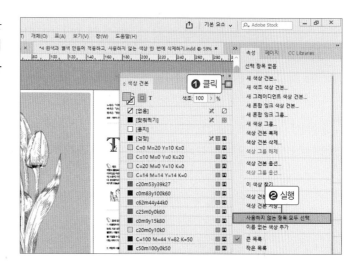

7 — 색상 견본 패널에서 사용하지 않은 색상이 모두 선택되면 '선택한 견본/그룹 삭제' 아이콘(🗑)을 클릭하여 삭제합니다.

(Tip)
색상을 잘못 삭제했다면 Ctrl+Z를 눌러 작업을 취소할 수 있습니다.

색상 견본 패널은 문서에서 사용할 RGB, CMYK, 별색 등을 관리하는 곳으로, 색상을 수정할 경우 문서에 사용한 같은 색상은 한 번에 모두 변경됩니다. 또한 문서에서 사용한 색상은 필요한 색상만 선택하여 저장한 다음 다른 문서에서 불러와 사용할 수 있습니다.

- 예제 파일 : 04\색상 한 번에 수정.indd, 색상 견본 불러오기.indd, 색상 견본.indd
- 완성 파일 : 04\색상 한 번에 수정_완성.indd, 색상 견본 불러오기_완성.indd. 3개 색상.ase

1 ― 04 폴더에서 '색상 한 번에 수정.indd' 파일을 불러옵니다.

F5를 눌러 색상 견본 패널을 표시합니다. 색상 견본 패널에서 'C=50, M=40, Y=50, K=0' 색상을 선택하고 '패널 메뉴' 아이콘(≡)을 클릭한 다음 **색상 견본 옵션**을 실행합니다.

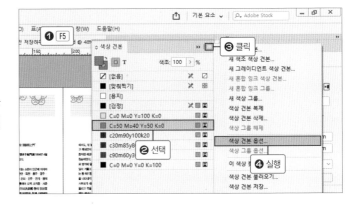

2 ― 색상 견본 옵션 대화상자가 표시되면 녹청을 '30%', 자홍을 '40%', 노랑을 '80%', 검정을 '0%'로 지정한 다음 〈확인〉 버튼을 클릭합니다.

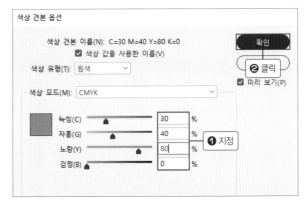

3 ― 문서의 모든 회색이 황금색으로 한 번에 변경됩니다.

4 ─ 색상 견본 패널에서 적용한 색상을 수정하면 문서 전체에 수정한 색상은 한 번에 변경됩니다.

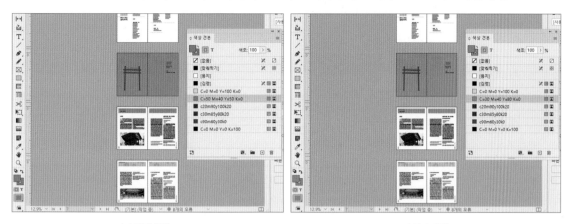

수정 전 색상　　　　　　　　　　　　　　　　수정 후 색상

Tip

　　　색상 견본 패널이 아닌 색상 패널이나 색상 피커에서 사용한 색상은 한 번에 색상을 변경할 수 없습니다. 같은 색상을 여러
　　번 반복 사용하거나 삭제, 변경 등을 효율적으로 하기 위해서는 색상 견본 패널을 사용합니다.

5 ─ 색상 견본 패널에서 저장할 'C=30,
M=40, Y=80, K=0', 'C=20, M=90,
Y=100, K=20', 'C=90, M=60, Y=30,
K=0' 색상을 선택합니다.
'패널 메뉴' 아이콘(▤)을 클릭한 다음 **색
상 견본 저장**을 실행합니다.

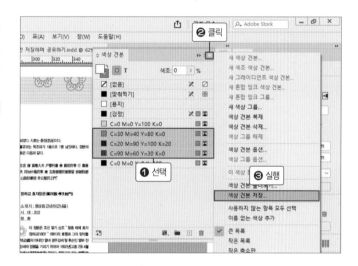

6 ─ 다른 이름으로 저장 대화상자가 표
시되면 파일 이름을 '3개 색상'으로 입력한
다음 〈저장〉 버튼을 클릭합니다.
지정한 위치에 ASE 파일이 저장됩니다.

3개 색상

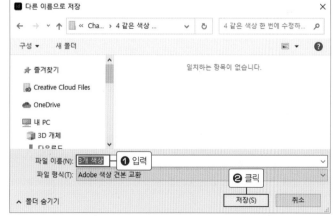

7 — 다른 문서에서 저장한 색상 견본을 불러오기 위해 04 폴더에서 '색상 견본 불러오기.indd' 파일을 불러옵니다. 색상 견본 패널에서 '패널 메뉴' 아이콘(≡)을 클릭한 다음 **색상 견본 불러오기**를 실행합니다. 파일 열기 대화상자가 표시되면 저장한 '3개 색상.ase' 파일을 선택한 다음 〈열기〉 버튼을 클릭합니다.

8 — 색상 견본 패널에 저장한 3개의 색상이 표시됩니다.

Tip
> 색상 견본 패널에서 **색상 견본 저장**을 실행하면 색조와 혼합 잉크가 포함된 색상은 저장되지 않으며, 경고 대화상자에서 <확인> 버튼을 클릭하면 저장할 수 없는 색상을 제외한 나머지 색상만 저장됩니다.

9 — 다른 색상 견본을 불러오기 위해 색상 견본 패널에서 '패널 메뉴' 아이콘(≡)을 클릭한 다음 **색상 견본 불러오기**를 실행합니다. 파일 열기 대화상자가 표시되면 04 폴더에서 '색상 견본.indd' 파일을 선택한 다음 〈열기〉 버튼을 클릭합니다.

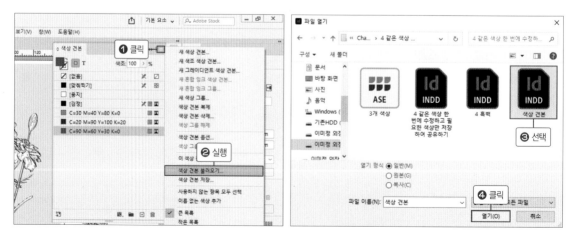

10 — 선택한 문서의 색상 견본이 모두 표시됩니다. 혼합 잉크가 포함된 색상 견본도 표시되며, 사용자가 원하는 정렬 상태도 유지됩니다.

(**3**) **새 그레이디언트와 투명 그레이디언트 만들어 적용하기**

그레이디언트는 색과 색이 부드럽게 연결되는 효과를 말합니다. 문서에서 똑같은 그레이디언트를 계속 사용해야 한다면 새 그레이디언트 색상 견본을 만들어 색상 견본 패널에 추가합니다. 또한 포토샵처럼 인디자인에서도 그레이디언트를 투명하게 사용할 수 있습니다. 그레이디언트를 다양하게 적용하는 방법을 알아봅니다.

• **예제 파일** : 04\그레이디언트 만들기.indd   • **완성 파일** : 04\그레이디언트 만들기_완성.indd

1 — 04 폴더에서 '그레이디언트 만들기.indd' 파일을 불러옵니다.
F5를 눌러 색상 견본 패널을 표시합니다. 색상 견본 패널에서 '패널 메뉴' 아이콘(☰)을 클릭한 다음 **새 그레이디언트 색상 견본**을 실행합니다.

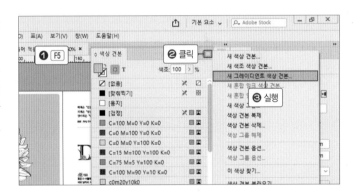

2 — 새 그레이디언트 색상 견본 대화상자가 표시되면 유형을 '선형', 지점 색상을 'CMYK'로 지정합니다.
그레이디언트 경사의 왼쪽 정지점을 클릭하여 자홍을 '60%'로 지정하고, 오른쪽 정지점을 클릭하여 녹청을 '60%'로 지정한 다음 〈확인〉 버튼을 클릭합니다.

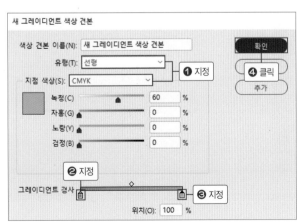

3 — 색상 견본 패널에 '새 그레이디언트 색상 견본'이 추가됩니다. 본문 페이지의 사각형 배경 프레임을 선택한 다음 추가한 그레이디언트를 적용합니다.

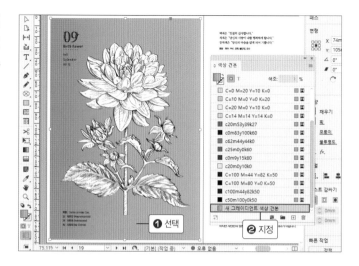

4 — Ctrl+C를 눌러 사각형 배경 프레임을 복사한 다음 메뉴에서 (편집) → **현재 위치에 붙이기**를 실행하여 붙여 넣습니다.

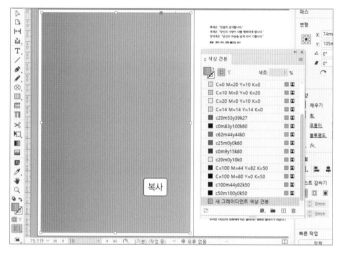

5 — 꽃 이미지와 텍스트를 보이게 하기 위해 메뉴에서 (개체) → 배치 → **맨 뒤로 보내기**를 실행합니다. 꽃 이미지 뒤에 사각형 배경 프레임을 선택합니다.

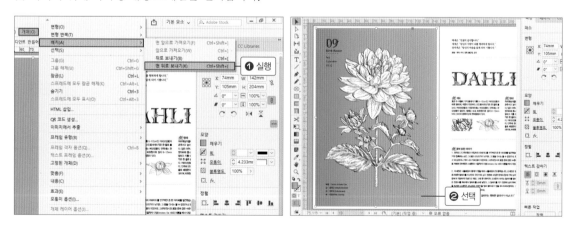

6 — 메뉴에서 (창) → 색상 → 색상을 실행하여 색상 패널을 표시합니다. 색상 패널에서 '패널 메뉴' 아이콘 (▤)을 클릭한 다음 CMYK를 실행합니다.

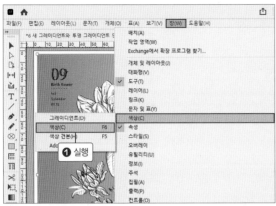

7 — 색상 패널에서 'C=0%, M=0%, Y=80%, K=0%'로 지정합니다.

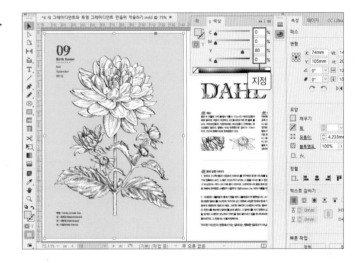

8 — 도구 패널에서 그레이디언트 페더 도구(▨)를 선택하여 Shift 를 누른 상태로 사각형 배경 프레임을 상단에서 중앙까지 드래그합니다.
맨 뒤로 이동한 사각형 배경 프레임의 그러데이션이 나타나면서 상단에 노란색이 유지됩니다.

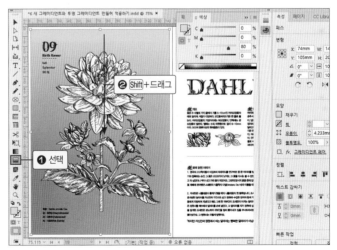

노란색 사각형 배경 프레임의 상단은 불투명도
가 '100%'이며, 하단은 불투명도가 '0%'로, 상
단에서 하단으로 내려가면서 투명도가 적용되
어 맨 뒤에 있는 사각형 배경 프레임의 그러데
이션이 표시됩니다.

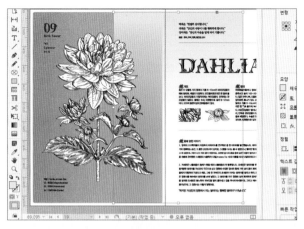

노란색 사각형 배경 프레임을 옆으로 이동해 확인한 모습

9 — 메뉴에서 [개체] → 효과 → 그레이
디언트 페더를 실행합니다.

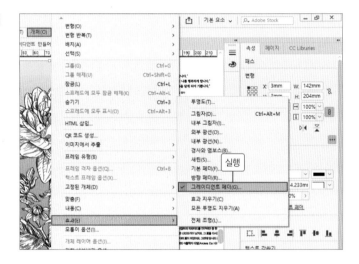

10 — 효과 대화상자가 표시되면 그레
이디언트 정지점의 슬라이더를 조절하거
나 옵션에서 각도를 조절하여 노란색의 투
명도와 각도를 변경할 수 있습니다.
각도를 '90°'로 설정한 다음 〈확인〉 버튼을
클릭합니다.

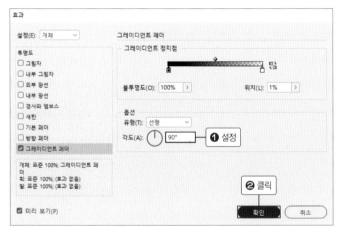

11 ― 노란색 투명도가 적용된 프레임이 하단으로 변경됩니다.

12 ― 선택 도구(▶)로 꽃 이미지를 선택한 다음 그레이디언트 페더 도구(▨)로 꽃줄기 끝나는 부분을 드래그하여 자연스럽게 투명도를 적용합니다.

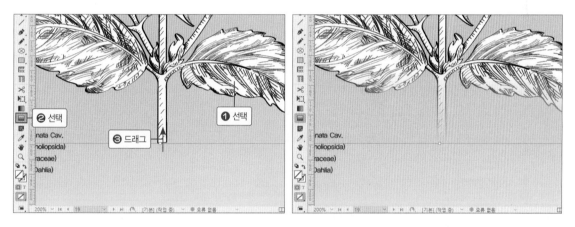

13 ― 색상 견본 패널에 추가한 '새 그레이디언트 색상 견본'을 문서에 반복적으로 적용한 다음 페이지마다 투명한 색상만 교체하여 완성합니다.

똑같은 이미지를 컬러만 다르게 적용하거나 단색의 이미지를 여러 개 배치해야 할 경우 색상의 채도와 명도를 포토샵에서 맞추어 가져오기가 쉽지 않습니다. 이런 경우 인디자인에서 컬러를 적용하면 작업의 효율성을 높일 수 있습니다. 보통 흑백 이미지는 포토샵에서 회색 음영이나 비트맵 이미지로 저장해서 만든 후 PSD, TIFF, BMP, JPG 형식으로 설정하여 사용합니다. 인디자인에서 흑백 이미지에 쉽게 컬러 적용하는 방법을 알아봅니다.

· **예제 파일** : 04\흑백에 컬러 적용.indd, 꽃1.jpg ~ 꽃5.jpg　· **완성 파일** : 04\흑백에 컬러 적용_완성.indd
· **구성** | 흑백 이미지에 곱하기 효과를 적용하여 두 개 이미지 겹치기

1 — 04 폴더에서 '흑백에 컬러 적용.indd' 파일을 불러옵니다.
사각형 프레임 도구(⊠)로 드래그하여 사각형 프레임을 만듭니다. 속성 패널의 변형에서 참조점을 왼쪽 상단으로 지정하고, X를 '0mm', Y를 '12mm', W를 '220mm', H를 '55mm'로 설정합니다.

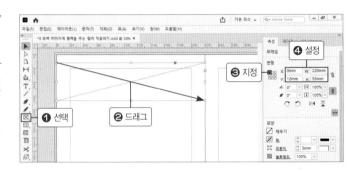

2 — Alt+Shift를 누른 상태로 사각형 프레임을 아래로 드래그하여 2개 복사합니다. 세 번째 사각형 프레임을 선택하여 속성 패널에서 변형의 참조점을 왼쪽 상단으로 지정하고, X를 '0mm', Y를 '130mm'로 설정합니다.

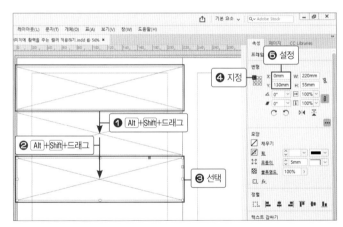

3 — 3개의 사각형 프레임을 선택한 다음 속성 패널에서 '수직 가운데 분포' 아이콘(目)을 클릭하여 세로로 정확하게 분포합니다.

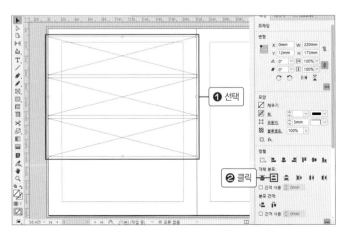

4 ─ Alt + Shift를 누른 상태로 3개의 사
각형 프레임을 오른쪽으로 드래그하여 복
사합니다.

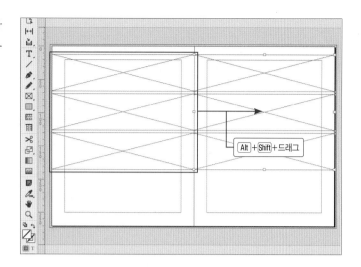

5 ─ F5를 눌러 색상 견본 패널을 표시
합니다. 왼쪽 페이지의 첫 번째 사각형 프
레임을 선택한 다음 색상 견본 패널에서
'C=75, M=0, Y=45, K=0' 색상으로 지정
합니다.

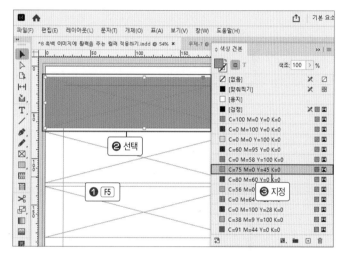

6 ─ 왼쪽 페이지의 두 번째 사각형 프
레임은 색상 견본 패널에서 'C=0, M=100,
Y=0, K=0', 세 번째 사각형 프레임은
'C=80, M=60, Y=0, K=0' 색상으로 지정
합니다.

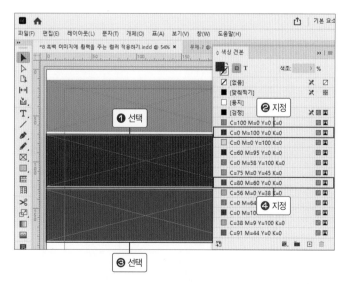

7 — 오른쪽 페이지의 첫 번째 사각형 프레임은 색상 견본 패널에서 'C=60, M=95, Y=0, K=0', 두 번째 사각형 프레임은 'C=0, M=58, Y=100, K=0', 세 번째 사각형 프레임은 '검정'으로 지정한 다음 색조를 '60%'로 지정합니다.

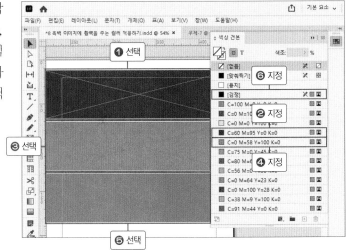

8 — 왼쪽 페이지의 첫 번째 사각형 프레임을 선택합니다. Ctrl+D를 눌러 가져오기 대화상자가 표시되면 04 폴더에서 '꽃1.jpg' 파일을 선택한 다음 〈열기〉 버튼을 클릭합니다.

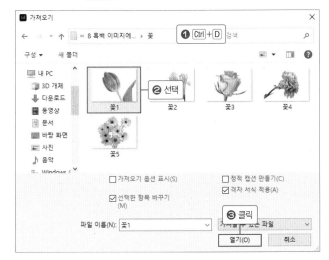

9 — 직접 선택 도구(▷)로 꽃 이미지의 컨테이너 프레임을 선택한 다음 속성 패널에서 이미지 크기 조정 비율을 '40%'로 설정하여 배치합니다.

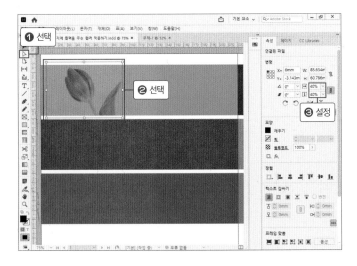

10 — 다시 직접 선택 도구(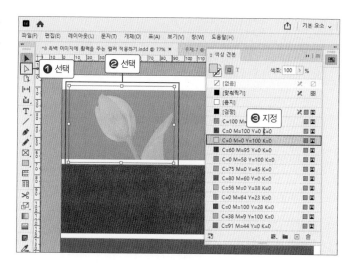)로 꽃 이미지의 컨테이너 프레임을 선택한 다음 색상 견본 패널에서 'C=0, M=0, Y=100, K=0' 색상으로 지정합니다.

11 — 선택 도구(▶)로 왼쪽 페이지의 첫 번째 사각형 프레임을 선택한 다음 Ctrl +C를 눌러 복사합니다. 메뉴에서 〔편집〕 → **현재 위치에 붙이기**를 실행합니다.

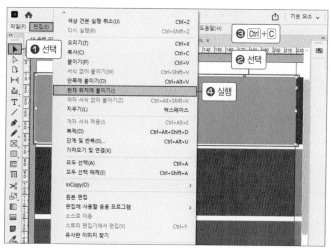

12 — 붙여 넣은 사각형 프레임을 선택한 다음 색상 견본 패널에서 '없음'으로 지정합니다.

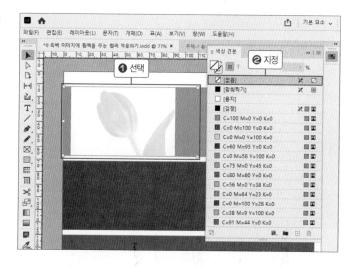

흑백 이미지의 배경은 꼭 흰색이거나 클리핑 패스가 적용되어 있
어야 합니다. 배경에 미세하게 회색이 남아 있으면 인디자인에서
사용한 사각형 프레임의 배경 색상과 포토샵에서 가져온 이미지
의 배경 색상이 달라집니다.

13 — 메뉴에서 (창) → **효과**를 실행하여 효과 패널을 표시합니다. 직접 선택 도구(△)로 꽃 이미지의 컨테
이너 프레임을 선택한 다음 색상 견본 패널에서 'C=91, M=44, Y=0, K=0' 색상으로 지정합니다. 효과 패널에
서 '곱하기'로 지정합니다.

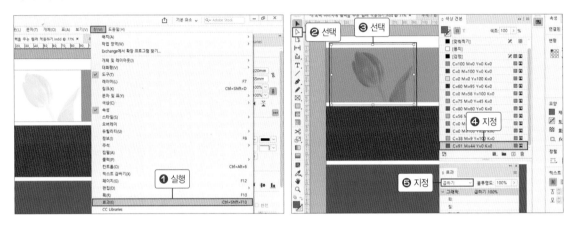

14 — 직접 선택 도구(△)로 꽃 이미지의 컨테이너 프레임을 선택한 다음 뒤의 이미지와 자연스럽게 겹쳐지
도록 위치를 이동합니다. 왼쪽 페이지에서 첫 번째 사각형 프레임의 꽃 이미지처럼 나머지 사각형 프레임에도
04 폴더에서 '꽃2.jpg' ~ '꽃5.jpg' 파일의 이미지를 가져와 동일한 방법으로 색상만 다르게 적용 완성합니다.

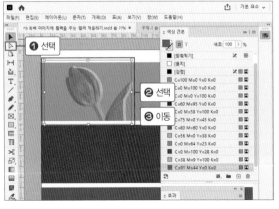

5 흑백 본문인 1도 인쇄로 제작할 경우 검은색 주의하기

본문을 흑백으로 디자인할 때 가장 주의해야 할 점은 검은색 외에 다른 색이 들어가면 안 됩니다. 흑백은 말 그대로 검은색 외에 다른 어떤 색도 사용하지 않는 것을 말합니다. 색을 적용할 때 모니터에서 보이는 색이 검은색에 가깝다고 모두 검은색인 것은 아닙니다. 모니터에서 검은색으로 보이는 다양한 사례를 살펴보고 인쇄하기 전 분판 미리 보기 하는 방법을 알아봅니다.

∴ 모니터에 검은색으로 보인다고 모두 같은 검은색이 아닌 이유

모니터에서만 보는 디자인은 모니터 환경에 가장 알맞은 색상을 적용하지만, 인쇄용 디자인 원고는 CMYK 색상을 꼭 확인해야 합니다. 특히 모니터에서는 1도 흑백 디자인 원고의 검은색을 구별하기 쉽지 않습니다. 다른 색이 섞여 있을 경우 1도로 인쇄할 수 없으며, 분판 미리 보기로 꼭 확인해야 합니다.

1 — 흑백 1도로 작업되었는지 확인하기 위해 메뉴에서 (창) → 출력 → 분판 미리 보기를 실행하여 분판 미리 보기 패널이 표시되면 보기를 '분판'으로 지정합니다.

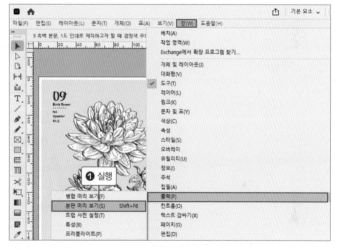

2 — 분판 미리 보기 패널에서 '검정'의 '눈' 아이콘(◉)을 클릭하여 비활성화하면 이미지와 텍스트가 모두 사라집니다. 본문 페이지의 디자인은 모두 흑백으로 되어 있음을 확인할 수 있습니다.

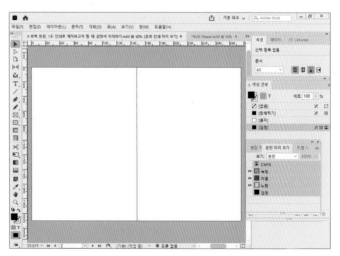

3 — 타이포그래피를 선택한 다음 색상 견본 패널에서 '검정'으로 적용되었는지 확인합니다. 타이포그래피의 'D'는 색상 견본 패널에서 '검정(K=100)'으로 선택됩니다.

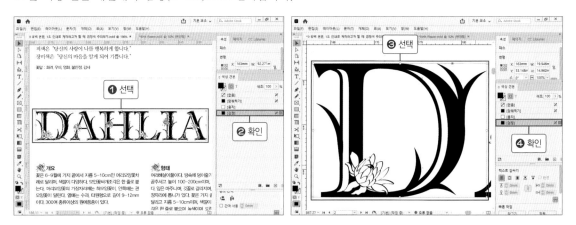

4 — 타이포그래피 'A'에 다른 색상을 적용하기 위해 색상 견본 패널에서 '패널 메뉴' 아이콘(☰)을 클릭한 다음 **새 색상 견본**을 실행합니다.

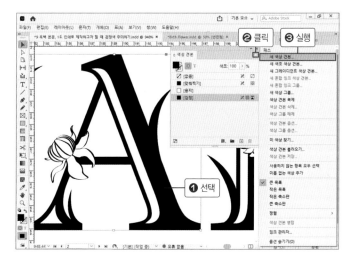

5 — 새 색상 견본 대화상자가 표시되면 '색상 값을 사용한 이름'을 체크 표시하고, 색상 유형을 '원색', 색상 모드를 'CMYK'로 지정합니다.
녹청을 '93%', 자홍을 '88%', 노랑을 '89%', 검정을 '80%'로 지정한 다음 〈확인〉 버튼을 클릭합니다.

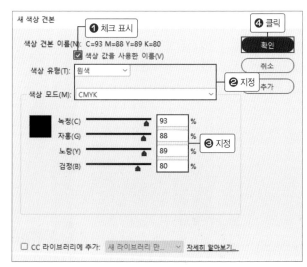

6 — 타이포그래피 'A'에 색상 견본 패널에 추가한 색상이 적용됩니다. 타이포그래피 'H'에 다른 색상을 적용하기 위해 색상 견본 패널에서 '패널 메뉴' 아이콘(▤)을 클릭한 다음 **새 색상 견본**을 실행합니다.

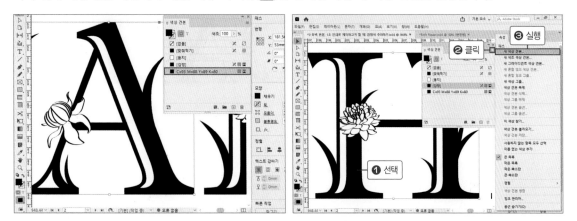

7 — 새 색상 견본 대화상자가 표시되면 '색상 값을 사용한 이름'을 체크 표시하고, 색상 유형을 '원색', 색상 모드를 'CMYK'로 지정합니다. 녹청을 '50%', 자홍을 '0%', 노랑을 '0%', 검정을 '100%'로 지정한 다음 〈확인〉 버튼을 클릭합니다.

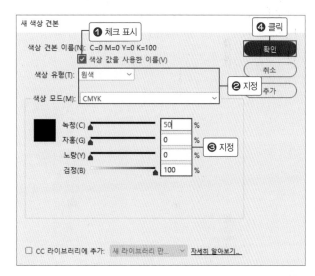

8 — 타이포그래피 'H'에 색상 견본 패널에 추가한 색상이 적용됩니다.

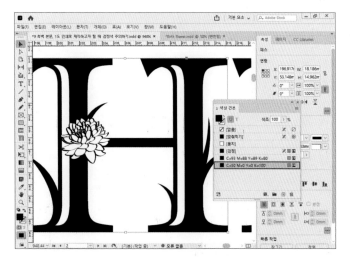

9 — 타이포그래피 'D', 'A', 'H'의 색상이 다름에도 불구하고 모니터에서는 같은 검은색으로 보입니다. 검은색 이외의 색상이 적용되었는지 분판 미리 보기 패널에서 확인해 봅니다.

Tip

흑백을 사용할 때 색상 견본 패널을 사용하지 않고 색상 피커나 색상 패널을 사용하면, CMYK 색상을 직접 보지 않고 드래그하거나 스포이트 도구를 사용하기 때문에 모니터에서는 CMY 색상이 사용되어도 어두운색은 검은색으로 보여 오류가 발생할 수 있습니다.

10 — 분판 미리 보기 패널에서 '검정'의 '눈' 아이콘(◉)을 클릭하여 비활성화하면 검은색은 사라지고 녹청, 자홍, 노랑이 적용된 부분만 남습니다.

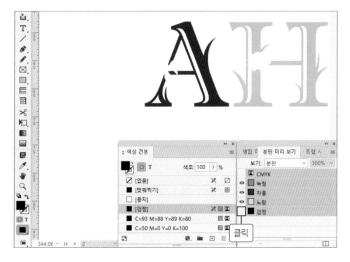

11 — 분판 미리 보기 패널에서 '검정'과 '노랑'의 '눈' 아이콘(◉)을 클릭하여 비활성화하면 검은색과 노란색은 사라지고 녹청, 자홍이 적용된 부분만 남습니다.

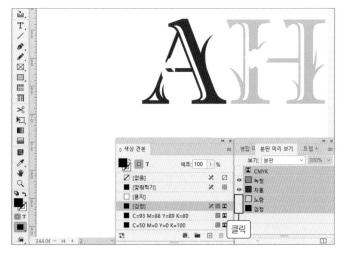

12 — 분판 미리 보기 패널에서 '검정', '노랑', '자홍'의 '눈' 아이콘(👁)을 클릭하여 비활성화하면 검은색, 노란색, 자홍색은 사라지고 녹청이 적용된 부분만 남습니다.

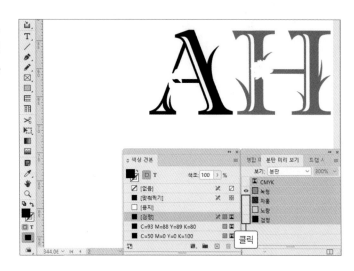

:∴: **색상 견본 패널에서 맞춰찍기는 검은색으로 생각하면 안 되는 이유**

색상을 적용하다 보면 색상 견본 패널의 검정과 맞춰찍기를 혼돈하여 사용하는 경우가 종종 있습니다. 검정은 K=100% 이고, 맞춰찍기는 C=100%, M=100%, Y=100%, K=100%입니다. 맞춰찍기는 재단선 표시나 맞춰찍기 표시에 주로 사용하며, 책 표지나 포스터의 넓은 배경에 일반 검정보다 깊고 풍부한 검은색을 표현할 때 사용하면 효과적이지만 작은 글씨나 얇은 선에는 사용하지 않습니다. 없음, 맞춰찍기, 용지, 검정은 기본값이라 삭제할 수 없습니다.

1 — 본문 페이지에 색상 견본 패널의 '검정'과 '맞춰찍기'를 적용한 경우입니다.

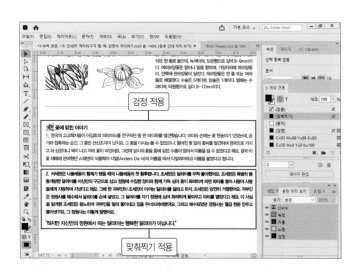

검정 적용

맞춰찍기 적용

Tip

인쇄물 작업인 경우 CMYK 색상을 3가지 이상 섞지 않아야 인쇄가 깔끔하고 핀이 어긋나지 않습니다. 특히 작은 글씨나 얇은 선의 경우 검정 100%를 사용하면 깔끔하게 인쇄됩니다.

2 — 맞춰찍기 표시는 검은색이지만 자세히 보면 CMYK 각각의 색상이 오버랩되어 있습니다. 검은색과 정확하게 맞지 않고 주변 색상이 보이면 핀이 틀려졌다고 표현하며, 인쇄 시 문제가 될 수 있습니다.

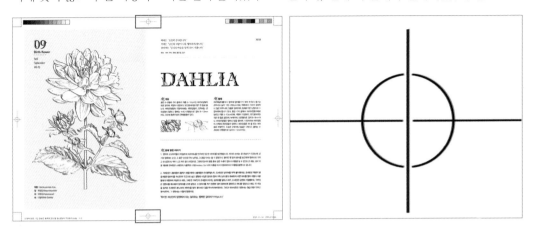

∴ 색상 피커의 검은색을 일반 검은색으로 생각하면 안 되는 이유

색상 견본 패널을 사용하지 않고 색상 피커를 드래그하여 검은색을 선택하면 'C=75%, M=68%, Y=67%, K=90%'의 4도 검은색이 적용됩니다. 인디자인 초급자의 경우 일반 검은색으로 알고 사용하는 경우가 많습니다. 일반 검은색보다 진하게 사용해야 하는 이미지 작업이나 배경에 사용하면 깊고 풍부한 검은색을 표현할 수 있습니다.

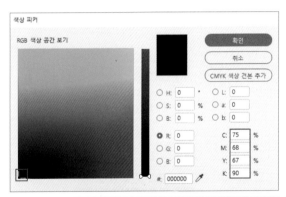

색상 피커에서 검은색 'C=75%, M=68%, Y=67%, K=90%' 적용

'K=100%' 적용

본문에서 2도 인쇄는 검은색에 별색 한 가지 색상을 추가하는 경우가 많으며, 디자인에 따라 2도 모두 별색을 사용할 수도 있습니다. 1도로만 본문을 찍자니 너무 단조로울 것 같고, 4도 컬러는 단가가 부담스러울 때 많이 이용합니다. 2도는 1도로 작업된 흑백 인쇄물보다 더 풍부한 색감을 만들어 낼 수 있습니다. 2도를 2도처럼 보이지 않게 각각의 단일 색상만 사용하지 않고, 각각의 색상의 색조를 조절하여 단계별 색상을 만들고 두 가지 색상을 혼합 잉크로 만들면 다양한 색상을 적용할 수 있습니다.

• **예제 파일** : 04\별색 혼합잉크 만들기.indd   • **완성 파일** : 04\별색 혼합잉크 만들기_완성.indd

1 — 04 폴더에서 '별색 혼합잉크 만들기.indd' 파일을 불러옵니다. [F5]를 눌러 색상 견본 패널이 표시되면 본문 페이지의 청록색을 모두 별색으로 적용하기 위해 색상 견본 패널에서 'C=100, M=0, Y=50, K=0' 색상의 색상 상자를 더블클릭합니다.

Tip
> 별색을 다시 만들려면 색상 견본 패널에서 '패널 메뉴' 아이콘(▤)을 클릭한 다음 **새 색상 견본**을 실행하여 별색을 추가합니다.

2 — 색상 견본 옵션 대화상자가 표시되면 색상 유형을 '별색', 색상 모드를 'PANTONE+ Solid Coated', 'PANTONE 702 C'로 지정한 다음 〈확인〉 버튼을 클릭합니다.

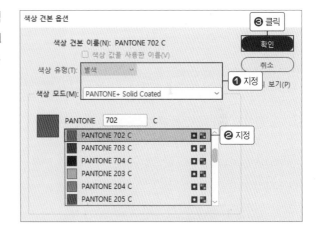

3 — 색상 견본 패널에서 기존 청록색이 'PANTONE 702 C' 색상으로 수정되어 표시됩니다. 본문 페이지에 색상도 모두 변경됩니다.

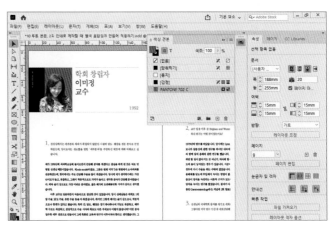

4 ─ 색상 견본 패널에서 '패널 메뉴' 아이콘(≡)을 클릭한 다음 **새 혼합 잉크 색상 견본**을 실행합니다.

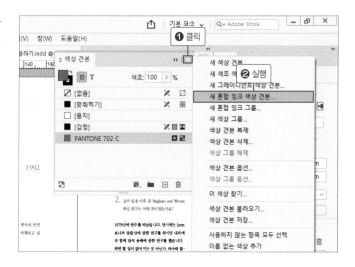

Tip

새 혼합 잉크 색상 견본을 실행하기 위해서는 색상 견본 패널에서 별색을 만든 다음 사용할 수 있습니다.

5 ─ 새 혼합 잉크 색상 견본 대화상자가 표시되면 이름을 '혼합 잉크 30'으로 입력한 다음 '검정 원색'과 'PANTONE 702 C'를 선택하고 슬라이더를 드래그하거나 수치를 입력하여 비율을 조절할 수 있습니다.
검정 원색을 '30%', PANTONE 702 C를 '100%'로 지정한 다음 〈확인〉 버튼을 클릭합니다.

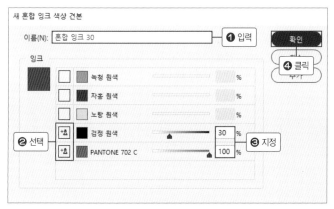

6 ─ 색상 견본 패널에 '혼합 잉크 30' 색상이 표시됩니다. 문자 도구(T)로 혼합 잉크를 적용할 텍스트를 드래그하고 색상을 지정합니다.

7 — 본문은 텍스트가 작기 때문에 별색보다 혼합 잉크 색상을 적용하여 조금 진하게 표현합니다.

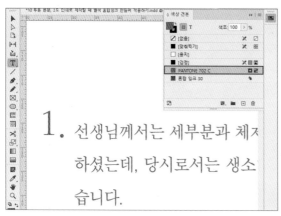

별색 100%

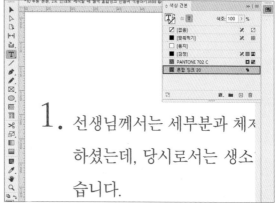

별색 + 검정 원색 30%

8 — 혼합 잉크를 하나 더 만들기 위해 색상 견본 패널에서 '패널 메뉴' 아이콘 (≡)을 클릭한 다음 **새 혼합 잉크 색상 견본**을 실행합니다.

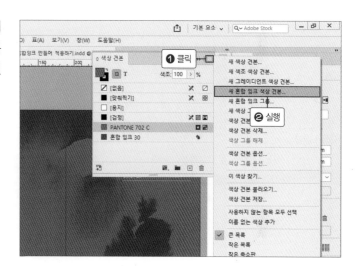

9 — 새 혼합 잉크 색상 견본 대화상자가 표시되면 이름을 '혼합 잉크 10+80'으로 입력한 다음 '검정 원색'과 'PANTONE 702 C'를 선택합니다. 검정 원색을 '10%', PANTONE 702 C를 '80%'로 지정한 다음 〈확인〉 버튼을 클릭합니다.

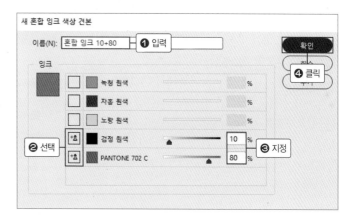

10 — 이미지 프레임의 붉은 색상을 조금 빼기 위해 별색과 검정 원색을 조절하였습니다.

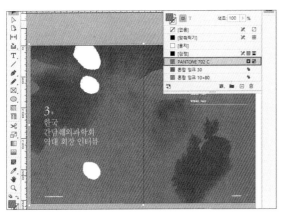
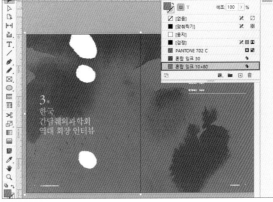

별색 100%   별색 80%+검정 원색 10%

Tip

인디자인에서 이미지에 별색을 적용할 때는 포토샵의 역할이 중요합니다. 별색으로 적용했을 때 흑백 이미지를 회색 음영
이나 비트맵 모드 중 효과적인 모드로 선택해야 하며, 밝기 조절에 따라 별색을 적용했을 때 이미지의 느낌이 많이 달라지
기 때문에 섬세하게 조절해야 합니다. 또한 비트맵 모드의 저장 방식은 TIFF가 가장 효과적입니다.

11 — 혼합 잉크를 많이 만들 때는 혼합
잉크 그룹을 만들어 사용하면 편리합니다.
색상 견본 패널에서 '패널 메뉴' 아이콘
(▤)을 클릭한 다음 **새 혼합 잉크 그룹**을
실행합니다.

12 — 새 혼합 잉크 그룹 대화상자가 표시되면
이름을 '혼합 잉크 그룹'으로 입력한 다음 '검정 원
색'과 'PANTONE 702 C'를 선택합니다.
어느 정도의 비율로 색상을 반복해서 혼합할지를
지정하고, 〈색상 견본 미리 보기〉 버튼을 클릭하
여 색상 비율을 확인한 다음 〈확인〉 버튼을 클릭
합니다.

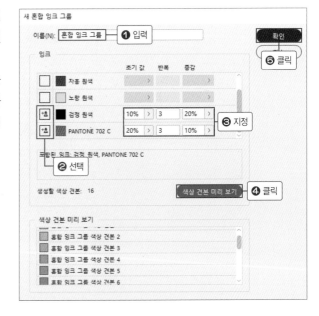

13 — 색상 견본 패널에 다양한 농도로 혼합된 혼합 잉크가 추가됩니다.

7 **2도 인쇄로 제작된 원고를 1도 인쇄로 변경하기**

우리 주변에서 흔히 보는 컬러 인쇄물은 4도로 작업된 것이고, 흑백은 1도로 인쇄된 것입니다. 2도는 1도에서 별색 판이 하나 더 추가된 것으로, 주로 단행본에서 볼 수 있습니다. 인쇄 비용이 부담스럽거나 인쇄 양이 적을 경우 2도로 제작된 원고를 1도로 변경하여 별색을 흑백 검은색으로 변경하는 방법을 알아봅니다.

• **예제 파일** : 04\1도 인쇄로 변경하기.indd　　• **완성 파일** : 04\1도 인쇄로 변경하기_완성.indd
• **구성** ┃ 검은색과 금별색 2도로 제작된 원고를 1도 검은색 원고로 변경

1 — 04 폴더에서 '1도 인쇄로 변경하기.indd' 파일을 불러옵니다.
검은색과 금별색(PANTONE 876 C) 2도로 제작된 인쇄 원고입니다.

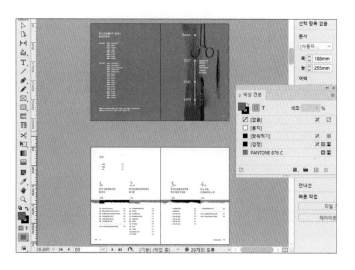

2 ― 색상 패널에서 'PANTONE 876 C' 색상을 선택하고 '패널 메뉴' 아이콘(☰)을 클릭한 다음 **색상 견본 삭제**를 실행합니다. 색상 견본 삭제 대화상자가 표시되면 정의된 색상 견본을 '검정'으로 지정한 다음 〈확인〉 버튼을 클릭합니다.

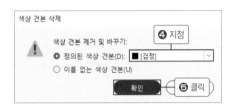

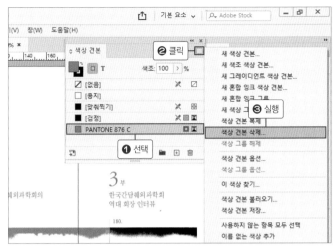

3 ― 파일에 적용된 별색이 검은색으로 모두 변경되었습니다.

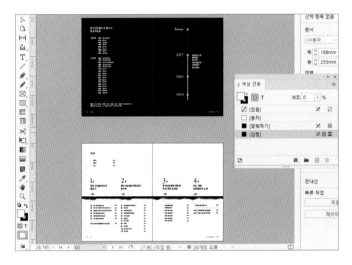

4 ― 검은색으로 변경되면서 배경 색상도 검은색으로 적용되어 검은색인 이미지가 보이지 않습니다.

검은색으로 변경 전   검은색으로 변경 후

5 — 이미지를 보이게 하기 위해 배경을 선택한 다음 색상 견본 패널에서 색조를 '50%'로 지정합니다.

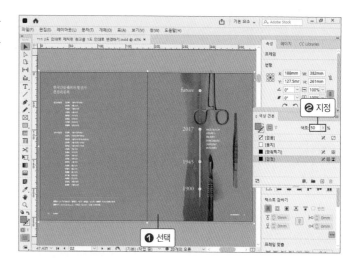

Tip

1도(흑백)로 인쇄할 경우 색조를 잘 사용하여 단조롭지 않게 디자인합니다.

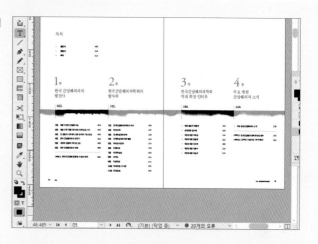

6 — 전체 페이지가 1도로 변경되었는지 확인한 다음 마무리합니다.

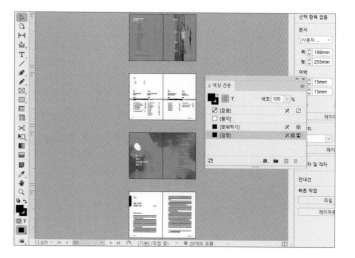

원본 파일 수정 없이 바로 별색을 원색으로 전환하기

CMYK 원색으로 표현할 수 없는 색을 별색으로 지정하여 인쇄합니다. 별색은 잉크를 별도로 만들어 인쇄하기 때문에 시간이 더 필요하며, 일반 인쇄보다 2도의 비용을 더 지불해야 하기 때문에 고급 인쇄물에 많이 사용하고 있습니다. 원색과 별색을 여러 개 사용하여 작업하다가 최종적으로 인쇄 비용이나 작업 시간 때문에 별색을 원색으로 바꾸어 인쇄해야 할 경우 쉽게 원색으로 전환하는 방법을 알아봅니다.

- **예제 파일** : 04\별색을 원색으로 전환하기.indd
- **완성 파일** : 04\별색을 원색으로 전환하기_완성.indd
- **구성** | 원색 4도와 별색 3도로 제작된 단행본을 별색 없이 원색으로 전환

1 — 04 폴더에서 '별색을 원색으로 전환하기.indd' 파일을 불러옵니다.
색상 견본 패널을 확인하면 별색은 'PANTONE 7407 C', 'PANTONE 7669 C', 'PANTONE 492 C' 모두 3개입니다.

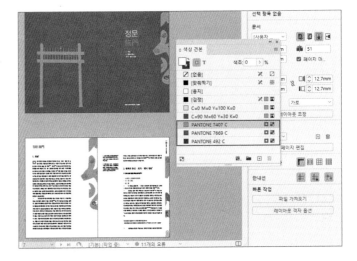

2 — 본문 페이지에 적용된 별색을 확인하기 위해 메뉴에서 (**창**) → **출력** → **분판 미리 보기**를 실행합니다. 분판 미리 보기 패널이 표시되면 보기를 '분판'으로 지정합니다.

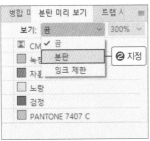

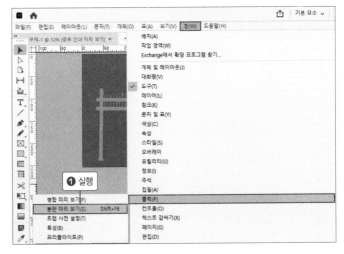

3 — 분판 미리 보기 패널에서 'PANTO
NE 7407 C'를 선택하여 'PANTONE 7407
C' 색상이 적용된 부분을 확인합니다.

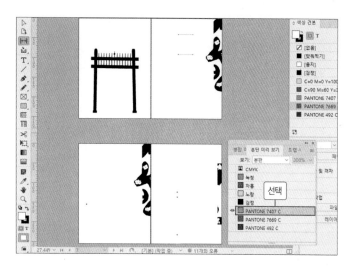

> **Tip**
>
> 본문 페이지의 디자인을 보면서 사용한 별색만
> 확인하려면 분판 미리 보기 패널에서 '눈' 아이
> 콘(👁)을 클릭합니다.

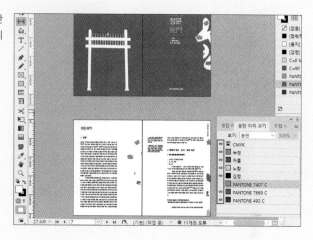

4 — 'PANTONE 7407 C'를 원색으로 전환하기 위해 색상 견본 패널에서 '패널 메뉴' 아이콘(☰)을 클릭한 다
음 **색상 견본 옵션**을 실행합니다. 색상 견본 옵션 대화상자가 표시되면 색상 유형을 '원색'으로 지정한 다음 〈확
인〉 버튼을 클릭합니다.

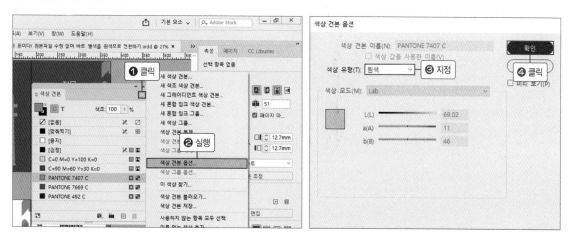

5 — 색상 견본 패널에서 'PANTONE 7407 C'의 '별색' 아이콘(■)이 '원색' 아이콘(■)으로 변경되었습니다.

6 — 'PANTONE 7669 C'를 원색으로 전환하기 위해 색상 견본 패널에서 '패널 메뉴' 아이콘(≡)을 클릭한 다음 **색상 견본 옵션**을 실행합니다.

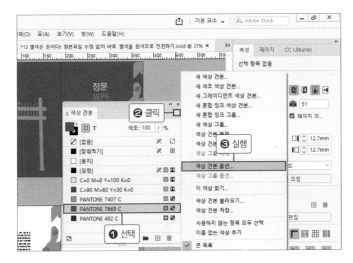

7 — 색상 견본 옵션 대화상자가 표시되면 색상 유형을 '원색', 색상 모드를 'CMYK'로 지정한 다음 〈확인〉 버튼을 클릭합니다.

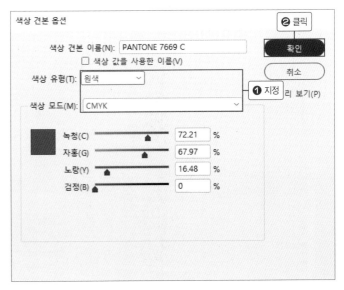

8 ─ 색상 견본 패널에서 'PANTONE 7669 C'의 '별색' 아이콘(▣)도 '원색' 아이콘(▦)으로 변경되었습니다.

9 ─ 'PANTONE 492 C'도 같은 방법으로 원색으로 변경한 다음 분판 미리 보기 패널에서 별색이 있는지 확인합니다.

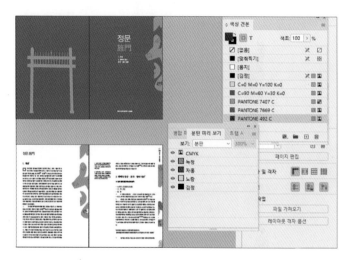

색상 견본 패널에서 '패널 메뉴' 아이콘(▤)을 클릭한 다음 **잉크 관리자**를 실행하여 잉크 관리자 대화상자를 표시합니다. '모든 별색을 원색으로'를 체크 표시하면 문서에서 정의한 색상에 영향을 주지 않고 인쇄에만 영향을 주기 때문에 색상 견본이 변경되지 않습니다.

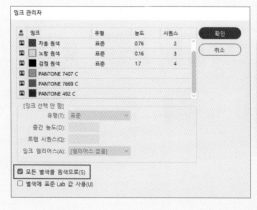

현장 실무 따라하기

단행본 내지에 4원색과 별색 2도를 사용하여 6도 인쇄 원고 만들기

표지나 단행본, 카탈로그 등을 4원색과 2도 별색을 사용하여 6도로 디자인할 때 4원색에서 표현하기 어려운 금색이
나 은색, 형광색 등을 사용하여 인쇄물을 고급스럽게 디자인합니다. 단행본 내지의 이미지와 텍스트에 별색을 사용하
여 인쇄 원고를 만들어 봅니다.

• **예제 파일**: 04\6도 인쇄 원고 만들기.indd, 내지별색.psd, 사당.tif   • **완성 파일**: 04\6도 인쇄 원고 만들기_완성.indd

1. 04 폴더에서 '내지별색.psd' 파일을 불러옵니다. 금별색 'PANTONE 871 C'를 만들어 PSD 파일로 저장합
니다.

2. 04 폴더에서 '6도 인쇄 원고 만들기.indd'
파일을 불러옵니다. Ctrl+D를 눌러 가져오기
대화상자가 표시되면 금별색만 저장한 파일을
선택한 다음 <열기> 버튼을 클릭합니다.

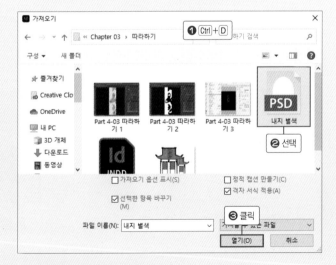

3. 가져온 이미지를 원하는 위치에 배치합니다. 포토샵에서 가져온 금별색 'PANTONE 871 C'가 자동으로 색
상 견본 패널에 추가되었습니다.

4. 'C=30, M=40, Y=80, K=0' 색상을
'PANTONE 871 C' 색상으로 변경하기 위
해 'C=30, M=40, Y=80' K=0' 색상을 선
택하고 '패널 메뉴' 아이콘(≣)을 클릭한
다음 **색상 견본 삭제**를 실행합니다.

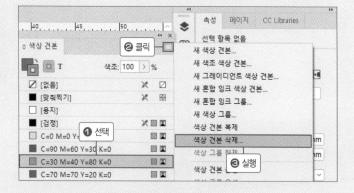

5. 색상 견본 삭제 대화상자가 표시되면 정의된 색상 견본을 'PANTONE 871 C'로 지정한 다음 <확인> 버튼을 클릭합니다. 해당 색상이 'PANTONE 871 C'로 변경됩니다.

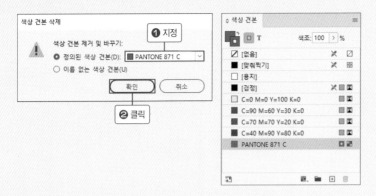

6. 별색을 추가하기 위해 색상 견본 패널에서 '패널 메뉴' 아이콘(☰)을 클릭한 다음 **새 색상 견본**을 실행합니다.

7. 새 색상 견본 대화상자가 표시되면 색상 유형을 '별색', 색상 모드를 'PANTONE+ Solid Coated', 'PANTONE 7700 C'로 지정한 다음 <확인> 버튼을 클릭합니다.

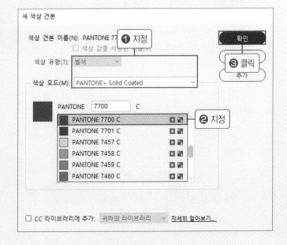

8. 사각형 배경 프레임을 선택한 다음 색상 견본 패널에 추가된 'PANTONE 7700 C' 색상을 적용합니다.

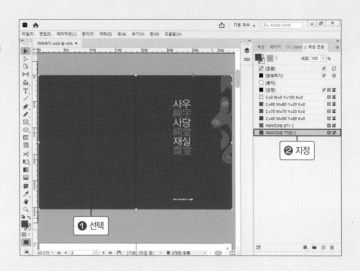

9. 'C=90, M=60, Y=30, K=0' 색상을 'PANTONE 7700 C' 색상으로 변경하기 위해 'C=90, M=60, Y=30, K=0' 색상을 선택하고 '패널 메뉴' 아이콘(▤)을 클릭한 다음 **색상 견본 삭제**를 실행합니다. 색상 견본 삭제 대화상자가 표시되면 정의된 색상 견본을 'PANTONE 7700 C'로 지정한 다음 <확인> 버튼을 클릭합니다.

10. 04 폴더에서 왼쪽 페이지에 삽입할 '사당.tif' 파일을 불러옵니다. 불러온 이미지를 선택한 다음 색상 견본 패널에서 'PANTONE 7700 C' 색상으로 지정합니다.

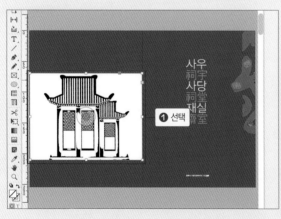
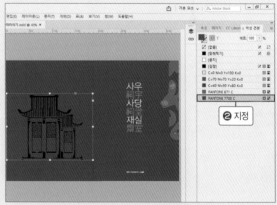

11. 직접 선택 도구( )로 컨테이너 프레임을 선택한 다음 색상 견본 패널에서 'PANTONE 871 C' 색상으로 지정합니다.

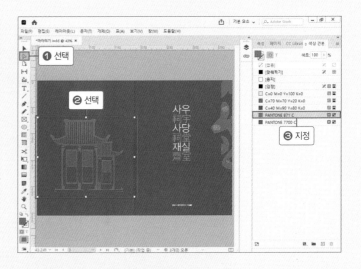

12. 본문에 적용된 별색을 확인하기 위해 Shift + F6 을 눌러 분판 미리 보기 패널이 표시되면 보기를 '분판'으로 지정합니다. 'PANTONE 871 C'의 '눈' 아이콘( )을 클릭하여 색상을 확인합니다.

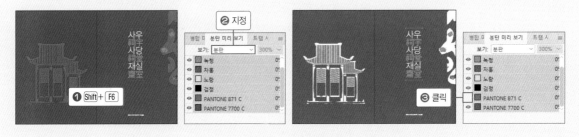

13. 'PANTONE 7700 C'의 '눈' 아이콘( )만 클릭하여 색상을 확인합니다.

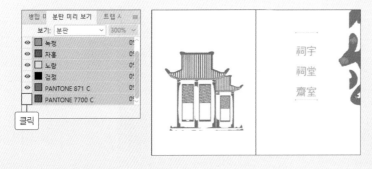

세련된 스타일의 표 만들고 편집하기

표는 복잡한 텍스트를 한눈에 알아볼 수 있도록 깔끔하게 정리해 주는 역할을 합니다. 인디자인의 꽃이라고 할 수 있는 표는 텍스트 프레임 안에 만들어지며, 여러 셀이 행과 열로 구성된 것으로, 셀은 텍스트 프레임과도 같아서 텍스트, 그래픽 또는 다른 표도 추가할 수 있습니다. 획, 칠, 머리글, 바닥글 등을 활용하여 세련된 표를 디자인하고, 셀 스타일과 표 스타일을 등록하여 적용하는 방법을 알아봅니다.

1 텍스트를 한 번에 표로 변환하여 획과 칠 관리하기

텍스트를 탭, 쉼표, 단락 등으로 정리하면 한 번에 표로 변환할 수 있습니다. 텍스트를 표로 변환한 다음 셀을 이용하여 획 두께와 색상 지정 방법, 획을 부분적으로 선택하고 지우는 방법, 면을 칠하는 방법 등을 알아봅니다.

• **예제 파일** : 04\텍스트를 표로 변환.indd   • **완성 파일** : 04\텍스트를 표로 변환_완성.indd

1 — 04 폴더에서 '텍스트를 표로 변환.indd' 파일을 불러옵니다. 메뉴에서 [**문자**] → **숨겨진 문자 표시**를 실행합니다. 표를 만들기 위해 문자 도구(**T.**)로 텍스트를 드래그하여 모두 선택한 다음 메뉴에서 [**표**] → **텍스트를 표로 변환**을 실행합니다.

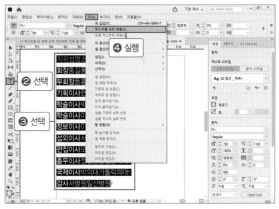

2 — 텍스트를 표로 변환 대화상자가 표시되면 열 구분 기호를 '탭', 행 구분 기호를 '단락'으로 지정된 것을 확인한 다음 〈확인〉 버튼을 클릭합니다.

3 — 표를 만들기 위해 텍스트를 표로 변환 대화상자에서 확인한 것처럼 열에는 '탭', 행에는 '단락'을 적용합니다.

직위	성명	소속
회장	홍길동	순천향의대
부회장	동홍길	인하의대
기획이사	현인하	이화의대
학술이사	박국립	국립암센터
학술이사	이화대	이화의대
정보이사	이일산	일산병원
섭외이사	서국립	국립암센터
편집이사	모순천	순천향의대
총무이사	정천향	순천향의대
국제이사	박의대	가톨릭의대
감사	서병원	일산병원

4 — 다시 텍스트를 드래그하여 모두 선택하고 메뉴에서 (표) → **텍스트를 표로 변환**을 실행한 다음 텍스트를 표로 변환 대화상자가 표시되면 〈OK〉버튼을 클릭합니다. 텍스트에서 열과 행이 적용되어 표가 만들어집니다.

직위	성명	소속
회장	홍길동	순천향의대
부회장	동홍길	인하의대
기획이사	현인하	이화의대
학술이사	박국립	국립암센터
학술이사	이화대	이화의대
정보이사	이일산	일산병원
섭외이사	서국립	국립암센터
편집이사	모순천	순천향의대
총무이사	정천향	순천향의대
국제이사	박의대	가톨릭의대
감사	서병원	일산병원

5 — 표 크기를 조절하기 위해 문자 도구(T.)를 선택한 다음 커서를 표의 왼쪽 상단으로 가져가면 아이콘이 'I'에서 '↘'로 변경됩니다. 이 상태에서 표 프레임을 클릭하면 셀 전체가 선택합니다.

Tip

표에서 행은 'I'에서 '→'로, 열은 'I'에서 '↓'로 변경될 때 셀을 지정하면 됩니다. 한 칸만 셀을 선택하고 싶은 경우 원하는 칸에 커서가 활성화된 상태에서 [Ctrl]+[/]를 누릅니다.

6 ─ 셀 전체가 선택된 다음 커서를 오른쪽 끝으로 가져가면 아이콘 모양이 'Ⅰ'에서 '↔'로 변경됩니다. 이 상태에서 Shift를 누른 상태로 드래그하면 열 폭이 동일하게 커집니다. 행을 키우기 위해 하단 끝으로 가져가 아이콘 모양이 'Ⅰ'로 변경되면 Shift를 누른 상태로 드래그하여 크기를 조절합니다.

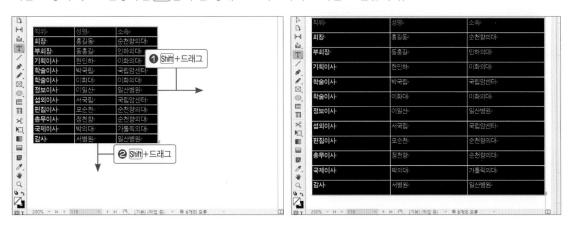

7 ─ 표의 획 두께를 조절하기 위해 메뉴에서 (창) → 획을 실행합니다. 획 패널에서 가로 획과 중앙의 세로 획만 선택한 다음 두께를 '0.25pt'로 설정합니다.

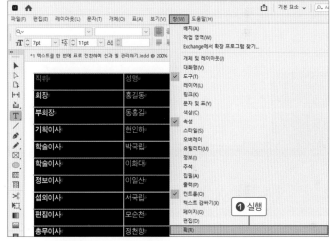

> **Tip**
>
> 상단의 컨트롤 패널에서 설정해도 좋습니다.

8 ─ 양 끝의 세로 획만 선택한 다음 두께를 '0pt'로 설정합니다. 다시 상하 가로 획만 선택한 다음 두께를 '1pt'로 설정합니다.

9 — 그림과 같이 표에 다양한 두께가
적용됩니다.

10 — 획의 색상을 변경하기 위해 컨트롤 패널에서 표의 가로 획과 가운데 세로 획을 선택한 다음 획을
'C=0, M=30, Y=35, K=42' 색상으로 지정합니다.

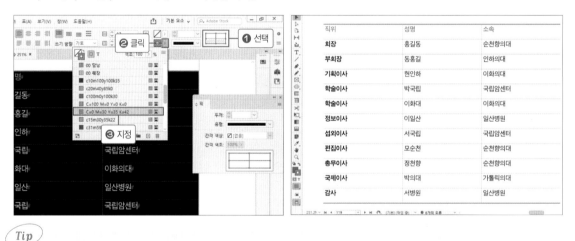

Tip

　F5 를 눌러 색상 견본 패널을 표시하여 사용해도 좋습니다.

11 — 머리글에 색상을 적용하기 위해 셀을 선택한 다음 컨트롤 패널에서 칠을 'C=0, M=0, Y=10, K=0' 색
상으로 지정합니다.

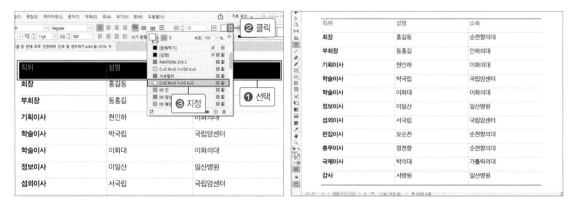

12 — 셀을 전체 선택한 다음 컨트롤 패널에서 텍스트 단락의 '가운데 정렬' 아이콘(▤)과, 수직 균등 배치의 '가운데 정렬' 아이콘(▦)을 클릭합니다. 텍스트가 표의 상하좌우로 가운데 정렬됩니다.

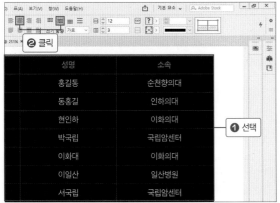

---

2 다양한 프로그램에서 표 가져와 디자인 적용하기

워드나 엑셀에서 표를 가져오거나 복사하여 붙여 넣을 수 있지만, 한글 문서는 복사하여 붙여 넣을 수만 있습니다. 복사한 표가 텍스트로 붙여 넣어질 경우 인디자인 환경 설정에서 클립보드 처리를 변경합니다.

∴ 한글 문서에서 표를 가져와 가로는 획, 세로는 칠 적용하기

한글 문서는 인디자인에서 가져오기가 되지 않기 때문에 많은 양의 표를 가져올 경우 워드로 저장 방식을 변경하는 것이 효율적입니다. 복잡하지 않고 양이 적을 경우에는 복사하여 붙여 넣는 방법을 알아봅니다.

• **예제 파일** : 04\한글 문서에서 표 가져와 표 만들기.indd, 한글 표.hwp
• **완성 파일** : 04\한글 문서에서 표 가져와 표 만들기_완성.indd

1 — 04 폴더에서 '한글 표.hwp' 파일을 불러옵니다.
표를 전체 선택한 다음 메뉴에서 (편집) → **복사하기**를 실행합니다.

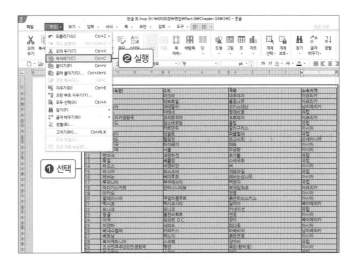

2 — 04 폴더에서 '한글 문서에서 표 가져와 표 만들기.indd' 파일을 불러옵니다. Ctrl+V를 눌러 붙여 넣으면 표가 아닌 텍스트로 붙여 넣어집니다.

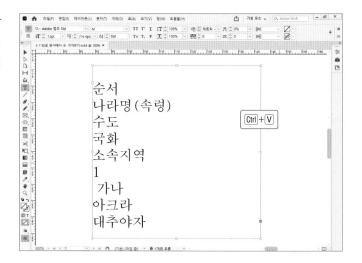

3 — 표로 붙여넣기 위해 메뉴에서 (편집) → 환경설정 → 클립보드 처리를 실행합니다.

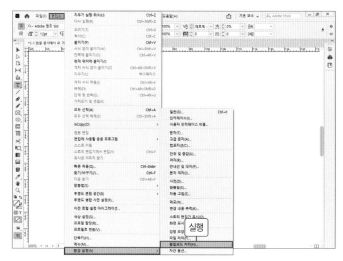

4 — 환경 설정 대화상자가 표시되면 다른 응용 프로그램의 텍스트 및 표를 붙일 때에서 '모든 정보(색인 표시자, 색상 견본, 스타일 등)'를 선택한 다음 〈확인〉 버튼을 클릭합니다.

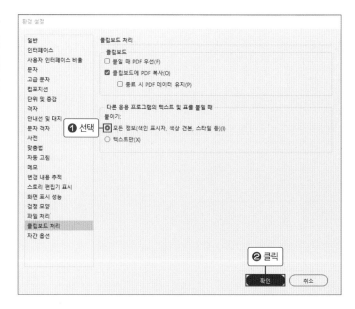

5 — 다시 Ctrl+V를 눌러 붙여 넣으면 표 형태로 붙여 넣어집니다.

6 — 모든 내용이 보이도록 표의 조절점을 드래그하여 크기를 조절합니다.

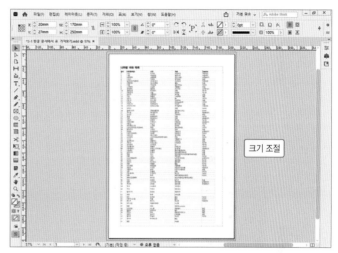

7 — 표를 전체 선택하고 F10을 눌러 획 패널이 표시되면 세로 획만 선택한 다음 두께를 '0pt'로 설정합니다.

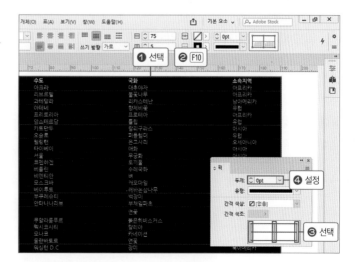

8 ― 표를 전체 선택하고 획 패널에서 가로 획만 선택한 다음 두께를 '0.25pt'로 설정합니다. 컨트롤 패널에서 획을 'C=0, M=80, Y=50, K=0' 색상으로 지정합니다. 가로 획에만 두께와 색상이 적용되었습니다.

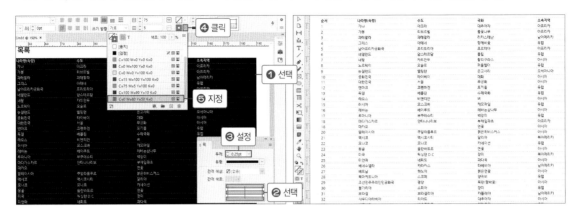

9 ― 문자 도구(T)를 선택하고, 세로로 칠을 적용할 부분의 상단에 커서를 가져가 아이콘이 'I'에서 '↓'로 변경될 때 클릭하면 열의 셀이 전체 선택됩니다. 칠을 'C=0, M=80, Y=50, K=0' 색상으로 지정하고, 색조를 '10%'로 지정합니다. 나머지 부분도 동일하게 칠을 적용하여 완성합니다.

∴ 워드에서 표를 가져와 행 강조하기

워드의 표는 인디자인으로 가져오기 하거나 복사하여 붙이기 모두 가능합니다. 표를 가져와 일부 행을 강조하기 위해 획 유형과 두께를 사용해 봅니다.

- **예제 파일**: 04\MS 워드에서 표 가져와 표 만들기.indd, MS 워드 표.docx
- **완성 파일**: 04\MS 워드에서 표 가져와 표 만들기_완성.indd

1 ― 04 폴더에서 'MS 워드에서 표 가져와 표 만들기.indd' 파일을 불러옵니다. 인디자인에서 Ctrl+D를 눌러 가져오기 대화상자가 표시되면 04 폴더에서 'MS 워드 표.docx' 파일을 선택하고, '격자 서식 적용'을 체크 해제한 다음 〈열기〉 버튼을 클릭합니다.

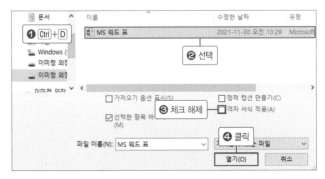

2 — 원하는 위치를 클릭하거나 드래그하여 표를 삽입합니다. 표를 전체 선택하고 컨트롤 패널에서 세로 획만 선택한 다음 획 두께를 '0pt'로 설정합니다.

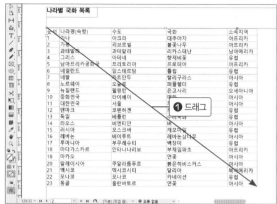

3 — 표의 머리글만 선택하고 칠을 '검정'으로 지정한 다음 색조를 '50%'로 지정합니다. 머리글 텍스트의 색상은 '용지'로 변경합니다.

4 — 대한민국 부분만 강조하기 위해 해당 행을 선택한 다음 컨트롤 패널에서 가운데 세로 획을 제외한 모든 획을 선택합니다.
획 두께를 '1pt', 획 유형을 '파선(3:2)', 획을 'C=0, M=80, Y=50, K=0', 칠을 'C=0, M=80, Y=50, K=0' 색상으로 지정하고, 색조를 '50%'로 지정합니다.

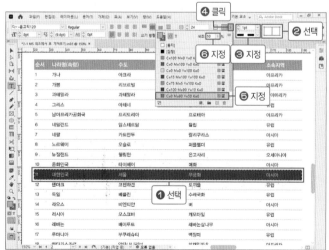

5 — 강조하기 위해 적용한 획의 두께와 유형, 칠이 완성되었습니다.

∴ 엑셀에서 표를 가져와 색상 1도로 표 디자인하기

엑셀의 표는 인디자인에서 가져오기를 하거나 복사하여 붙이기 기능도 가능합니다. 표의 색상을 획과 칠 모두 1도로 디자인해 봅니다.

• **예제 파일** : 04\엑셀에서 표 가져와 표 만들기.indd, 엑셀 표.xlsx　　• **완성 파일** : 04\엑셀에서 표 가져와 표 만들기_완성.indd

1 — 04 폴더에서 '엑셀에서 표 가져와 표 만들기.indd' 파일을 불러옵니다.
Ctrl + D를 눌러 가져오기 대화상자가 표시되면 04 폴더에서 '엑셀 표.xlsx' 파일을 선택하고, '가져오기 옵션 표시'를 체크 표시한 다음 〈열기〉 버튼을 클릭합니다.

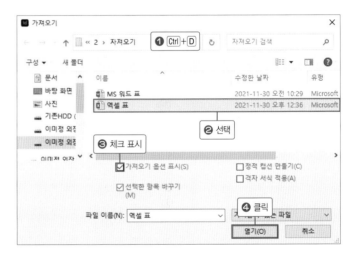

2 — Microsoft Excel 가져오기 옵션 대화상자가 표시되면 시트나 셀 범위를 지정하고, 서식에서 표를 '서식이 있는 표'로 지정한 다음 〈확인〉 버튼을 클릭합니다.

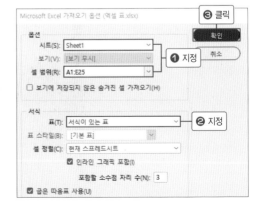

3 ― 원하는 위치에 클릭하거나 드래그하여 표를 삽입합니다. 표를 전체 선택하고 컨트롤 패널에서 세로 획만 선택한 다음 획 두께를 '0pt'로 설정합니다.

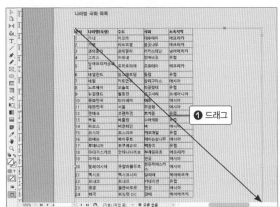 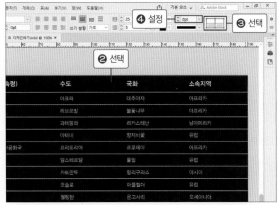

4 ― 표를 전체 선택하고 컨트롤 패널에서 가로 획만 선택한 다음 획 두께를 '0.5pt'로 설정합니다. 획은 'C=100, M=50, Y=100, K=0' 색상으로 지정합니다.

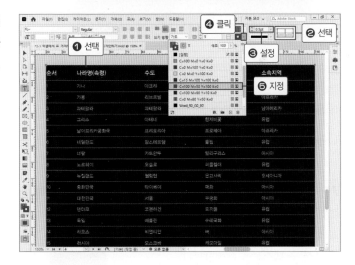

5 ― 표에 획의 두께와 색상이 적용됩니다. 머리글만 선택한 다음 컨트롤 패널에서 칠을 'C=100, M=50, Y=100, K=0' 색상으로 지정합니다.

6 — 텍스트 색상도 'C=100, M=50, Y=100, K=0'으로 변경하여 완성합니다.

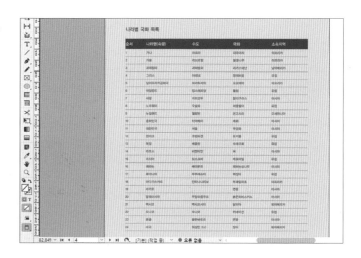

---

③ **열과 행의 셀을 분할하고 칠 적용하기**

원하는 위치에 열과 행을 추가해야 할 경우 셀 분할을 이용하면 쉽고 간단하게 추가할 수 있습니다. 표를 만들 때 의도하지 않은 획은 시각적으로 지루한 느낌을 주기 때문에 생략하는 경우가 많으며, 셀을 구분하기 위해 칠 색상의 색조를 다르게 하거나 책의 콘셉트에 맞는 색상을 선택하여 세련된 표를 만들어 봅니다.

• **예제 파일** : 04\칠을 적용하여 표 만들기.indd • **완성 파일** : 04\칠을 적용하여 표 만들기_완성.indd

1 — 04 폴더에서 '칠을 적용하여 표 만들기.indd' 파일을 불러옵니다.
표의 셀을 전체 선택하여 메뉴에서 (**표**) → **셀 옵션** → **텍스트**를 실행합니다.

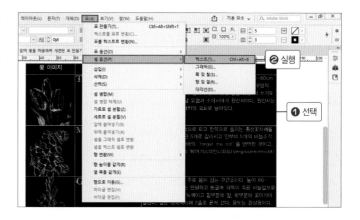

2 — 셀 옵션 대화상자가 표시되면 텍스트에서 셀 인세트를 모두 '2mm'로 설정하고, 수직 균등 배치의 정렬을 '가운데 정렬'로 지정한 다음 〈확인〉 버튼을 클릭합니다.

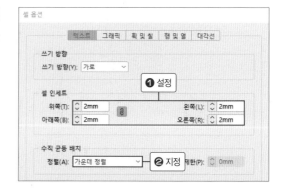

3 — 머리글만 선택합니다. [F5]를 눌러 색상 견본 패널이 표시되면 칠을 '검정'으로 지정한 다음 색조를 '50%'로 지정하고, 텍스트 색상은 '용지'로 지정합니다.

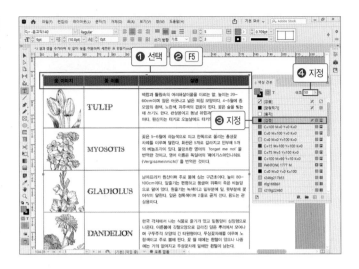

4 — 머리글 아래 셀을 선택한 다음 색상 견본 패널에서 'C=14, M=14, Y=14, K=0' 색상으로 지정합니다.

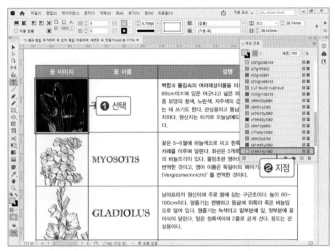

5 — 그림과 같은 두 번째와 세 번째 셀을 선택합니다. 색상 견본 패널에서 'C=14, M=14, Y=14, K=0' 색상으로 지정한 다음 색조를 '50%'로 지정합니다.

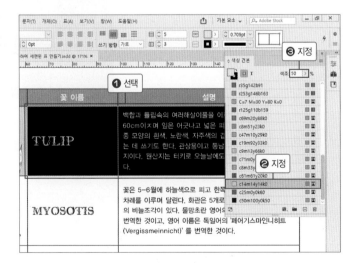

6 — 나머지 3개의 행에도 각각 다르게 색상을 적용합니다.

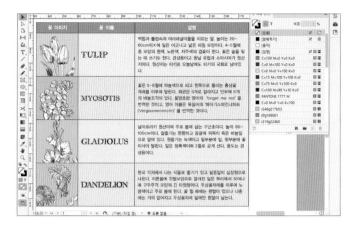

7 — 셀을 전체 선택합니다. F10을 눌러 획 패널이 표시되면 가운데 가로 획을 제외한 나머지 모든 획을 선택한 다음 두께를 '0pt'로 설정합니다.

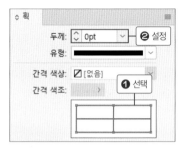

8 — 셀을 전체 선택한 다음 획 패널에서 중앙 가로 획만 선택하여 두께를 '3pt'로 설정합니다. 색상 견본 패널에서 획의 색상을 '용지'를 지정합니다.

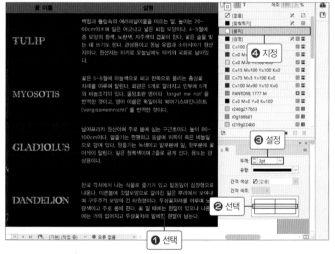

9 — 표의 중앙 가로 획에 '용지' 색상이 적용되어 가로 행이 구분됩니다.

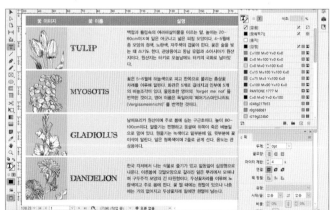

10 — 표에서 꽃 이름과 설명 사이에 열을 추가하기 위해 '꽃 이름' 열을 전체 선택합니다. 메뉴에서 (표) → **세로로 셀 분할**을 실행합니다. 표에서 '꽃 이름' 열 부분이 분할됩니다.

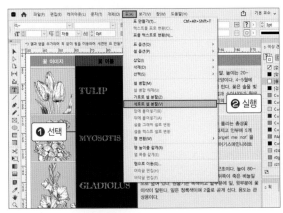 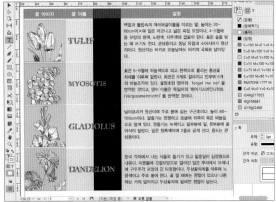

> **Tip**
>
> 셀 분할은 정해진 표의 크기에서 디자인을 해야 할 경우 효과적입니다. 표에서 행과 열의 삽입은 셀 크기만큼 추가되면서 표의 크기가 커집니다.

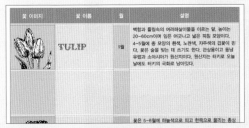

메뉴에서 (표) → 삽입 → 행(아래로 1행 삽입) 실행

메뉴에서 (표) → 가로로 셀 분할 실행

11 — 문자 도구(T.)를 선택하여 이동할 세로 획에 커서를 가져가 아이콘의 모양이 'Ⅰ'에서 '↔'로 변경되면 Shift를 누른 상태로 드래그하여 이동합니다. 분할된 열에 텍스트를 추가합니다.

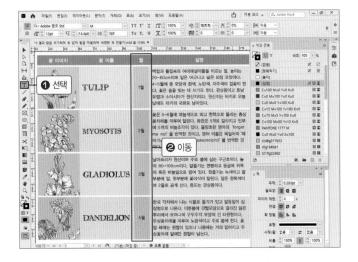

12 — 표에서 3월과 5월 사이에 행을 추가하기 위해 '3월' 행을 전체 선택한 다음 메뉴에서 (표) → **가로로 셀 분할**을 실행합니다.

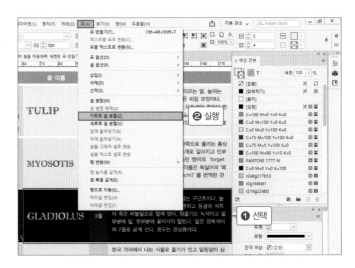

13 — 문자 도구(T.)로 이동할 가로 획에 커서를 가져가 아이콘이 'I'에서 '↕'로 변경되면 Shift를 누른 상태로 드래그하여 이동합니다.
머리글만 남기고 셀을 모두 선택하여 메뉴에서 (표) → **행 높이를 같게**를 실행합니다.

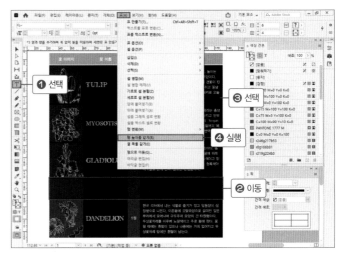

14 — 추가된 행에 이미지와 텍스트를 삽입하고 색상을 적용하여 완성합니다.

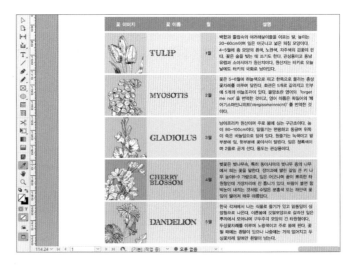

표의 내용이 길어 여러 페이지에 걸쳐 표를 연결해야 하는 경우, 페이지별로 표를 분리하지 않고 서로 연결된 표를 만드는 방법과 분리된 표에 머리글을 반복해서 보이게 하는 방법을 알아봅니다.

• **예제 파일 :** 04\표 연결하기.indd   • **완성 파일 :** 04\표 연결하기_완성.indd

1 — 04 폴더에서 '표 연결하기.indd' 파일을 불러옵니다. 표를 선택하면 표 오른쪽 하단 모서리에 빨간색의 '+' 아이콘이 표시됩니다. '+' 아이콘을 클릭한 다음 표를 연결할 페이지를 클릭 또는 드래그하여 표를 삽입합니다.

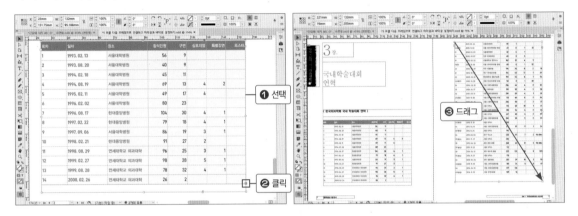

2 — 머리글을 설정하기 위해 첫 번째 행을 선택하고, 마우스 오른쪽 버튼을 클릭한 다음 **머리글 행으로 변환**을 실행합니다.

3 — 머리글 행으로 변환을 적용하면 자동으로 연결되는 페이지에 머리글이 생성됩니다.

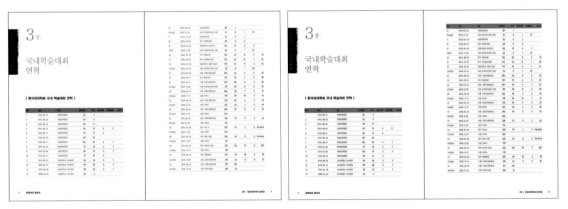

머리글 행으로 변환 적용 전   머리글 행으로 변환 적용 후

Tip

머리글 행으로 변환하면 표 내용과 분리되어 선택됩니다. 하지만 문자 도구를 선택하고 표 안쪽에 커서가 활성화된 상태에서 메뉴에서 **[표] → 선택 → 표**를 실행하거나 **Ctrl** + **Alt** + **A**를 누르면 표 전체를 선택할 수 있습니다.

4 — 머리글을 설정하기 위해 첫 번째 행을 선택한 다음 메뉴에서 〔표〕 → **표 옵션** → **머리글 및 바닥글**을 실행합니다. 표 옵션 대화상자가 표시되면 머리글 행을 '1', 머리글 반복을 '모든 텍스트 단'으로 지정한 다음 〈확인〉 버튼을 클릭합니다.

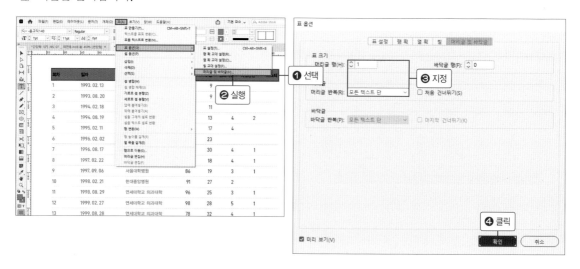

5 — 표 중간에 제목이 들어갈 경우 텍스트 프레임을 원하는 위치에 배치합니다. 메뉴에서 〔창〕 → **텍스트 감싸기**를 실행합니다.

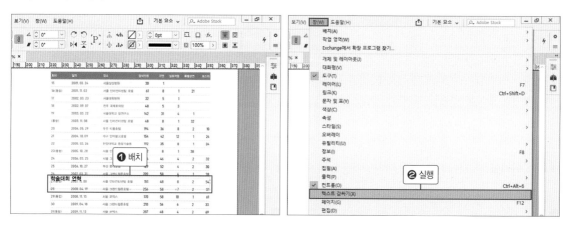

6 — 텍스트 프레임을 선택한 다음 텍스트 감싸기 패널에서 '테두리 상자 감싸기' 아이콘(⊡)을 클릭합니다.

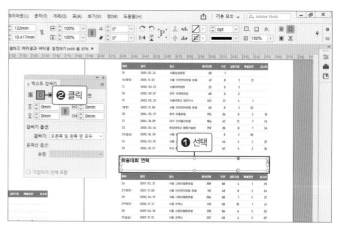

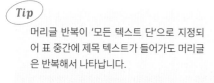

Tip

머리글 반복이 '모든 텍스트 단'으로 지정되어 표 중간에 제목 텍스트가 들어가도 머리글은 반복해서 나타납니다.

7 — 머리글 반복을 다르게 설정하기 위해 메뉴에서 (표) → **표 옵션** → **머리글 및 바닥글**을 실행합니다. 표 옵션 대화상자가 표시되면 머리글 행을 '1', 머리글 반복을 '프레임마다 한 번씩'으로 지정한 다음 〈확인〉 버튼을 클릭합니다.

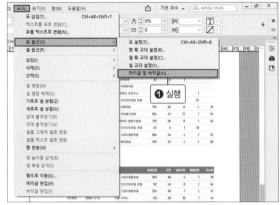
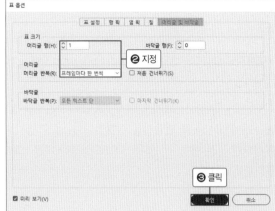

8 — 제목 텍스트 프레임 아래에 머리글이 반복되지 않습니다. 오른쪽 페이지의 표는 프레임 하나에 표가 만들어져 있기 때문에 '프레임마다 한 번씩'이 지정되어 머리글이 표시되지 않습니다.

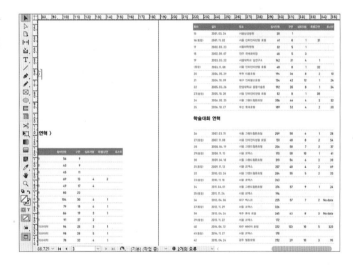

9 — 머리글의 텍스트를 수정할 경우 반복된 머리글에서는 수정할 수 없으며, 첫 번째 머리글에서만 수정이 가능합니다. '특별강연' 텍스트를 '강연'으로 수정합니다. 반복되는 머리글도 모두 자동으로 수정되었습니다.

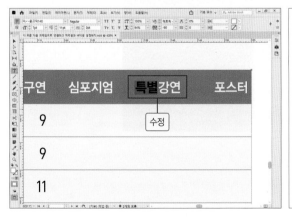

5 표에 이미지 삽입하고 셀을 그래픽 셀로 변환하여 디자인하기

표 안에 이미지를 삽입하면 이미지 크기를 동일하게 관리할 수 있으며, 정보를 보기 쉽게 전달할 수 있어 편리합니다. 이미지를 가져오기 하고, 일러스트레이터에서 이미지를 복사 및 붙이기 하여 표 안에 이미지를 적용한 다음 머리글을 그래픽 셀로 변환하여 디자인을 적용해 봅니다.

• **예제 파일** : 04\표에 이미지 삽입.indd, 1.jpg~4.jpg, 이름.ai, 텍스트 참고.hwp   • **완성 파일** : 04\표에 이미지 삽입_완성.indd

1 — 04 폴더에서 '표에 이미지 삽입.indd' 파일을 불러옵니다. 메뉴에서 (표) → **표 만들기**를 실행합니다. 표 만들기 대화상자가 표시되면 본문 행을 '6', 열을 '3'으로 설정한 다음 〈확인〉 버튼을 클릭합니다.

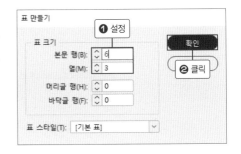

2 — 원하는 위치에 클릭 또는 드래그하여 표를 만듭니다.

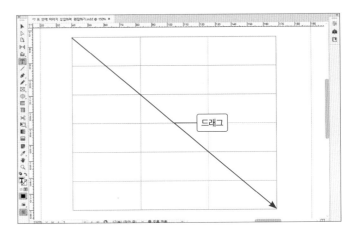

3 — 표에 들어갈 원하는 텍스트를 입력한 다음 정리하기 위해 속성 패널에서 글꼴을 '윤고딕120', 글꼴 크기를 '8pt', 행간을 '13pt', 자간을 '-75'로 지정합니다.

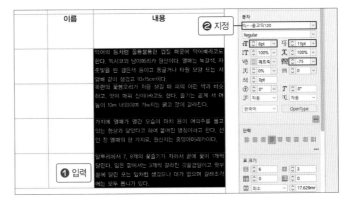

> **Tip**
> 표에 들어갈 내용은 04 폴더의 '텍스트 참고.hwp' 파일을 참고합니다.

4 ─ 행과 열의 크기를 조절하기 위해 문자 도구(T.)를 선택한 다음 커서를 표의 가로 획에 가져가 아이콘이 'I'에서 '↕'로 변경되면 드래그하여 이동합니다.

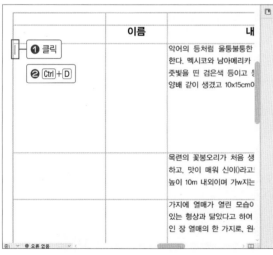

> **Tip**
>
> 표의 전체 크기는 조절하지 않고 표 안의 획들만 이동하려면 Shift를 누르면서 획을 이동합니다. 행과 열의 셀을 선택하지 않아도 됩니다.

5 ─ 이미지를 가져올 셀에 커서가 활성화된 상태로 Ctrl+D를 눌러 가져오기 대화상자가 표시되면 04 폴더에서 '1.jpg' 파일을 선택한 다음 〈열기〉 버튼을 클릭합니다.

> **Tip**
>
> 폴더에 있는 이미지를 드래그하여 표 안에 삽입할 수 있습니다. 일반적으로 이미지 삽입하는 방법과 표 안에 이미지 삽입하는 방법은 동일합니다.

6 — 표 안에 이미지가 삽입되면 선택 도구(▶)로 이미지를 선택한 다음 메뉴에서 [개체] → 맞춤 → **비율에 맞게 내용 맞추기**를 실행합니다. 이미지가 표 프레임의 비율에 맞게 맞춰집니다.

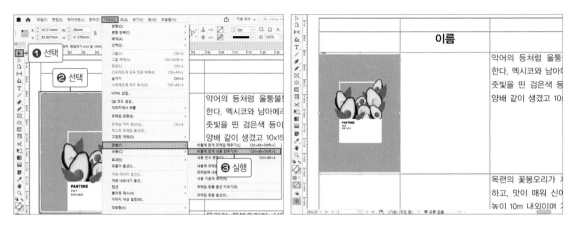

7 — 같은 방법으로 나머지 셀에도 04 폴더의 '2.jpg' ~ '4.jpg' 이미지를 모두 삽입하여 표를 정리합니다.

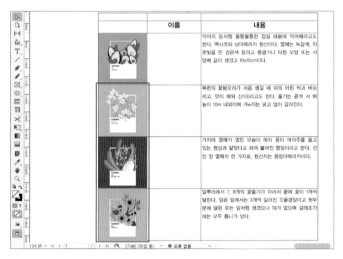

8 — 04 폴더에서 '이름.ai' 파일을 불러옵니다. 'AVOCADO'를 선택한 다음 메뉴에서 [편집] → **복사**를 실행합니다. 인디자인에서 벡터 이미지를 가져올 표 안에 커서가 활성화된 상태로 메뉴에서 [편집] → **붙이기**를 실행하여 붙여 넣습니다.

9 — 표 안에 벡터 이미지가 붙여 넣어집니다. 같은 방법으로 나머지 셀에도 벡터 이미지를 모두 붙여 넣습니다.

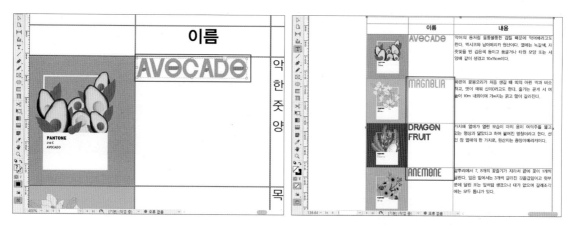

10 — 표 안에 색상을 적용하기 위해 세 번째 행을 선택한 다음 컨트롤 패널에서 칠을 'C=0, M=50, Y=0, K=0' 색상으로 지정하고, 색조를 '10%'로 지정합니다.

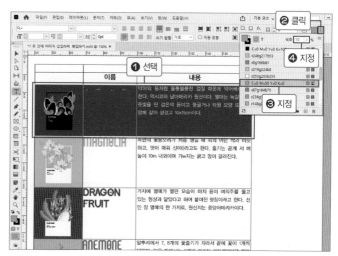

11 — 같은 방법으로 나머지 행에도 색상을 적용합니다.

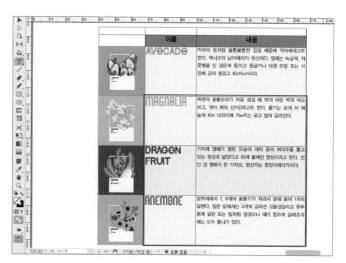

12 — 왼쪽 상단 2칸의 셀을 선택한 다음 메뉴에서 [표] → **셀 병합**을 실행하면, 1칸으로 셀이 병합됩니다.

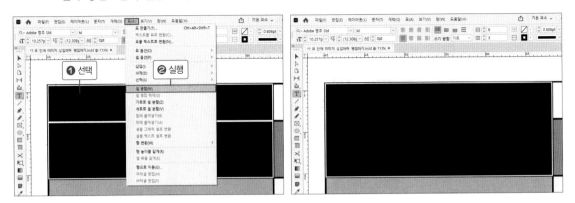

13 — 왼쪽 상단에 커서가 활성화된 상태로 메뉴에서 [표] → **셀을 그래픽 셀로 변환**을 실행합니다. 셀이 그래픽으로 변환되어 X가 표시됩니다.

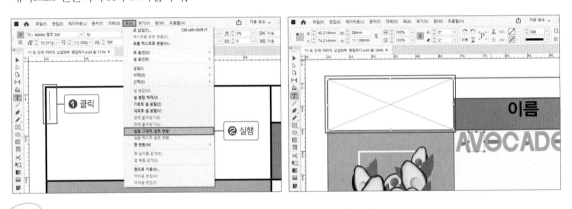

Tip

셀을 그래픽 셀로 변환하기 전에는 선택 도구로 선택하면 표 전체가 선택되지만, 변환 후에는 한 칸씩 선택되며, 화면 모드를 표준으로 설정하여 확인하면 칸마다 X가 표시됩니다.

14 — 선택 도구(▶)로 사각형 프레임을 선택한 다음 메뉴에서 [개체] → **모퉁이 옵션**을 실행합니다.

모퉁이 옵션 대화상자가 표시되면 왼쪽 상단과 오른쪽 상단을 '둥글게'로 지정하고, '5mm'로 설정한 다음 〈확인〉 버튼을 클릭합니다.

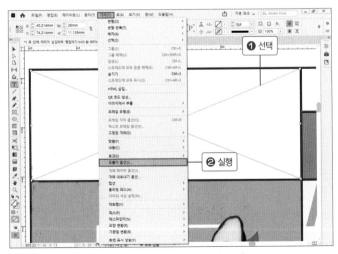

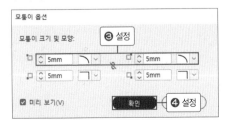

15 ― 컨트롤 패널에서 칠을 'C=70, M=20, Y=90, K=0' 색상으로 지정합니다.

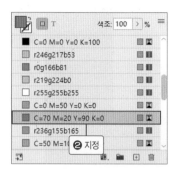

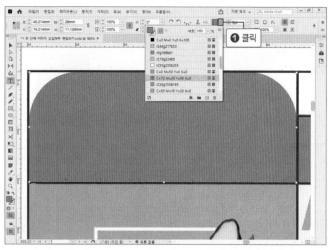

16 ― 셀을 전체 선택한 다음 F10 을 눌러 획 패널이 표시되면 가운데 가로 획만 제외하고 모두 선택하여 두께를 '0pt'로 설정합니다.

17 ― 셀을 전체 선택한 다음 획 패널에서 가운데 가로 획만 선택하여 두께를 '2pt'로 설정합니다. 컨트롤 패널에서 획을 '용지'로 지정합니다.

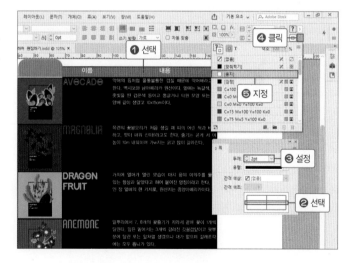

18 — 두 번째와 세 번째 열을 전체 선택한 다음 메뉴에서 [표] → **셀 옵션** → **텍스트**를 실행합니다.

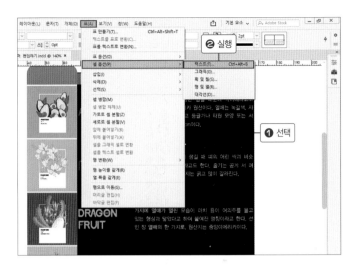

19 — 셀 옵션 대화상자가 표시되면 텍스트에서 셀 인세트를 모두 '1mm', 수직 균등 배치의 정렬을 '가운데 정렬'로 지정한 다음 〈확인〉 버튼을 클릭합니다.

20 — 표 안의 이미지와 텍스트가 상하 가운데로 정렬되어 완성되었습니다.

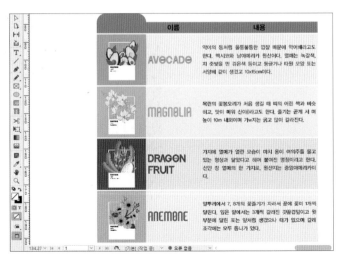

표에 칠 교대 패턴 설정하여 가독성 높이기

표의 가로나 세로 행에 교대로 색상이 적용된다면 가로나 세로 획을 넣지 않아도 충분히 구분되므로 생략하는 편이 좋습니다. 칠 교대 설정으로 짝수, 홀수 행 또는 열의 색상을 다르게 지정해 표 내용의 가독성을 높여 봅니다.

• **예제 파일** : 04\교대 패턴 설정하기.indd   • **완성 파일** : 04\교대 패턴 설정하기_완성.indd

1 — 04 폴더에서 '교대 패턴 설정하기.indd' 파일을 불러옵니다. 메뉴에서 (표) → 표 만들기를 실행합니다. 표 만들기 대화상자가 표시되면 본문 행을 '15', 열을 '7'로 설정한 다음 〈확인〉 버튼을 클릭합니다.

2 — 원하는 위치에 클릭 또는 드래그하여 표를 만듭니다.

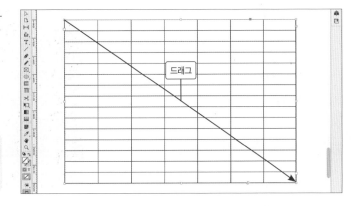

> **Tip**
>
> 제공하는 예제 파일은 편리를 위해 표와 내용이 삽입되어 있습니다.

3 — 오른쪽 4개의 열을 선택한 다음 메뉴에서 (표) → 열 폭을 같게를 실행합니다. 오른쪽 4개의 열이 같은 폭으로 조절됩니다.

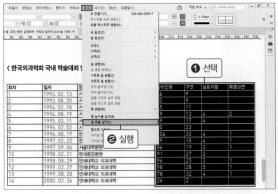

4 — 행 높이를 같게 유지하며 크기를 조절하기 위해 셀을 전체 선택한 다음 하단 가로 획에 커서를 가져가 아이콘이 '✛'에서 '↕'로 변경되면 원하는 위치까지 드래그하여 이동합니다.

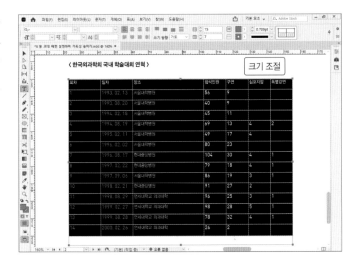

5 — 셀을 전체 선택한 다음 컨트롤 패널에서 세로 획을 모두 선택하여 획 두께를 '0pt'로 설정합니다.

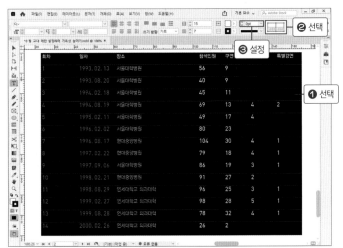

6 — 셀을 전체 선택합니다. 컨트롤 패널에서 가로 획을 모두 선택하여 획 두께를 '0.25pt'로 설정합니다.
획을 'C=0, M=30, Y=35, K=42' 색상으로 지정한 다음 수직 균등 배치의 '가운데 정렬' 아이콘(▦)을 클릭합니다.

7 ─ 머리글을 선택한 다음 컨트롤 패널에서 칠을 'C=0, M=30, Y=35, K=42' 색상으로 지정합니다.

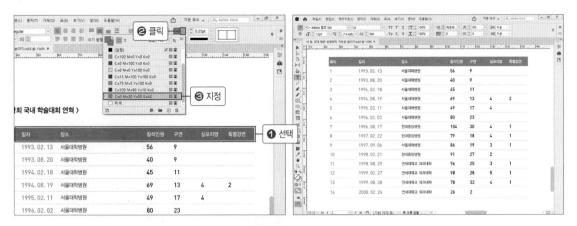

8 ─ 표에서 머리글을 제외한 부분을 모두 선택하고 메뉴에서 (표) → 표 옵션 → 칠 교대 설정을 실행합니다.

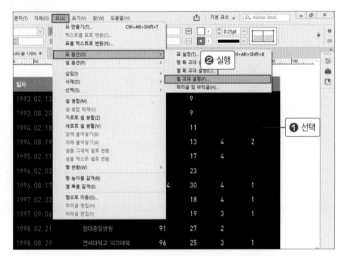

9 ─ 표 옵션 대화상자가 표시되면 칠에서 교대 패턴을 '1행마다', 교대 설정의 처음을 '1행', 색상을 '용지'로 지정합니다. 다음을 '1행', 색상을 'C=0, M=30, Y=35, K=42', 색조를 '10%'로 지정합니다.
이미 셀 색상이 지정된 머리글 다음 행을 비우기 위해 처음 건너뛰기를 '1'행으로 지정한 다음 〈확인〉 버튼을 클릭합니다.

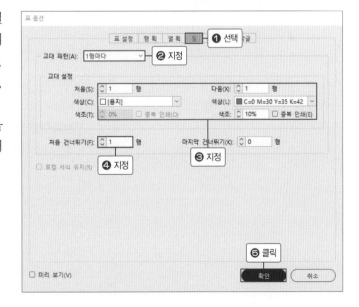

10 — 표에 교대 패턴이 적용됩니다. 표에서 머리글을 제외한 부분을 모두 선택하고 메뉴에서 (표) → 표 옵션 → 행 획 교대 설정을 실행합니다.

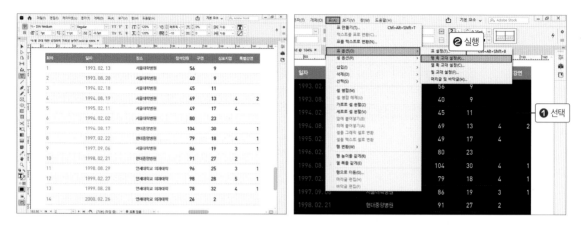

11 — 표 옵션 대화상자가 표시되면 행 획에서 교대 패턴을 '1행마다', 교대 설정의 처음을 '1'행, 두께를 '0.25pt', 색상을 'C=0, M=30, Y=35, K=42'로 지정합니다. 다음을 '1'행, 두께를 '0.5pt', 색상을 'C=0, M=30, Y=35, K=42'로 지정한 다음 〈확인〉 버튼을 클릭합니다.

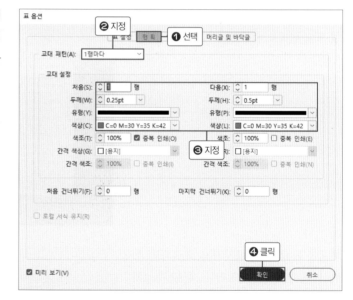

12 — 획의 두께를 다르게 설정하여 가독성이 높아졌습니다.

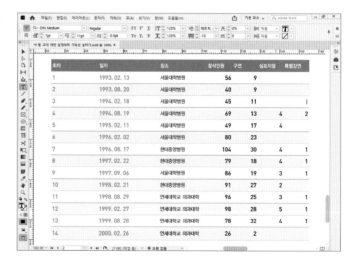

셀 스타일은 표의 내부 속성을 관리하며, 표 한 칸의 선과 면의 두께, 색상, 텍스트의 위치 등을 설정합니다. 똑같은 형태의 표를 여러 개
반복하여 작업해야 한다면 셀 스타일을 만들어 시간을 단축할 수 있습니다. 또한 셀 스타일을 편집하면 스타일이 적용된 모든 셀이 자동
으로 변경됩니다. 셀 스타일에서는 표 내용에 들어가는 텍스트와 서식은 지정할 수 없으며, 셀 모양만 설정할 수 있습니다.

• **예제 파일** : 04\셀 스타일 등록하기.indd   • **완성 파일** : 04\셀 스타일 등록하기_완성.indd

1 — 04 폴더에서 '셀 스타일 등록하기.indd' 파일을 불러옵니다. 메뉴에서 (**창**) → **스타일** → **셀 스타일**을 실
행합니다. 셀 스타일 패널이 표시되면 '패널 메뉴' 아이콘(≡)을 클릭한 다음 **새 셀 스타일**을 실행합니다.

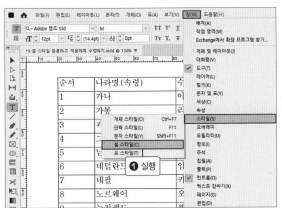
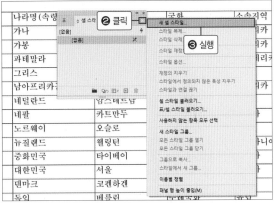

2 — 새 셀 스타일 대화상자가 표시되면 일반에서 스타일 이름을 '머리글'로 입력하고 단락 스타일을 '표 머리
글'로 지정합니다. '텍스트'를 선택하고 셀 인세트의 왼쪽을 '2mm', 수직 균등 배치의 정렬을 '가운데 정렬'로 지
정합니다.

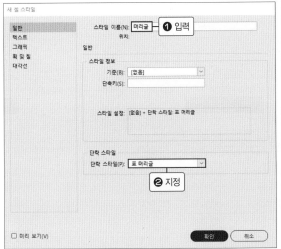
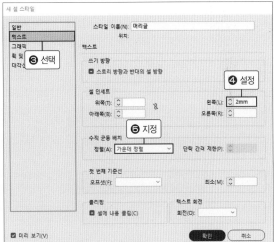

3 — '획 및 칠'을 선택하고 셀 칠의 색상을 'C=100, M=50, Y=100, K=0'으로 지정한 다음 〈확인〉 버튼을 클릭합니다. 셀 스타일 패널에 새 셀 스타일인 '머리글'이 표시됩니다.

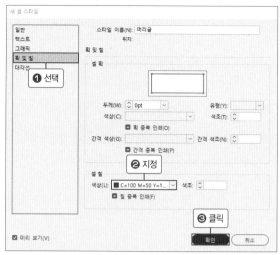

4 — 표에서 머리글을 선택한 다음 셀 스타일 패널에서 '머리글'을 클릭하여 적용합니다.

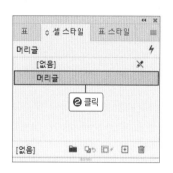

5 — 머리글의 텍스트가 보이지 않아 단락 스타일을 수정하기 위해 메뉴에서 (**문자**) → **단락 스타일**을 실행합니다. 단락 스타일 패널이 표시되면 '표 머리글'을 더블클릭합니다.

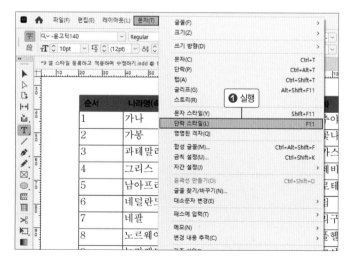

6 — 단락 스타일 옵션 대화상자가 표시되면 '문자 색상'을 선택하고 문자 색상을 '용지'로 지정한 다음 〈확인〉 버튼을 클릭합니다.

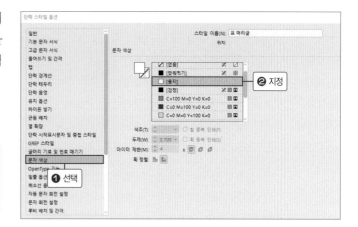

Tip

글꼴, 크기, 색상, 행간, 자간 등은 셀 스타일에서 수정할 수 없습니다. 셀 스타일은 표와 관련된 내부 속성만 적용할 수 있습니다.

7 — 표의 본문을 적용하기 위해 셀 스타일 패널에서 '패널 메뉴' 아이콘(▤)을 클릭한 다음 **새 셀 스타일**을 실행합니다. 새 셀 스타일 대화상자가 표시되면 일반에서 스타일 이름을 '본문'으로 입력하고 단락 스타일을 '표 본문'으로 지정합니다.

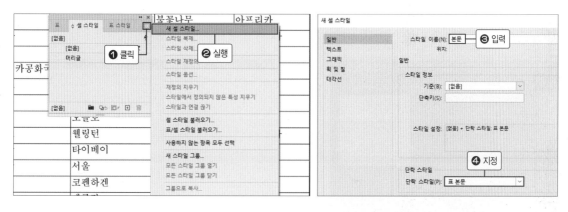

8 — '텍스트'를 선택하고 셀 인세트의 왼쪽을 '2mm', 수직 균등 배치의 정렬을 '가운데 정렬'로 지정합니다. '획 및 칠'을 선택하고 셀 획에서 세로 획만 선택하여 색상을 '없음'으로 지정합니다.

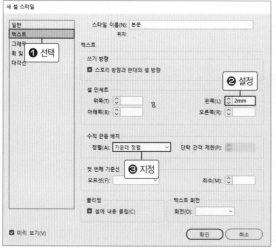
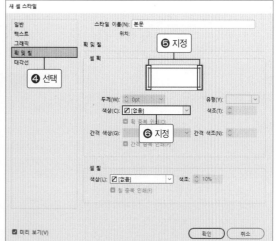

9 — 다시 셀 획에서 가로 획만 선택하고 두께를 '0.25pt', 색상을 'C=100, M=50, Y=100, K=0'으로 지정합니다. 셀 칠에서는 색상을 'C=0, M=80, Y=50, K=0', 색조를 '10%'로 지정한 다음 〈확인〉 버튼을 클릭합니다.

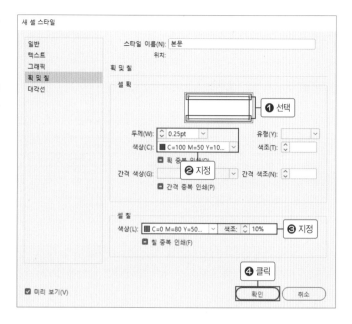

10 — 머리글만 제외하고 본문을 모두 선택한 다음 셀 스타일 패널에서 '본문'을 클릭하여 적용합니다.

11 — 머리글의 칠을 수정하기 위해 머리글을 선택한 다음 컨트롤 패널에서 칠을 'C=0, M=80, Y=50, K=0' 색상으로 지정합니다.
머리글을 수정하면 셀 스타일 패널의 '머리글'에 '+'가 표시됩니다.

Tip

본문 페이지의 머리글에서 직접 수정하지 않고 셀 스타일 패널에서 '머리글'을 더블클릭하여 셀 스타일 옵션 대화상자에서 칠을 수정하면 '+'가 표시되지 않습니다.

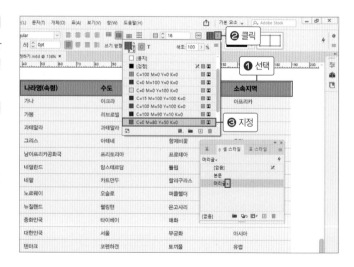

12 — 셀 스타일 패널에서 '패널 메뉴' 아이콘(▤)을 클릭한 다음 **스타일 재정의** 를 실행하면 셀 스타일이 수정됩니다.

---

8 **표 스타일 등록하고 적용하여 수정하기**

표 스타일은 표의 외부 속성을 관리하며, 표 전체의 선과 면의 두께, 색상 등을 등록하는 곳입니다. 똑같은 형태의 표를 여러 개 반복하여 작업해야 한다면 표 스타일을 만들어 시간을 단축할 수 있습니다. 또한 표 스타일을 편집하면 스타일이 적용된 모든 표가 자동으로 변경 됩니다. 표 스타일에서는 표 내용에 들어가는 텍스트와 서식을 지정할 수 없으며 표 모양만 설정할 수 있습니다.

• **예제 파일** : 04\표 스타일 등록하기.indd   • **완성 파일** : 04\표 스타일 등록하기_완성.indd

1 — 04 폴더에서 '표 스타일 등록하기.indd' 파일을 불러옵니다. 메뉴에서 (**창**) → **스타일** → **표 스타일**을 실 행합니다. 표 스타일 패널에서 '패널 메뉴' 아이콘(▤)을 클릭한 다음 **새 표 스타일**을 실행합니다.

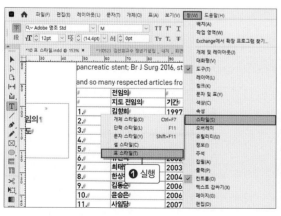

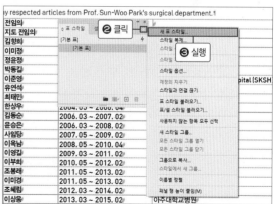

2 — 새 표 스타일 대화상자가 표시되면 '표 설정'을 선택하고 스타일 이름을 '표 1'로 입력합니다.

표 테두리에서 두께를 '1pt', 색상을 'C=50, M=90, Y=0, K=0', 표 간격에서 이전 간격과 이후 간격을 '5mm'로 설정합니다.

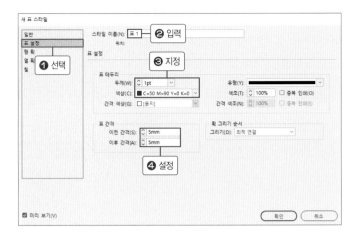

Tip

표 간격은 표 위의 본문 내용과 표 사이의 간격을 말합니다.

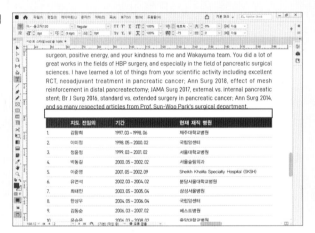

3 — '행 획'을 선택하고 교대 패턴을 '1행마다', 교대 설정의 처음을 '1'행, 두께를 '0.25pt', 색상을 'C=50, M=90, Y=0, K=0'으로 지정합니다.

다음을 '1'행, 두께를 '0.25pt', 색상을 'C=100, M=50, Y=100, K=0'으로 지정합니다.

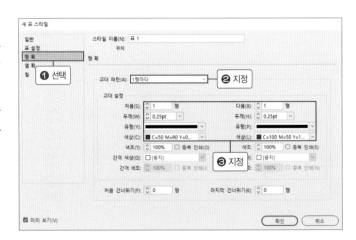

4 — '열 획'을 선택하고 교대 패턴을 '1 열마다', 교대 설정의 처음을 '1'열, 색상을 '없음'으로 지정합니다. 다음을 '1'열, 색상을 '없음'으로 지정합니다.

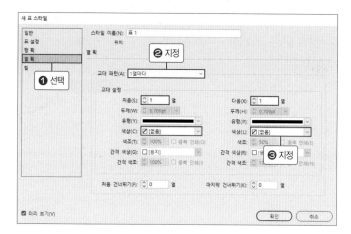

5 — '칠'을 선택하고 교대 패턴을 '사용자 정의 행', 교대 설정의 처음을 '1'행, 색상을 'C=50, M=90, Y=0, K=0'으로 지정합니다. 다음을 '20'행, 색상을 '없음'으로 지정한 다음 〈확인〉 버튼을 클릭합니다.

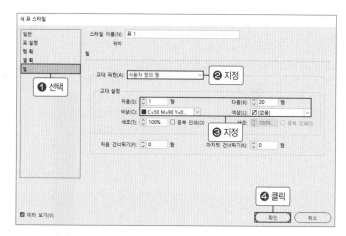

6 — 문자 도구(T)로 표 안에 커서를 활성화한 다음 표 스타일 패널에서 '표 1'을 클릭합니다.

표 스타일 적용 전

표 스타일 적용 후

7 — 왼쪽 열의 획을 삭제하기 위해 메뉴에서 〔창〕 → 스타일 → 셀 스타일을 실행합니다.

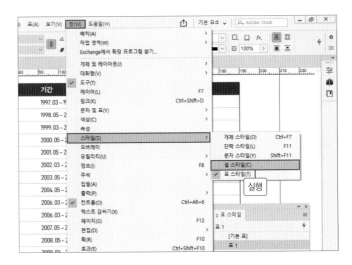

8 — 문자 도구(**T.**)로 왼쪽 열을 선택한 다음 컨트롤 패널에서 왼쪽 획만 선택하여 획을 '없음'으로 지정합니다.

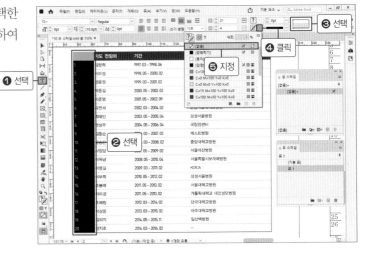

9 — 셀 스타일 패널에서 '패널 메뉴' 아이콘(▤)을 클릭한 다음 **새 셀 스타일**을 실행합니다. 새 셀 스타일 대화상자가 표시되면 스타일 이름을 '왼쪽 열'로 입력한 다음 〈확인〉 버튼을 클릭합니다.

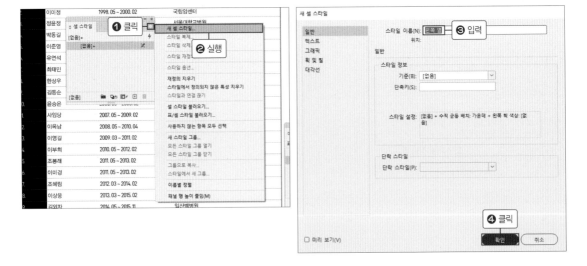

10 ─ 왼쪽 열의 획이 삭제되었으며, 셀 스타일 패널에 '왼쪽 열'이 표시됩니다.

11 ─ 오른쪽 열의 획을 삭제하기 위해 오른쪽 열을 선택하여 컨트롤 패널에서 오른쪽 획만 선택한 다음 획을 '없음'으로 지정합니다.

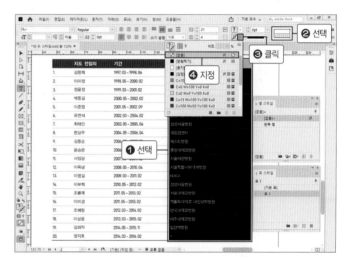

12 ─ 셀 스타일 패널에서 '패널 메뉴' 아이콘(☰)을 클릭한 다음 **새 셀 스타일**을 실행합니다. 새 셀 스타일 대화상자가 표시되면 스타일 이름을 '오른쪽 열'로 입력한 다음 〈확인〉 버튼을 클릭합니다. 오른쪽 열의 획이 삭제되었으며, 셀 스타일 패널에 '오른쪽 열'이 표시됩니다.

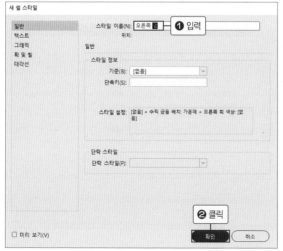

13 — 왼쪽과 오른쪽 열을 표 스타일에 등록하기 위해 표 스타일 패널에서 '표 1'을 더블클릭합니다.

표 스타일 옵션 대화상자가 표시되면 셀 스타일에서 왼쪽 열을 '왼쪽 열', 오른쪽 열을 '오른쪽 열'로 지정한 다음 〈확인〉 버튼을 클릭합니다.

14 — 새로운 표에 표 스타일을 적용해 봅니다. 문자 도구(T.)로 오른쪽 표 안에 커서를 활성화한 다음 표 스타일 패널에서 '표 1'을 클릭합니다.

15 — 머리글 색상을 수정하기 위해 표 스타일 패널에서 '표 1'을 더블클릭합니다. 표 스타일 옵션 대화상자가 표시되면 '칠'을 선택하고 교대 설정의 색상을 'C=100, M=50, Y=100, K=0'으로 지정한 다음 〈확인〉 버튼을 클릭합니다. 머리글 색상이 수정되었습니다.

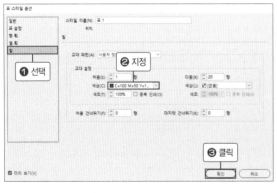

본문은 셀 스타일 적용하고
머리글은 도형 변형하여 이미지 패턴 넣기

표의 본문은 셀 스타일을 등록하여 적용합니다. 머리글은 셀을 그래픽 셀로 변환한 다음 사각형 프레임의 모퉁이를 변형하여 일러스트레이터에서 만든 패턴 이미지를 가져옵니다.

· **예제 파일** : 04\머리글에 이미지 패턴 넣기.indd, 패턴 이미지.ai   · **완성 파일** : 04\머리글에 이미지 패턴 넣기_완성.indd

1. 04 폴더에서 '머리글에 이미지 패턴 넣기.indd' 파일을 불러옵니다.
F11을 눌러 단락 스타일 패널이 표시되면 '패널 메뉴' 아이콘(▤)을 클릭한 다음 **새 단락 스타일**을 실행합니다.

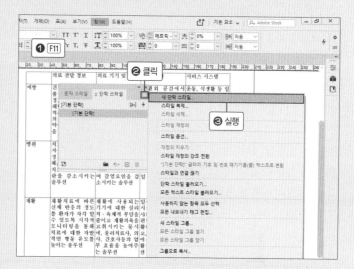

2. 새 단락 스타일 대화상자가 표시되면 '기본 문자 서식'을 선택하고 스타일 이름을 '본문'으로 입력합니다.
글꼴 모음을 '윤고딕120', 크기를 '8pt', 행간을 '12pt', 자간을 '-75'로 지정한 다음 <확인> 버튼을 클릭합니다.

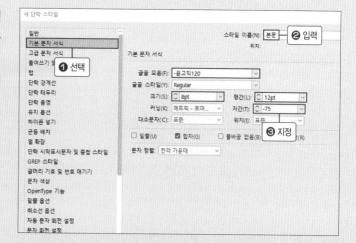

3. 문자 도구(T.)로 본문을 전체 선택한 다음 단락 스타일 패널에서 '본문'을 클릭하여 적용합니다.

4. 단락 스타일 패널에서 '패널 메뉴' 아이콘(☰)을 클릭한 다음 **새 단락 스타일**을 실행합니다.
새 단락 스타일 대화상자가 표시되면 '기본 문자 서식'을 선택하고 스타일 이름을 '머리글'로 입력합니다. 글꼴 모음을 '윤고딕 140', 크기를 '9pt', 자간을 '-75'로 지정한 다음 <확인> 버튼을 클릭합니다.

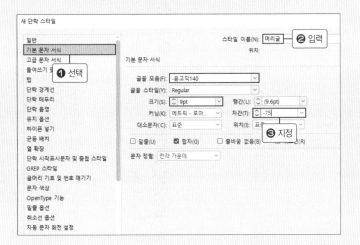

5. 문자 도구(T.)로 머리글과 왼쪽 빈 셀을 선택한 다음 단락 스타일 패널에서 '머리글'을 클릭하여 적용합니다.

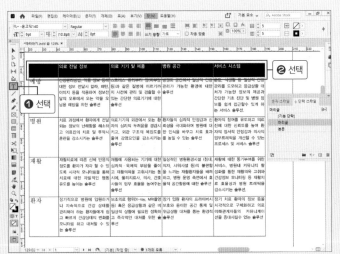

6. 메뉴에서 [창] → 스타일 → 셀 스타일
을 실행합니다.

문자 도구([T])로 왼쪽 열에서 두 번째 셀
을 선택하고 셀 스타일 패널에서 '패널 메
뉴' 아이콘([☰])을 클릭한 다음 **새 셀 스타
일**을 실행합니다.

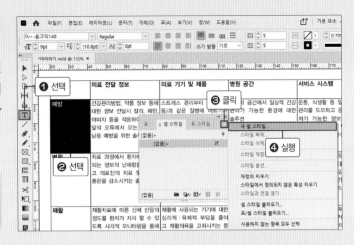

Tip

셀을 한 칸만 선택할 경우 메뉴에서 [표] → 선
택 → 셀을 실행하거나 Ctrl+/를 누릅니다.

7. 새 셀 스타일 대화상자가 표시되면 '텍스트'를 선택하고 스타일 이름을 '왼쪽 그린 100%'로 입력한 다음 셀 인
세트를 모두 '3mm'로 설정합니다. '획 및 칠'을 선택하고 셀 획에서 가로 획만 선택하여 두께를 '2pt', 색상을 '용
지'로 지정합니다. 셀 칠의 색상을 'C=70, M=0, Y=30, K=0'으로 지정한 다음 <확인> 버튼을 클릭합니다.

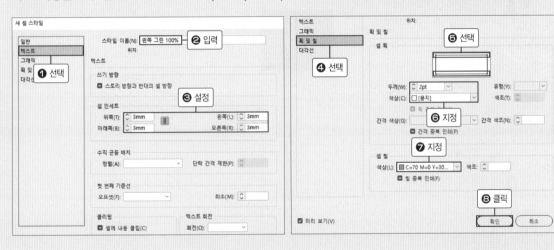

8. 문자 도구([T])로 그림과 같이 적용할
셀을 선택합니다. 셀 스타일 패널에서 '패
널 메뉴' 아이콘([☰])을 클릭한 다음 **새 셀
스타일**을 실행합니다.

새 셀 스타일 대화상자가 표시되면 '텍스
트'를 선택하고 스타일 이름을 '그린 10%'
로 입력한 다음 셀 인세트를 모두 '3mm'
로 설정합니다.

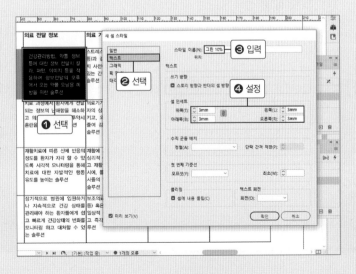

9. '획 및 칠'을 선택하고 셀 획에서 가로 획만 선택하여 두께를 '2pt', 색상을 '용지'로 지정합니다.

셀 칠의 색상을 'C=70, M=0, Y=30, K=0', 색조를 '10%'로 지정한 다음 <확인> 버튼을 클릭합니다.

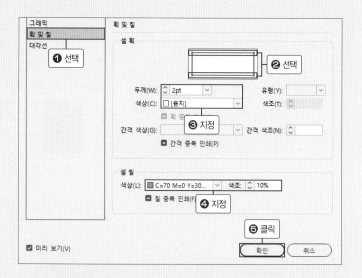

10. 문자 도구(T)로 적용할 셀을 선택합니다. 셀 스타일 패널에서 '패널 메뉴' 아이콘(▤)을 클릭한 다음 **새 셀 스타일**을 실행합니다.

새 셀 스타일 대화상자가 표시되면 '텍스트'를 선택하고 스타일 이름을 '그린 30%'로 입력한 다음 셀 인세트를 모두 '3mm'로 설정합니다.

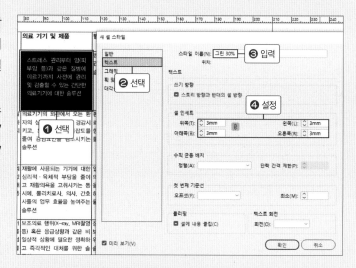

11. '획 및 칠'을 선택하고 셀 획에서 가로 획만 선택하여 두께를 '2pt', 색상을 '용지'로 지정합니다.

셀 칠의 색상을 'C=70, M=0, Y=30, K=0', 색조를 '30%'로 지정한 다음 <확인> 버튼을 클릭합니다.

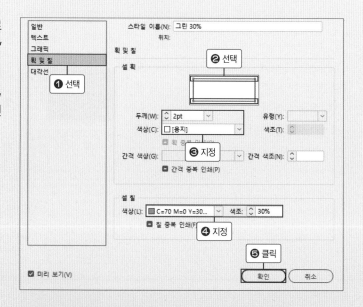

12. 문자 도구(T)로 왼쪽 열에서 세 번째 셀을 선택합니다. 셀 스타일 패널에서 '패널 메뉴' 아이콘(▤)을 클릭한 다음 **새 셀 스타일**을 실행합니다.

새 셀 스타일 대화상자가 표시되면 '텍스트'를 선택하고 스타일 이름을 '왼쪽 핑크 100%'로 입력한 다음 셀 인세트를 모두 '3mm'로 설정합니다.

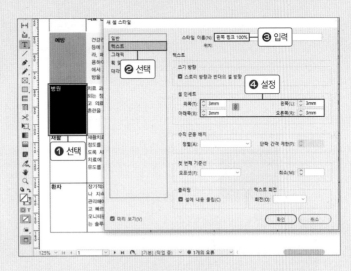

13. '획 및 칠'을 선택하고 셀 획에서 가로 획만 선택하여 두께를 '2pt', 색상을 '용지'로 지정합니다.

셀 칠의 색상을 'C=0, M=50, Y=0, K=0'으로 지정한 다음 <확인> 버튼을 클릭합니다.

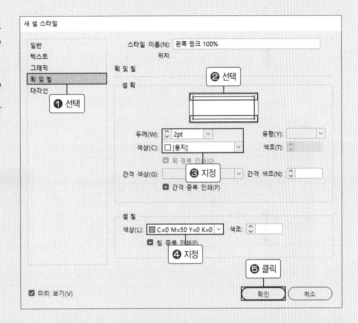

14. 같은 방법으로 셀 스타일에 '핑크 20%'와 '핑크 50%' 스타일을 만들어 줍니다.

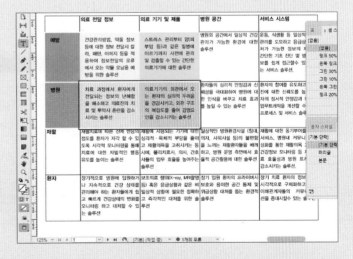

15. 그림과 같은 셀을 선택한 다음 셀 스타일 패널에서 '그린 10%'를 클릭하여 적용합니다. 그림과 같이 셀 스타일 패널에 만든 스타일을 클릭하여 표에 적용합니다.

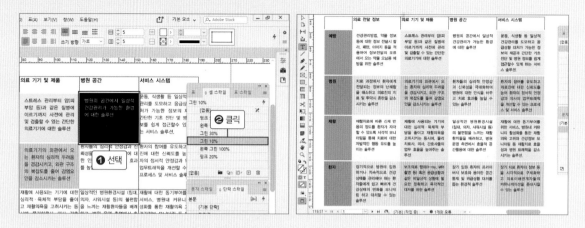

16. 머리글에 일러스트레이터에서 만든 패턴 이미지를 넣기 위해 텍스트를 삭제합니다. 머리글을 선택한 다음 메뉴에서 [표] → 셀을 그래픽 셀로 변환을 실행합니다.

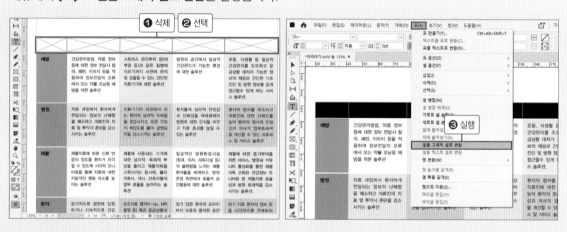

17. 머리글을 선택하고 컨트롤 패널에서 가운데 세로 획을 제외한 나머지 모든 획을 선택한 다음 획 두께를 '0pt'로 설정합니다.

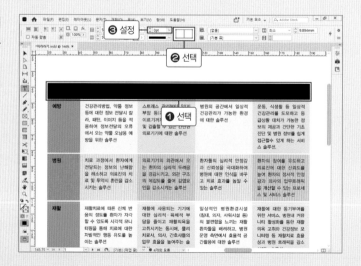

18. 선택 도구(▶)로 머리글 두 번째 사각형 프레임을 선택한 다음 메뉴에서 **(개체)** → **모퉁이 옵션**을 실행합니다.

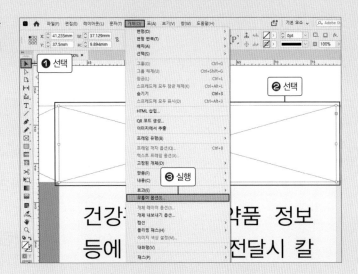

19. 모퉁이 옵션 대화상자가 표시되면 왼쪽 상단과 오른쪽 상단을 '둥글게'로 지정하고, '5mm'를 설정한 다음 <확인> 버튼을 클릭합니다.

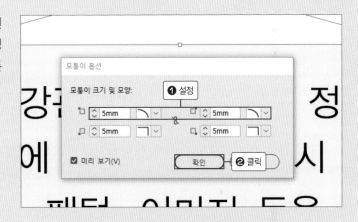

20. 선택 도구(▶)로 사각형 프레임을 선택합니다. Ctrl+D를 눌러 가져오기 대화상자가 표시되면 04 폴더에서 '패턴 이미지.ai' 파일을 선택한 다음 <열기> 버튼을 클릭합니다.

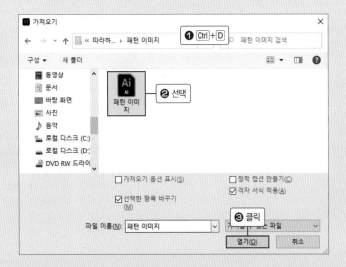

21. 사각형 프레임에 패턴 이미지가 삽입됩니다.

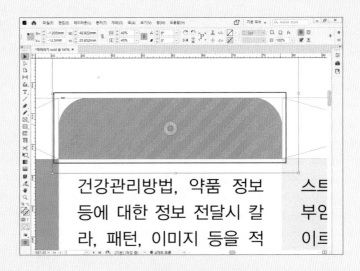

22. 머리글의 나머지 3개의 프레임에도 모퉁이 옵션을 적용하여 '패턴 이미지.ai' 파일의 이미지를 가져옵니다.

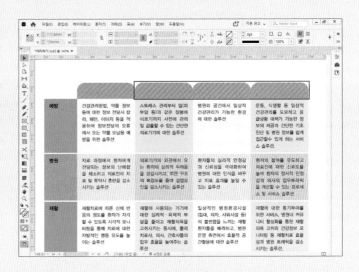

23. 문자 도구(T)로 머리글을 선택합니다. 컨트롤 패널에서 가운데 획만 선택한 다음 획 두께를 '2pt', 획을 '용지'로 지정합니다.

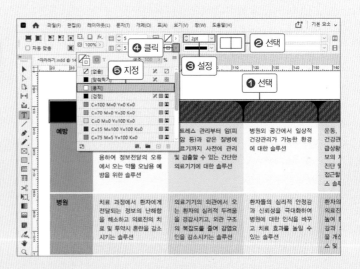

24. 문자 도구(T)로 머리말에 텍스트를 입력한 다음 메뉴에서 [개체] → 효과 → 그림자를 실행합니다.

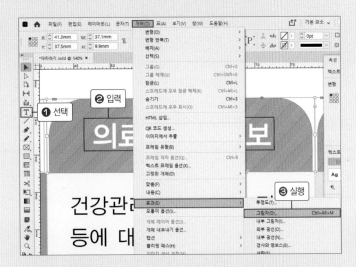

25. 효과 대화상자가 표시되면 위치의 거리를 '0.3mm', 옵션의 크기를 '0mm'로 설정한 다음 <확인> 버튼을 클릭합니다.

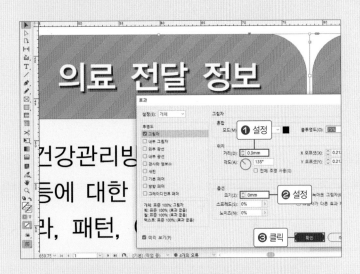

26. 머리글의 나머지 텍스트에도 그림자 효과를 적용하여 완성합니다.

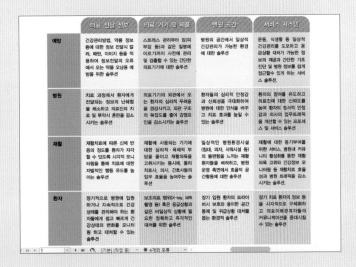

Part 5

인디자인의 최대 강점인 정교한 타이포그래피 다루기

어도비의 제품군 중에서 출판과 인쇄 후반 작업을 위한 지원은 인디자인이 전담하고 있다고 볼 수 있습니다. 화면 레이아웃뿐만 아니라 텍스트 처리 영역에 있어서는 어도비의 다른 프로그램과 비교하더라도 훨씬 강한 기능들을 가지고 있습니다. 문단의 간격이나, 정렬, 장평, 행간, 자간 등 타이포그래피의 여러 요소를 소수점 이하 단위로 미세하게 수정할 수 있고, 이미지 공간을 문장으로 채워 주는 기능이 지원되어 복잡한 문자 데이터를 그래픽화 하는 데 특화되었습니다. 인디자인의 강점이라 할 수 있는 텍스트 프레임, 문자 스타일, 단락 스타일 등의 문자 관련 기능에 대해 알아보겠습니다.

타이포그래피 환경 이해하기

대부분의 편집 디자이너들은 인디자인을 다루기에 앞서 어도비 사의 포토샵 또는 일러스트레이터를 먼저 접하는 경우가 많습니다. 이미지 편집 작업이 익숙한 디자이너에게 텍스트 편집은 매우 까다롭게 느껴지기도 합니다. 편집 디자인의 주재료라고 할 수 있는 문자 요소에 익숙해지기 위해서는 텍스트를 자유자재로 가공할 수 있는 기초 스킬이 필요합니다. 인디자인의 기본적인 텍스트 속성에 대해 알아봅니다.

① 본문을 만들기 위해 문서에 텍스트 가져오기

문서에 텍스트를 추가하는 방법은 다양합니다. 텍스트를 직접 입력하는 방법도 가능하지만 적게는 수십에서 수백 페이지의 문서가 다루어지기도 하는 인디자인 특성상 다른 문서의 텍스트를 복사하여 붙여 넣거나 그대로 불러들이는 방법을 권장합니다. 일관된 레이아웃을 위해 디자이너가 글의 양을 조절하기도 하고 단락을 나누기도 합니다. 하지만 대부분의 경우 정해진 원고를 그대로 지면에 담아야 하는 경우가 많습니다. 따라서 초벌 작업 시에는 원고를 그대로 불러들이는 것이 실수를 예방하는 데 도움이 됩니다.

∴ 복사하고 붙여넣기로 텍스트만 가져오거나 모든 정보 가져오기

가져올 텍스트의 양이 많지 않다면 빠르고 직관적으로 사용할 수 있는 방법입니다. 가져올 텍스트가 있는 한글이나 워드 프로그램 혹은 웹에서 Ctrl+C를 눌러 복사하기를 실행한 다음 인디자인에 Ctrl+V를 눌러 붙여 넣는 방법입니다. '모든 정보 가져오기'와 '텍스트만 가져오기' 설정으로 나누어 알아보겠습니다.

- 예제 파일 : 05\채만식_소년은 자란다.hwp
- 구성 | 가로 115mm, 세로 188mm, 위쪽 여백 18mm, 아래쪽 여백 30mm, 안쪽 여백 20mm, 바깥쪽 여백 15mm
  (환경 설정 변경하여 텍스트 가져오기)

1 — 메뉴에서 (파일) → 새로 만들기→ 문서를 실행하여 새로운 문서 만들기 대화 상자가 표시되면 '인쇄'를 선택합니다. 폭을 '115mm', 높이를 '188mm', 페이지를 '1'로 설정하고 '페이지 마주보기'를 체크 표시한 다음 〈여백 및 단〉 버튼을 클릭합니다.

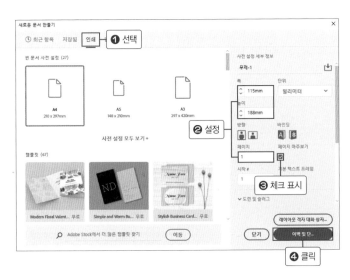

2 — 새 여백 및 단 대화상자가 표시되면 여백에서 위쪽을 '18mm', 아래쪽을 '30mm', 안쪽을 '20mm', 바깥쪽을 '15mm'로 설정합니다. 열에서 개수를 '1', 간격을 '5mm'로 설정한 다음 〈확인〉 버튼을 클릭합니다.

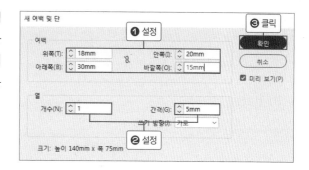

3 — 한글 문서에 저장된 텍스트를 가져오기 위해 05 폴더에서 '채만식_소년은 자란다.hwp' 파일을 불러옵니다.
Ctrl+A를 눌러 모든 텍스트를 선택한 다음 Ctrl+C를 눌러 복사합니다.

4 — 인디자인에서 복사한 텍스트를 가져오기 위해 도구 패널에서 문자 도구(T)를 선택합니다. 커서의 아이콘이 활성화(I)되면 설정된 여백 및 단에 맞게 드래그하여 텍스트 프레임을 생성한 다음 Ctrl+V를 눌러 텍스트를 붙여 넣습니다.
모든 텍스트를 인디자인으로 가져왔지만 1페이지만 표시되고, 텍스트가 넘쳐흐르는 것을 텍스트 프레임 오른쪽 하단의 '+' 아이콘으로 알 수 있습니다.

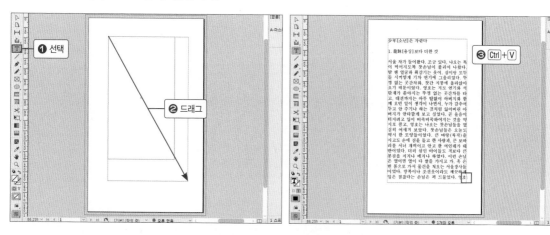

한글 프로그램에서 [Ctrl]+[C]를 눌러 텍스트를 복사한 다음 인디자인에서 텍스트 프레임을 미리 생성하지 않고 바로 [Ctrl]
+[V]를 눌러 텍스트를 가져올 수도 있습니다. 선택 도구([▶])가 선택된 상태에서 텍스트 프레임의 조절점을 드래그하여 텍
스트 상자를 조절해 줍니다.

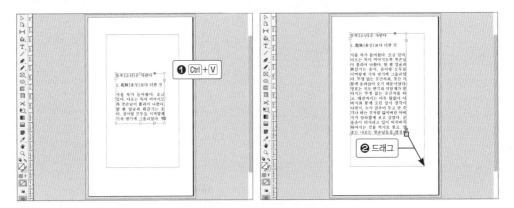

5 ─ 한글 프로그램의 원고와 비교해 보면 글의 내용은 모두 불러온 상태이지만 한글 프로그램의 문자 및 단
락의 스타일은 모두 무시하고 일괄적으로 붙여 넣어졌습니다. 원고를 인디자인으로 불러올 때 기존 원고 스타
일을 그대로 가져오는 것이 속도 면에서 유리할 때가 있습니다.

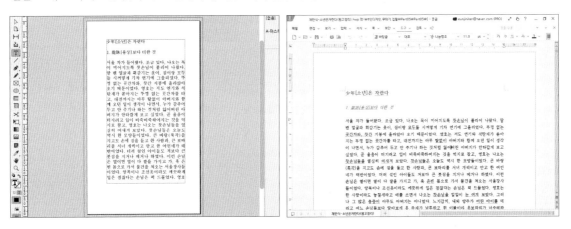

6 ─ 기존 원고의 스타일이나 색상 또는
표와 이미지까지 그대로 불러오기 위해 메
뉴에서 [편집] → 환경 설정 → 클립보드
처리를 실행합니다.

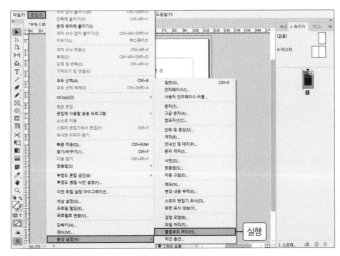

7 ─ 환경 설정 대화상자가 표시되면 다른 응용 프로그램의 텍스트 및 표를 붙일 때에서 '모든 정보(색인 표시자, 색상 견본, 스타일 등)'로 선택한 다음 〈확인〉 버튼을 클릭합니다.

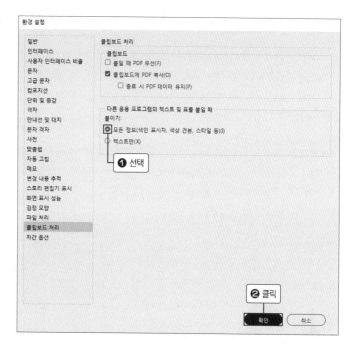

8 ─ 가져온 텍스트 프레임을 삭제한 다음 *3*번~ *4*번 과정과 같은 방법으로 다시 텍스트를 가져옵니다. 한자를 제외하고 색상과 문자 크기를 그대로 가져온 것을 확인할 수 있습니다.

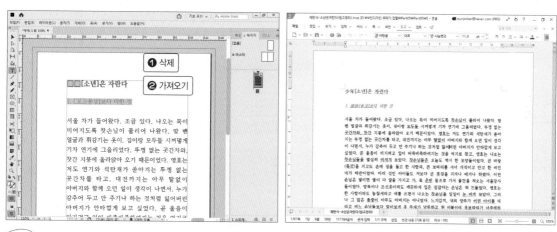

Tip

기본적으로는 텍스트만 가져와 작업하는 경우가 많습니다. 가장 좋은 방법이라기보다는 가장 익숙한 방법이기 때문입니다. 표와 이미지가 많은지 적은지에 따라 속도에 큰 영향을 미치는 부분이기에 텍스트를 가져올 때 상황에 맞게 선택하는 것이 좋습니다.

'모든 정보' 가져오기의 방법으로 텍스트를 불러오면 표나 그림이 많은 작업에서 유리합니다. 인디자인 지면의 환경에 적합하도록 표 스타일을 만들어 놓고 지정만 하면 작업 속도를 줄일 수 있습니다. 인디자인의 특성상 복사한 그림이 인디자인으로 그대로 들어오지는 않지만 그림 상자의 비율이 그대로 들어오기 때문에 이미지를 삽입할 때 이미지 폴더에서 드래그하는 방법으로 가져오기 편리합니다.

모든 정보 가져오기 방법을 활용한다면, 텍스트를 불러와 초벌 작업을 할 때만 환경 설정을 변경하고 다시 '텍스트만'으로 변경하는 것을 추천합니다. '모든 정보'로 설정된 상태에서 계속 작업을 이어가면 원하지 않는 단락 스타일이나 문자 스타일이 함께 들어오기 때문에 불편한 경우가 생기기도 합니다.

⦂ 넘치는 텍스트 흘리기

새로운 문서 만들기 대화상자에서 '기본 텍스트 프레임'을 체크 표시하면 긴 텍스트 흘리기가 자동화 되어 작업 시간을 줄일 수 있습니다. 때로는 텍스트 프레임 없이 만든 문서 내에서 텍스트를 다음 페이지로 이어서 흘려야 할 경우가 생기기도 합니다. 마스터 페이지에서 텍스트 스레드를 설정한 다음 페이지를 삽입하며 내용을 이어 흘리는 방법에 대해 알아봅니다.

• **예제 파일** : 05\텍스트흘리기.indd　　• **완성 파일** : 05\텍스트흘리기_완성.indd
• **구성** ┃ 가로 115mm, 세로 188mm, 위쪽 여백 18mm, 아래쪽 여백 30mm, 안쪽 여백 20mm, 바깥쪽 여백 15mm

1 — 05 폴더에서 '텍스트흘리기.indd' 파일을 불러옵니다.
도구 패널에서 선택 도구(▶)를 선택한 다음 텍스트 상자를 클릭하면 텍스트 프레임의 오른쪽 하단에 '+' 아이콘이 표시되며, 텍스트가 넘치고 있다는 것을 확인할 수 있습니다.

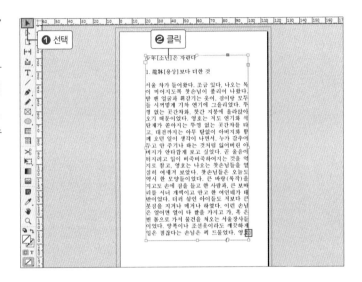

2 — 페이지를 추가하여 텍스트를 넘치지 않게 흘리기 위해 페이지 패널에서 'A-마스터'를 더블클릭합니다. 도구 패널에서 문자 도구(T.)를 선택한 다음 드래그하여 양쪽 페이지에 텍스트 프레임을 생성합니다.

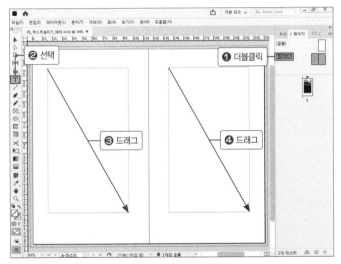

3 — 도구 패널에서 선택 도구(▶)를 선택합니다. 양쪽 페이지의 텍스트 프레임을 연결하여 텍스트가 흐르도록 설정하기 위해 왼쪽 페이지 텍스트 프레임에서 오른쪽 하단의 '연결 흐름' 아이콘(□)을 클릭한 다음 오른쪽 페이지 텍스트 프레임의 안쪽 여백을 클릭합니다.

마스터 페이지에 텍스트 스레드가 설정되었다는 것을 알 수 있습니다.

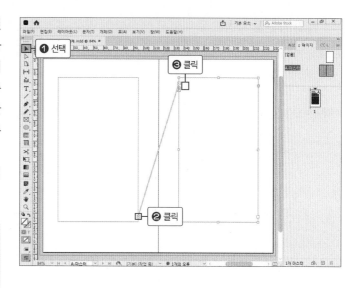

Tip

텍스트 스레드가 표시되지 않는 경우 메뉴에서 **[보기]** → **기타** → **텍스트 스레드 표시**를 실행하면 연결된 텍스트 프레임이 선으로 표시됩니다.

4 — 1페이지를 더블클릭하여 본문 페이지로 이동한 다음 페이지 패널에서 '새 페이지 만들기' 아이콘(⊞)을 클릭하여 2페이지를 생성합니다.

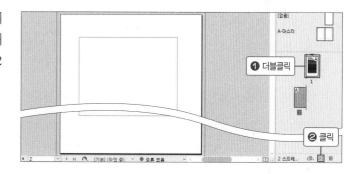

5 — 1페이지에서 텍스트 프레임 오른쪽 하단의 '+' 아이콘을 클릭합니다. 페이지 패널에서 2페이지를 더블 클릭한 다음 텍스트 프레임의 안쪽 여백을 클릭합니다. 모든 텍스트가 페이지 생성과 함께 흘려집니다. 191페이지까지 자동으로 생성되었습니다.

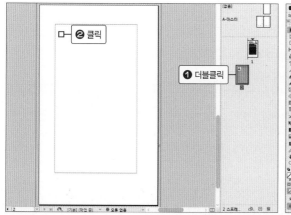
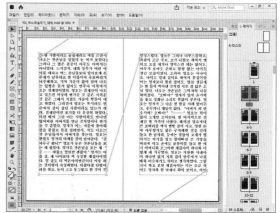

Tip

텍스트가 넘치는 프레임이 없어졌기 때문에 하단 프리플라이트 부분에 '오류 없음'이 표시되는 것을 확인할 수 있습니다.

∴ 글의 양만큼 자동으로 페이지 생성하여 연속 흘리기

마스터 페이지에서 텍스트 스레드를 설정하여 전체 내용이 흐르도록 설정할 수도 있으나 내용이 많다면 '기본 텍스트 프레임'을 설정하여 긴 텍스트 흘리기를 자동화할 수 있습니다.

- **예제 파일** : 05\채만식_소년은 자란다.hwp
- **완성 파일** : 05\기본텍스트프레임생성_완성.indd
- **구성** | 가로 115mm, 세로 188mm, 위쪽 여백 18mm, 아래쪽 여백 30mm, 안쪽 여백 20mm, 바깥쪽 여백 15mm
   기본 텍스트 프레임을 설정하여 텍스트 흘리기

1 — 텍스트 가져오기에 앞서 한글에서 만든 한글 문서(.hwp)를 워드 문서(.docx/.doc) 또는 서식이 있는 문서(.rtf)로 변환하는 과정이 필요합니다. 인디자인은 한글 문서를 인식하지 못하기 때문입니다.

05 폴더에서 '채만식_소년은 자란다.hwp' 파일을 불러옵니다. 메뉴에서 **(파일) → 다른 이름으로 저장하기**를 실행합니다.

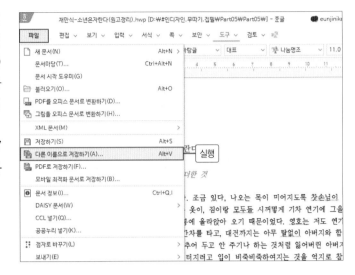

2 — 다른 이름으로 저장하기 대화상자가 표시되면 파일 이름을 입력하고 파일 형식을 '워드 문서(*docx)'로 지정한 다음 〈저장〉 버튼을 클릭합니다.

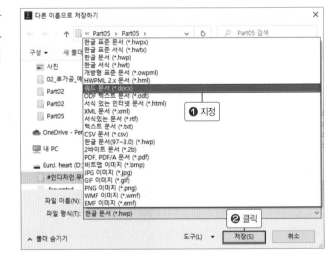

3 — 인디자인의 메뉴에서 [파일] → **새로 만들기** → **문서**를 실행하여 새로운 문서 만들기 대화상자가 표시되면 '인쇄'를 선택합니다.
폭을 '115mm', 높이를 '188mm', 페이지를 '1'로 설정하고, '페이지 마주보기'와 '기본 텍스트 프레임'을 체크 표시한 다음 〈여백 및 단〉 버튼을 클릭합니다.

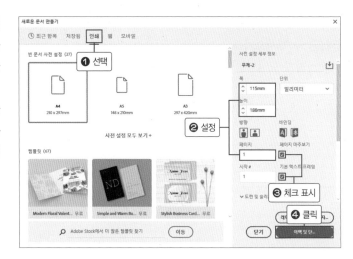

4 — 새 여백 및 단 대화상자가 표시되면 여백에서 위쪽을 '18mm', 아래쪽을 '30mm', 안쪽을 '20mm', 바깥쪽을 '15mm'로 설정합니다. 열에서 개수를 '1', 간격을 '5mm'로 설정한 다음 〈확인〉 버튼을 클릭합니다.

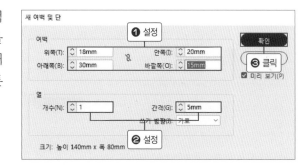

5 — 1페이지에 본문이 삽입될 부분을 클릭하면 텍스트 프레임이 선택됩니다. '기본 텍스트 프레임'을 체크 해제하고 새 문서를 생성했을 때와는 달리 페이지에 텍스트 프레임이 자동으로 생성된 것을 확인할 수 있습니다.

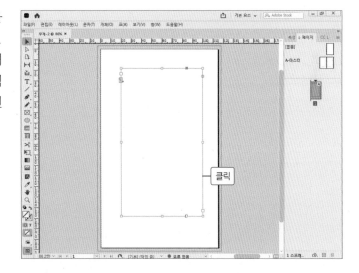

> **Tip**
> 텍스트를 삽입할 수 있는 프레임은 작업 도중 언제든지 추가가 가능하기 때문에 시작 단계에서 설정하지 않아도 문제가 없지만, '기본 텍스트 프레임'은 단행본 같은 책자를 만들 때 굉장히 편리한 기능입니다. 반복되는 과정을 빠르고 쉽게 단축해주기 때문에 시간을 절약해 줍니다.
> 인디자인에서 새 문서를 만들때 '기본 텍스트 프레임'을 체크 표시하고 문서를 생성하면 전체 페이지에 텍스트 프레임이 기본적으로 만들어지고, 텍스트 상자에 글이 넘치는 상황에서 자동으로 다음 페이지가 생성되어 글이 다음 페이지로 연결됩니다.

6 — 텍스트를 가져오기 위해 메뉴에서 〔파일〕 → **가져오기**를 실행하여 가져오기 대화상자가 표시되면 파일 형식을 변경한 워드 원고 파일을 선택하고 '가져오기 옵션 표시'를 체크 표시한 다음 〈열기〉 버튼을 클릭합니다.

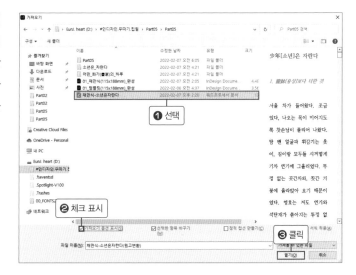

7 — Microsoft Word 가져오기 옵션 대화상자가 표시되면 서식에서 '텍스트 및 표에서 스타일 및 서식 제거'를 선택한 다음 〈확인〉 버튼을 클릭하면 커서에 미리 보기로 텍스트가 준비되었다는 것을 알 수 있습니다.

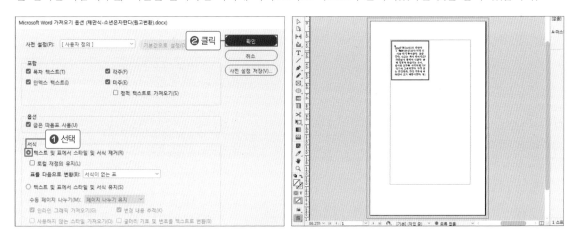

8 — 이미 텍스트 프레임이 생성되어 있기 때문에 텍스트를 삽입할 부분을 클릭만 해도 191페이지까지 자동 생성되며 내용이 삽입됩니다.

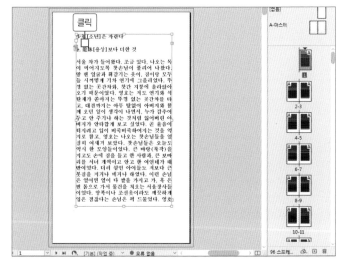

Microsoft Word 가져오기 옵션 대화상자에서 서식의 '텍스트 및 표에서 스타일 및 서식 유지'를 선택한 다음 <확인>버튼을 클릭하고 텍스트 프레임을 클릭하면 기존 원고 파일이 가진 글꼴의 크기나 색상 등의 스타일이 함께 적용되어 들어옵니다. 해당 원고는 표가 없는 원고이나 표나 이미지가 많은 원고일수록 유리한 설정입니다.

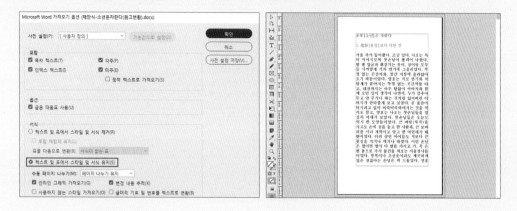

∴ 여러 문서를 한 번에 불러와 위치하기

인디자인은 다른 프로그램에서 만든 이미지와 텍스트를 불러와 편집하는 프로그램이기 때문에 이미지와 마찬가지로 텍스트도 여러 문서에서 한 번에 가져올 수 있습니다. 여러 문서의 내용과 표 또는 같은 스타일이 적용되어야 하는 항목들을 불러와 빠르게 초안 작업을 할 수 있습니다.

- **예제 파일** : 05\채만식_소년은자란다(원고변환).docx, 채만식_어떤화가의하루(원고변환).docx
- **완성 파일** : 05\여러문서가져오기_완성.indd
- **구성** | 가로 115mm, 세로 188mm, 위쪽 여백 18mm, 아래쪽 여백 30mm, 안쪽 여백 20mm, 바깥쪽 여백 15mm

1 — 메뉴에서 [파일] → 새로 만들기 → **문서**를 실행하여 새로운 문서 만들기 대화 상자가 표시되면 '인쇄'를 선택합니다. 폭을 '115mm', 높이를 '188mm', 페이지를 '1'로 설정하고, '페이지 마주보기'와 '기본 텍스트 프레임'을 체크 표시한 다음 <여백 및 단> 버튼을 클릭합니다.

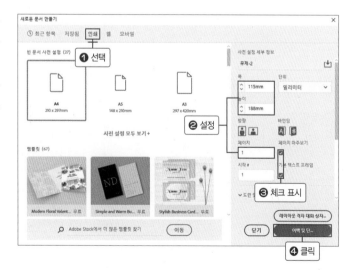

2 — 새 여백 및 단 대화상자가 표시되면 여백에서 위쪽을 '18mm', 아래쪽을 '30mm', 안쪽을 '20mm', 바깥쪽을 '15mm'로 설정합니다. 열에서 개수를 '1', 간격을 '5mm'로 설정한 다음 〈확인〉 버튼을 클릭합니다.

기본 텍스트 프레임이 적용되었기 때문에 새 페이지에 텍스트 프레임이 자동으로 생성되었습니다.

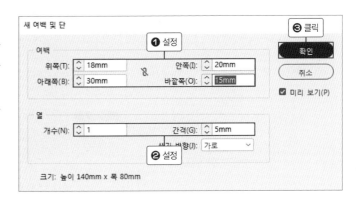

3 — 텍스트를 가져오기 위해 메뉴에서 (파일) → **가져오기**를 실행하여 가져오기 대화상자가 표시되면 05 폴더에서 '채만식_소년은자란다(원고변환).docx', '채만식_어떤화가의하루(원고변환).docx' 파일을 선택한 다음 〈열기〉 버튼을 클릭합니다. 필요에 따라 가져오기 옵션 표시를 선택할 수 있습니다.

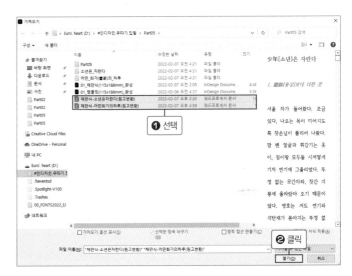

4 — 텍스트가 들어갈 부분을 클릭하여 텍스트를 가져옵니다.

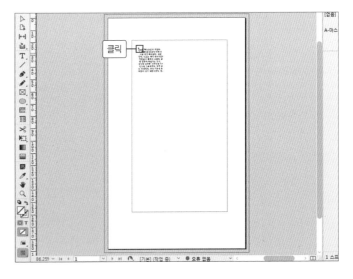

5 — 이미 텍스트 프레임이 생성되어 있기 때문에 클릭만 해도 191페이지까지 자동 생성되며 내용이 삽입됩니다. 워드 문서에서 가져온 텍스트가 페이지에 적용된 후에도 커서에는 여전히 텍스트 미리 보기가 표시됩니다. 두 파일 중 한 파일의 내용만 적용되었기 때문입니다.

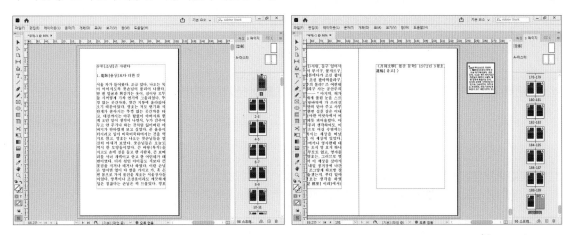

6 — 마지막 페이지로 이동하기 위해 페이지 패널에서 191페이지를 더블클릭한 다음 '새 페이지 만들기' 아이콘(⊞)을 클릭하여 페이지를 추가합니다.

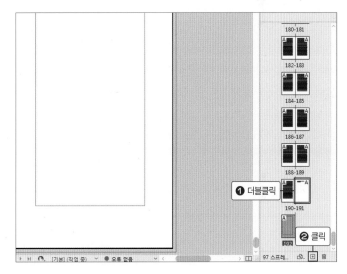

7 — 내용이 들어갈 부분을 다시 클릭하면 200페이지까지 내용이 삽입됩니다.

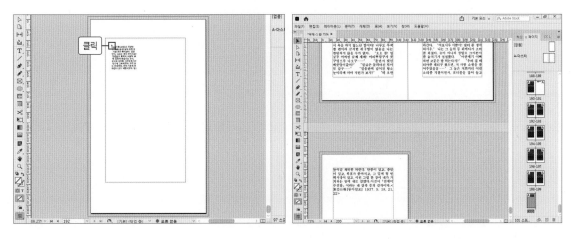

스토리 편집기는 문서에 포함된 그래픽 요소나 글꼴 스타일 등의 모든 디자인적 요소를 무시하고 오로지 텍스트만 모아서 보여 줍니다. 스토리 편집기를 이용해 원고 전체를 보면서 수정을 진행하면 글꼴 변경이나 오탈자 등의 수정뿐만 아니라 단락 스타일 및 원고의 넘치는 영역까지도 한눈에 표시됩니다.

∴ 스토리 편집기 사용하여 글꼴 변경 및 오탈자와 띄어쓰기 교정하기

스토리 편집기의 인터페이스가 글의 내용에만 집중할 수 있도록 간단하게 구성되어 있기 때문에 넘치는 텍스트나 유실된 글꼴, 오탈자 등을 찾기가 쉽습니다. 스토리 편집기를 실행하여 원고를 살펴봅니다.

• 예제 파일 : 05\스토리편집기.indd

• 구성 | 가로 115mm, 세로 188mm, 위쪽 여백 18mm, 아래쪽 여백 30mm, 안쪽 여백 20mm, 바깥쪽 여백 15mm

1 — 05 폴더에서 '스토리편집기.indd' 파일을 불러옵니다.
스토리 편집기는 텍스트 레이아웃 전용 보기이므로 수정이 필요한 텍스트 프레임을 선택한 상태에서 실행해야 합니다.
003페이지의 본문 텍스트 프레임을 선택한 다음 메뉴에서 **[편집] → 스토리 편집기에서 편집**을 실행합니다.

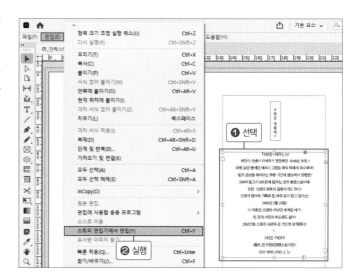

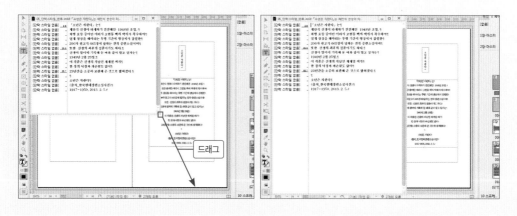

> *Tip*
>
> 스토리 편집기 오른쪽 하단의 모서리를 드래그하여 창의 크기를 조절할 수 있습니다.

스토리 편집기 왼쪽에는 스타일 이름이 표시되고, 오른쪽에는 텍스트가 표시됩니다. 단락 스타일이나 문자 스타일이 본문에 어떻게 적용되어 있는지를 한눈에 보여 주기 때문에 스타일 항목들을 정리하는 데 유용하게 쓰입니다.

세로 눈금자는 해당 텍스트의 위치가 상단으로부터 얼마나 떨어져 있는지를 표시합니다. 세로 눈금자의 오른쪽 열에 빨간색 선은 현재 선택된 텍스트 프레임에 텍스트가 넘쳐 지면에 보이지 않는 부분을 표시합니다.

스토리 편집기는 모든 디자인적 요소를 배제하고 텍스트만 표시하는 창이기 때문에 스토리 편집기가 활성화되면 도구 메뉴의 문자 도구(T), 메모 도구(▣), 칠/획 도구(T)를 제외한 나머지 도구는 모두 비활성화됩니다.

2 — 스토리 편집기에서 「소년은 자란다」 텍스트를 드래그한 다음 문자 패널에서 원하는 글꼴을 지정하여 수정할 수 있습니다.
전체적인 레이아웃을 살피며 글꼴 크기와 자간도 변경합니다. 본문에서도 변화가 적용된 것을 확인할 수 있습니다.

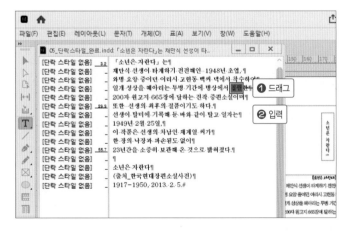

3 — 스토리 편집기에서 오탈자인 '잡필' 텍스트를 드래그하여 '집필'로 수정합니다.

4 — 2번의 띄어쓰기가 적용된 '1948년' 텍스트 앞에 ' · ' 하나를 삭제합니다. '선생의' 텍스트 앞에 삽입된 띄어쓰기 중복도 같은 방법으로 수정합니다.

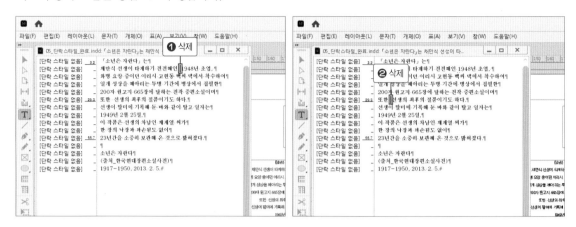

5 — 세로 쓰기가 적용된 제목을 수정하기 위해 인디자인 본문 페이지를 클릭한 다음 도구 패널에서 선택 도구(▶)가 선택된 상태에서 제목 텍스트 프레임을 선택합니다. 메뉴에서 〔편집〕 → **스토리 편집기에서 편집**을 실행하면 한 개 더 스토리 편집기 창이 표시되는 것을 확인할 수 있습니다. 스토리 편집기는 텍스트 프레임 하나당 한 개씩 표시됩니다.

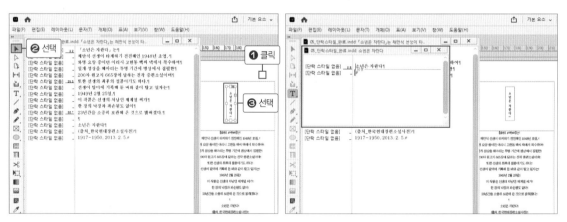

6 — 스토리 편집기에서 글꼴을 변경하고 싶은 텍스트를 드래그한 다음 문자 패널에서 원하는 글꼴을 지정하여 적용합니다. 본문 페이지에도 변화가 적용된 것을 확인할 수 있습니다.

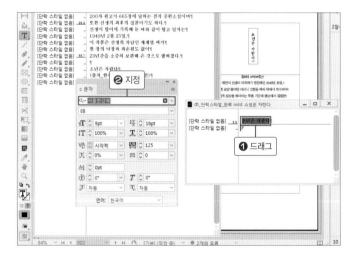

7 — 실행된 스토리 편집기를 모두 닫고 006-007페이지로 이동하여 본문 텍스트 프레임을 선택한 다음 Ctrl+Y를 눌러 스토리 편집기를 실행합니다.

본문 페이지에서 수정하려는 텍스트를 드래그하고 Ctrl+Y를 누르면 스토리 편집기에서 현재 위치를 찾아 줍니다.

스토리 편집기에서 수정하려는 텍스트를 드래그한 다음 Ctrl+Y를 눌러도 본문 페이지에 해당 위치가 표시되어 수정이 가능합니다.

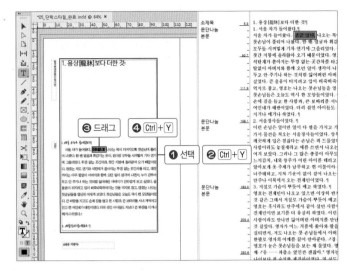

8 — 메뉴에서 (문자) → **숨겨진 문자 표시**를 실행합니다. 어떤 영역에 집중하여 수정하느냐에 따라 숨겨진 문자를 표시하거나 숨길 수 있습니다. 숨겨진 문자가 표시되면 단어 사이의 띄어쓰기 공간이 '·'으로 표시됩니다. '·'이 2개 들어간 공간을 찾아 수정하는 데 도움이 됩니다.

∷ 스토리 편집기를 사용하여 텍스트의 흐름과 문맥 교정하기

오탈자 수정뿐만 아니라 전체적인 문맥의 교정 및 교열 검수 과정에서 스토리 편집기를 활용할 수 있습니다. 스토리 편집기를 열어 본문 내용을 전체적으로 제어할 수 있습니다.

- **예제 파일** : 05\스토리편집기.indd
- **구성** | 가로 115mm, 세로 188mm, 위쪽 여백 18mm, 아래쪽 여백 30mm, 안쪽 여백 20mm, 바깥쪽 여백 15mm

  스토리 편집기 이용하여 단락 앞·뒤로 이동시키기

1 — 05 폴더에서 '스토리편집기.indd' 파일을 불러옵니다.

스토리 편집기를 활성화하여 이동하려는 단락을 드래그하여 선택합니다. 커서에 화살표와 'T' 아이콘(▣)이 함께 표시되어 텍스트가 이동할 준비를 마쳤다는 것을 보여 줍니다.

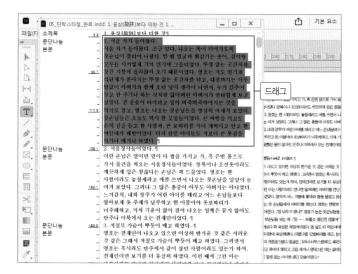

2 — 선택한 텍스트를 드래그하여 원하는 위치로 이동합니다. 본문 페이지에서도 이동이 완료된 것을 확인할 수 있습니다.

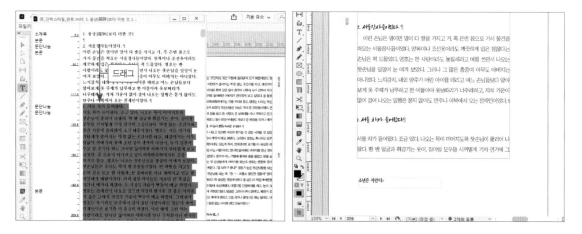

메뉴에서 **[편집]** → **환경 설정** → **일반**을 실행하여 환경 설정 대화상자가 표시되면 '문자'를 선택합니다. 텍스트 드래그하여 놓기에서 '레이아웃 보기에서 사용'을 체크 표시하면 본문 페이지에서도 텍스트를 드래그하여 이동할 수 있습니다.

본문 페이지에는 다양한 그래픽 요소들이 어우러져 있기 때문에 텍스트 드래그 이동은 스토리 편집기에서 실행하는 것이 효과적입니다. 스토리 편집기에서의 텍스트 드래그 이동은 본문 페이지에서의 복사, 붙여넣기보다 빠르고 쉽게 텍스트의 위치를 자유롭게 변경할 수 있어 유리합니다.

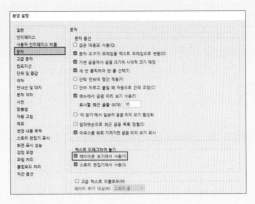

∴ 스토리 편집기의 환경 설정을 변경하여 가독성 높이기

여러 정보들이 텍스트로만 채워져 있는 창이기 때문에 스토리 편집기가 답답하게 느껴질 수 있습니다. 스토리 편집기 환경 설정을 통해 사용자의 눈에 편한 편집기 환경을 만들어 봅니다.

1 — 스토리 편집기가 활성화된 상태로 메뉴에서 **[보기]** → **스토리 편집기** → **스타일 이름 열 숨기기**를 실행합니다. 스토리 편집기에 텍스트만 남는 것을 확인할 수 있습니다. 다른 정보들이 오히려 가독성을 해친다면 깔끔하게 설정할 수 있습니다.

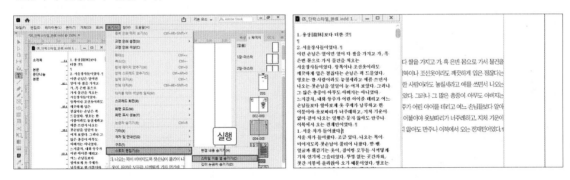

2 — 스토리 편집기의 글꼴과 크기를 변경하여 눈에 편안한 환경을 조성할 수 있습니다. **Ctrl**+**K**를 눌러 환경 설정 대화상자가 표시되면 '스토리 편집기 표시'를 선택하여 글꼴, 텍스트 색상, 배경 색상 등을 사용자의 환경에 맞게 설정할 수 있습니다.

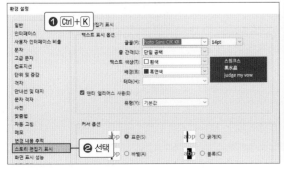
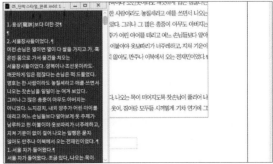

인디자인으로 편집 작업을 하다 보면 글리프(문자표) 패널을 자주 찾게 됩니다. 문자를 이용하여 하나하나 만들어 쓰기 어려운 글자를 바로 사용할 수 있다는 장점이 있기 때문입니다. 글리프를 이용하면 정리 정돈이 잘된 편집 지면이 만들어져 논리적인 내용 전달에 도움이 됩니다.

∴ 글리프 패널에서 글리프 삽입하기

해당 글꼴에서 적용이 가능한 특수 문자들을 한번에 확인할 수 있는 방법입니다. 이전에 사용한 35개의 특수 문자를 글리프 패널의 첫 행에 보여 주어 사용자는 자주 사용되는 문자를 보다 쉽게 선택할 수 있습니다.

- **예제 파일** : 05\글리프삽입.indd • **완성 파일** : 05\글리프삽입_완성.indd
- **구성** | 가로 115mm, 세로 188mm, 위쪽 여백 18mm, 아래쪽 여백 30mm, 안쪽 여백 20mm, 바깥쪽 여백 15mm

1 — 05 폴더에서 '글리프삽입.indd' 파일을 불러옵니다. 특수 문자를 삽입하기 위해 '채만식' 텍스트 앞부분을 클릭한 다음 메뉴에서 (**문자**) → **글리프**를 실행합니다.

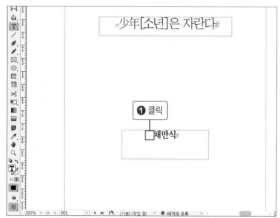
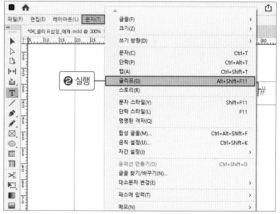

2 — 커서가 위치한 부분에 해당하는 글꼴에서 사용이 가능한 특수 문자가 표시되며, 표시에서 글리프 목록을 지정할 수 있습니다.

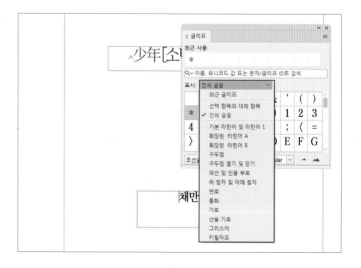

3 ━ 원하는 특수 문자를 더블클릭하면 글리프가 삽입됩니다. '채만식' 텍스트 뒤에도 특수 문자를 다시 한번 더블클릭하여 삽입합니다.

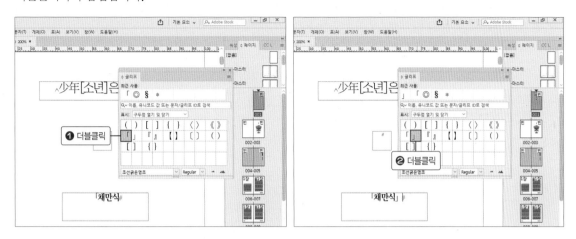

4 ━ 다른 위치에 글리프를 삽입하기 위해 도구 패널에서 문자 도구(T.)를 선택하고 드래그하여 텍스트 프레임을 생성합니다. 글리프 패널에 특수 문자가 표시되지 않는다면 글꼴을 'KoPubWorld바탕체_Pro'로 지정한 다음 목록에서 그림과 같은 특수 문자를 더블클릭하여 삽입합니다.

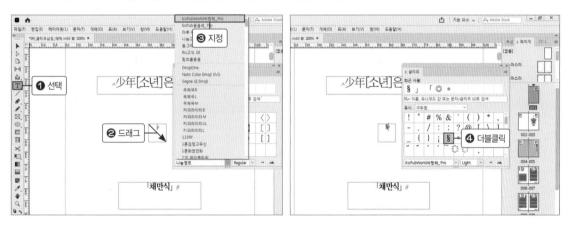

5 ━ 글리프도 텍스트 프레임 안에 적용되어 있기 때문에 Ctrl+T를 눌러 문자 패널이 표시되면 글꼴의 크기, 자간, 행간, 굵기 등 문자와 관련된 세심한 편집이 가능합니다.

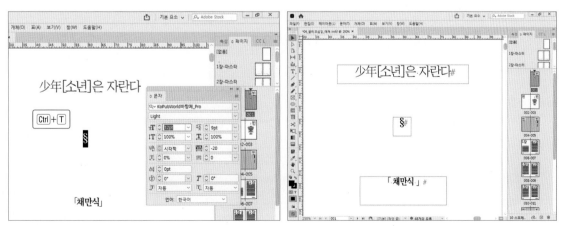

∴ 키보드의 자음과 한자 키로 글리프 삽입하기

자주 쓰는 특수 문자를 본문에 빠른 속도로 적용할 수 있는 방법입니다. 몇 가지 중요 자음들만 알고 있으면 글리프 패널을 표시하지 않고 특수 문자를 바로 삽입할 수 있습니다.

1 — 텍스트 상자에 커서를 활성화한 다음 키보드에서 ㄱ+한자 또는 ㅁ+한자를 누르는 방법으로 특수 문자를 삽입할 수 있습니다. 특수 문자 목록이 표시되면 ↓를 눌러 더 많은 특수 문자를 확인할 수 있습니다. 키보드가 한글로 선택된 상태에서만 적용이 가능합니다.

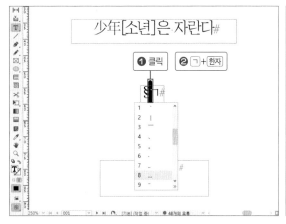

Tip

익숙해진다면 텍스트 편집을 더욱 빠르게 하는 습관이 되지만 맥 사용자의 경우에는 불편할 수 있습니다. 편집 속도를 빠르게 하는 자음+한자의 특수 문자를 사용 빈도가 높은 순으로 알아 두면 유용합니다.

ㄱ+한자 : · ‥ …

ㄴ+한자 : " 》 「 』 …

ㄷ+한자 : ± ∞ ∴ ‥ …

ㄹ+한자 : $ ₩ ㎣ ㎤ ㎥ ㎞ ㎜ ㎠ ㎡ …

ㅂ+한자 : ㉠ ㉡ ㉢ ㉣ …

ㅅ+한자 : ⓐ ⓑ ⓒ ⓓ …

ㅇ+한자 : ① ② ③ ④ …

ㅈ+한자 : ⅰ ⅱ ⅲ ⅳ …

ㅁ+한자 : ※ ☆ ★ ○ ● ◎ ◇ ◆ □ ■ △ ▲ ▽ ▼ → ← ↑ ↓ ↔ ◁ ◀ ▷ ▶ ♤ ♠ ♡ ♥ ♧ ♣ ⊙ ☏ ☎ ☜ ☞ …

키보드의 **Alt**와 숫자 키로 글리프 삽입하기

자주 쓰는 특수 문자를 단축키처럼 사용할 수 있습니다. 글리프 패널을 실행하지 않고 Alt +숫자의 단축키로 특수 문자를 삽입하는 방법을 알아봅니다.

1 ― 텍스트 상자에 커서를 활성화한 다음 키보드에서 Alt + 183 을 누르는 방법으로 특수 문자를 삽입할 수 있습니다.

자주 사용하는 글리프 등록하기

자주 사용하는 특수 문자들이 있습니다. 이러한 기호들을 따로 구성하여 저장하면 필요한 기호를 찾느라 허비되는 시간을 아낄 수 있습니다. 인디자인의 작업 환경은 작업 속도에 영향을 미칩니다. 프로 편집자일수록 인디자인에서 제공하는 환경 설정을 익숙하게 사용하기 때문에 빠르고 정확한 작업 과정이 가능합니다.

1 ― 자주 사용하는 글리프를 등록하기 위해 메뉴에서 [**문자**] → **글리프**를 실행하여 글리프 패널을 표시합니다.

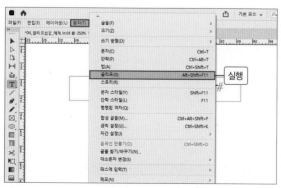
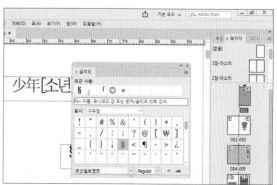

2 ─ '패널 메뉴' 아이콘(▤)을 클릭한 다음 **새 글리프 세트**를 실행합니다. 새 글리프 세트 대화상자가 표시되면 이름에 '글리프세트 연습'을 입력한 다음 〈확인〉 버튼을 클릭합니다.

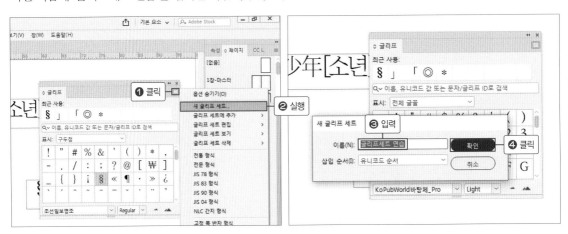

3 ─ 원하는 특수 문자를 찾아 선택합니다. '패널 메뉴' 아이콘(▤)을 클릭한 다음 **글리프 세트에 추가 → 글리프세트 연습**을 실행하여 등록합니다. 해당 과정을 반복하여 여러 원하는 특수 문자를 등록합니다.

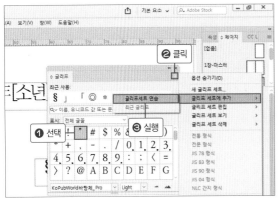

4 ─ 표시를 '글리프세트 연습'으로 지정하면 등록한 특수 문자를 확인할 수 있습니다.

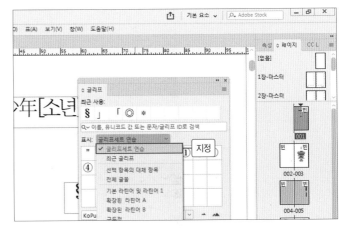

∵ 자주 사용하는 특수 문자 자동으로 삽입하기

특수 문자를 반복적으로 삽입하다 보면 작업 시간이 소요되는 것도 문제이지만, 많은 양의 작업을 하다 보면 작은 기호나 문자일 경우 실수가 발생할 가능성이 높습니다. 단락 스타일에서 자동으로 특수 문자를 넣는 글머리 기호 기능을 사용하여 많은 양의 본문에 일괄적으로 특수 문자를 삽입해 봅니다.

- **예제 파일** : 05\글리프자동삽입.indd ・ **완성 파일** : 05\글리프자동삽입_완성.indd
- **구성** │ 가로 115mm, 세로 188mm, 위쪽 여백 18mm, 아래쪽 여백 30mm, 안쪽 여백 20mm, 바깥쪽 여백 15mm
  단락 스타일 이용하여 글리프 자동 삽입하기

1 — 05 폴더에서 '글리프자동삽입.indd' 파일을 불러옵니다. 004페이지를 더블클릭하여 해당 페이지로 이동합니다. 메뉴에서 (**문자**) → **단락**을 실행하여 단락 패널을 표시합니다.

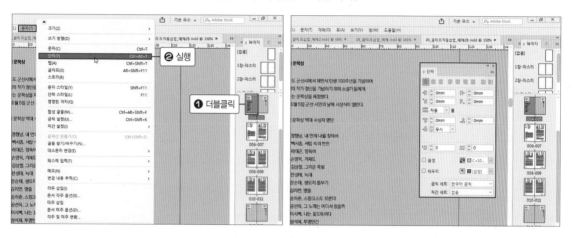

2 — 특수 문자를 삽입할 위치를 클릭하고 단락 패널의 '패널 메뉴' 아이콘(▤)을 클릭한 다음 **글머리 기호 및 번호 매기기**를 실행합니다.

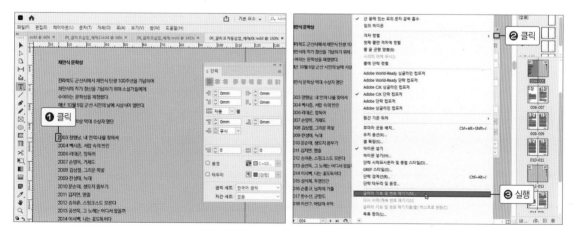

3 — 글머리 기호 및 번호 매기기 대화상자가 표시되면 목록 유형을 '글머리 기호'로 지정하고 원하는 기호가 하단에 표시되지 않는다면 〈추가〉 버튼을 클릭하여 원하는 기호를 선택합니다. 기호가 선택되었다면 〈추가〉 버튼을 클릭하고 〈확인〉 버튼을 클릭합니다.

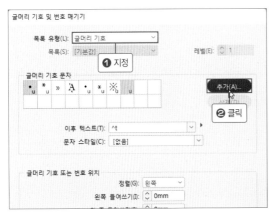

4 — 글머리 기호 문자 목록에 추가된 모습을 확인할 수 있습니다.
추가한 기호를 선택하면 본문 페이지에도 기호가 적용됩니다. 적용 모습이 보이지 않는다면 '미리 보기'를 체크 표시합니다.

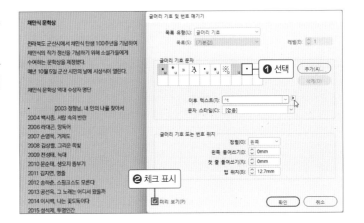

5 — 이후 텍스트의 '목록' 아이콘(▶)을 클릭한 다음 **반각 공백**을 실행합니다. 전체적인 레이아웃에 적합한 간격으로 다양하게 선택할 수 있습니다.
글머리 기호 또는 번호 위치에서 레이아웃에 적합한 들여쓰기 적용이 가능합니다. 모든 설정이 완료되었다면 〈확인〉 버튼을 클릭합니다.

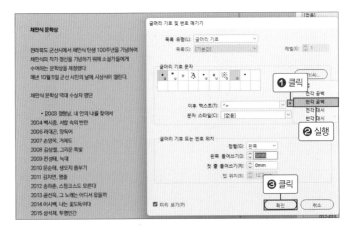

Tip

커서를 원하는 위치로 계속 이동하면서 같은 방법으로 기호를 반복 삽입할 수 있습니다. 애뉴얼 리포트나 학술지 편집의 경우, 사례나 과정 보고 등의 정보 전달에서 기호나 숫자 글머리가 다량 삽입되므로 위와 같은 방법으로는 빠른 편집이 불가능합니다.

6 — 이전과 같은 과정을 반복하는 수고를 덜기 위해 기호가 삽입된 단락을 '단락 스타일'로 등록합니다. 메뉴에서 [문자] → **단락 스타일**을 실행하여 단락 스타일 패널을 표시합니다. 등록하려는 단락을 드래그한 다음 단락 스타일 패널 하단의 '새 스타일 만들기' 아이콘(⊞)을 클릭합니다.

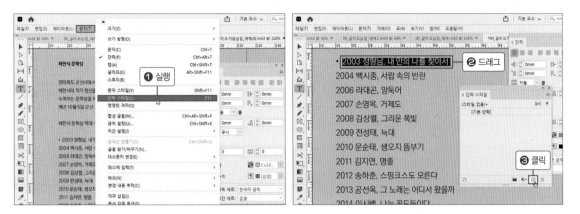

7 — 단락 스타일 패널에 새로운 '단락 스타일 1'이 생성되었습니다. '단락 스타일 1'을 더블클릭하여 단락 스타일 옵션 대화상자가 표시되면 스타일 이름에 '글머리삽입연습'을 입력한 다음 〈확인〉 버튼을 클릭합니다.

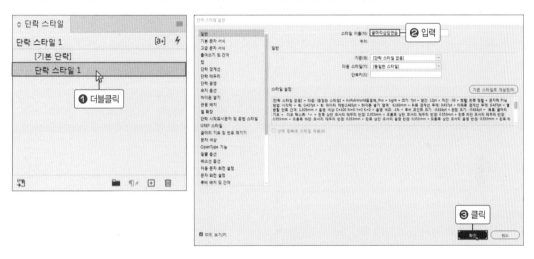

8 — 등록된 스타일을 단락에 적용합니다. 글머리가 삽입될 단락을 모두 드래그한 다음 단락 스타일 패널에서 '글머리삽입연습'을 클릭합니다.
등록한 단락 스타일과 같은 글머리가 한 번에 적용되는 것을 확인할 수 있습니다.

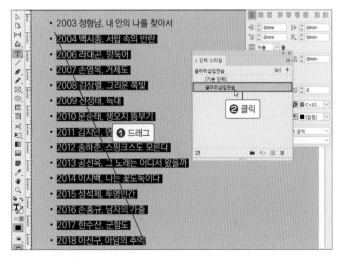

글머리 뒤를 클릭한 다음(글머리는 선택되지 않습니다) 메뉴에서 **[문자]** → 글머리 기호 및 번호 매기기 목록 → 글머리 기**호를 텍스트로 변환**을 실행하면 글머리가 텍스트로 변환됩니다. 텍스트로 변환된 후에는 선택이 가능하며 색상이나 크기도 설정할 수 있습니다. 쉽게 제어가 가능하지만 전체 단락을 한 번에 수정할 수 없게 되기 때문에 상황에 맞게 신중하게 선택하는 것이 좋습니다.

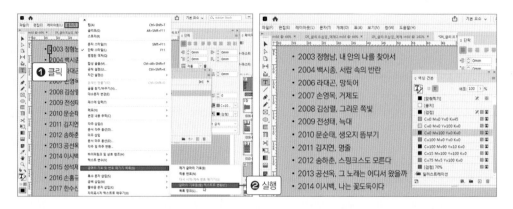

9 — 단락 스타일에 등록된 글머리는 한 번에 제어가 가능합니다. '글머리삽입연습'을 더블클릭하여 단락 스타일 옵션 대화상자가 표시되면 '글머리 기호 및 번호 매기기'를 선택합니다.

글머리 기호 문자에서 변경하고자 하는 기호를 선택한 다음 〈확인〉 버튼을 클릭하면 본문 페이지에서도 모든 글머리가 변경된 것을 확인할 수 있습니다.

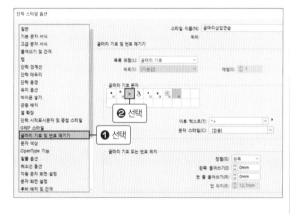
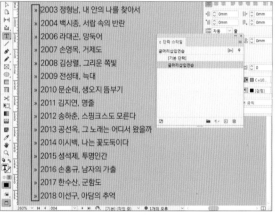

단락 스타일 항목을 더블클릭할 때에는 ❶ 'Esc'를 누르거나 ❷ 'Ctrl+텍스트 프레임 밖 클릭'을 실행하거나 ❸ 선택 도구(▶)를 선택하여 문자 도구(T.)가 해제되어 있는 상태임을 확인하는 것이 안전합니다. 해당 텍스트 프레임이 아닌 다른 텍스트 프레임이 선택된 상태에서 스타일 항목을 더블클릭할 경우 의도하지 않은 텍스트 프레임의 스타일이 변경되는 경우가 많습니다.

10 — 같은 방법으로 만든 글머리는 단락 스타일에서 제어하기 때문에 문자 도구로는 선택되지 않습니다. 글머리를 삭제하고자 한다면 해당 글머리 뒤를 클릭한 다음 메뉴에서 **(문자)** → **글머리 기호 및 번호 매기기 목록** → **제거 글머리 기호**를 실행합니다.

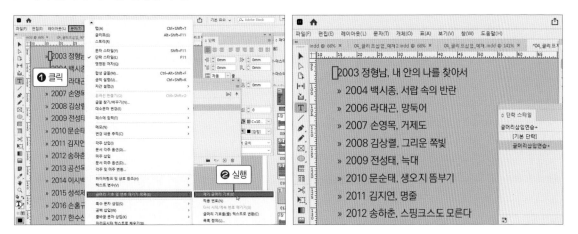

11 — 단락 스타일 패널에서 '글머리삽입연습' 옆에 '+'가 생성된 것을 확인할 수 있습니다. 기존에 등록한 단락 스타일에 변화가 생겼기 때문입니다. '패널 메뉴' 아이콘(▤)을 클릭한 다음 **스타일 재정의**를 실행합니다. 기존 단락 스타일이 설정된 위치의 글머리가 모두 삭제됩니다.

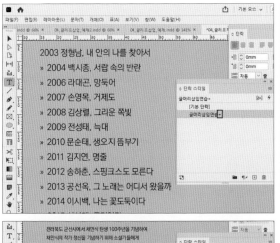

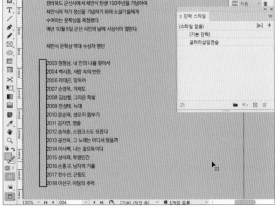

글이 흐르는 텍스트 프레임 조절하기

편집 디자인의 주재료라고 할 수 있는 문자 요소에 익숙해지기 위해서는 텍스트 프레임에 대한 충분한 이해가 필요합니다. 일러스트레이터 또는 한글이나 워드 등의 문자 편집이 가능한 다른 프로그램들과는 달리 인디자인에서는 텍스트 프레임 옵션이라는 기능이 제공되어 세심한 문자 편집이 가능합니다. 또한 텍스트 스레드 기능을 사용하여 운동감 있게 글의 흐름을 자유자재로 제어할 수 있습니다. 텍스트 프레임의 주요 기능들을 살펴봅니다.

1 상황에 맞게 넘치는 텍스트 흘리기

텍스트 프레임은 문자를 담는 공간입니다. 먼저 글을 담을 공간을 만들고 그 안에 텍스트를 불러와 작업하는 것이 인디자인의 기본 환경입니다. 인디자인에서는 문자가 지정된 텍스트 프레임 밖에는 존재할 수 없는 환경이므로 텍스트가 넘치면 지면에는 더 이상 보이지 않고, 프레임 오른쪽 하단에 빨간색 + 표시가 나타나며, 넘치는 내용을 다음의 텍스트 프레임으로 이어 흘릴 수 있습니다. 레이아웃상 텍스트 상자의 크기를 줄일 때 지면에서 숨은 텍스트가 없도록 유의해야 합니다. 초안 단계인지 구체적인 레이아웃 단계인지에 따라 텍스트 흘리기의 방법은 달라질 수 있습니다.

- **예제 파일** : 05\채만식_소년은자란다(원고변환).docx ・ **완성 파일** : 05\다양한텍스트흘리기_완성.indd
- **구성** | 가로 115mm, 세로 188mm, 위쪽 여백 18mm, 아래쪽 여백 30mm, 안쪽 여백 20mm, 바깥쪽 여백 15mm

1 ── 메뉴에서 (**파일**) → **새로 만들기** → **문서**를 실행하여 새로운 문서 만들기 대화 상자가 표시되면 '인쇄'를 선택합니다. 폭을 '115mm', 높이를 '188mm', 페이지를 '1'로 설정하고, '페이지 마주보기'를 체크 표시한 다음 〈여백 및 단〉 버튼을 클릭합니다.

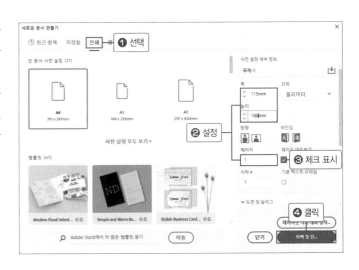

Tip

❶ 모든 텍스트를 끝까지 흘리려면 : Shift + 클릭
❷ 정해진 페이지까지만 흘리려면 : Shift + Alt + 클릭
❸ 넘치는 텍스트 프레임이더라도 현재 페이지에 텍스트를 가져오려면 : Ctrl + D를 눌러 문서를 불러와 설정된 단 시작 위치를 클릭(또는 단의 원하는 위치를 자유롭게 클릭) / Ctrl + D를 눌러 문서를 불러와 드래그로 텍스트 프레임 생성

2 ─ 새 여백 및 단 대화상자가 표시되면 여백에서 위쪽을 '18mm', 아래쪽을 '30mm', 안쪽을 '20mm', 바깥쪽을 '15mm'로 설정합니다. 열에서 개수를 '2', 간격을 '3mm'로 설정한 다음 〈확인〉 버튼을 클릭합니다.

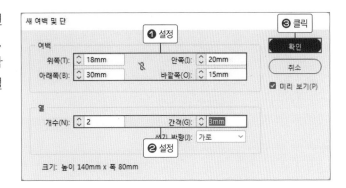

3 ─ 텍스트를 가져오기 위해 [Ctrl]+[D]를 눌러 가져오기 대화상자가 표시되면 05 폴더에서 '채만식_소년은자란다(원고변환).docx' 파일을 선택한 다음 〈열기〉 버튼을 클릭합니다.

Tip

파일을 가져올 때 파란색 격자가 함께 표시된다면 가져오기 대화상자에서 '격자 서식 적용'을 체크 해제한 다음 파일을 불러옵니다.

4 — 1페이지 왼쪽 단의 시작 위치를 클릭합니다.

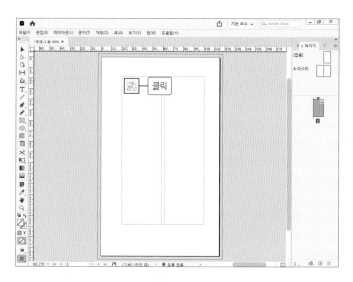

5 — 왼쪽 텍스트 프레임에 텍스트가 삽입되며, 오른쪽 하단에 빨간색 '+' 아이콘이 표시됩니다. 텍스트의 양은 많으나 공간이 부족하여 내용이 넘쳤다는 의미입니다. 선택 도구( )로 '+' 아이콘을 클릭한 다음 오른쪽 단의 시작 위치를 클릭합니다. 넘치는 텍스트 일부가 삽입되었지만 여전히 넘칩니다.

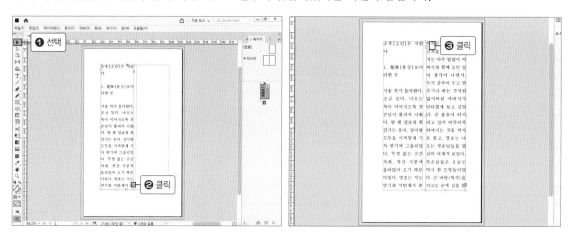

6 — 페이지 패널에서 '새 페이지 만들기' 아이콘( )을 2번 클릭하여 2~3페이지를 추가합니다.

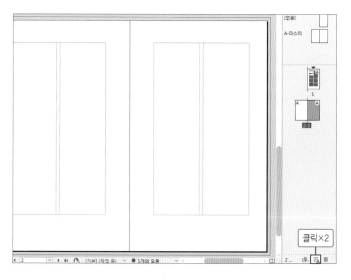

7 — 1페이지에서 넘치는 텍스트를 가져오기 위해 선택 도구(▶)로 텍스트 프레임의 오른쪽 하단에 '+' 아이콘을 다시 클릭한 다음 2페이지 왼쪽 단의 시작 위치를 클릭합니다.

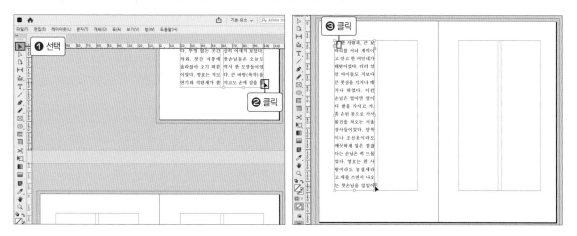

8 — 2페이지 왼쪽 단의 텍스트 프레임에서 '+' 아이콘을 다시 한번 클릭한 다음 오른쪽 단의 중간 위치를 클릭합니다. 클릭한 위치에 텍스트가 삽입됩니다.

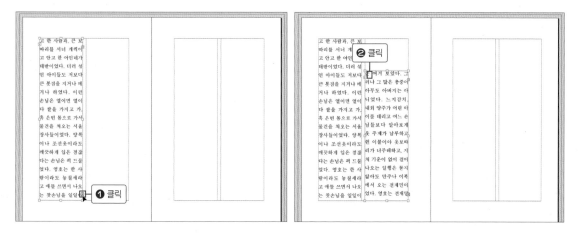

9 — 2페이지 오른쪽 단의 텍스트 프레임에서 '+' 아이콘을 클릭한 다음 3페이지 왼쪽 단의 원하는 위치를 클릭합니다. 클릭한 위치에 텍스트가 삽입됩니다.

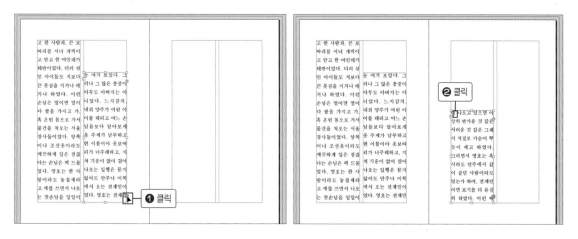

10 — 3페이지 왼쪽 단의 텍스트 프레임에서 '+' 아이콘을 클릭한 다음 오른쪽 단의 원하는 위치를 클릭합니다.

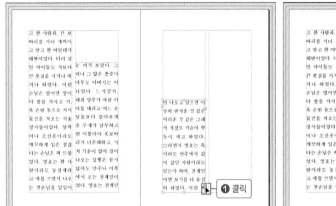 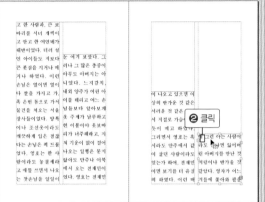

11 — 페이지 패널에서 '새 페이지 만들기' 아이콘(▣)을 2번 클릭하여 4~5페이지를 추가합니다.

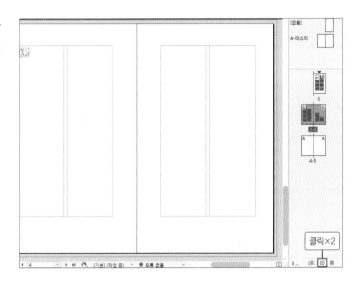

12 — 3페이지에서 넘치는 텍스트를 가져오기 위해 텍스트 프레임에서 '+' 아이콘을 클릭합니다. 4페이지에서 그리드를 생각하며 드래그하여 텍스트 프레임을 생성합니다. 생성한 텍스트 프레임에 맞게 텍스트가 삽입됩니다.

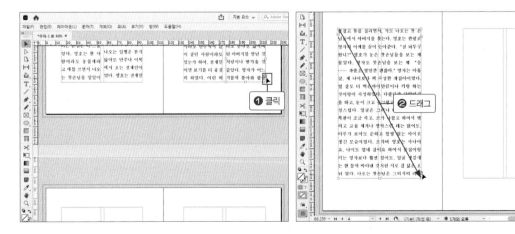

13 — 4페이지 텍스트 프레임에서 '+' 아이콘을 클릭합니다. 5페이지에서 그리드를 생각하며 텍스트 프레임을 드래그하여 생성합니다. 여백 및 단이 설정되어 있어도 텍스트 프레임의 크기를 자유롭게 생성할 수 있습니다.

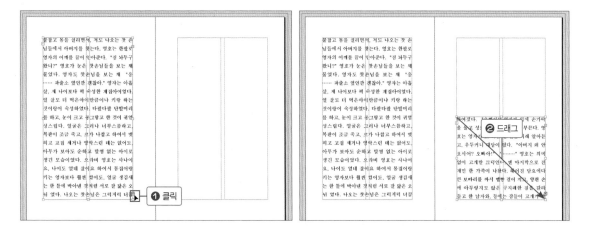

14 — 페이지 패널에서 '새 페이지 만들기' 아이콘(圈)을 4번 클릭하여 6~9페이지를 추가합니다.

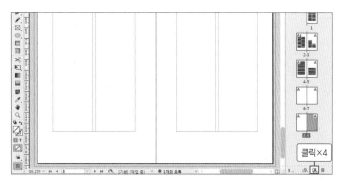

15 — 5페이지에서 넘치는 텍스트를 가져오기 위해 텍스트 프레임에서 '+' 아이콘을 클릭합니다. 6페이지에서 Shift + Alt 를 누른 상태로 왼쪽 단의 시작 위치를 클릭하여 텍스트를 삽입합니다. 추가한 9페이지까지 내용이 삽입되었습니다.

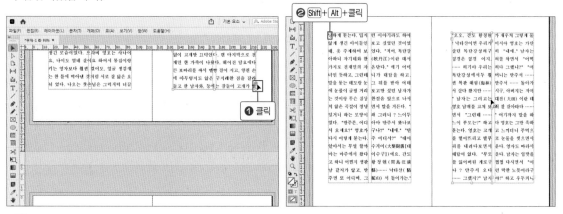

Tip

실무 현장에서 페이지는 곧 비용과 연결되는 부분이기도 합니다. 페이지 추가나 변동이 더 이상 불가능한 상황이라면 위의 방법처럼 페이지를 정해 놓고 전체 내용을 흘려 글꼴 크기와 레이아웃 조정으로 어느 정도까지 가독성을 확보할 수 있는지 가능성을 판단할 수 있습니다.

16 — 페이지 패널에서 '새 페이지 만들기' 아이콘(□)을 클릭하여 10페이지를 추가합니다.

17 — 9페이지에서 넘치는 텍스트를 가져오기 위해 텍스트 프레임에서 '+' 아이콘을 다시 클릭합니다.

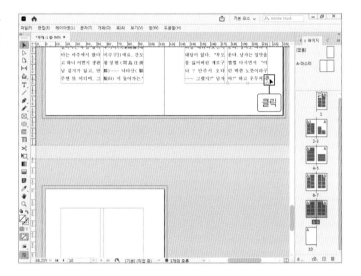

18 — 10페이지에서 Shift를 누른 상태로 왼쪽 단의 시작 위치를 클릭하여 텍스트를 삽입합니다. 남은 모든 내용이 자동으로 흘러 283페이지까지 삽입됩니다.

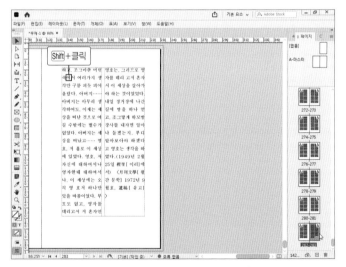

> **Tip**
>
> 실무 현장에서 텍스트 전체를 인디자인으로 가져와서 삽입하는 행위를 '텍스트 흘리기'라고 합니다. 문서에 얼마나 많은 이미지가 들어가는지, 글꼴 크기는 어떤지 등에 따라 페이지 수는 달라지겠지만 대략적인 페이지 계산이 필요하거나 초안 작업을 할 때 유용합니다. 업무를 하다가 '내용을 흘려 보아라', '텍스트를 부어라'라는 얘기를 들으면 텍스트 흘리기를 해서 전체 페이지가 얼마나 되는지 확인해 보라는 의미로 해석할 수 있습니다.

2

텍스트 프레임의 흐름 제어하기

텍스트가 흐르는 지면을 만들었다면 그 흐름을 제어할 수 있어야 합니다. 쉽게 말해 어떤 순서로 텍스트가 흐르고 있는지를 확인하고, 그 흐름을 자유자재로 연결하고 해체할 수 있어야 합니다. 이때 '텍스트 스레드' 기능을 사용할 수 있습니다.

∴ 텍스트 상자를 자유롭게 넣고, 빼고, 연결하는 텍스트 스레드

'스레드(Thread)'는 '실'이라는 의미를 갖고 있습니다. 텍스트 스레드 기능을 실행하면 전체 지면의 텍스트 프레임들이 실과 같은 선으로 이어져 보입니다. 인디자인의 경우 모든 기능이 현재 페이지에만 적용되는 경우가 많습니다. 이러한 인디자인의 질서에 반해 '텍스트 스레드'는 전체 페이지에 적용되는 이례적인 기능이라 할 수 있습니다. 텍스트 스레드 를 이용하여 글의 흐름을 자유롭게 끊고 연결하는 방법을 알아봅니다.

• **예제 파일** : 05\텍스트스레드.indd   • **완성 파일** : 05\텍스트스레드_완성.indd
• **구성** | 가로 115mm, 세로 188mm, 위쪽 여백 18mm, 아래쪽 여백 30mm, 안쪽 여백 20mm, 바깥쪽 여백 15mm

1 — 05 폴더에서 '텍스트스레드.indd'
파일을 불러옵니다.
'2-3'을 페이지를 더블클릭하여 해당 페이
지로 이동합니다. 텍스트 스레드를 확인
하기 위해 W를 눌러 미리 보기가 실행된
상태에서 메뉴에서 [보기] → 기타 → 텍스
트 스레드 표시를 실행합니다.
텍스트 스레드 표시가 작업에 방해된다면
Ctrl+Alt+Y를 눌러 숨기기와 표시를 병
행할 수 있습니다.

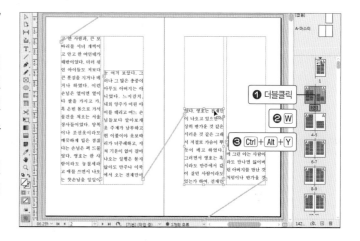

2 — 텍스트 스레드가 연결된 상태에서
선택 도구(▶)로 3페이지의 왼쪽 텍스트
프레임을 삭제합니다.
텍스트 스레드 기능에 의해 연결되어 있기
때문에 프레임이 삭제되어도 내용에 영향
을 미치지 않습니다. 텍스트 프레임만 삭
제되었을 뿐 내용은 다음 프레임에 밀리는
형태로 존재합니다.

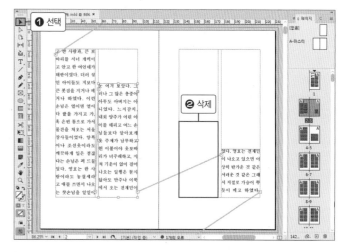

3 — 연결된 텍스트 프레임 사이에 또 다른 텍스트 상자를 삽입할 수 있습니다. 2페이지의 오른쪽 텍스트 프레임 오른쪽 하단에 '연결 흐름' 아이콘(▣)을 클릭합니다.

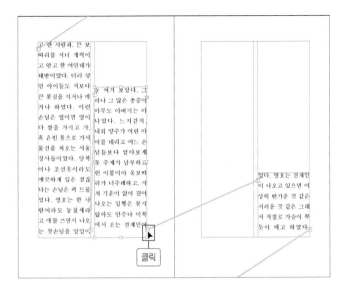

4 — 원하는 위치에 드래그하여 텍스트 프레임을 생성합니다. 새로운 텍스트 프레임에 내용이 삽입되며 텍스트 스레드의 흐름도 자연스럽게 이어집니다.

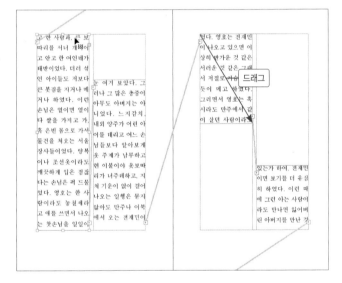

5 — 현재 텍스트 프레임 이전 위치에 텍스트 프레임을 생성하기 위해 먼저 2페이지의 왼쪽 텍스트 프레임을 삭제합니다. 오른쪽 텍스트 프레임의 왼쪽 상단에 '연결 흐름' 아이콘(▣)을 클릭합니다.

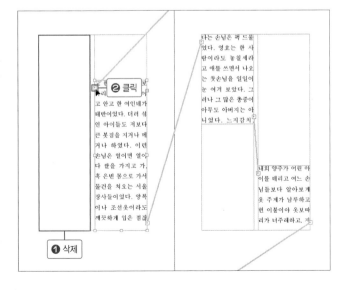

6 — 원하는 위치에 드래그하여 텍스트 프레임을 생성합니다. 새로운 텍스트 프레임에 내용이 삽입되며 텍스트 스레드의 흐름이 자연스럽게 이어집니다.

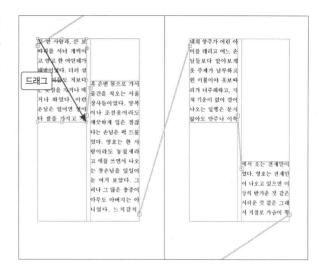

Tip

흐름상 현재의 텍스트 프레임보다 이전 프레임을 생성할 때 프레임의 오른쪽에 위치한 '연결 흐름' 아이콘을 클릭하여 새로운 프레임을 만들면 순서가 복잡하게 꼬이는 것을 확인할 수 있습니다. 이와 같은 실수는 페이지 순서에 맞는 레이아웃으로 보이지만 내용은 앞·뒤가 틀어져 있는 실수를 발생시킵니다.

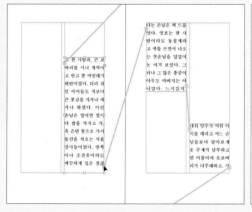
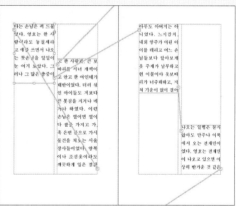

7 — 스레드가 적용된 상태에서도 텍스트 프레임의 크기나 위치를 이동할 수 있습니다.

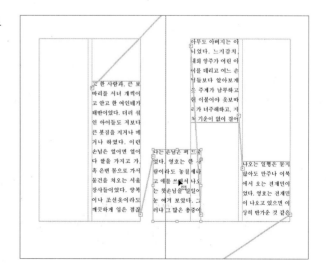

페이지를 자동으로 늘리고, 줄이는 고급 텍스트 리플로우

'고급 텍스트 리플로우'는 텍스트의 양이 많고 적음에 따라 자동으로 페이지를 생성하거나 삭제해 주는 유용한 기능입니다. 내용이 방대할수록 본문 전체의 글꼴 종류나 크기, 행간 등의 조정이 전체 페이지에 미치는 영향이 큽니다. 고급 텍스트 리플로우 기능을 사용하면 페이지가 늘거나 줄어들 때마다 남는 페이지를 삭제하거나 새 페이지를 추가하는 번거로움을 최소화 할 수 있습니다. 페이지가 남는 경우라면 다소 번거롭더라도 삭제하면 되지만, 페이지가 부족하면 넘치는 텍스트가 숨겨져 인쇄 사고로 이어질 수 있습니다.

• **예제 파일** : 05\고급텍스트리플로우.indd   • **완성 파일** : 05\고급텍스트리플로우_완성.indd
• **구성** | 가로 115mm, 세로 188mm, 위쪽 여백 18mm, 아래쪽 여백 30mm, 안쪽 여백 20mm, 바깥쪽 여백 15mm

1 — 05 폴더에서 '고급텍스트리플로우.indd' 파일을 불러옵니다.
문자 패널을 이용하여 본문의 변화를 만들어 봅니다.

Tip

문자 패널은 메뉴에서 **[문자] → 문자**를 실행하거나 Ctrl + T 를 눌러 표시할 수 있으며, 글꼴 크기, 자간, 행간, 굵기, 위 첨자, 아래 첨자 등을 지정할 수 있습니다.

2 — 도구 패널에서 문자 도구(T.)를 선택하여 텍스트 프레임에 커서를 활성화한 다음 Ctrl + A 를 눌러 텍스트를 전체 선택합니다.
모든 페이지의 본문에 텍스트 스레드가 적용되어 있기 때문에 한 번의 클릭으로 전체 선택됩니다.

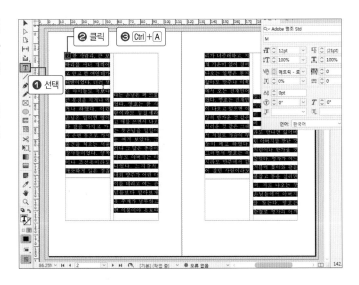

3 — 문자 패널에서 글꼴을 'KoPub돋움체_Pro', 글꼴 크기를 '9pt', 행간을 '14pt', 세로 비율을 '98%', 자간을 '−5'로 지정합니다.

전체적으로 글꼴 크기 및 자간이 줄어들면서 페이지의 양도 줄어들어 페이지가 남는 것을 확인할 수 있습니다. 283페이지였던 전체 분량이 125페이지로 줄면서 158페이지가 남습니다.

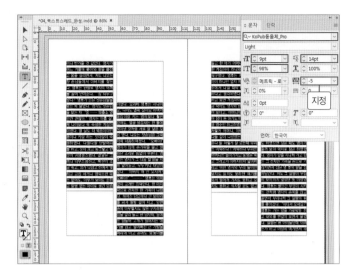

4 — 남는 페이지의 첫 페이지인 126페이지를 선택하고 Shift를 누른 상태로 마지막 페이지인 283페이지를 선택합니다.

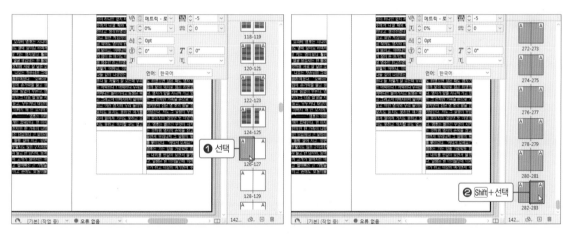

5 — 페이지 패널 하단의 '선택한 페이지 삭제' 아이콘(🗑)을 클릭하여 페이지를 삭제합니다. 125페이지에서 텍스트 넘침 표시 없이 텍스트 프레임이 끝난 것을 확인할 수 있습니다.

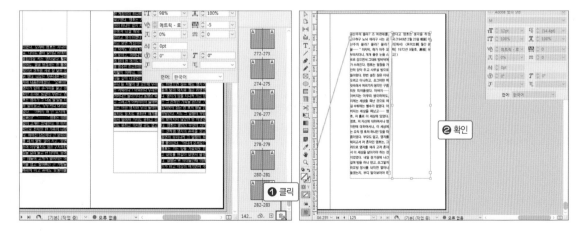

6 — 다시 글꼴 크기를 키워 봅니다. 문자 도구(T.)로 텍스트 프레임에 커서를 활성화한 다음 Ctrl+A를 눌러 전체 선택합니다. 문자 패널에서 글꼴 크기를 '9pt', 행간을 '15pt'로 지정합니다. 125페이지를 확인하면 페이지는 늘어나지 않고 텍스트 프레임에 내용이 넘치고 있는 것을 확인할 수 있습니다.

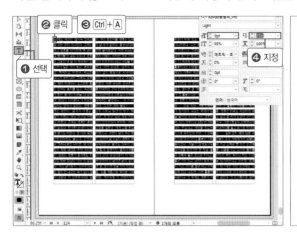

7 — 메뉴에서 [편집] → 환경 설정 → 일반을 실행하여 환경 설정 대화상자가 표시되면 '문자'를 선택합니다.
고급 텍스트 리플로우에서 '기본 텍스트 프레임으로 제한'이 체크 표시되어 있습니다.
새 문서 생성 시 '기본 텍스트 프레임'을 체크 표시하면 자동으로 페이지가 생성되어 텍스트가 흐르는 이유입니다.

8 — '기본 텍스트 프레임으로 제한'을 체크 해제하면 기본 텍스트 프레임이 설정되어 있지 않아도 텍스트 스레드 설정 시 자동으로 페이지가 생성됩니다. 〈확인〉 버튼을 클릭하여 적용합니다.

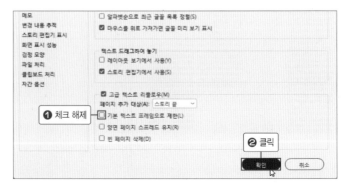

9 — 문자 패널에서 행간을 '16pt'로 지정합니다. 125페이지였던 전체 분량이 140페이지로 늘어났으며, 텍스트 넘침 표시 없이 140페이지에서 문서가 끝나는 것을 확인할 수 있습니다.

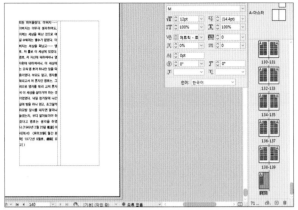

10 — 다시 Ctrl+K를 눌러 환경 설정 대화상자가 표시되면 '문자'를 선택합니다. 고급 텍스트 리플로우에서 '빈 페이지 삭제'를 체크 표시하면 편집 시 남는 빈 페이지는 자동으로 삭제됩니다. 〈확인〉 버튼을 클릭하여 적용합니다.

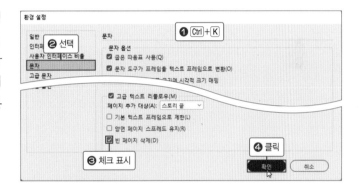

11 — 문자 패널에서 행간을 '14pt'로 지정합니다. 140페이지였던 전체 분량이 125페이지로 줄었으며, 텍스트 넘침 표시 없이 125페이지에서 문서가 끝나는 것을 확인할 수 있습니다. 고급 텍스트 리플로우 설정 전에는 남은 페이지를 선택하여 수동으로 삭제했지만, 설정 후에는 페이지가 자동으로 글의 양에 맞춰진 것을 알 수 있습니다.

Tip

본문의 기능적 역할들을 고려하며 가독성을 우선으로 스타일을 적용하는데, 이때 글꼴의 형태나 크기, 자간과 행간들이 조절됩니다. 본문의 스타일에 변형이 생기면 전체 페이지가 줄기도 하고 늘어나기도 합니다. 페이지가 늘어나는 상황을 놓치게 되면 이는 실수로 이어질 수 있습니다. 고급 텍스트 리플로우 환경 설정을 적용하면 편집 도중에도 본문 길이의 변화에 따라 빠르고 정확한 작업을 하는 데 유용합니다.

3 문자 범위와 단락 범위의 관계 정립하기

인디자인은 편집 디자인 프로그램이기 때문에 '문자'와 '단락'은 가장 기본적인 개념입니다. 사전적 정의를 통해 문자와 단락의 차이를 이해하는 것은 어렵지 않습니다. 하지만 텍스트 프레임을 다루는 데 있어 문자와 단락의 기술적 활용 차이는 분명히 존재합니다. 두 개념 사이의 구조를 정확히 파악하면 앞으로 이어질 '문자 스타일'과 '단락 스타일'까지 체계적으로 이해할 수 있습니다.

∴ 문자 패널과 단락 패널을 사용하여 본문의 형태 바꾸기

단락 패널과 문자 패널의 구조를 살펴보기보다는 직접 본문을 수정해 보며 두 개념을 이해해 봅니다. 한글이나 워드 프로그램과는 문자를 다루는 개념과 구조가 다르기에 처음에는 어렵게 느껴질 수 있지만, 실전 연습을 통해 개념이 정확히 정립되면 편집에 특화된 인디자인의 구조가 오히려 효율적이라는 것을 알 수 있습니다.

• **예제 파일** : 05\문자범위,단락범위.indd　　• **완성 파일** : 05\문자범위,단락범위_완성.indd
• **구성** | 가로 115mm, 세로 188mm, 위쪽 여백 18mm, 아래쪽 여백 30mm, 안쪽 여백 20mm, 바깥쪽 여백 15mm

1 — 05 폴더에서 '문자범위, 단락범위.indd' 파일을 불러옵니다.
편집을 효율적으로 병행하기 위해 문자 패널과 단락 패널을 활성화합니다.

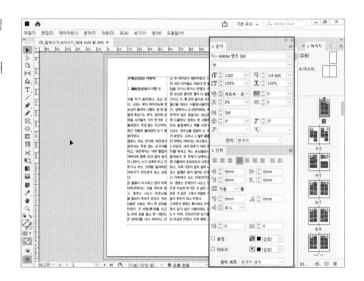

Tip

단락 패널을 문자 패널 아래로 드래그하여 이동하면 화면을 정리하는 데 도움이 됩니다. 또한 상단에 컨트롤 패널을 이용하여 빠른 문자 편집이 가능하며, 컨트롤 패널은 Ctrl + Alt + 6으로 열고, 닫을 수 있습니다. 관련 패널을 그룹화해 놓면, 이후부터는 항상 함께 실행되어 편리합니다.

2 — 페이지 패널에서 5페이지를 더블 클릭합니다. 선택 도구(▶)로 상단에 텍스트 프레임을 클릭합니다.

문자 패널에서 글꼴을 'KoPub바탕체_Pro', 글꼴 스타일을 'Light', 글꼴 크기를 '9pt', 행간을 '17pt', 자간을 '−25'로 지정하면 텍스트 프레임의 모든 텍스트에 변화가 적용됩니다.

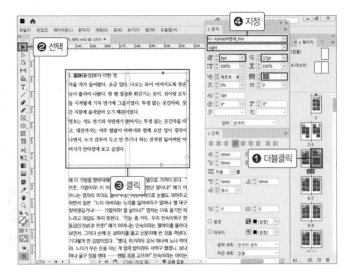

3 — 텍스트 프레임이 선택된 상태로 단락 패널에서 왼쪽 들여쓰기를 '10mm'로 설정하면 텍스트 프레임의 모든 단락에 변화가 적용됩니다. 텍스트 프레임 내부로 커서를 활성화하여 변화를 살펴봅니다. 메뉴에서 **(파일) → 되돌리기**를 실행하여 예제를 원래 상태로 되돌립니다.

> **Tip**
>
> 위의 예제의 5페이지는 독립된 프레임 ❶과 전체 페이지에 텍스트 스레드로 연결된 프레임 ❷로 구성되어 있습니다. 선택 도구(▶)로 텍스트 프레임 ❷를 선택하면 문자 패널과 단락 패널이 비활성화됩니다. 텍스트 스레드가 적용된 프레임의 경우에는 텍스트 프레임 내부에 커서를 활성화해야 수정이 가능합니다.

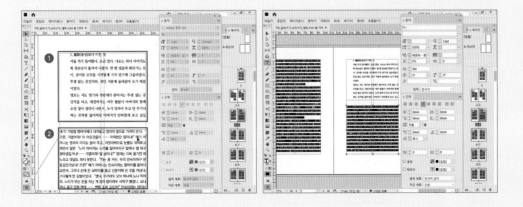

4 — 1페이지를 더블클릭하여 이동합니다. 선택 도구(▶)로 텍스트 프레임을 더블클릭하여 세 번째 단락에 커서를 활성화한 다음 단락 패널에서 왼쪽 들여쓰기를 '3mm'로 설정합니다. 해당 단락에만 변화가 적용됩니다.

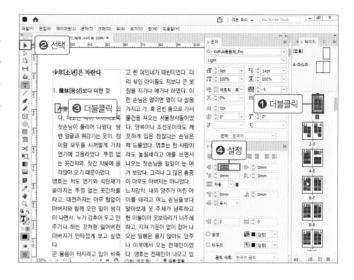

Tip

단락 범위에서는 변화를 주려는 구간을 모두 드래그하지 않고 해당 단락에 커서만 활성화하여도 변화가 적용됩니다. 단락 범위 선택과 문자 범위 선택을 구분하기 위해 문자 범위 선택 시 해당 부분을 정확히 드래그해야 합니다.
단락은 첫 글자에서 문단이 끝나는 지점까지를 말합니다. 쉽게 말해, 내용이 시작되어 Enter를 누르기 직전까지의 범위가 단락입니다. 메뉴에서 [문자] → 숨겨진 문자 표시를 실행하면 단락 단위를 확인하기 쉽습니다. 단락과 단락을 구분하는 요소인 줄 내림 표시(¶)가 나타납니다.

5 — 단락 일부만 드래그하여 설정해도 이에 해당되는 모든 단락에 변화가 적용됩니다. 세 번째 단락부터 1페이지의 본문 끝까지 드래그한 다음 단락 패널에서 왼쪽 들여쓰기를 '3mm'로 설정합니다. 단락이 포함되는 페이지까지 변화가 적용됩니다.

Tip

1페이지에서 선택된 단락이 4페이지까지 한 단락으로 연결되어 있기 때문에 왼쪽 들여쓰기가 4페이지까지 적용됩니다.

6 — 문자 단위의 요소에 변화를 주려면 단락 단위와는 달리 반드시 변화가 필요한 부분을 드래그하여 선택합니다. 원하는 위치에 커서를 활성화한 다음 문자 패널에서 수정하여도 아무런 변화가 감지되지 않습니다.

'龍林[용상]' 텍스트를 드래그한 다음 문자 패널에서 글꼴을 'KoPub돋움체_Pro', 글꼴 스타일을 'Bold', 글꼴 크기를 '10pt'로 지정하면 변화가 적용됩니다.

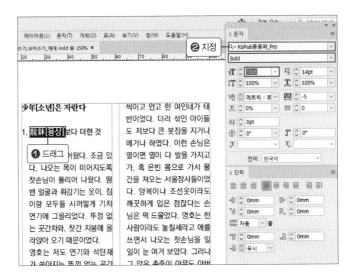

∴ 들여쓰기와 내어쓰기의 차이점

단락 패널을 활용하여 단락을 구분하는 방법으로는 '들여쓰기'와 '내어쓰기'가 있습니다. 텍스트를 여러 덩어리로 그룹지어 주제에 따라 읽기 쉽게 내용을 분리하는 역할을 합니다. 가독성에 영향을 주며 논리적 단위로 내용을 구성하는 데 도움을 줍니다.

• **예제 파일** : 05\들여쓰기,내어쓰기.indd   • **완성 파일** : 05\들여쓰기,내어쓰기_완성.indd

• **구성** | 가로 115mm, 세로 188mm, 위쪽 여백 18mm, 아래쪽 여백 30mm, 안쪽 여백 20mm, 바깥쪽 여백 15mm

1 — 05 폴더에서 '들여쓰기,내어쓰기.indd' 파일을 불러옵니다.

1페이지를 더블클릭하여 이동한 다음 Ctrl +⊞를 눌러 화면을 확대합니다.

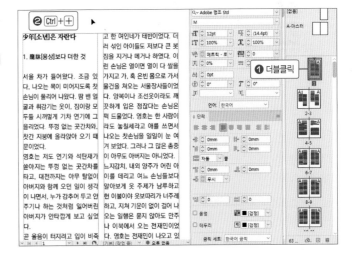

Tip

화면을 이동하기 위해 손 도구(✋)를 사용할 때 습관적으로 Spacebar를 누르는 경향이 있습니다. 문자 도구(T)가 선택된 상태라면 Alt를 눌러 화면을 이동해야 합니다. 커서가 활성화되어 있는 상태에서 습관적으로 Spacebar를 누르면 본문에 띄어쓰기가 적용되어 실수로 이어집니다.

2 — 세 번째 단락에 커서를 활성화한 다음 단락 패널에서 왼쪽 들여쓰기를 '3mm'로 설정합니다. 해당 단락에만 변화가 적용됩니다.

Tip

왼쪽/오른쪽 들여쓰기
텍스트 프레임 안에서 왼쪽/오른쪽 공간을 비우면서 들여쓰기하는 방법으로, 본문과 다른 내용이 삽입되거나 구분할 때 효과적으로 사용됩니다.

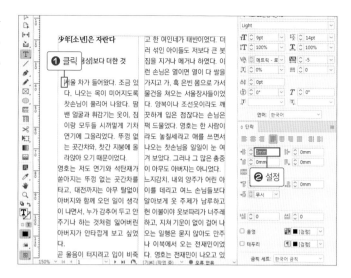

3 — 1페이지의 텍스트를 드래그한 다음 단락 패널에서 왼쪽 들여쓰기를 '3mm'로 설정합니다. 텍스트 스레드가 연결된 단락까지 왼쪽 들여쓰기가 적용되었습니다.

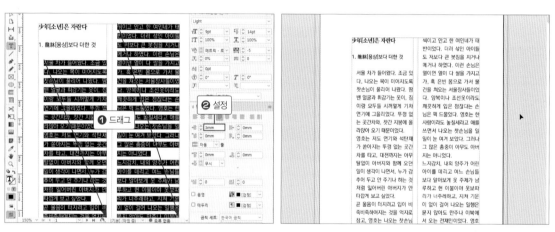

4 — 세 번째 단락에 커서를 활성화한 다음 단락 패널에서 첫 줄 왼쪽 들여쓰기를 '10mm'로 설정합니다. 해당 단락에만 변화가 적용됩니다.

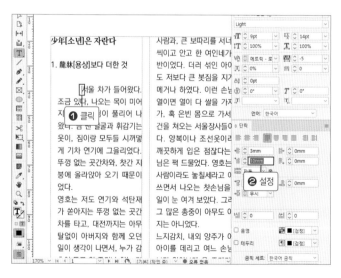

5 — 네 번째 단락에도 커서를 활성화하
고 단락 패널에서 첫 줄 왼쪽 들여쓰기를
'10mm'로 설정합니다.

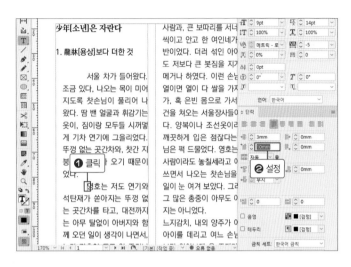

6 — 1페이지의 텍스트를 드래그한 다음 단락 패널에서 첫 줄 왼쪽 들여쓰기를 '10mm'로 설정합니다. 텍스
트 스레드가 연결된 단락까지 첫 줄 왼쪽 들여쓰기가 적용되었습니다.

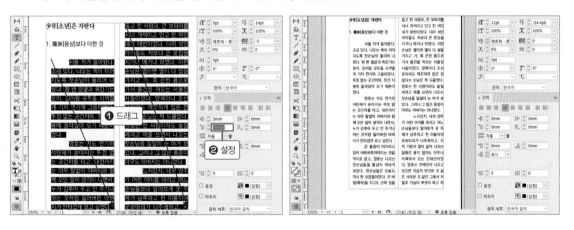

7 — 5페이지를 더블클릭하여 이동한
다음 Ctrl+⊞를 눌러 화면을 확대합니다.
두 번째 단락에 커서를 활성화한 다음
단락 패널에서 첫 줄 왼쪽 들여쓰기를
'-1mm'로 설정합니다. 들여쓰기 값이 잘
못되었다는 경고 대화상자가 표시됩니다.

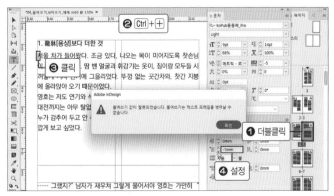

8 — 두 번째, 세 번째 단락을 드래그하여 왼쪽 들여쓰기를 '10mm'로 설정한 다음 첫 줄 왼쪽 들여쓰기를 '-10mm'로 설정합니다. 두 단락이 10mm만큼 프레임 안쪽으로 들여쓰기 되고, 첫 줄만 -10mm만큼으로 들여쓰기 되어 의도대로 내어쓰기가 만들어집니다.

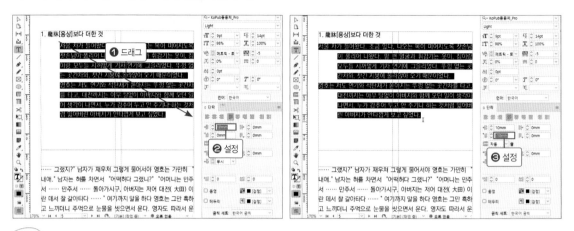

(Tip)

내어쓰기

단락의 첫 줄이 본문 밖으로 빠져나오도록 설정하는 방법으로, 이 역시 디자인 의도에 따라 변형되어 본문에 디자인적 요소를 만들어 내기도 합니다. 텍스트 프레임 밖에는 문자가 존재할 수 없는 인디자인의 기본적 환경을 이해한다면, 들여쓰기가 '0'으로 설정된 단락에 마이너스(-) 값을 주어 첫 줄 내어쓰기를 실행하는 것은 불가능합니다. 단락 전체에 들여쓰기를 적용한 다음 첫 줄만 마이너스 값을 주어 첫 행 들여쓰기 설정이 가능합니다.

9 — 5페이지 상단 텍스트 프레임의 왼쪽 들여쓰기와 첫 줄 왼쪽 들여쓰기가 모두 '0mm'의 설정으로 되돌아갈 때까지 Ctrl + Z 를 누릅니다. 그림과 같이 두 번째, 세 번째 단락에 임의의 숫자를 삽입합니다.

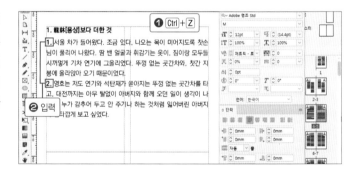

10 — 두 번째 단락의 숫자 오른쪽에 커서를 활성화한 다음 메뉴에서 (문자) → 특수 문자 삽입 → 기타 → **들여쓰기 위치**를 실행하여 글줄을 특정 위치로 흐르게 합니다. 해당 단락에만 변화가 적용됩니다.

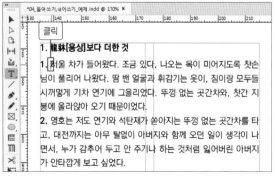

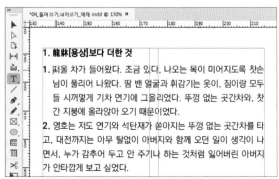

11 ─ 세 번째 단락 역시 숫자 오른쪽에 커서를 활성화한 다음 Ctrl + W를 눌러 다음 글줄을 특정 위치로 흐르게 합니다.

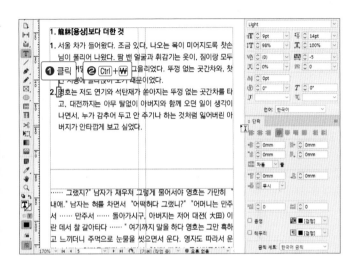

12 ─ 메뉴에서 [문자] → 숨겨진 문자 표시를 실행하거나 Ctrl + Alt + I를 누르면 단락 단위를 확인하기 편리합니다. 들여쓰기 위치는 '↑'로 표시됩니다. 들여쓰기를 해제하려면 해당 표시를 삭제합니다.

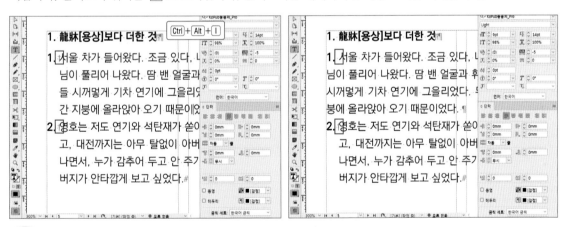

4 텍스트 프레임 옵션을 사용하여 다양한 구조의 레이아웃 만들기

'텍스트 프레임 옵션'을 사용하면 몇 번의 클릭으로 텍스트 프레임 내부를 확연히 다른 느낌으로 만들 수 있습니다. 프레임의 단 개수, 프레임 내의 텍스트 정렬, 텍스트와 프레임 사이 여백의 거리를 나타내는 인세트 간격 등의 설정을 변경하거나 혹은 동일하게 적용시킬 수 있는 기능으로 본문 편집 시 일관된 레이아웃을 유지하는 데에도 도움이 됩니다.

- **예제 파일** : 05\텍스트프레임옵션.indd
- **구성** | 가로 115mm, 세로 188mm, 위쪽 여백 18mm, 아래쪽 여백 30mm, 안쪽 여백 20mm, 바깥쪽 여백 15mm

1 — 05 폴더에서 '텍스트프레임옵션.indd' 파일을 불러옵니다. '006-007'을 더블클릭하여 이동합니다. 1단 레이아웃으로 편집된 텍스트 프레임에 열을 추가하기 위해 선택 도구(▶)로 006페이지의 텍스트 프레임을 선택합니다. 마우스 오른쪽 버튼을 클릭한 다음 **텍스트 프레임 옵션**을 실행합니다.

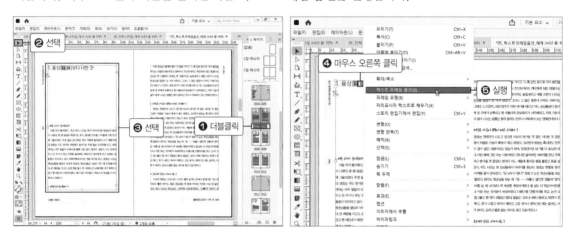

2 — 텍스트 프레임 옵션 대화상자가 표시되면 일반에서 수를 '2', 간격을 '4mm'로 설정합니다.

'미리 보기'를 체크 표시하면 텍스트 프레임이 2단으로 분리된 모습을 확인할 수 있습니다. '고정된 수'로 지정되었기 때문에 열의 수와 간격에 따라 폭은 자동으로 설정됩니다.

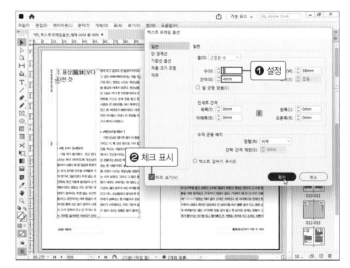

3 — 수를 '3', 간격을 '3mm'로 설정하면 한정된 텍스트 프레임에 3개의 열을 3mm 간격으로 삽입하기 위해 자동으로 폭이 좁게 설정되는 것을 확인할 수 있습니다. 설정이 완료되었으면 〈확인〉 버튼을 클릭합니다.

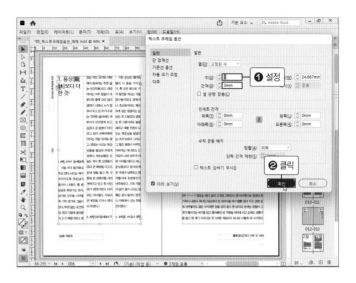

4 — 006페이지에서 선택 도구(▶)로 텍스트 프레임의 크기를 오른쪽으로 넓히면 텍스트 프레임 내부에 변화가 생깁니다. 텍스트 프레임의 너비가 늘어나면서 열의 폭도 함께 넓어집니다. 텍스트 프레임 공간이 넓어졌기 때문에 다음 페이지의 내용이 현재 페이지로 넘어오는 것을 확인할 수 있습니다.

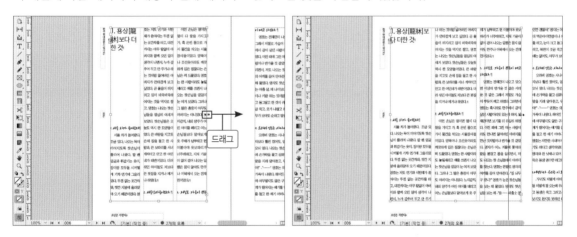

5 — Ctrl+Z를 눌러 되돌린 다음 Alt를 누른 상태로 텍스트 프레임 더블클릭합니다. 텍스트 프레임 옵션 대화상자가 표시되면 열을 '고정 너비'로 지정한 다음 〈확인〉 버튼을 클릭합니다.

 Tip

텍스트 프레임을 선택하고 마우스 오른쪽 버튼을 클릭한 다음 **텍스트 프레임 옵션**을 실행하는 대신 Alt를 누른 상태로 텍스트프레임 더블클릭할 수 있습니다.

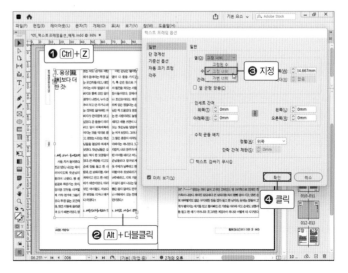

6 — 006페이지에서 다시 한번 선택 도구 (▶)로 텍스트 프레임의 크기를 오른쪽으로 넓힙니다. '고정 너비'로 적용된 열의 폭은 텍스트 프레임이 넓어져도 유지됩니다. 열의 너비를 그대로 유지하기 위해 넓어진 공간에 자동으로 열이 추가되지만, 텍스트 프레임의 너비를 조정하는 데에는 한계가 있습니다.

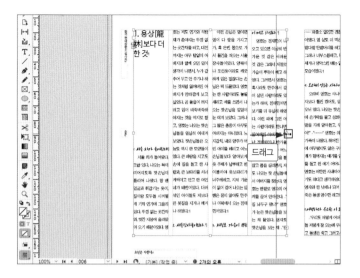

Tip

텍스트 프레임이 좁아져도 열의 너비가 그대로 유지되며, 공간에 미처 들어오지 못한 내용은 다음 페이지로 이동됩니다. 열의 폭과 간격을 그대로 유지할 때 사용하기 좋은 방법입니다.

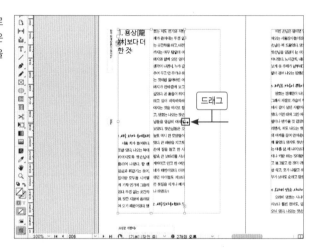

7 — Ctrl+Z를 눌러 되돌린 다음 Alt를 누른 상태로 텍스트 프레임 더블클릭합니다. 텍스트 프레임 옵션 대화상자가 표시되면 열을 '가변 너비'로 지정합니다.
'수' 항목이 비활성화되는 것을 확인할 수 있습니다. 변화하는 너비에 맞춰 열을 스스로 조정하기 때문입니다. 〈확인〉 버튼을 클릭하여 적용합니다.

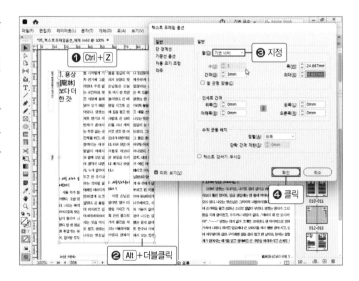

8 — 006페이지에서 선택 도구(▶)로 텍스트 프레임의 크기를 오른쪽으로 조금씩 늘려 봅니다.

프레임의 너비에 맞게 열의 '폭'을 조정하며, '열'의 수가 자동으로 늘어나는 것을 확인할 수 있습니다. 텍스트 프레임의 너비를 여백 및 단에 맞도록 되돌립니다.

9 — 텍스트가 다음 프레임으로 흐르지 않는 011페이지를 더블클릭하여 이동합니다. Alt를 누른 상태로 텍스트 프레임 더블클릭하여 텍스트 프레임 옵션 대화상자를 표시합니다.

10 — 열을 '고정된 수', 수를 '2', 간격을 '4mm'로 설정한 다음 '열 균형 맞춤'에 체크 표시합니다.

여러 열이 있는 텍스트 프레임의 아래쪽 여백 공간이 고르게 남도록 '열'과 '열' 사이 글의 내용이 이동하며 균형을 맞춰 줍니다.

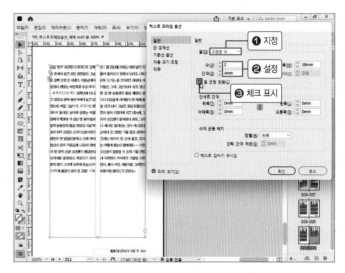

11 — 인세트 간격을 설정하여 텍스트와 텍스트 프레임 사이에 여백을 삽입할 수 있습니다.

모든 방향을 동일하게 '3mm'로 설정합니다. '모든 설정 동일하게 만들기' 아이콘(🔗)을 클릭하여 해제 상태(🔗)로 변경하면 위쪽, 아래쪽, 안쪽, 바깥쪽 여백을 서로 다르게 적용할 수 있습니다.

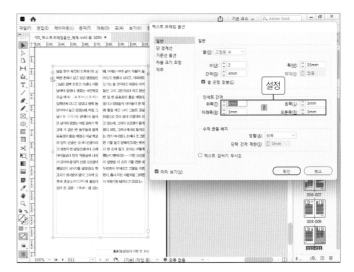

Tip

인세트 간격은 오브젝트 상자에 텍스트를 올려 표현할 때 많이 사용됩니다. 인세트 간격 설정 후 텍스트 프레임의 면 색과 텍스트 색상에 변화를 주면 다음과 같은 이미지가 만들어집니다. 텍스트 프레임의 모퉁이 조절점을 조절하면 모서리를 둥글게 만들 수도 있습니다. 이런 경우 인세트 간격을 조금 더 올려 주어 텍스트가 닿지 않게 정리하는 것이 좋습니다.

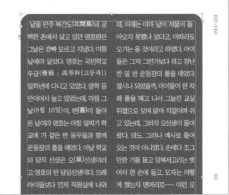

12 — 수직 균등 배치의 정렬에는 네 가지 옵션이 있습니다. 정렬 기준을 위쪽, 가운데, 아래쪽에 둘 것인지 텍스트 프레임에 강제 맞춤할 것인지에 따라 선택이 가능합니다.

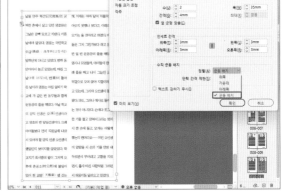

13 — '텍스트 감싸기'는 그림의 모양에 따라 그 외곽선을 인지하여 이미지 주변으로 텍스트를 밀어내는 기능입니다. 그림에 텍스트 상자를 올리면 계속해서 글이 밀려나 이미지나 오브젝트에 텍스트를 올릴 수가 없는 상황에 직면합니다.

텍스트 프레임 옵션 대화상자 하단의 '텍스트 감싸기 무시'를 체크 표시하면 해당 텍스트 프레임은 이미지에 위치할 수 있습니다.

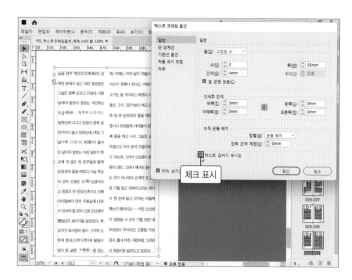

14 — '단 경계선'을 선택하여 '단 경계선 삽입'을 체크 표시하면 단과 단 사이에 경계선을 삽입할 수 있습니다. 경계선 길이의 시작을 설정하여 길이를 수정할 수 있으며, 끝을 설정하면 경계선의 양 끝 공간에 여백을 만들 수 있습니다.

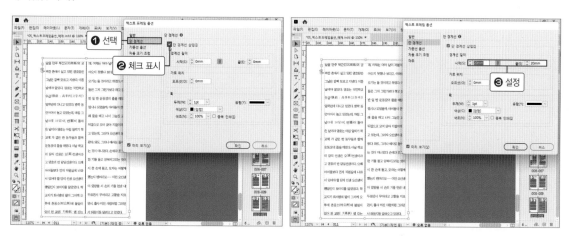

15 — 가로 위치의 오프셋을 설정하면 경계선은 오른쪽으로 이동합니다. 오프셋을 마이너스(−) 값으로 설정하면 반대 방향으로 이동할 수 있습니다. 획 두께나 유형, 색상, 색조도 수정이 가능합니다.

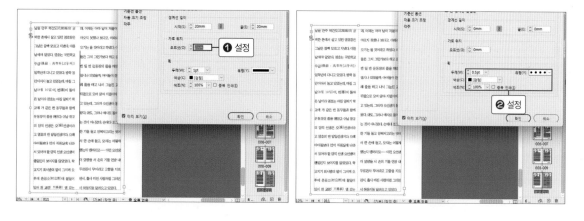

16 ─ '기준선 옵션'을 선택하여 첫 번째 기준선의 오프셋에서 텍스트와 텍스트 프레임의 간격을 어느 기준에 맞출 것인지 선택할 수 있습니다. 첫 줄을 어느 위치에 맞추냐에 따라 텍스트의 첫 번째 행 기준선과 프레임의 위쪽 인세트 사이 거리가 달라집니다.

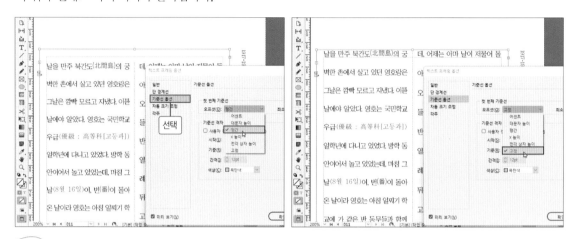

Tip

오프셋에서 '어센트', '대문자 높이', 'x 높이'는 영문에서만 적용되는 항목입니다. 한자나 기호가 혼용되어 사용되는 본문에 스타일이 정의되었을 경우 기준선의 차이에 따라 세심하게 달라지는 결과를 확인할 수 있습니다.

17 ─ '자동 크기 조정'을 선택하면 텍스트 프레임의 위, 아래로 여백이 남지 않도록 설정할 수 있습니다. 사용자가 만든 기본 레이아웃을 그대로 유지하려면 '끔', 텍스트 프레임의 너비를 그대로 유지하며 오로지 높이만 변화를 주어 프레임을 채우려면 '높이만', 텍스트 프레임의 높이를 그대로 유지하며 오로지 너비만 변화를 주어 프레임을 채우려면 '너비만', 텍스트 프레임의 너비와 높이를 조정하여 프레임의 크기를 조정하려면 '높이 및 너비', 기본 레이아웃의 너비와 높이 비율을 그대로 유지하며 프레임 내부를 정리하려면 '세로 및 가로(비율 유지)'를 지정합니다.

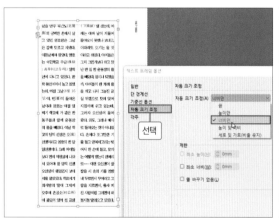

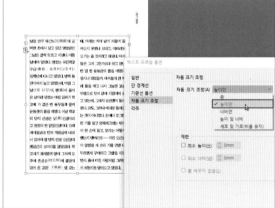

18 — 하단에 기준이 될 지점을 클릭하면 기본 텍스트 프레임을 기준으로 어느 방향으로 정렬할지 설정할 수 있습니다. 페이지의 전체적인 그리드를 유지하면서 조정이 가능하도록 편집하는 데 도움됩니다.

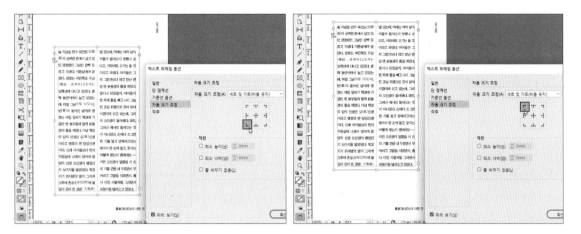

19 — '각주'를 선택합니다. 각주 설정은 각주가 삽입된 상태에서 '재정의 활성화'에 체크 표시가 되어야만 옵션을 설정할 수 있습니다.

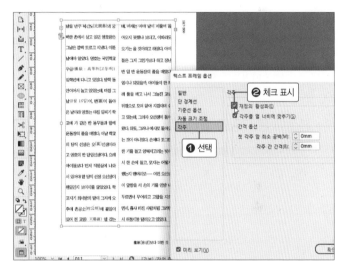

Tip

각주를 삽입하고자 하는 문자를 선택한 다음 메뉴에서 **[문자] → 각주 삽입**을 실행하면 각주 번호와 함께 하단에 설명이 들어갈 공간이 생성됩니다.

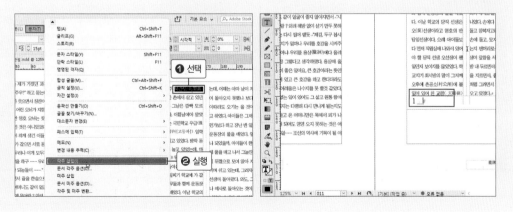

한 번에 본문 스타일을 잡아
쉽게 수정하기

글이 비교적 적게 들어간 브로슈어나 팸플릿만 작업한다면 불편한 몇 가지 기능을 제외하고는 일러스트레이터를 사용하여 편집 디자인을 할 수도 있습니다. 그러나 편집 디자인을 하다 보면 몇백 페이지가 넘는 본문을 작업해야 하는 상황을 수없이 만나게 됩니다. 수백 페이지의 본문에서 소제목만 글꼴 색상을 바꿔야 하는 경우, 해당 문자만 글꼴 크기를 변경해야 하는 경우 등 작업 파일만 잘 정리되어 있다면 인디자인에서는 당황하지 않고 빠른 대처가 가능합니다. 손이 많이 가는 편집 작업을 쉽게 끝낼 수 있는 다양한 스타일 적용 방법을 소개합니다.

1 본문에 단락 스타일 적용하여 전체적으로 가독성 높이기

인디자인에서 문자 편집을 보다 빠르고 효율적으로 다루기 위한 '단락 스타일'과 '문자 스타일' 중 먼저 단락 스타일에 대해 알아봅니다. 단락 스타일은 해당 단락 안에 있는 모든 문자에 스타일을 적용하고, 모든 페이지의 단락에 동일하게 복사하듯 스타일을 적용할 수 있는 기능입니다.

- **예제 파일** : 05\단락스타일.indd　　**완성 파일** : 05\단락스타일_완성.indd
- **구성** | 가로 115mm, 세로 188mm, 위쪽 여백 18mm, 아래쪽 여백 30mm, 안쪽 여백 20mm, 바깥쪽 여백 15mm
　　　　단락 스타일 등록, 적용, 수정하기

본문에 큰 그림을 그리듯 밑 작업하기

아무런 개성이나 디자인적 요소가 없는 원고 위에 큰 그림을 그려 간다는 마음으로 차근차근 스타일을 잡는 것이 첫 단계입니다.

1 — 05 폴더에서 '단락스타일.indd' 파일을 불러옵니다. 먼저 본문에 큰 그림을 그리기 위해 본문의 글꼴이나 크기 등 수정이 필요합니다. 메뉴에서 〔문자〕→ 문자를 실행하여 문자 패널과 메뉴에서 〔문자〕→ 단락을 실행하여 단락 패널을 표시합니다.

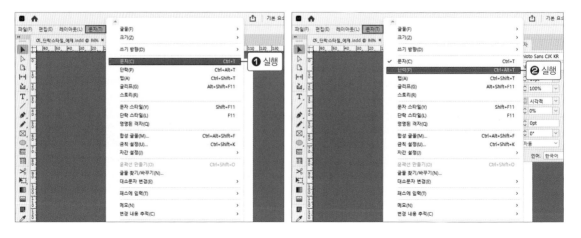

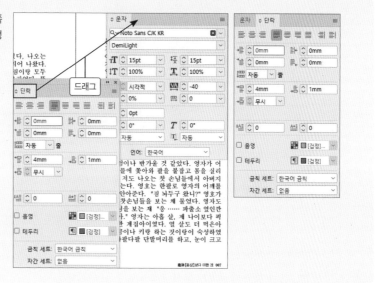

2 — F11을 눌러 단락 스타일 패널과
Shift+F11을 눌러 문자 스타일 패널을 표
시합니다. 페이지 패널에서 '006-007'을
더블클릭하여 이동합니다.

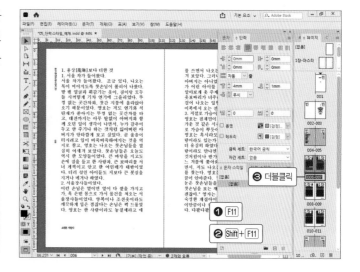

3 — 선택 도구(▶)로 텍스트 프레임을
더블클릭하여 커서를 활성화한 다음 Ctrl
+A를 눌러 전체 선택합니다.
문자 패널에서 글꼴을 '조선일보명조', 글
꼴 크기를 '8pt', 행간을 '15pt', 자간을
'-50'으로 지정하면 텍스트 프레임의 모든
텍스트에 변화가 적용됩니다.

4 — 보다 섬세한 수정을 하기 위해 [Ctrl] +[+]를 눌러 화면을 확대한 다음 [Alt]를 누른 상태로 드래그하여 화면을 이동합니다.

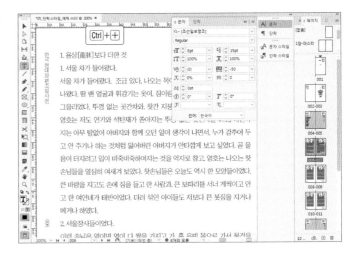

5 — 수정하려는 단락을 드래그하여 글꼴을 변경합니다. 그림과 같은 단락을 드래그한 다음 문자 패널에서 글꼴을 '나눔바른고딕 옛한글', 글꼴 크기를 '15pt', 행간을 '19pt', 자간을 '−20'으로 지정합니다. 단락 패널에서 이후 공백을 '55mm'로 설정합니다.

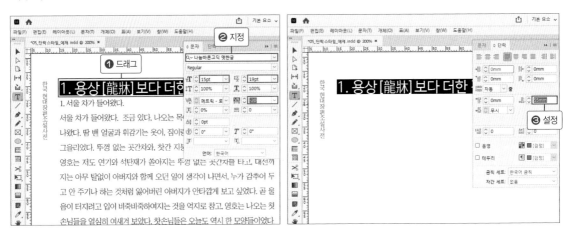

6 — 그림과 같은 소제목 단락을 드래그한 다음 문자 패널에서 글꼴을 '나눔손글씨 갈맷글', 글꼴 크기를 '11pt', 행간을 '15pt', 자간을 '−40'으로 지정합니다.

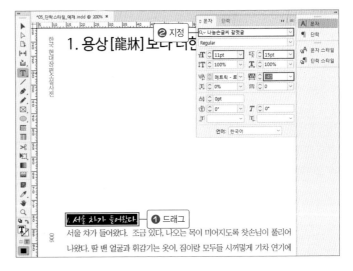

∴ 본문에 적용한 스타일을 단락 스타일로 등록하기

본문에서 가장 중요한 요소는 무엇보다 가독성입니다. 큰 뼈대를 잡을 때는 가독성을 최우선으로 고려해야 합니다. 전체 분위기에 맞는 적합한 스타일이 잡혔다면 이를 '단락 스타일'로 등록해야 합니다.

1 — 밑 작업이 끝났다면 만든 스타일을 단락 스타일 패널에 등록합니다.
등록하고자 하는 단락을 드래그한 다음 단락 스타일 패널에서 '새 스타일 만들기' 아이콘(回)을 클릭하여 새 단락 스타일을 등록합니다. '단락 스타일 1'이 생성되었습니다.

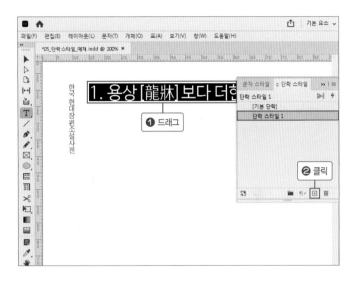

2 — 스타일이 등록은 되었지만 만든 상태 그대로 두면 스타일을 적용할 때 어떤 스타일인지 확인이 불가하여 헷갈릴 수 있습니다. '단락 스타일 1'을 더블클릭합니다.

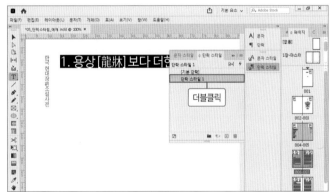

3 — 단락 스타일 옵션 대화상자가 표시되면 스타일 이름을 '대제목'으로 입력한 다음 〈확인〉 버튼을 클릭합니다. 단락 스타일 항목의 이름이 변경되었습니다.

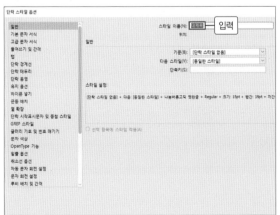

4 — 다음 단락도 단락 스타일 패널에 등록하기 위해 그림과 같은 단락 위치에 커서를 활성화한 다음 단락 스타일 패널에서 '새 스타일 만들기' 아이콘(⊡)을 클릭하여 '단락 스타일 1'을 생성합니다.

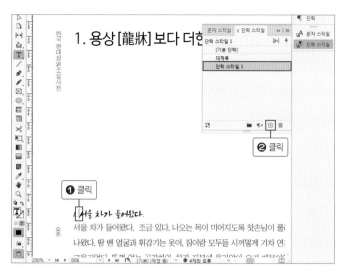

Tip

단락 스타일 패널에 등록할 경우 해당 단락의 일부에 커서만 활성화되어도 스타일 등록이 가능합니다.

5 — '단락 스타일 1'을 더블클릭합니다.

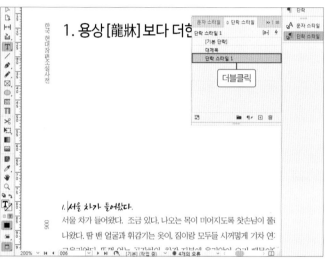

6 — 단락 스타일 옵션 대화상자가 표시되면 스타일 이름을 '소제목'으로 입력하고, 단축키에 Ctrl + Shift + 1 을 눌러 등록한 다음 〈확인〉 버튼을 클릭합니다.

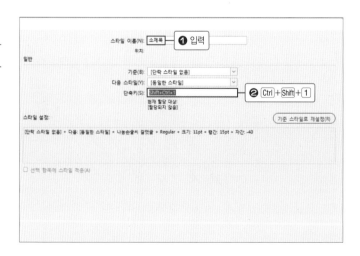

7 — 본문을 스타일로 등록하기 위해 그림과 같은 부분을 드래그한 다음 단락 스타일 패널에서 '새 스타일 만들기' 아이콘(▣)을 클릭하여 '단락 스타일 1'을 생성합니다.

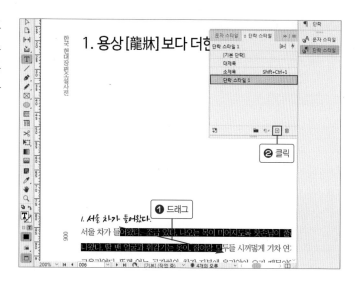

8 — '단락 스타일 1'을 더블클릭하여 단락 스타일 옵션 대화상자가 표시되면 스타일 이름을 '본문'으로 입력한 다음 〈확인〉 버튼을 클릭합니다. 단락 스타일 등록이 완료되었습니다.

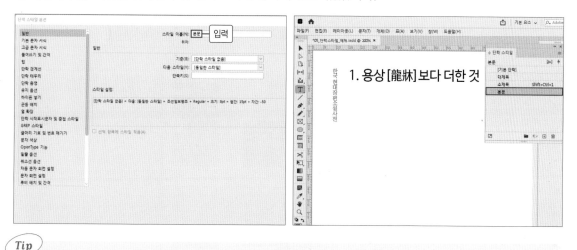

Tip

해당 단락을 클릭하여 단락 스타일 패널에서 실수 없이 등록되었는지 확인할 수 있습니다.

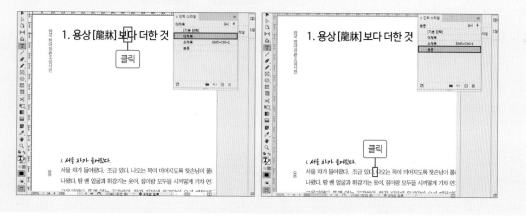

∴ 등록된 단락 스타일을 본문에 적용하기

단락 스타일 패널에 스타일을 등록하는 과정도 중요하지만, 단락 스타일이 본문에 오류 없이 적용되어야 차후 수정 작업이 편해집니다. 단락 스타일은 빠른 작업 속도뿐만 아니라 본문 디자인이 일관됨을 유지할 수 있도록 하는 데 중요한 역할을 합니다.

1 — 페이지 패널에서 '014-015'를 더블클릭하여 이동합니다. 그림과 같은 해당 단락을 드래그한 다음 단락 스타일 패널에서 '대제목'을 클릭합니다. 등록한 '대제목' 단락 스타일과 동일하게 변경되었습니다.

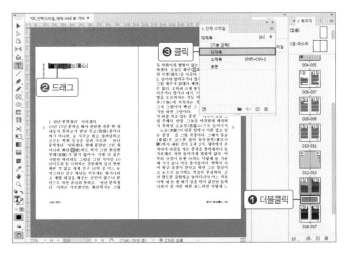

2 — 스타일을 적용할 때도 역시 큰 그림을 먼저 그리듯 많은 공간을 차지하는 부분부터 스타일을 적용하는 것이 효율적입니다.
그림과 같이 본문에 해당하는 부분을 드래그하여 마지막 페이지까지 선택합니다.

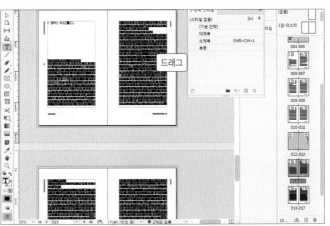

3 — 이어지는 페이지는 텍스트 스레드가 적용되었기 때문에 연결된 모든 본문이 선택됩니다. 단락 스타일에서 '본문'을 클릭하여 스타일을 변경합니다.

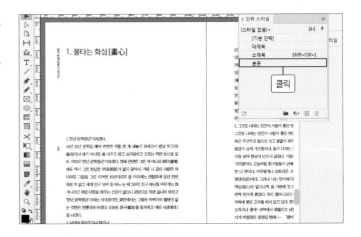

4 ― 페이지 패널에서 '006-007'페이지를 더블클릭하여 이동합니다.

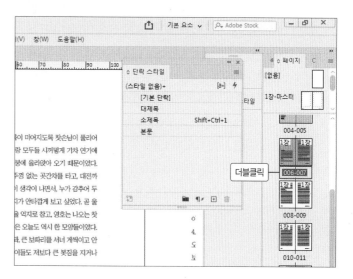

5 ― 본문에서 소제목 부분을 찾아 드래그한 다음 단락 스타일 패널에서 '소제목'을 클릭합니다.

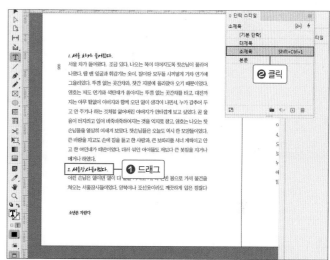

6 ― 계속해서 소제목 부분을 찾아 드래그한 다음 '소제목' 단락 스타일의 단축키로 저장된 Ctrl+Shift+1을 누릅니다.
남은 페이지의 모든 소제목 부분에 스타일을 같은 방법으로 적용합니다.

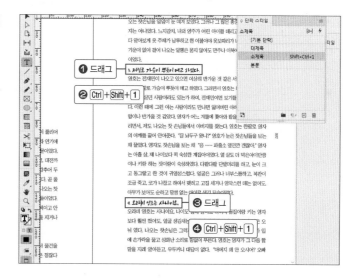

∴ 단락 구간에 생긴 변화를 덮어쓰듯 저장하는 스타일 재정의하기

작업 도중에 스타일을 수정해야 하는 상황을 수없이 만나게 됩니다. 지금까지는 본문에서 드래그하여 문자 또는 단락 패널에서 하나하나 수정하는 직관적인 방법을 사용하였다면, 이제는 단락 스타일 패널에서 스타일 재정의하기를 실행하여 본문의 모든 항목에 클릭 한 번으로 변화를 적용할 수 있습니다.

1 — 006~007페이지의 소제목을 드래그한 다음 문자 패널에서 글꼴을 'KoPubWorld돋움체_Pro'로 지정합니다.

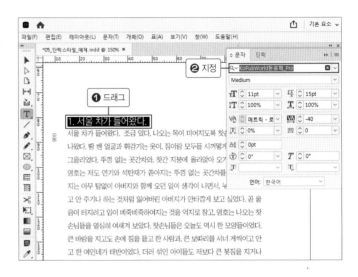

Tip

예를 들어, 수십 혹은 수백 페이지의 소제목의 글꼴 변경이 필요한 상황을 만날 수도 있습니다. 단락 스타일이 사용되지 않았다면 하나하나 드래그하여 글꼴을 변경하는 개별 작업에 들어가야 합니다. 단락 스타일과 문자 스타일의 적용은 일러스트레이터만을 사용해 오던 작업자가 인디자인을 어렵게 느끼도록 만드는 부분이기도 하지만, 결국은 인디자인을 배우고자 마음을 먹게 하는 이유가 되기도 합니다. 처음부터 스타일을 만들어 적용하는 습관을 갖는 것이 좋습니다.

2 — 단락 스타일 패널에서 '소제목' 오른쪽에 '+'가 표시된 것을 확인할 수 있습니다.
이미 등록된 '소제목' 스타일이 적용된 단락인데, 그 성격이 바뀌었기 때문에 변화가 있다라는 것을 '+'로 표시하고 있습니다.

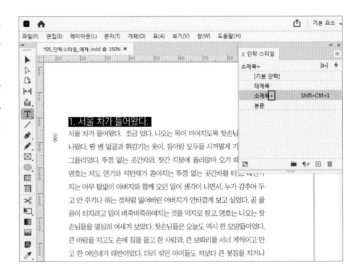

3 — 나머지 페이지 소제목에도 수정한 스타일을 적용하려면 단락 스타일 패널에서 '패널 메뉴' 아이콘(▤)을 클릭한 다음 **스타일 재정의**를 실행합니다. '소제목'의 '+'가 사라지면서 모든 페이지의 소제목이 변경되었습니다.

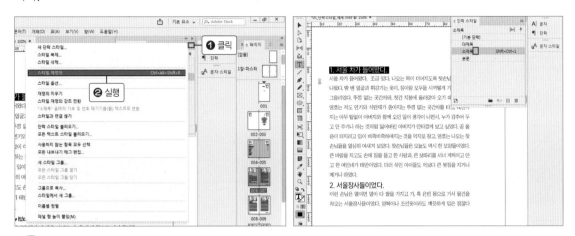

Tip

변경한 글꼴을 스타일로 재정의하려고 할 때 스타일 재정의가 활성화되지 않는 경우가 있습니다. 정확히 구간을 선택하지 못했기 때문입니다. '스타일 재정의'가 비활성화된 상태라면 구간 선택을 꼼꼼히 확인하여 해결합니다.

❶ 단락을 드래그한 다음 확인하면 스타일 재정의가 비활성화되어 있습니다.

❷ 그림과 같은 상황에서는 본문 글꼴 크기인 '12pt'와 다르게 마지막에 띄어쓰기 공간의 글꼴 크기가 '11pt'로 지정되어 있기 때문에 생기는 결과입니다. 수정이 반복되다 보면 자연스럽게 발생하는 현상이지만 작업 시 되도록이면 이러한 실수가 생기지 않도록 꼼꼼히 본문을 만들어 나가는 것이 좋습니다.

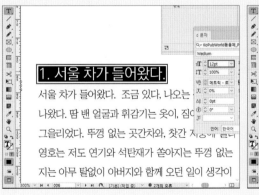

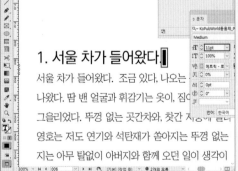

∴ 단락 스타일 옵션만 조절하여 전체 페이지를 한 번에 수정하기

단락 스타일 옵션 대화상자에서 몇 가지 설정을 조절하여 전체 페이지의 단락을 한 번에 편집할 수 있습니다. 스타일 재정의 역시 지정된 단락 스타일에 새로운 스타일을 적용하는 수정 방법입니다. 약간의 차이는 있으나 두 방법 모두 현장에서 빈번하게 사용됩니다.

1 — 선택 도구(▶)로 단락 스타일 패널에서 '소제목'을 더블클릭하여 단락 스타일 옵션 대화상자를 표시합니다.

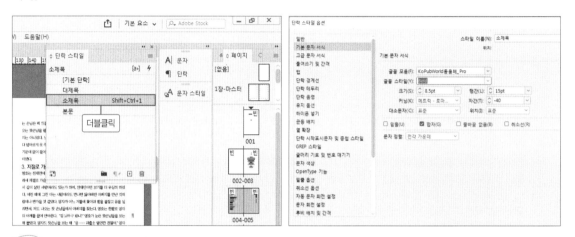

> *Tip*
>
> 이때 커서가 나도 모르게 본문 내부에 활성화되어 있거나 텍스트 프레임 안에 드래그되어 있지 않도록 유의합니다. 그림과 같이 커서가 대제목 위치에 활성화된 것을 인지하지 못하고 '소제목' 스타일을 클릭한다면 대제목의 스타일이 전부 바뀌는 실수로 이어지게 됩니다.

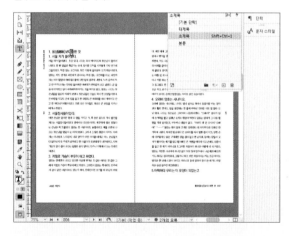

실수가 바로 확인되면 수정이 가능하지만 한참 뒤에 실수가 발견되면 스타일 항목들이 꼬여 수정이 까다롭게 됩니다. 스타일 항목이 많아지고 내용이 길어질수록 빈번하게 일어나는 실수입니다. 단락 스타일 항목을 더블클릭할 때는 Esc를 누르거나 Ctrl을 누른 상태로 텍스트 프레임 밖을 클릭하거나 선택 도구(▶)를 선택합니다.

2 — '기본 문자 서식'을 선택하고 글꼴 스타일을 'Bold', 크기를 '8.5pt'로 지정한 다음 '미리 보기'를 체크 표시하여 확인합니다.

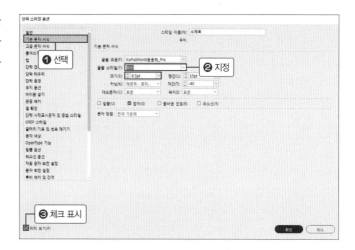

3 — '들여쓰기 및 간격'을 선택하고 이전 공백을 '3mm', 이후 공백을 '1mm'로 설정합니다.

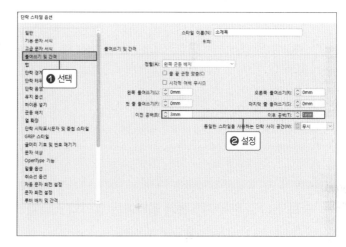

4 — '문자 색상'을 선택하고 원하는 색상을 지정한 다음 〈확인〉 버튼을 클릭합니다.

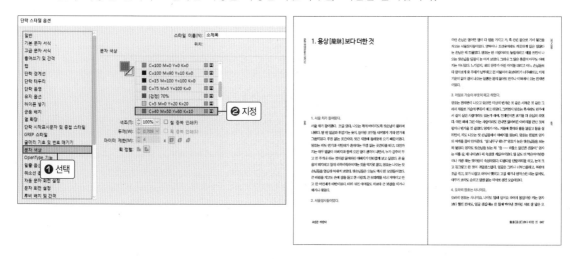

5 ― 본문을 건드리지 않고 모든 소제목의 스타일이 변경되었습니다. 다른 페이지에도 스타일 항목이 오류 없이 적용되었는지 확인합니다.

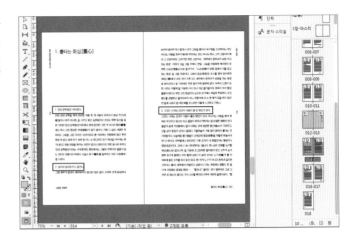

Tip

단락 스타일을 등록하는 방법

❶ 본문 페이지에서 밑그림을 그리듯이 대략적인 스타일을 일차적으로 잡고 단락별로 스타일을 등록

❷ 단락 스타일 패널에서 새 스타일을 먼저 생성한 다음 단락 스타일 옵션 대화상자를 표시하여 세부 옵션을 설정하며 본문에 적용

위의 방법 중에 어떤 방법을 사용해도 좋습니다. 대부분의 사용자가 단락 스타일 옵션 대화상자를 통해서 본문을 수정하는 ❷의 방법 과정에서 어려움을 느끼는 이유는 대화상자의 인터페이스가 직관적이지 않고 상당히 복잡하기 때문입니다. 또한 전체 화면의 균형을 살필 수 있기 때문에 새로운 스타일을 정립하는 첫 단계에서는 ❶의 방법이 효과적입니다. ❶의 방법으로 스타일을 등록한 다음 ❷의 방법으로 수정하는 것을 추천합니다.

∴ 단락 스타일 위에 자유롭게 올라가는 임의의 스타일

인디자인의 스타일 항목을 이해하려면 스타일이 올라가는 순서를 기억하는 것이 좋습니다. 단락 스타일이 일차적으로 만들어지고 그 위에 부분적으로 문자 스타일이 올라갑니다. 문자 스타일 위로 작업자 임의의 스타일이 올라가는 과정으로 대부분의 편집 작업이 이루어집니다. 단락 스타일도 아니면서 문자 스타일에도 속하지 않고 그 위에 아무런 스타일 등록 없이 임의로 수정된 디자인은 단락 스타일의 변화 또는 문자 스타일의 수정에도 그 성향이 쉽사리 바뀌지 않습니다.

1 ― 작업을 하다 보면 단락 스타일을 무시한 상태로 임의의 변화를 주는 경우가 생깁니다. 007페이지를 더블클릭하여 이동한 다음 화면을 확대합니다.

부분적으로 문자 패널과 색상 견본 패널을 이용하여 사용자의 의도대로 소제목과 본문에 자유롭게 변화(임의의 스타일)를 줍니다.

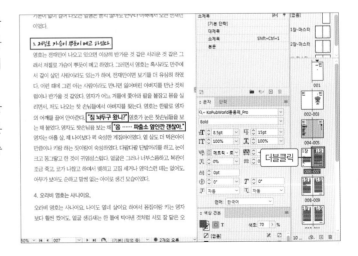

2 ― 단락 스타일 패널에서 '소제목'을 더블클릭하여 단락 스타일 옵션 대화상자를 표시합니다.

'기본 문자 서식'을 선택하고 글꼴을 지정한 다음 본문 페이지를 살펴봅니다. 대화상자에서 글꼴을 수정하면 기존의 스타일이 적용된 부분에만 변화가 적용되고, 임의의 적용한 부분은 적용되지 않습니다.

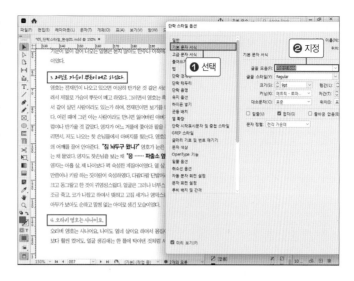

3 ― '3. 저절로 가슴이 뿌듯이 메고 하였다.' 텍스트에 적용된 '나눔손글씨 갈맷글'로 글꼴을 지정하여 통일한 다음 다른 글꼴로 지정하면 그 이후로는 단락 스타일 변경을 모든 소제목 항목에 동일하게 적용할 수 있습니다.

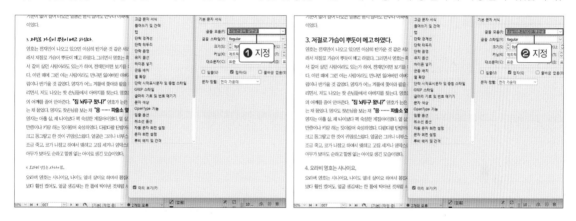

4 ― 글꼴 크기도 마찬가지입니다. 글꼴 크기가 다르면 인디자인은 어느 쪽을 기준으로 해야 하는지 인식하지 못합니다. 글꼴 크기를 동일하게 맞춘 다음 '10pt'로 변경하면 모든 소제목에 같은 크기로 변화가 적용됩니다.

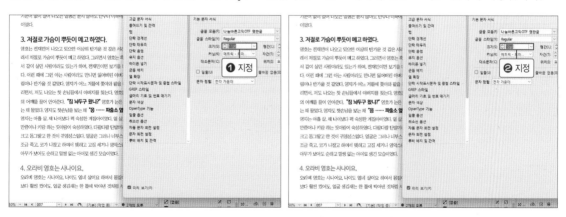

5 — '문자 색상'을 선택하여 색상을 지정한 다음 본문 페이지를 확인합니다. 기존의 스타일이 적용된 부분에만 색상 변화가 적용되고, 임의로 적용한 부분에는 적용되지 않습니다. 원래 색이었던 '검은색'으로 지정하여 색상을 하나로 통일한 다음 다른 색상을 지정하면 수정된 색상이 동일하게 적용되는 것을 확인할 수 있습니다. 임의로 변경된 문자들이 가지는 성향에 대해 알아보았으니, 〈취소〉 버튼을 클릭하여 돌아갑니다.

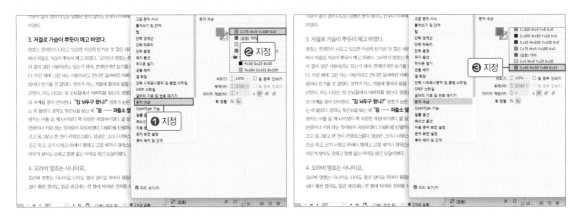

∵ 변화를 무시하고 기존 단락 스타일로 되돌리는 선택 항목의 재정의 지우기

단락 스타일로 잘 정리된 본문이라 하더라도 작업 과정에서 완성에 이르기까지 끊임없는 수정과 보완이 요구됩니다. 기존의 스타일로 되돌리고자 할 때 필요한 기능이 '선택 항목의 재정의 지우기'입니다. '스타일 재정의'와 '선택 항목의 재정의 지우기'에 대한 개념에서 혼란을 겪는 경우가 종종 있습니다. '스타일 재정의'가 단락 스타일 패널 메뉴에서 유일하게 단축키가 저장된 항목이라면, '선택 항목의 재정의 지우기'는 단락 스타일 패널 하단에 해당 아이콘이 생성되어 있습니다.

1 — 현재 '3. 저절로 가슴이 뿌듯이 메고 하였다.' 텍스트에 임의의 스타일이 적용되어 있습니다.
'3. 저절로 가슴이 뿌듯이 메고 하였다.' 단락에 커서를 활성화하여 단락 스타일 패널을 확인하면 '소제목'에 '+'가 표시되어 있습니다. 선택된 부분에 '소제목' 스타일과 동일하지 않은 변화가 있다는 의미입니다.

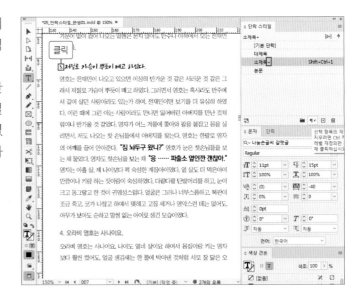

2 ─ 임의의 스타일을 무시하고 기존 스타일로 돌아가려면 해당 단락을 드래그하거나 커서가 활성화된 상태에서 '소제목'을 클릭한 다음 하단에 '선택 항목의 재정의 지우기' 아이콘(▣)을 클릭합니다. '+'가 사라지며 기존 스타일로 변경되는 것을 확인할 수 있습니다.

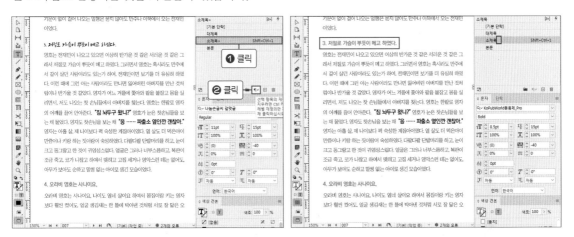

3 ─ 본문에도 임의로 스타일이 적용된 부분에 커서를 활성화한 다음 단락 스타일 패널을 확인합니다.
'본문'에 '+'가 표시되어 있습니다. 역시 선택한 본문에도 변화(임의의 스타일)가 발생했다는 의미입니다.

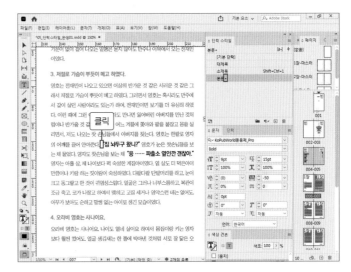

4 ─ 임의의 스타일을 무시하고 기존 스타일로 돌아가려면 '본문'이 선택된 상태에서 하단에 '선택 항목의 재정의 지우기' 아이콘(▣)을 클릭합니다. '+'가 사라지며 기존 스타일로 변경되는 것을 확인할 수 있습니다.

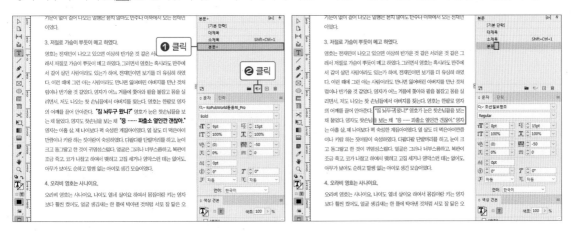

단락 스타일로 본문 위에 큰 그림을 그렸다면, 그 위에 문자 스타일을 올려 세심한 편집을 이어나갈 수 있습니다. 단락 스타일에서 단락 단위로 스타일이 등록되어 적용되었듯이, 문자 스타일에서는 문자 단위로 스타일이 등록되고 적용됩니다. 스타일 등록 및 적용 방법이나 수정 과정이 단락 스타일과 크게 다르지 않기 때문에 개념만 충분히 이해한다면 문자 스타일의 활용은 어렵지 않습니다.

- **예제 파일** : 05\문자스타일.indd　　• **완성 파일** : 05\문자스타일_완성.indd
- **구성** ｜ 가로 115mm, 세로 188mm, 위쪽 여백 18mm, 아래쪽 여백 30mm, 안쪽 여백 20mm, 바깥쪽 여백 15mm
　　　　문자 스타일 등록, 적용, 수정하기

∴ 단락 스타일 위에 문자 스타일 올리기

문자 스타일 등록 시 글의 구조가 보다 쉽게 이해될 수 있도록 글의 내용을 충분히 고려해야 합니다. 단락 스타일 위에 부분적으로 변화가 생기면 단락 스타일 항목에 '+' 기호가 표시되기 때문에 불편함을 느끼기도 합니다. 이에 구애 받지 않고 부분적 수정을 자유롭게 제어할 수 있는 항목이 문자 스타일입니다.

1 — 05 폴더에서 '문자 스타일.indd' 파일을 불러옵니다. 페이지 패널에서 004페이지를 더블클릭하여 이동합니다.

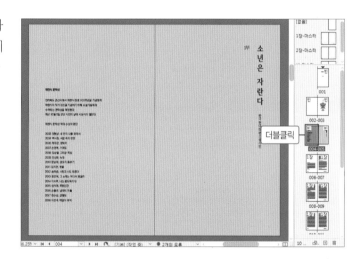

2 — 전체적인 스타일이 그려진 본문 위에 세심한 변화를 올리기 위해 부분적으로 글꼴의 두께나 색상 등의 수정이 필요합니다. Ctrl+T를 눌러 문자 패널과 Ctrl+Alt+T를 눌러 단락 패널을 표시합니다. F11을 눌러 단락 스타일 패널과 Shift+F11을 눌러 문자 스타일 패널을 표시합니다.

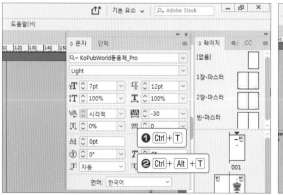

3 — 문자 스타일을 등록하기 전에, 먼저 밑 작업이 끝난 단락을 '단락 스타일'에 등록합니다.

그림과 같은 단락을 드래그한 다음 단락 스타일 패널에서 '새 스타일 만들기' 아이콘(⊞)을 클릭하면 '단락 스타일 1'이 생성됩니다.

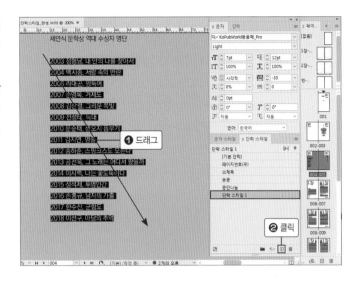

4 — '단락 스타일 1'을 더블클릭하여 단락 스타일 옵션 대화상자가 표시되면 스타일 이름을 '수상자본문'으로 변경한 다음 〈확인〉 버튼을 클릭합니다. 스타일 항목의 이름이 변경되었습니다.

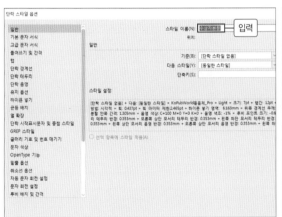

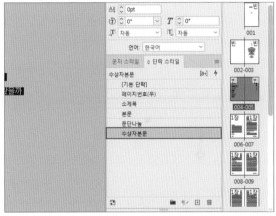

5 — 선택 도구(▶)로 텍스트 프레임을 더블클릭하여 커서를 활성화한 다음 '2003' 텍스트를 드래그합니다.

문자 패널에서 글꼴을 'KoPubWorld돋움체_Pro', 글꼴 스타일을 'Bold', 글꼴 크기를 '7pt', 행간을 '12pt', 자간을 '−30'으로 지정한 다음 색상 패널에서 'C=0%, M=80%, Y=55%, K=30%'로 지정합니다.

Tip

단락 스타일로 정의된 단락에 변화가 생겼기 때문에 단락 스타일 패널의 '수상자본문'에 '+'가 표시된 것을 확인할 수 있습니다.

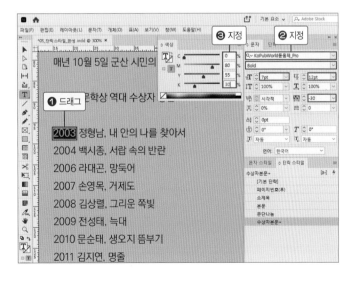

6 — 부분적 문자의 변화를 '문자 스타일'에 등록합니다. 등록하고자 하는 '2003' 텍스트를 정확히 드래그한 다음 문자 스타일 패널에서 '새 스타일 만들기' 아이콘 (回)을 클릭면 '문자 스타일 1'이 생성됩니다.

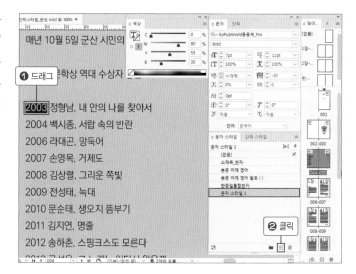

7 — '문자 스타일 1'을 더블클릭하여 문자 스타일 옵션 대화상자가 표시되면 스타일 이름을 '머리강조'로 입력하고 단축키에 Shift + Ctrl + 2 를 누른 다음 〈확인〉 버튼을 클릭합니다.

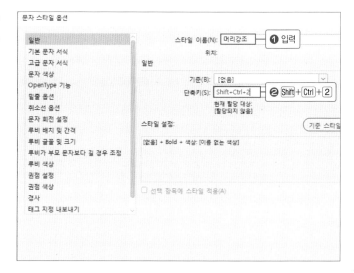

8 — 문자 스타일 패널에서 항목의 이름이 변경되었으며, 단락 스타일 패널을 확인하면 '수상자본문'에 '+'가 사라진 것을 확인할 수 있습니다. 단락 스타일 위에 생긴 변화가 독립된 문자 스타일로 정의되었기 때문입니다.

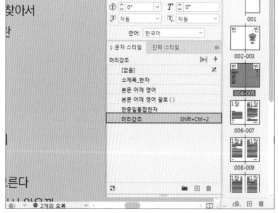
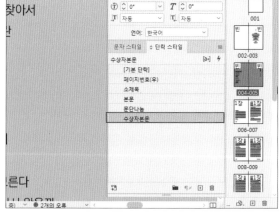

∴ 등록된 문자 스타일을 본문에 적용하기

단락 스타일이 전체 등록이라면, 문자 스타일은 부분 등록이라 할 수 있습니다. 문자 단위로 스타일을 적용할 경우에는 드래그에 신중해야 합니다. 문자 스타일 또한 빠른 작업 속도뿐만 아니라 본문 디자인이 일관됨을 유지할 수 있도록 하는 데 중요한 역할을 합니다.

1 — 페이지 패널에서 004페이지를 더블클릭하여 해당 페이지로 이동합니다. '2004' 텍스트를 드래그하여 문자 스타일 패널에서 '머리강조'를 클릭합니다. 지정한 스타일과 동일한 모습으로 변경되었습니다.

> **Tip**
>
> 해당 구간을 모두 선택하지 않고 커서만 활성화하는 방법은 단락 스타일의 경우만 적용이 가능합니다. 문자 스타일의 경우에는 정확한 구간 선택이 매우 중요합니다.

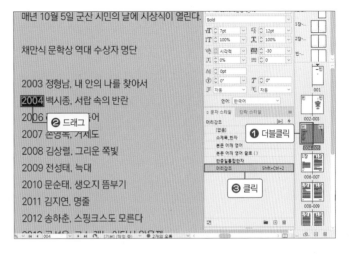

2 — 계속해서 '2006' 텍스트를 드래그한 다음 문자 스타일 패널에서 '머리강조'를 클릭하여 적용합니다.

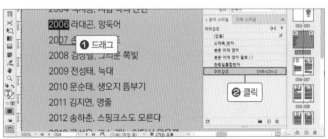

3 — 남은 연도 텍스트에도 '머리강조' 스타일을 적용합니다. 문자 스타일 패널에서 클릭하는 방법이 번거롭다면 미리 지정한 단축키를 사용하여 보다 빠른 작업을 실행할 수 있습니다.

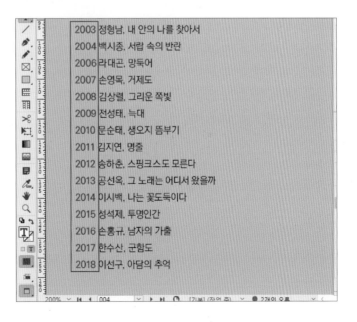

∴ 변화를 기존 문자 스타일에 덮어쓰듯 저장하는 스타일 재정의하기

정해진 스타일이라 하더라도 콘셉트가 변경되거나 주요 색상에 변화가 생긴다면 이를 적용해야 합니다. 문자 스타일 패
널에서 스타일 재정의하기를 실행하여 클릭 한 번으로 본문 모든 문자에 빠르게 스타일 변화를 적용할 수 있습니다.

1 — '2003' 텍스트를 드래그한 다음
컨트롤 패널에서 글꼴을 'Sandoll 명조
Neo1', 글꼴 스타일을 '06 Bold'로 지정합
니다.

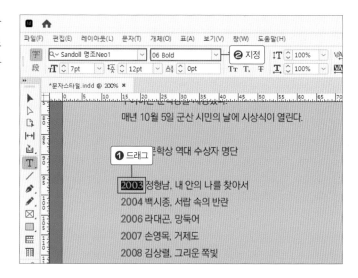

Tip

수십 혹은 수백 페이지의 텍스트 글꼴 변경이 필요한 경우 문자 스타일이 사용되지 않았다면 손수 하나하나 드래그하여 글
꼴을 변경해야 합니다. 글의 분량이 많을수록 이러한 상황은 매우 비효율적이며 결국은 실수로 이어지는 일이 많습니다. 프
로그램이 어느 정도 익숙해지기 전까지는 문자 스타일의 등록과 적용이 다소 까다로운 작업으로 여겨질 수 있습니다. 단락
스타일과 문자 스타일의 적용은 순서만 이해한다면 인디자인을 반드시 배워야 하는 이유가 되기도 합니다.

2 — 문자 스타일의 변화를 확인합니다.
'머리강조' 오른쪽에 '+'가 표시된 것을 확
인할 수 있습니다.

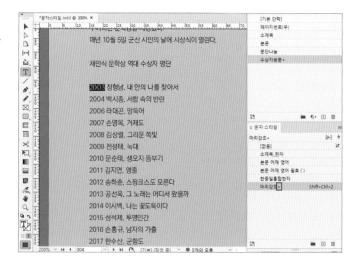

3 — 나머지 작품 연도에 변경한 글꼴을 적용하기 위해 문자 스타일 패널에서 '패널 메뉴' 아이콘(▤)을 클릭한 다음 **스타일 재정의**를 실행합니다. '머리강조'의 '+'가 사라지면서 글꼴이 변경되었습니다.

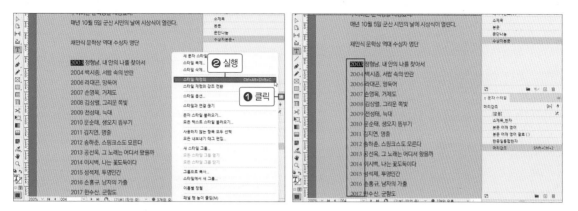

∴ 문자 스타일 옵션만 조절하여 전체 페이지 단번에 수정하기

단락 스타일과 마찬가지로 문자 스타일 패널에서 '문자 스타일 옵션' 대화상자를 표시하여 몇 가지 옵션을 조절하여 전체 페이지의 문자를 단번에 편집할 수 있습니다. 단락 스타일과 문자 스타일은 등록-적용-수정 방법이 동일하기 때문에 어렵지 않습니다. 다만 단락 스타일 위에 문자 스타일이 올라간다는 구조를 이해해야 중첩 스타일과 그랩 적용의 단계까지 자연스럽게 습득할 수 있습니다.

1 — 문자 스타일 항목을 수정하는 또 다른 방법은 문자 스타일 패널에서 옵션을 설정하는 방법입니다. 선택 도구(▶)가 선택된 상태에서 '머리강조'를 더블클릭합니다.

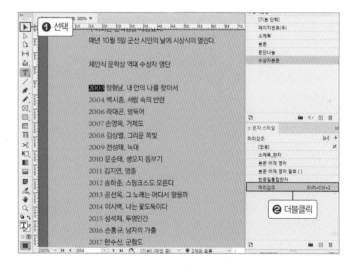

2 — 문자 스타일 옵션 대화상자가 표시
되면 '기본 문자 서식'을 선택한 다음 '밑줄'
을 체크 표시합니다.
해당 문자 스타일이 적용된 모든 부분에
밑줄이 적용되는 것을 미리 보기를 통해
확인할 수 있습니다.

3 — '문자 색상'을 선택한 다음 원하는
색상을 지정하면 해당 문자 스타일이 적용
된 모든 부분에 선택한 색상이 적용되는
것을 확인할 수 있습니다.

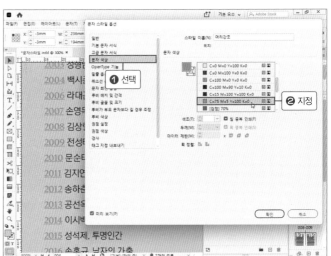

4 — '밑줄 옵션'을 선택하여 선의 두께
를 지정할 수 있으며, 오프셋을 어떻게 설
정하는지에 따라 밑줄 옵션을 보다 흥미롭
게 활용하여 배치할 수도 있습니다.
오프셋을 '-6pt'로 설정합니다.

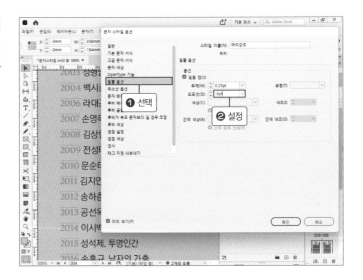

5 — '권점 설정'을 선택하여 다양한 권점으로 시선을 집중시킬 수 있습니다. 문자를 '작고 검은 원 모양'으로 지정합니다.

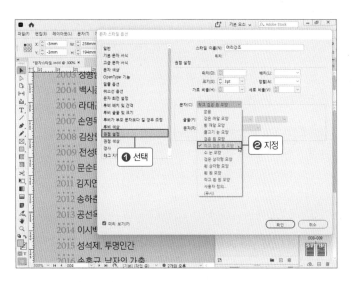

6 — '권점 색상'을 선택하여 색상도 변경할 수 있습니다. 원하는 색상으로 지정한 다음 〈확인〉 버튼을 클릭합니다.

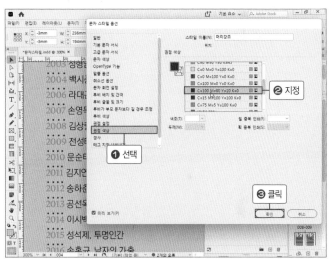

7 — 본문을 전혀 건드리지 않고 문자 스타일이 적용된 모든 스타일이 변경되었습니다.

Tip

문자 스타일을 등록하는 방법
❶ 본문 페이지에서 수정하고자 하는 문자 스타일을 일차적으로 잡고 해당 부분을 드래그하여 문자 스타일 패널에 등록
❷ 문자 스타일 패널에서 새 스타일을 먼저 생성한 다음 문자 스타일 옵션 대화상자에서 옵션을 조절하여 페이지에 적용

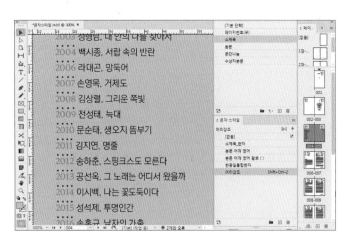

∴ 스타일 자체를 삭제하거나 연결을 끊어 자유롭게 제어하기

모든 페이지가 논리적으로 정해진 규칙에 의해 정리되면 좋겠지만, 사람이 쓰고 읽는 글이다 보니 정의된 스타일을 무시하고 디자인해야 하는 상황을 맞닥뜨리게 됩니다. 부분적으로 스타일을 삭제하거나 연결을 끊어야 편집이 효율적으로 진행되는 경우를 알아봅니다.

• **예제 파일** : 05\스타일연결끊기.indd   • **완성 파일** : 05\스타일연결끊기_완성.indd
• **구성** | 가로 115mm, 세로 188mm, 위쪽 여백 18mm, 아래쪽 여백 30mm, 안쪽 여백 20mm, 바깥쪽 여백 15mm
    스타일 삭제 및 연결 끊기, 재정의 연결하기

1 — 05 폴더에서 '스타일연결끊기.indd' 파일을 불러옵니다.
페이지 패널에서 '006-007'을 더블클릭하여 이동합니다.

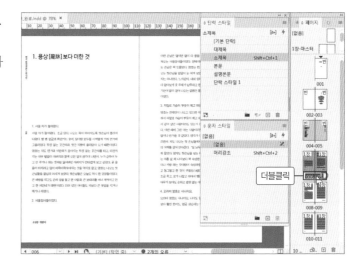

2 — 단락 스타일에서 '소제목'을 클릭한 다음 '선택한 스타일/그룹 삭제' 아이콘(🗑)을 클릭합니다.

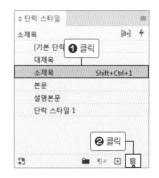

3 — 단락 스타일 삭제 대화상자가 표시되면 단락 스타일을 삭제하기 위해 이를 대체할 스타일을 지정해야 합니다.
'소제목' 스타일이 정의된 모든 단락을 본문에 포함시키려면 '본문'으로 지정한 다음 〈확인〉 버튼을 클릭합니다.

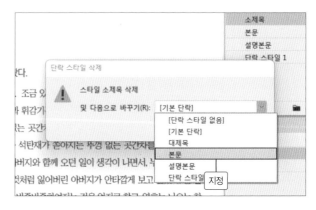

4 — 소제목 단락이 본문과 같은 스타일로 변경되었습니다.

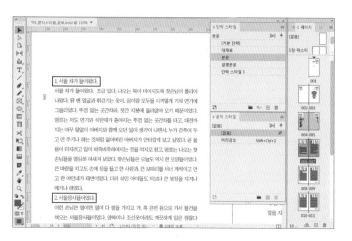

5 — Ctrl+Z를 눌러 되돌리고 다시 단락 스타일에서 '소제목'을 클릭한 다음 '선택한 스타일/그룹 삭제' 아이콘(🗑)을 클릭합니다. 단락 스타일 삭제 대화상자가 표시되면 어떤 단락 스타일도 원하지 않고 단락 스타일을 삭제하기 위해 '단락스타일 없음'으로 지정합니다. 이때 '서식 유지'를 체크 표시하면 글꼴의 모든 성향은 그대로 유지되며 스타일만 삭제됩니다.

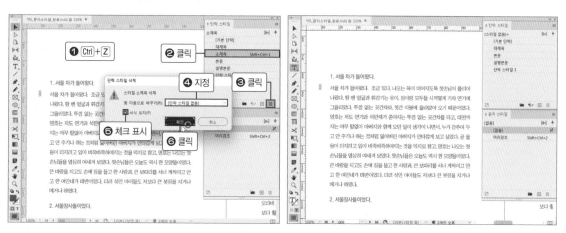

6 — Ctrl+Z를 눌러 다시 되돌립니다. 부분적으로 단락 스타일을 따라가지 않도록 연결을 끊기 위해 '2. 서울장사들이었다' 텍스트를 드래그합니다. 단락 스타일 패널에서 '패널 메뉴' 아이콘(☰)을 클릭한 다음 **스타일과 연결 끊기**를 실행합니다.

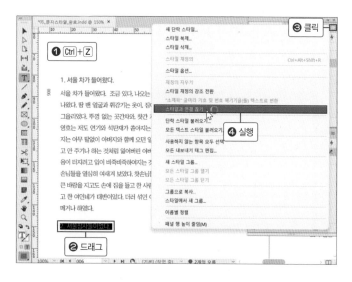

7 — '1. 서울 차가 들어왔다' 단락에 커서를 활성화하면 단락 스타일 패널에 해당 항목이 표시되지만, '2. 서울장사들이었다' 단락에 커서를 활성화하면 단락 스타일 패널에 표시되는 항목이 없습니다.

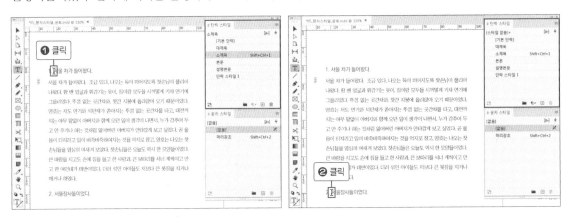

8 — 단락 스타일 패널에서 '소제목'을 더블클릭하여 단락 스타일 옵션 대화상자가 표시되면 색상 등의 옵션을 변경해 봅니다. 이미 스타일을 끊은 '2. 서울장사들이었다' 단락의 경우 변경 사항이 적용되지 않는 것을 확인할 수 있습니다.

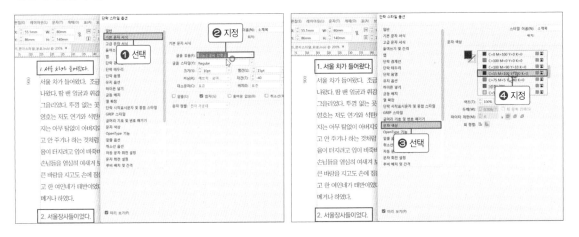

9 — '2. 서울장사들이었다' 단락에 다시 '소제목' 스타일을 적용하려면 해당 부분을 드래그한 다음 단락 스타일 패널에서 '소제목'을 클릭합니다.

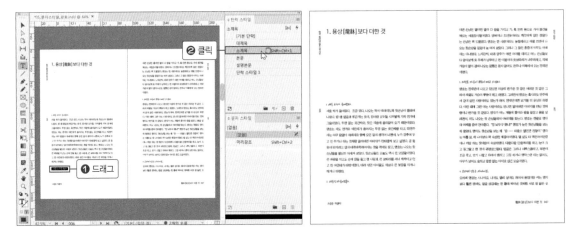

3 번거로움을 줄이는 중첩 스타일 활용하기

편집의 기본 작업은 원고를 배치한 다음 본문 스타일에 맞는 글꼴과 크기로 텍스트 형식을 변경하는 것입니다. 단락 스타일과 문자 스타일을 적용하면 일관되고 빠르게 텍스트 형식을 변경할 수 있습니다. 이를 바탕으로 중첩 스타일까지 활용한다면 작업 시간을 효과적으로 단축하는 데 상당히 유용합니다. 중첩 스타일에서는 단락 스타일과 문자 스타일을 모두 활용하여 일정한 순서나 구간에서 문자 스타일을 반복하여 적용해야 하는 경우 도움이 됩니다.

- **예제 파일** : 05\중첩스타일.indd   · **완성 파일** : 05\중첩스타일_완성.indd
- **구성** | 가로 115mm, 세로 188mm, 위쪽 여백 18mm, 아래쪽 여백 30mm, 안쪽 여백 20mm, 바깥쪽 여백 15mm
  단락 스타일과 문자 스타일 사용하여 중첩 스타일 이해하기

∴ 단락 스타일 위에 문자 스타일 적용하기

중첩 스타일은 단락 스타일 안에서 일정한 규칙에 따라 적용되는 기능입니다. 단락 스타일이 먼저 정의되어야 하며, 그 위에 부분적으로 변화가 필요한 구간을 문자 스타일로 등록한 다음 최종적으로 단락 스타일에서 중첩 스타일 적용을 위한 옵션들을 제어하는 것이 올바른 과정입니다.

1 ─ 05 폴더에서 '중첩스타일.indd' 파일을 불러옵니다.

페이지 패널에서 004페이지를 더블클릭하여 이동합니다. 004페이지는 연도에 해당하는 숫자 부분을 하나하나 선택하여 문자 스타일을 적용하여 편집된 지면입니다.

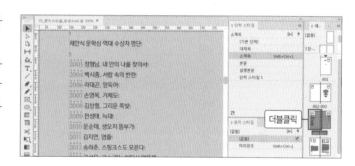

2 ─ 본문에 정의된 문자 스타일과 단락 스타일을 삭제하기 위해 문자 스타일 패널에서 '머리강조'를 클릭한 다음 '선택한 스타일/그룹 삭제' 아이콘(🗑)을 클릭합니다.

문자 스타일 삭제 대화상자가 표시되면 스타일 머리강조 삭제 및 다음으로 바꾸기를 '없음'으로 지정하고 '서식 유지'를 체크 해제한 다음 〈확인〉 버튼을 클릭합니다. 본문을 선택하면 문자 스타일은 표시되지 않고, 단락 스타일에 '설명본문'만 선택됩니다.

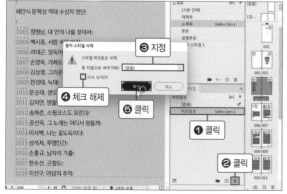

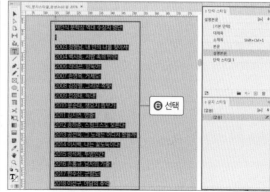

3 — 단락 스타일만 정의된 본문에 문자 단위로 설정하기 위해 앞자리 숫자 '2' 텍스트만 드래그한 다음 컨트롤 패널에서 글꼴 스타일을 'Bold'로 지정합니다.

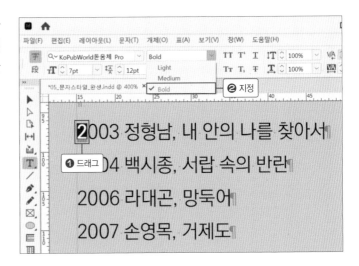

4 — 3번 과정의 글꼴 변경은 문자 단위의 부분적 수정이기 때문에 문자 스타일로 등록해야 합니다.
'2' 텍스트가 드래그된 상태로 문자 스타일 패널에서 '새 스타일 만들기' 아이콘(▣)을 클릭하면 '문자 스타일 1'이 생성됩니다.

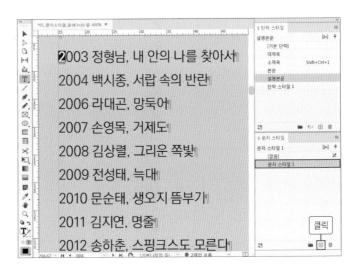

5 — '문자 스타일 1'을 더블클릭하여 문자 스타일 옵션 대화상자가 표시되면 스타일 이름을 '숫자강조'로 입력한 다음 〈확인〉 버튼을 클릭합니다. 문자 스타일 패널에 '숫자강조' 항목이 정의되었습니다.

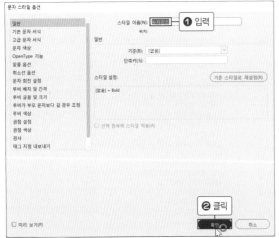

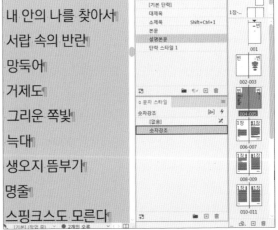

∴ 단락 스타일에서 옵션 제어하기

단락 스타일과 문자 스타일을 이해했다면, 단락 스타일 → 문자 스타일 → 단락 스타일의 순서를 기억하며 중첩 스타일을 연습할 수 있습니다. 실무 현장에서도 종종 단락 스타일만 사용하라거나 문자 스타일만 사용하라는 요구를 받기도 합니다. 상황에 따라 다를 수 있지만, 어느 하나의 스타일만으로는 중첩 스타일 적용이 어렵습니다.

1 — 단락 스타일과 문자 스타일이 적용되었다면 중첩 스타일 적용을 위해 다시 단락 스타일 패널에서 '설명본문'을 더블클릭합니다.

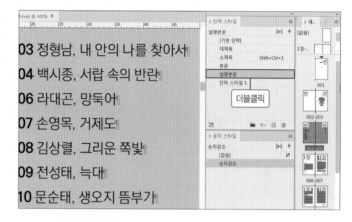

2 — 단락 스타일 옵션 대화상자가 표시되면 '단락 시작표시문자 및 중첩 스타일'을 선택하고 중첩 스타일의 〈새 중첩 스타일〉 버튼을 클릭합니다.

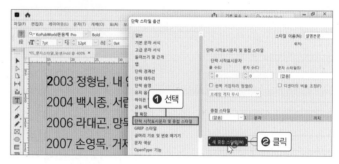

3 — 중첩 스타일에 새로운 항목이 만들어졌습니다. 미리 만들어 놓은 '숫자강조' 문자 스타일로 지정합니다. 숫자 옵션에 '1'을 입력하면 모든 단락의 첫 글자가 사전에 등록한 '숫자강조' 문자 스타일로 변경됩니다. 숫자 옵션을 '4'로 변경하면 단락의 첫 4자리 문자까지 스타일이 적용됩니다. 수정이 완료되었으면 〈확인〉 버튼을 클릭합니다.

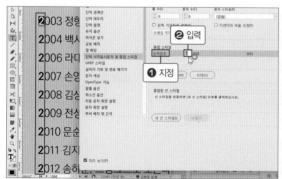
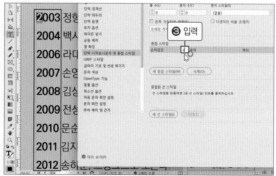

4 — 단락의 연도 부분에 '숫자강조' 문자 스타일이 적용되었습니다.

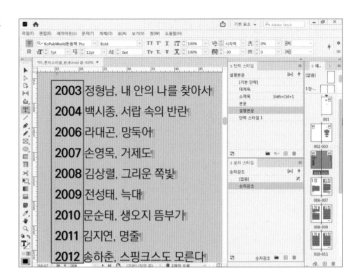

5 — 다시 한번 단락 스타일 패널에서 '설명본문'을 더블클릭하여 단락 스타일 옵션 대화상자가 표시되면 '단락 시작표시 문자 및 중첩 스타일'을 선택합니다.
기존에 생성한 중첩 스타일을 선택한 다음 〈삭제〉 버튼을 클릭합니다.

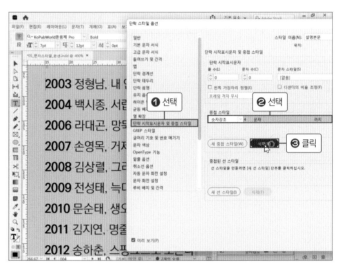

6 — 기존의 중첩 스타일이 삭제되면서 단락에도 변화가 생깁니다. 다양한 방법으로 중첩 스타일을 적용하기 위해 다시 한번 〈새 중첩 스타일〉 버튼을 클릭합니다.

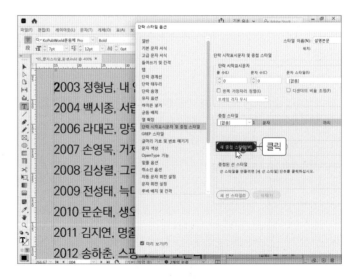

7 ― 중첩 스타일을 '숫자강조'와 '단어'로 지정한 다음 〈확인〉 버튼을 클릭합니다. 프로그램은 4자리 숫자를 하나의 단어로 인식하기 때문에 연도 부분에 스타일이 적용되는 것을 확인할 수 있습니다.

8 ― 다시 한번 단락 스타일 패널에서 '설명본문'을 더블클릭하여 단락 스타일 옵션 대화상자가 표시되면 '단락 시작표시 문자 및 중첩 스타일'을 선택합니다.

기존에 생성한 중첩 스타일 옵션에서 '단 어'를 지우고 ','를 직접 입력합니다. 단락 에서 ','까지 문자 스타일이 적용된 것을 확인할 수 있습니다.

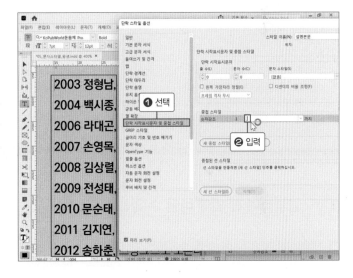

9 ― ','를 제외하고 스타일을 적용하려 면 옵션을 '앞까지'로 지정한 다음 〈확인〉 버튼을 클릭합니다.

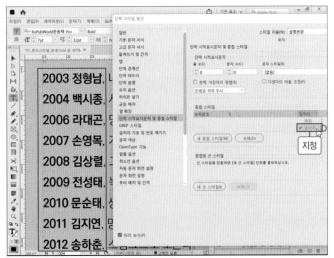

10 ── 중첩 스타일이 적용되었기 때문에 수백 페이지의 숫자 혹은 일정 범위의 스타일을 변경하는 것이 빠르고 쉽습니다. 문자 스타일 패널에서 '숫자강조'를 더블클릭하여 문자 스타일 옵션 대화상자가 표시되면 '밑줄 옵션'을 선택합니다. '밑줄 켬'을 체크 표시하여 밑줄을 삽입하거나, '문자 색상'을 선택하여 글꼴의 색상을 한 번에 변경할 수 있습니다.

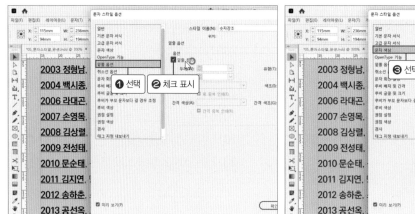
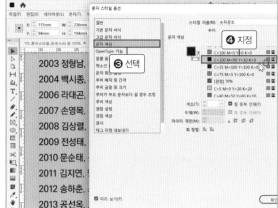

Tip

중첩 스타일을 등록하는 순서
❶ 본문을 '단락 스타일'로 등록
❷ 문자 단위로 수정하여 '문자 스타일'로 등록
❸ 문자 스타일이 적용된 해당 '단락 스타일' 항목을 더블클릭하여 '단락 시작표시문자 및 중첩 스타일'에서 설정

(4) 검색하여 한 번에 바꿀 수 있는 GREP 스타일 활용하기

인디자인에서 GREP 기능을 사용할 수 있게 된 것은 CS4 버전부터입니다. CS4 이전 버전까지 '찾기/바꾸기' 기능에서만 GREP을 사용할 수 있었다면, CS4부터는 단락 스타일 옵션에서 GREP을 이용하여 본문에서 알파벳 대소문자와 구두점, 숫자는 물론 분수까지도 검색하여 자유롭게 편집하고 한 번에 수정할 수 있습니다.

∴ 본문에서 한글, 영문, 숫자가 병합된 단락 스타일 만들기

'중첩 스타일'과 '찾기/바꾸기', 'GREP'을 혼돈하여 복잡하게 생각하는 경우가 많습니다. GREP 스타일은 전체 본문에서 검색을 통해 원하는 조건의 문자를 찾아 한 번에 문자 스타일을 적용하는 기능입니다. 본문 안에서 영문만 찾아 글꼴을 변경하거나 숫자만 선택하여 색상을 바꾸는 기능이라 할 수 있습니다.

• **예제 파일** : 05\GREP스타일.indd　　• **완성 파일** : 05\GREP스타일_완성.indd

1 — 05 폴더에서 'GREP스타일.indd'
파일을 불러옵니다.
페이지 패널에서 '6-7'을 더블클릭하여 이
동합니다.

2 — F11 을 눌러 단락 스타일 패널과
Shift + F11 을 눌러 문자 스타일 패널을 표
시합니다.

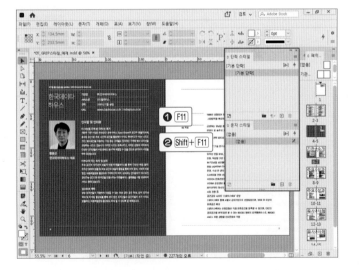

3 — 7페이지를 확대하여 본문에 단락 스타일을 먼저 적용합니다.

그림과 같이 수정할 부분을 선택한 다음 컨트롤 패널에서 글꼴을 'Noto Sans KR', 글꼴 스타일을 'Regular', 글꼴 크기를 '9pt', 행간을 '17.5pt', 가로 비율을 '95%', 자간을 '-25'로 지정합니다.

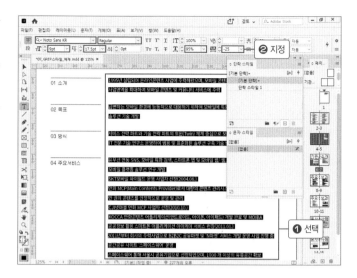

4 — 단락 스타일 패널에서 '새 스타일 만들기' 아이콘(⊞)을 클릭하면 '단락 스타일 1'이 생성됩니다.

Tip

GREP 스타일 역시 중첩 스타일과 적용 방식이 같습니다. 단락 스타일을 먼저 정의한 다음 문자 단위로 적용된 수정 사항들은 문자 스타일로 정의됩니다. GREP 스타일을 불러내기 위해서는 다시 해당 단락 스타일로 이동하여 대화상자를 표시해야 합니다.

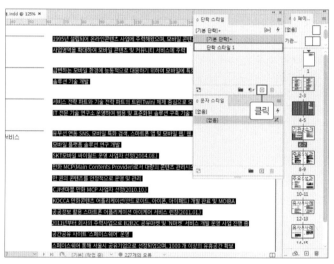

5 — '단락 스타일 1'을 더블클릭하여 단락 스타일 옵션 대화상자가 표시되면 스타일 이름을 '본문'으로 입력한 다음 〈확인〉 버튼을 클릭합니다.

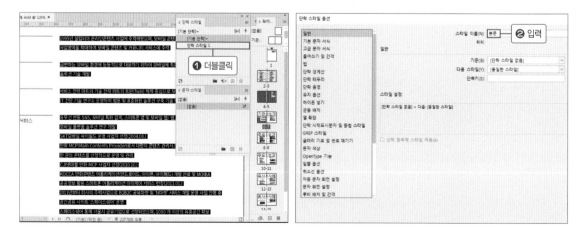

6 — 왼쪽에 '01 소개' 텍스트를 드래그
한 다음 컨트롤 패널에서 글꼴을 'Noto
Sans KR', 글꼴 스타일을 'Bold', 글꼴 크
기를 '11pt', 행간을 '17.5pt', 가로 비율을
'97%', 자간을 '-25'로 지정합니다.
색상 견본 패널에서 '데이터하우스 컬러'
색상을 선택합니다.

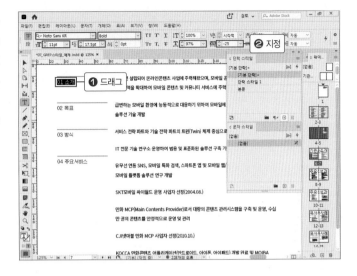

7 — 단락 스타일 패널에서 '새 스타일
만들기' 아이콘(🔲)을 클릭하면 '단락 스
타일 1'이 생성됩니다.

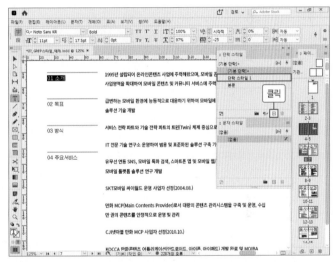

8 — '단락 스타일 1'을 더블클릭하여 단
락 스타일 옵션 대화상자가 표시되면 스
타일 이름을 '숫자강조'로 입력하고 단축
키에 Shift + Ctrl + 1 을 입력한 다음 〈확인〉
버튼을 클릭합니다.

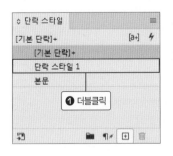

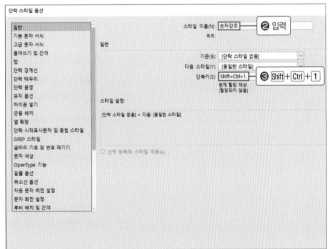

9 ─ Shift + Ctrl + 1을 눌러 등록된 '숫자 강조' 스타일을 '02 목표' ~ '04 주요 서비스' 텍스트에 적용합니다. 단락 스타일을 적용하여 페이지에 대략적인 스타일이 설정되었습니다.

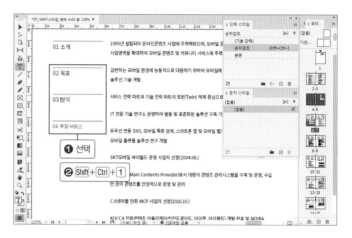

10 ─ 숫자만 스타일로 등록하기 위해 '1995' 텍스트를 드래그한 다음 컨트롤 패널에서 글꼴을 'Noto Sans KR', 글꼴 스타일을 'Regular', 글꼴 크기를 '9pt', 행간을 '17.5pt', 가로 비율을 '95%', 자간을 '0'으로 지정합니다. 문자 색상도 잘 보이게 변경해 줍니다.

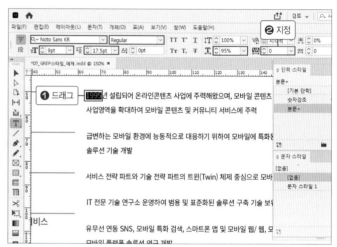

11 ─ 문자 스타일 패널에서 '새 스타일 만들기' 아이콘(⊞)을 클릭하면 '문자 스타일 1'이 생성됩니다.

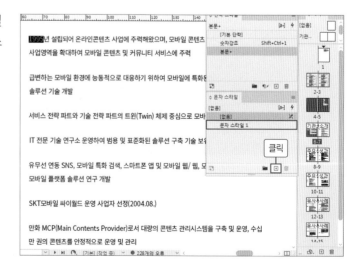

12 ─ '문자 스타일 1'을 더블클릭하여 문자 스타일 옵션 대화상자가 표시되면 스타일 이름을 '숫자'로 입력한 다음 〈확인〉 버튼을 클릭합니다.

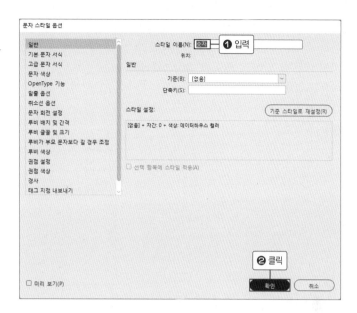

13 ─ 영문을 스타일로 등록하기 위해 먼저 'Twin' 텍스트를 드래그한 다음 컨트롤 패널에서 글꼴을 'Noto Sans KR', 글꼴 스타일을 'Regular', 글꼴 크기를 '9pt', 행간을 '17.5pt', 가로 비율을 '99%', 자간을 '−5'로 지정합니다. 알아보기 쉽도록 문자 색상도 변경해 줍니다.

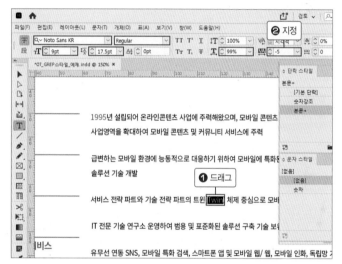

14 ─ 문자 스타일 패널의 '새 스타일 만들기' 아이콘(⊞)을 클릭하면 '문자 스타일 1'이 생성됩니다.

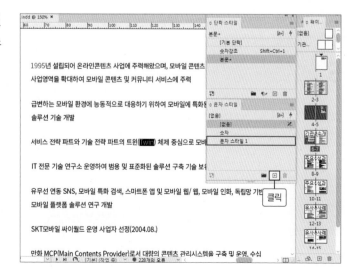

15 — '문자 스타일 1'을 더블클릭하여 문자 스타일 옵션 대화상자가 표시되면 스타일 이름을 '영어'로 입력한 다음 〈확인〉 버튼을 클릭합니다.

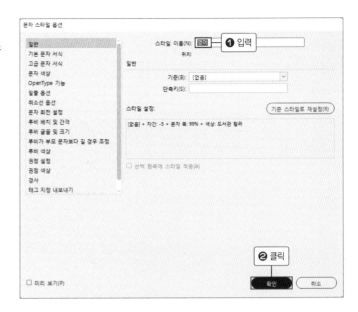

16 — 단락 스타일과 문자 스타일이 등록되었다면 GREP 스타일 적용을 위해 단락 스타일 패널에서 '본문'을 더블클릭합니다.

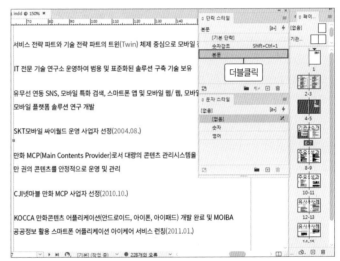

17 — 단락 스타일 옵션 대화상자가 표시되면 'GREP 스타일'을 선택한 다음 〈새 GREP 스타일〉 버튼을 클릭합니다.

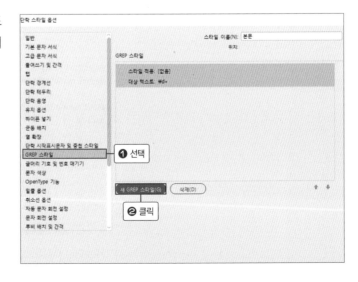

18 — GREP 스타일에 새로운 항목이 만들어졌습니다. 스타일 적용을 '숫자'로 지정합니다. 숫자만 선택하여 기존에 등록한 문자 스타일입니다.

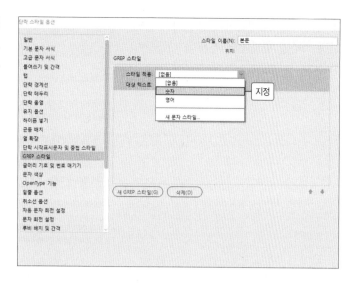

19 — 대상 텍스트의 '@' 아이콘(@)을 클릭하고 **와일드카드 → 모든 숫자**를 실행한 다음 〈확인〉 버튼을 클릭합니다.

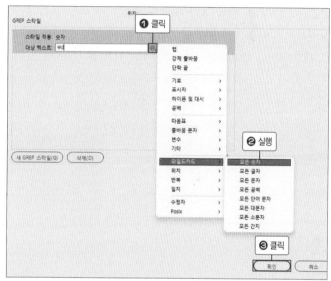

20 — 본문에 모든 숫자가 '숫자' 문자 스타일로 변경되었습니다.

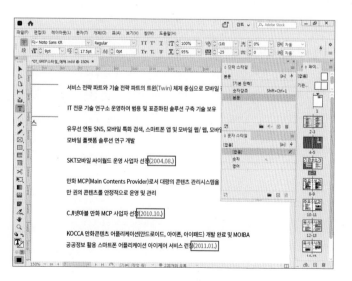

21 — 영문을 변경하기 위해 다시 한번 단락 스타일 패널에서 '본문'을 더블클릭합니다.

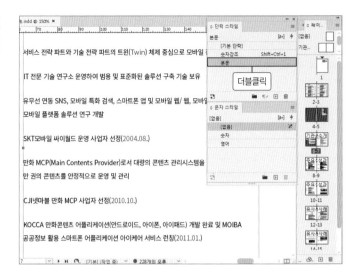

22 — 단락 스타일 옵션 대화상자가 표시되면 'GREP 스타일'을 선택하고 〈새 GREP 스타일〉 버튼을 클릭합니다.

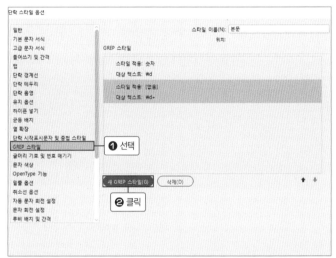

23 — GREP 스타일에 새로운 항목이 추가되었습니다. 스타일 적용을 '영어'로 지정합니다. 영문만 선택하여 사전에 등록한 문자 스타일입니다.

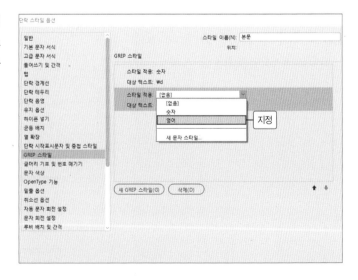

24 ─ 대상 텍스트의 '@' 아이콘(@)을 클릭하고 **와일드카드 → 모든 글자**를 실행한 다음 〈확인〉 버튼을 클릭합니다.

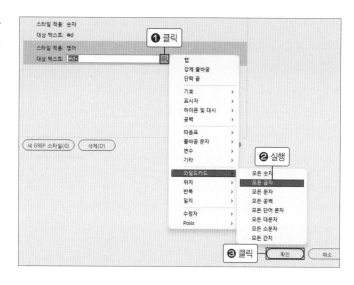

25 ─ 본문에 모든 영문이 '영어' 문자 스타일로 변경되었습니다.

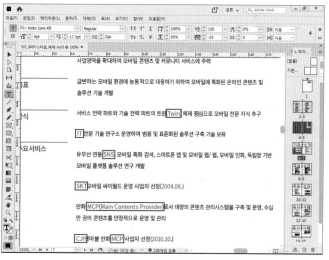

26 ─ 본문에 임의로 숫자를 입력해 봅니다. 삽입되는 모든 숫자에 '숫자' 문자 스타일이 적용됩니다.

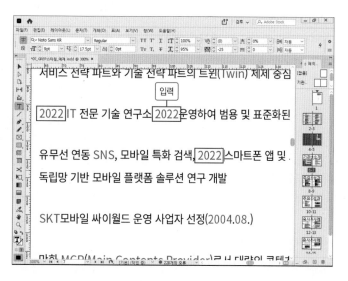

27 — 본문에 임의로 영문을 입력해 봅니다. 삽입되는 모든 영문에 '영어' 문자 스타일이 적용됩니다.

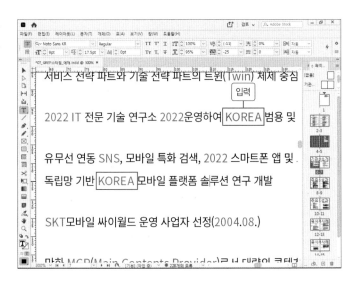

Tip
괄호 안의 문자에 차별화를 주는 대신 괄호를 전체적으로 삭제하고 싶다면 GREP을 이용하여 괄호만 일괄적으로 투명하게 처리 할 수 있습니다. 해당 과정은 p499를 참고합니다.

∴ 본문에서 특정 단어만 찾아 한 번에 스타일 적용하기

GREP 스타일을 사용하면 이미 작성한 원고에서 특정 단어만 추출하여 원하는 문자 스타일을 적용할 수 있습니다. 또한 앞으로 작성할 부분에도 완벽히 적용되어 해당 단어가 입력될 때마다 자동으로 문자 스타일이 적용된다는 것이 특징입니다.

• 예제 파일 : 05\특정단어GREP추출.indd   • 완성 파일 : 05\특정단어GREP추출_완성.indd

1 — 05 폴더에서 '특정단어GREP추출.indd' 파일을 불러옵니다.
페이지 패널에서 '006-007'을 더블클릭하여 이동합니다.

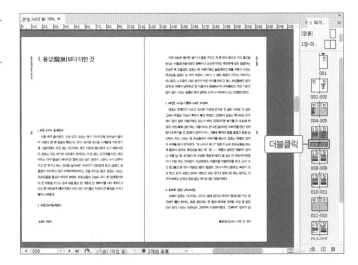

2 ─ F11을 눌러 단락 스타일 패널과 Shift + F11을 눌러 문자 스타일 패널을 표시합니다.

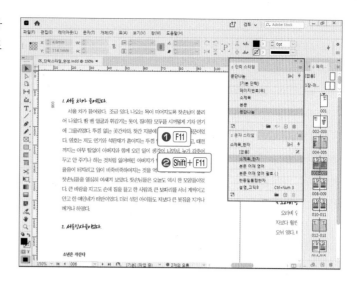

3 ─ 해당 예제에는 이미 단락과 문자 스타일이 적용되어 있습니다. 006페이지를 확대하여 '영호' 텍스트를 드래그한 다음 컨트롤 패널에서 글꼴을 '경기천년제목M', 글꼴 크기를 '8pt', 행간을 '15pt', 가로 비율을 '97%', 자간을 '−50'으로 지정합니다. 알아보기 쉽도록 문자 색상도 'C=0%, M=45%, Y=70%, K=65%'로 지정합니다.

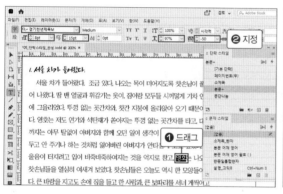
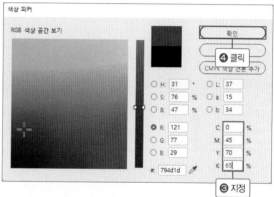

4 ─ 문자 스타일 패널에서 '새 스타일 만들기' 아이콘(▣)을 클릭하면 '문자 스타일 1'이 생성됩니다.

Tip

GREP 스타일을 정의하기 위해서는 사전에 단락 스타일이 반드시 등록되어 있어야 합니다. GREP의 기능 자체가 단락 스타일에서 호출되기 때문입니다. 예제에서는 '본문'의 단락 스타일이 사전에 등록되어 있기 때문에 문자 단위의 변화만을 문자 스타일로 등록합니다.

5 — '문자 스타일 1'을 더블클릭하여 문자 스타일 옵션 대화상자가 표시되면 스타일 이름을 '영호'로 입력한 다음 〈확인〉 버튼을 클릭합니다.

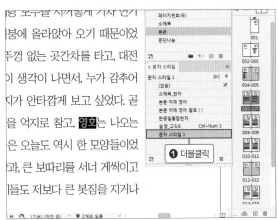
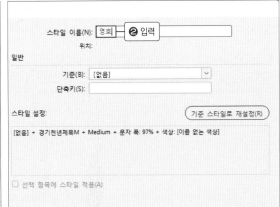

6 — GREP 스타일을 적용하여 한 번에 스타일을 변경해 봅니다. 단락 스타일과 문자 스타일이 적용되었다면 GREP 스타일 적용을 위해 단락 스타일 패널에서 '본문'을 더블클릭합니다.

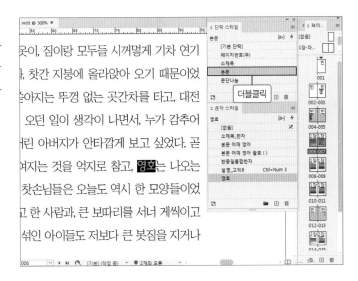

7 — 단락 스타일 옵션 대화상자가 표시되면 'GREP 스타일'을 선택합니다. GREP 스타일 항목에 이미 등록된 스타일이 표시됩니다.
새로운 GREP 스타일을 추가하기 위해 〈새 GREP 스타일〉 버튼을 클릭합니다.

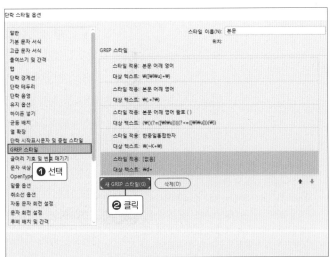

8 ― GREP 스타일에 새로운 항목이 만들어졌습니다. 스타일 적용을 '영호'로 지정합니다. 대상 텍스트에 직접 '영호'를 입력한 다음 〈확인〉 버튼을 클릭합니다.

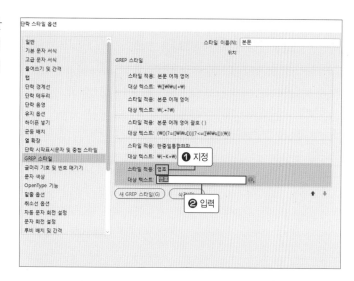

9 ― 본문에 모든 '영호' 텍스트에 해당 문자 스타일이 적용되었습니다.

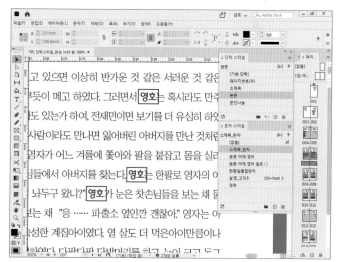

10 ― '영호' 텍스트와 더불어 '영자' 텍스트도 같은 문자 스타일로 변경하기 위해 008페이지로 이동한 다음 다시 한번 단락 스타일 패널에서 '본문'을 더블클릭합니다.

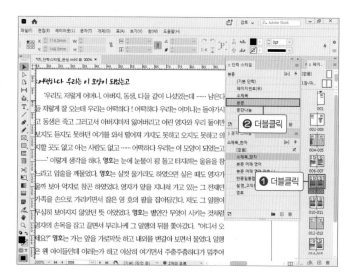

11 — 단락 스타일 옵션 대화상자가 표시되면 'GREP 스타일'을 선택한 다음 영호 스타일이 적용된 대상 텍스트를 '영호|영자'로 변경합니다.

새 GREP 스타일을 추가하여 스타일을 수정할 수도 있으나 같은 스타일에 대상 텍스트만 추가할 수도 있습니다.

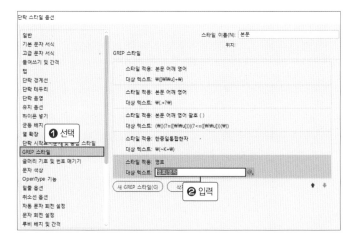

Tip

GREP 스타일을 자유롭게 활용하려면 기본적으로 이해가 필요한 메타 문자들이 있습니다. 인디자인에서는 이와 같은 기본적인 메타 문자들을 외우지 않고도 필요에 따라 찾아서 삽입할 수 있도록 '@' 아이콘이 있지만, 편집에 주로 사용하는 몇 가지 메타 문자만큼은 그 역할을 알고 있어야 수정이나 응용이 가능합니다.

12 — 본문에 모든 '영호' 텍스트와 '영자' 텍스트에 해당 문자 스타일로 적용되었습니다. GREP 적용이 완료되었다면 본문에 해당 단어를 입력하여도 해당 문자 스타일이 적용됩니다.

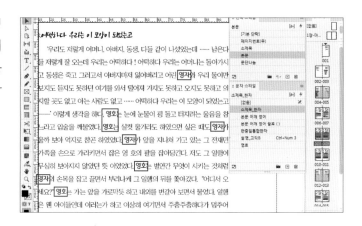

Tip

'|' 기호는 'or'이라는 의미를 갖는 메타 문자입니다. 키보드에 따라 구조가 다르기는 하지만 Shift + \ 또는 Shift + W 로 삽입할 수 있습니다. 위의 예제와 같은 경우 '영호|영자'뿐 아니라 '영호|영자|아버지|어머니'의 방법으로 대상 텍스트를 추가하여 적용할 수 있습니다.

또 다른 방법으로는 메타 기호 '|'의 사용법을 모를 경우 대상 텍스트가 끝나는 지점에 커서를 삽입한 다음 '@' 아이콘을 클릭하여 **일치 → 또는**을 실행합니다. '|'가 대상 텍스트에 자동으로 삽입되며, 추가하려는 단어를 입력할 수 있습니다.

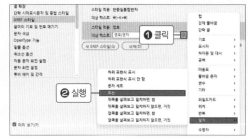

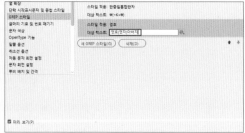

∴ 괄호 안 문자에만 스타일 적용하기

몇백 페이지가 되는 본문 안에서 괄호 안의 글꼴이나 디자인을 변경하기 위해 괄호를 하나하나 찾아서 수정하는 일은
쉬운 일이 아닙니다. GREP 스타일을 이해한다면 간단한 방법으로 모든 괄호 안의 문자들을 일괄적으로 수정할 수 있습
니다. 괄호 부호가 다소 올드한 느낌을 주기도 하지만 정확한 정보 전달을 위해 필요한 부분이므로 GREP 스타일을 사용
하여 다양한 방법으로 지면에 차이를 만들어 냅니다.

• **예제 파일** : 05\괄호.indd　　• **완성 파일** : 05\괄호_완성.indd

1 — 05 폴더에서 '괄호.indd' 파일을 불
러옵니다.
페이지 패널에서 '008-009'를 더블클릭하
여 이동합니다.

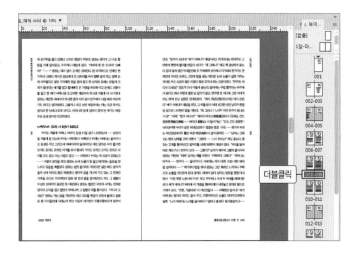

2 — F11 을 눌러 단락 스타일 패널과
Shift + F11 을 눌러 문자 스타일 패널을 표
시합니다.

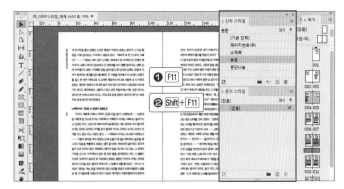

> **Tip**

괄호 안의 문자를 지정하는 GREP 표현식

GREP은 '*', '?', '[', ']', '~', '!' 등의 메타 문자를 이용하여 사용자가 원하는 조건의 문자를 모두 검색한 다음 글꼴을 수정/편
집하는 기능입니다. 메타 문자가 괄호 안의 문자만을 선택한다는 일정 조건을 만족시키면 괄호 안의 문자에 모든 문자 스타
일이 자동으로 적용됩니다. ₩(.+?₩)이라는 GREP 표현식을 하나하나 살펴봅니다.

₩(.+?₩) = '₩(', '.', '+?', '₩)' 가 만들어 낸 표현식입니다. 각각의 메타 문자는 다음과 같은 의미를 갖고 있습니다.

₩(: 기호 열기 괄호 문자　　　　　　　　. : 속해 있는 모든 문자
+? : 회 이상(가장 짧은 일치) 반복한다　　₩) : 기호 닫기 괄호 문자

즉, '열기 괄호와 닫기 괄호 기호 안의 모든 문자들을 찾는다'라는 의미를 표현합니다.

3 — 해당 예제에는 이미 단락 스타일이 적용되어 있습니다. 009페이지를 확대하여 그림과 같이 괄호와 한자 부분을 선택한 다음 컨트롤 패널에서 글꼴을 'Noto Sans CJK KR', 글꼴 스타일을 'DemiLight', 글꼴 크기를 '6pt', 행간을 '15pt', 가로 비율을 '90%', 자간을 '−75'로 지정합니다. 알아보기 쉽도록 문자 색상도 'C=0%, M=0%, Y=0%, K=70%'로 지정합니다.

4 — 문자 스타일 패널에서 '새 스타일 만들기' 아이콘(⊞)을 클릭하면 '문자 스타일 1'이 생성됩니다.

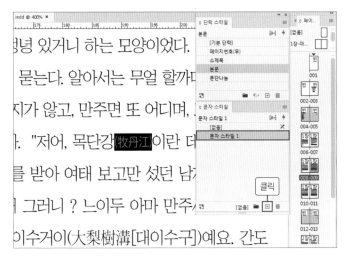

> **Tip**
>
> GREP 스타일을 적용하기 위해서는 사전에 단락 스타일이 반드시 등록되어 있어야 합니다. GREP의 기능 자체가 단락 스타일에서 기반이 되기 때문입니다. 해당 예제에서는 본문의 단락 스타일이 사전에 등록되어 있기 때문에 문자 스타일만 추가로 등록합니다.

5 — '문자 스타일 1'을 더블클릭하여 문자 스타일 옵션 대화상자가 표시되면 스타일 이름을 '(괄호)'로 입력한 다음 〈확인〉 버튼을 클릭합니다.

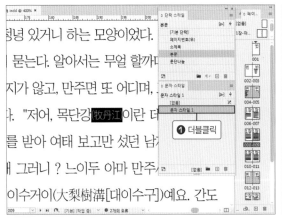
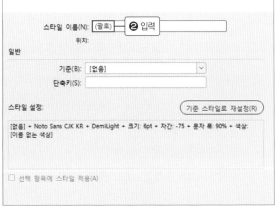

6 ― 단락 스타일과 문자 스타일이 적용되었다면 GREP 스타일 적용을 위해 단락 스타일 패널에서 '본문'을 더블클릭합니다.

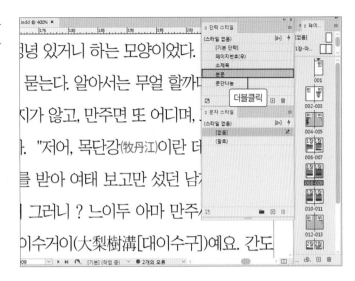

7 ― 단락 스타일 옵션 대화상자가 표시되면 'GREP 스타일'을 선택한 다음 GREP 스타일 항목에 이미 등록된 스타일이 있다면 선택하여 〈삭제〉 버튼을 클릭합니다. 새로운 GREP 스타일을 추가하기 위해 〈새 GREP 스타일〉 버튼을 클릭합니다.

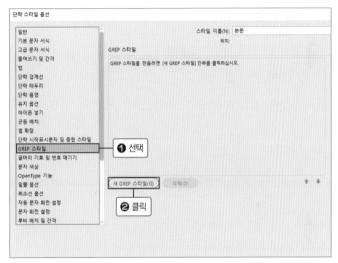

8 ― GREP 스타일에 새로운 항목이 만들어졌습니다. 스타일 적용을 '(괄호)'로 지정합니다.

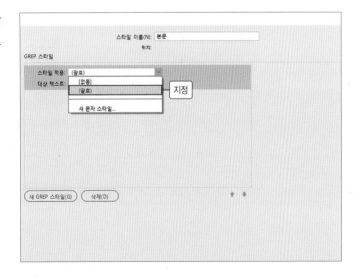

9 ― 대상 텍스트에 '₩(.+?₩)'를 직접 입력하거나 복사하여 붙여 넣은 다음 〈확인〉 버튼을 클릭합니다.

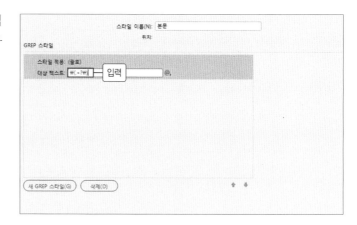

Tip

메타 문자를 외우지 않아도 '@' 아이콘을 클릭하면 원하는 메타 문자를 가져올 수 있습니다. 유용한 기능이기는 하지만 어느 정도 메타 문자의 구성과 의미를 알고 있어야 응용이 가능합니다. '@' 아이콘을 클릭한 다음 순서대로 필요한 메타 문자를 쉽게 찾을 수 있습니다. 위의 과정의 메타 문자는 다음과 같이 찾아 입력할 수 있습니다.

₩(.+?₩)
① ② ③ ④

10 ― 모든 괄호 안에 문자가 해당 문자 스타일로 변경되었습니다.

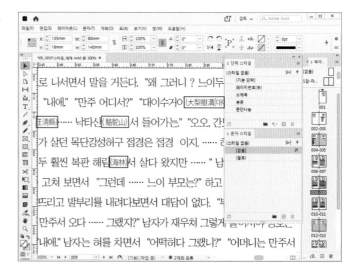

11 — 한자뿐만 아니라 괄호를 만들어 어떤 문자를 삽입하여도 해당 문자 스타일이 적용됩니다.

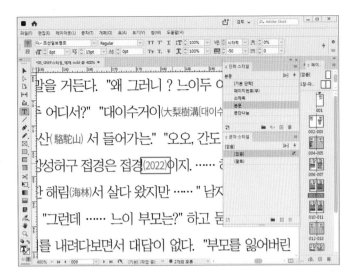

12 — 괄호 안의 문자에 디자인적 요소를 더할 수 있습니다. GREP 스타일은 단락 스타일 옵션 대화상자에서 제어가 되고 있지만, 스타일 자체는 문자 스타일로 등록되어 있습니다.
따라서 스타일에 변화를 주기 위해 문자 스타일 패널에서 '(괄호)'를 더블클릭합니다.

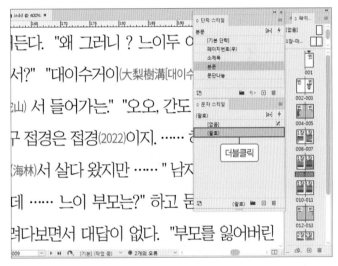

13 — 문자 스타일 옵션 대화상자가 표시되면 '기본 문자 서식'을 선택한 다음 글꼴 스타일을 'Regular', 크기를 '5.5pt'로 지정합니다.

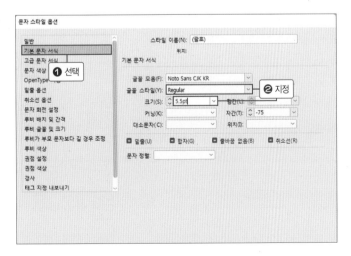

14 — '고급 문자 서식'을 선택하고 기준선 이동을 '-1pt'로 지정한 다음 〈확인〉 버튼을 클릭합니다.

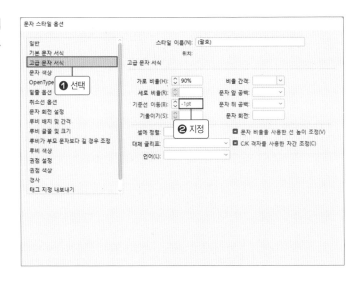

15 — 문자 스타일이 변경되면서 모든 괄호 안의 문자에 다양한 변화가 생겼습니다.

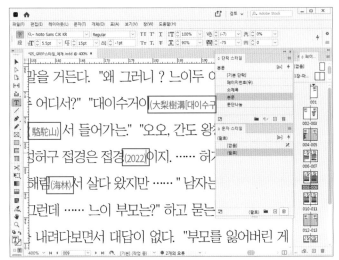

16 — 괄호를 없애려면 GREP 스타일을 적용하여 괄호가 투명하게 보이도록 설정할 수 있습니다.
문자 스타일 패널에서 '(괄호)'를 선택하고 마우스 오른쪽 버튼을 클릭한 다음 **스타일 복제**를 실행합니다.

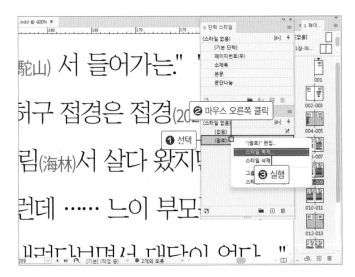

17 ─ 문자 스타일 복제 대화상자가 표시되면 '문자 색상'을 선택한 다음 색조를 '0%'로 지정합니다. 스타일 이름을 '(괄호)_투명적용'으로 입력한 다음 〈확인〉 버튼을 클릭합니다.

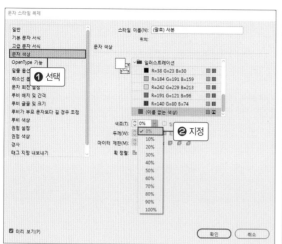
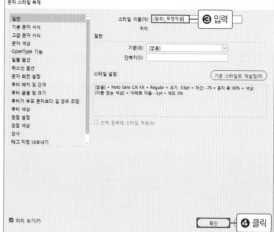

18 ─ '(괄호)_투명적용' 문자 스타일 항목이 생성되었습니다.
새로운 문자 스타일을 부분적으로 적용하기 위해 단락 스타일 패널에서 '본문'을 더블클릭합니다.

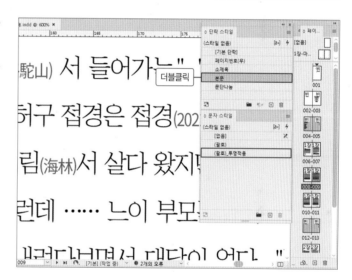

19 ─ 단락 스타일 옵션 대화상자가 표시되면 'GREP 스타일'을 선택합니다. 새로운 GREP 스타일을 추가하기 위해 〈새 GREP 스타일〉 버튼을 클릭합니다.

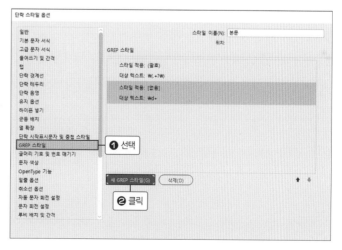

20 ― GREP 스타일에 새로운 항목이 만들어졌습니다. 스타일 적용을 '(괄호)_투명적용'으로 지정합니다.

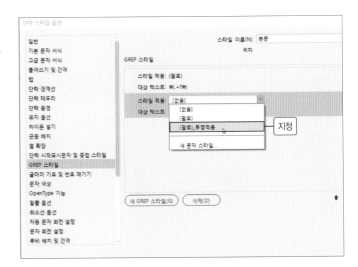

21 ― 괄호만 찾아서 투명한 문자 스타일로 변경하기 위해 대상 텍스트의 '@' 아이콘(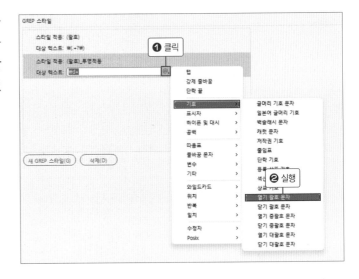)을 클릭한 다음 **기호 → 열기 괄호 문자**를 실행합니다. 설정이 완료되었으면 〈확인〉 버튼을 클릭합니다.

22 ― 모든 열기 괄호가 투명하게 변경되어 보이지 않는 것을 확인할 수 있습니다.

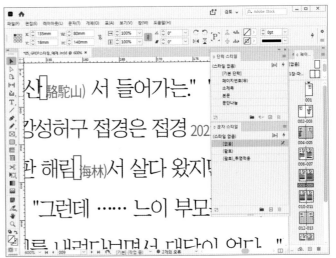

23 — 닫기 괄호도 같은 방법으로 투명하게 변경하기 위해 다시 한번 단락 스타일 패널의 '본문'을 더블클릭합니다.

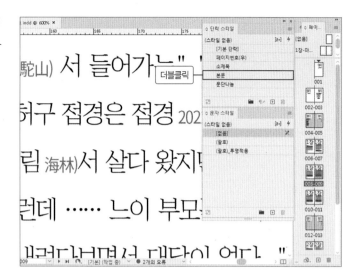

24 — 단락 스타일 옵션 대화상자가 표시되면 'GREP 스타일'을 선택한 다음 〈새 GREP 스타일〉 버튼을 클릭합니다. 닫기 괄호를 찾아 '(괄호)_투명적용'을 지정한 다음 〈확인〉 버튼을 클릭합니다.

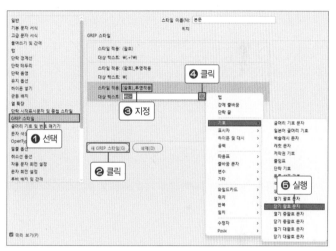

25 — 본문에 모든 괄호가 투명하게 변경되어 보이지 않는 것을 확인할 수 있습니다.

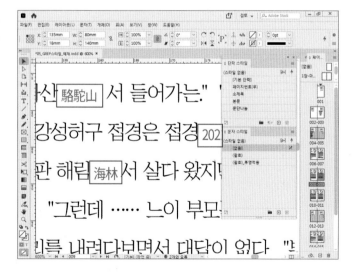

Part 6

실수가 가장 많은
인쇄와 출력 내보내기

수많은 편집물을 디자인했음에도 불구하고 인쇄를 앞두고 긴장하는 이유는 무엇일까요? 인쇄 단계로 넘어가면 수정이 쉽지 않을 뿐 아니라 비용이 발생할 수 있기 때문입니다. 디자인 작업이 끝나면 출력과 인쇄를 통해 최종 결과물이 완성됩니다. 원하는 대로 결과물을 얻으려면 인쇄 프로세스를 이해하여 이미지나 글꼴이 유실되지 않도록 정리하고, 색상과 개체들을 인쇄용으로 변경하는 마지막 점검 과정이 필요합니다. 점검이 끝났다면 다양한 방법으로 내보내기를 실행해 보고 실물과 똑같은 조건으로 가제본을 만들어 실수를 미리 방지하는 방법까지 알아보겠습니다.

인쇄와 출력을 위해
내보내기 전 마지막 점검하기

인디자인에서 편집 작업이 끝나면 인쇄와 출력을 위해 누락된 글꼴과 이미지, 색상 모드, 분판, 도련 등을 최종적으로 점검해야 합니다. 최종 파일의 오류를 수정하고, 인쇄용으로 변환하는 방법을 알아봅니다.

---

1 오류를 실시간으로 보여 주는 프리플라이트 확인하기

인디자인에서 프리플라이트(Pre-Flight)는 문서에 사용된 모든 항목들이 인쇄에 적합하게 설정되어 있는지를 검사해 주는 역할을 합니다. 프린트하거나 인쇄 맡기기 전 이미지 해상도와 색상 공간이 정확한지, 글꼴 누락, 텍스트 넘침 등이 없는지를 확인합니다. 프리플라이트는 오류가 감지되지 않으면 초록색 동그라미(●), 오류가 감지되면 빨간색 동그라미(●)로 표시됩니다. 이 표시를 보면서 작업하는 중간에도 오류를 바로잡을 수 있습니다.

1 ─ 메뉴에서 (창) → 출력 → 프리플라이트를 실행하거나 문서 하단 상태 표시줄에서 '프리플라이트' 영역을 더블클릭합니다.

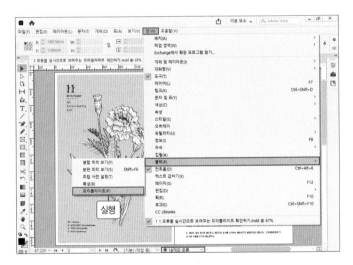

2 ─ 프리플라이트 패널의 왼쪽 하단에 빨간색 동그라미(●) 표시와 '18개의 오류'가 표시되며 문서 하단 상태 표시줄에도 동일하게 표시됩니다.

Tip

인쇄에 문제가 되는 오류 사항이 발견되면 빨간색 동그라미가 표시되고 옆에 문제가 되는 항목의 개수가 숫자로 함께 표시됩니다.

3 ─ '18개의 오류' 중 링크 오류가 '1개', 텍스트 오류가 '17개'입니다. 텍스트 17개 중 넘치는 텍스트 '1개'를 선택하면 프리플라이트 패널의 오른쪽에는 오류가 있는 페이지 번호, 하단에는 정보가 표시됩니다.

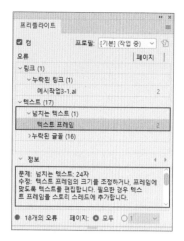

4 ─ 문서에 오류가 없는 경우에는 프리플라이트 패널의 왼쪽 하단에 초록색 동그라미(●) 표시와 함께 문서 하단 상태 표시줄에도 초록색으로 동일하게 표시됩니다.

---

2 **누락된 글꼴 확인하기**

한 컴퓨터에서만 작업했다면 설치된 글꼴만 사용하기 때문에 유실된 글꼴이 발생하는 경우가 거의 없지만 작업 환경이 바뀌면 글꼴이 유실될 수 있습니다. 글리프는 글꼴이 지원되지 않는 경우가 있기 때문에 프리플라이트에 오류가 표시될 수 있습니다. 누락된 글꼴을 한꺼번에 변경하는 방법을 알아봅니다.

1 ─ 프리플라이트 패널의 누락된 글꼴을 선택한 다음 페이지 번호를 클릭하면 누락된 글꼴의 텍스트가 선택됩니다.

2 — 메뉴에서 [문자] → 글꼴 찾기/바꾸기를 실행합니다.

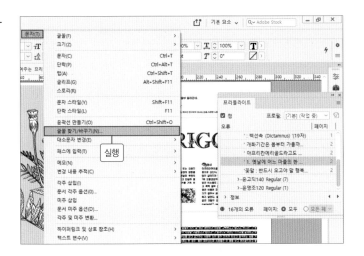

3 — 글꼴 찾기/바꾸기 대화상자가 표시되면 글꼴 정보에서 누락된 글꼴인 '윤고딕120 Regular'를 선택합니다. 바꾸기의 글꼴 모음에서 교체할 글꼴인 '윤고딕320'을 선택하고 〈모두 변경〉 버튼을 클릭한 다음 〈완료〉 버튼을 클릭합니다.

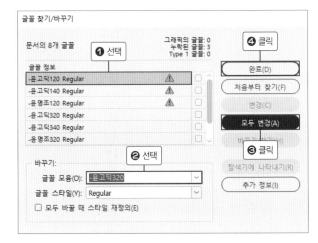

4 — '윤고딕120 Regular'가 '윤고딕320'으로 모두 변경됩니다. 프리플라이트 패널에서 '윤고딕120 Regular'는 자동으로 사라지며, 패널 왼쪽 하단과 상태 표시줄에 빨간색 동그라미(●) 표시와 '8개의 오류'가 표시됩니다.

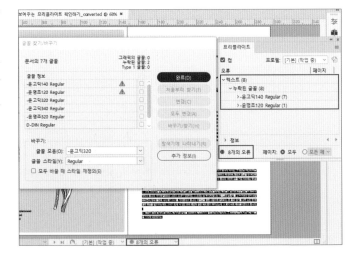

5 — 프리플라이트 패널에서 누락된 '윤고딕140 Regular'와 '윤명조120 Regular'의 글꼴을 변경하면 오류 없음의 초록색 동그라미(●)가 표시됩니다.

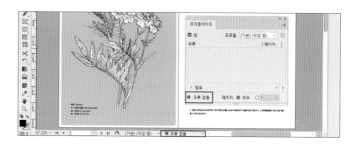

3 유실이나 수정된 이미지 확인하기

이미지를 제대로 관리하지 못하면 유실이나 수정이 생길 수 있습니다. 현재 작업 중인 파일과 이미지를 한 폴더 안에 정리하며 사용하는 것이 좋습니다. 링크 패널에서도 유실이나 수정된 이미지의 업데이트 현황을 확인할 수 있으며, 프리플라이트 패널에서 유실된 이미지를 찾아 삽입하여 오류가 발생하지 않도록 합니다.

1 — 메뉴에서 (창) → 출력 → 프리플라이트를 실행합니다.

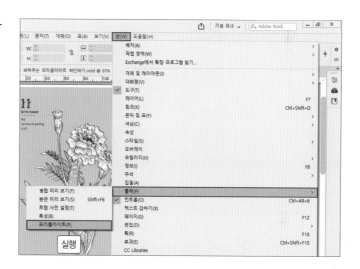

2 — 프리플라이트 패널이 표시되면 누락된 링크 (1)에서 누락된 이미지의 페이지 '2'를 클릭합니다. 문서 2페이지의 누락된 이미지 프레임이 선택됩니다.

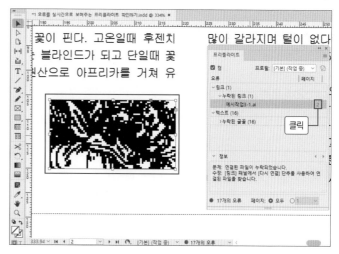

이미지가 유실되면 프리플라이트 패널에도 표시되며, 링크 패널에도 이미지 누락 아
이콘()이 표시됩니다.

3 ─ 작업 폴더에서 누락된 파일을 선택
한 다음 이미지 프레임으로 드래그하여 삽
입합니다. 프리플라이트 패널에서 누락된
링크 (1)의 누락된 이미지는 자동으로 사
라집니다.

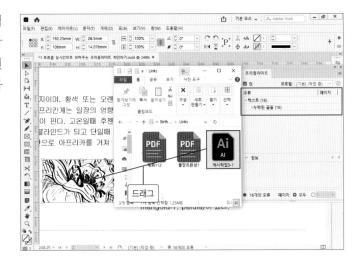

인쇄에서 오버프린트와 녹아웃은 색상의 품질을 정확하게 얻기 위해서 꼭 확인해야 하는 중요한 부분입니다. 인디자인에서는 기본 색상
견본의 '검정'을 제외한 나머지 색상은 전부 녹아웃으로 설정됩니다.

∴ 오버프린트 확인하기

오버프린트는 색상을 겹쳐찍기 또는 올려찍기라고 하며 인디자인에서 '중복 인쇄'라고 합니다. 배경색 위에 개체의 전경
색이 겹쳐 찍히기 때문에 개체가 여러 개일 경우 다양한 혼합 색상이 표현됩니다.

• 예제 파일 : 06\오버프린트.indd   • 완성 파일 : 06\오버프린트_완성.indd

1 — 06 폴더에서 '오버프린트.indd' 파일을 불러옵니다.
메뉴에서 (창) → **출력** → **특성**을 실행합니다.

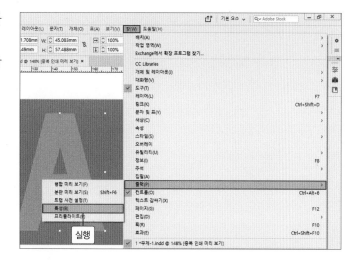

2 — 도구 패널에서 선택 도구(▶)를 선택하여 오버프린트할 개체를 선택한 다음 특성 패널에서 '칠 중복 인쇄'를 체크 표시합니다.

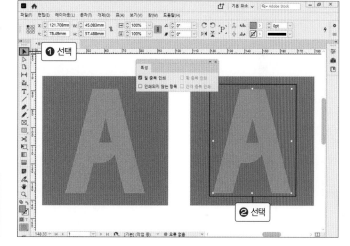

3 — 오버프린트는 인쇄 설정이기 때문에 화면에 표시되지 않습니다.
오버프린트가 설정된 개체를 확인하고 싶다면 메뉴에서 (보기) → **중복 인쇄 미리보기**를 실행합니다.

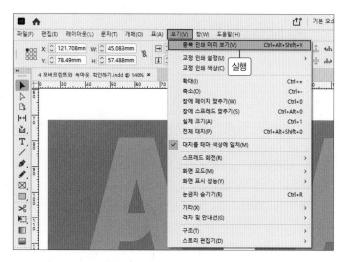

4 — 오버프린트가 적용된 개체의 색상이 변경됩니다. 오버프린트를 설정한 오른쪽 개체는 초록색과 분홍색이 섞여 갈색으로 인쇄되는 것을 확인할 수 있습니다.

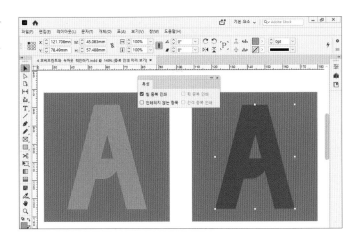

∷ 녹아웃 확인하기

녹아웃은 배경색 부분에 전경색의 개체 모양대로 구멍을 뚫어 색상이 겹치지 않기 때문에 색이 혼합되지 않으며, '혼합 격리'라고 합니다. 인디자인에서는 기본적으로 모든 색상은 녹아웃으로 설정되어 있으며, 색상 견본의 검은색만 오버프린트로 설정되어 있습니다. 상황에 따라 검정과 다른 색상을 녹아웃시키는 방법을 알아봅니다.

• **예제 파일** : 06\녹아웃.indd   • **완성 파일** : 06\녹아웃_완성.indd

1 — 06 폴더에서 '녹아웃.indd' 파일을 불러옵니다.
실제 인쇄하는 것처럼 검정이 오버프린트된 효과를 나타내기 위해 메뉴에서 **[편집]** → **환경 설정** → **검정 모양**을 실행합니다.

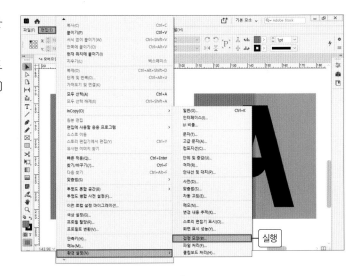

2 — 환경 설정 대화상자가 표시되면 화면 표시를 '모든 검정을 정확하게 표시'로 지정한 다음 〈확인〉 버튼을 클릭합니다.

3 — 화면 표시가 '모든 검정을 정확하게 표시'로 설정됩니다.

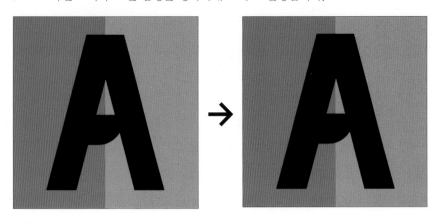

Tip

메뉴에서 **[보기] → 중복 인쇄 미리 보기**를 실행해야 화면에서 검은색의 상태를 확인할 수 있습니다.

4 — 도구 패널에서 선택 도구(▶)를 선택하여 녹아웃할 개체를 선택한 다음 메뉴에서 **[창] → 효과**를 실행합니다.

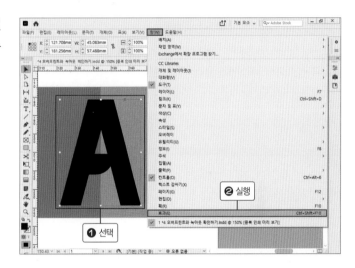

5 — 효과 패널에서 '혼합 격리'를 체크 표시합니다.

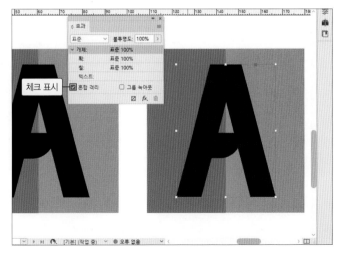

6 — 검은색 개체가 녹아웃되어 겹친 부분의 색상이 깔끔해집니다.

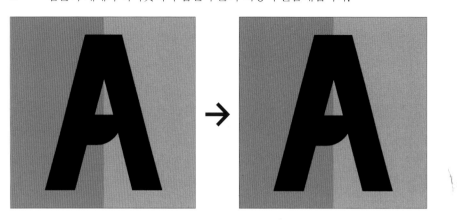

혼합 격리 전   혼합 격리 후

---

⑤ 분판 미리 보기와 잉크 관리자 확인하여 인쇄 사고 줄이기

분판 미리 보기는 모니터에서 CMYK의 분판 상황을 실시간으로 확인할 수 있으며, 문서에 적용된 오버프린트와 녹아웃, 그림자 및 투명도 효과 등 인쇄 시 발생할 수 있는 문제들을 사전에 파악할 수 있습니다. 또한 별색을 사용했다면 분판 미리 보기의 색상 목록에 별색이 추가 표시되며, 별색을 원색으로 전환하려면 잉크 관리자에서 한 번에 원색으로 변경할 수 있습니다.

• 예제 파일 : 06\분판 미리 보기.indd   **• 완성 파일 :** 06\분판 미리 보기_완성.indd

1 — 메뉴에서 [창] → 출력 → 분판 미리 보기를 실행합니다.

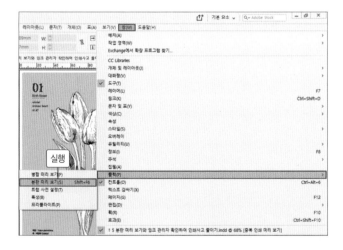

2 — 분판 미리 보기 패널이 표시되면 보기를 '분판'으로 지정합니다.

3 — 분판 미리 보기 패널에 원색과 별색 'PANTONE 538 C'가 사용된 것을 확인할 수 있습니다. 색상 견본 패널에도 동일하게 표시됩니다.

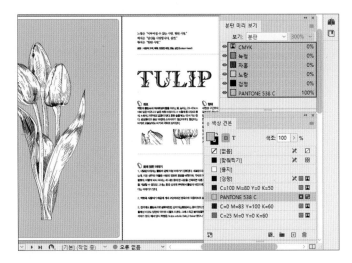

4 — 분판 미리 보기 패널에서 CMYK의 '눈' 아이콘(👁)을 클릭하여 비활성화하면 별색 영역만 표시됩니다.

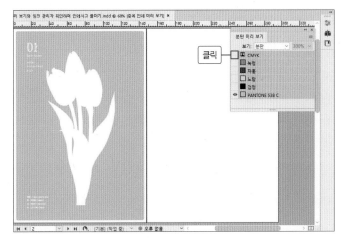

5 — 분판 미리 보기 패널에서 '눈' 아이콘(👁)을 비활성화하거나 활성화하여 색상을 미리 확인합니다.

녹청 분판 미리 보기

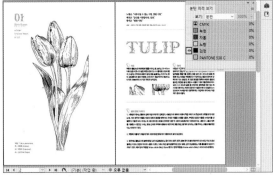

검정 분판 미리 보기

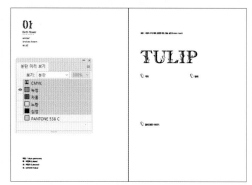

분판 색상이 검은색으로 보이는 경우

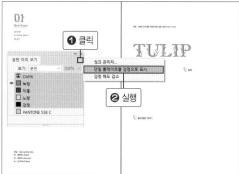

분판 지정 색상으로 보이는 경우

6 ― 색상 견본 패널에는 별색을 그대로 표시하고 인쇄는 원색으로 해야 할 경우 분판 미리 보기 패널에서 '패널 메뉴' 아이콘(▤)을 클릭한 다음 **잉크 관리자**를 실행합니다.

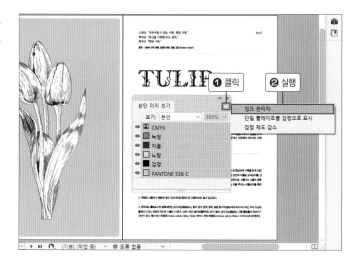

7 ― 잉크 관리자 대화상자가 표시되면 '모든 별색을 원색으로'를 체크 표시한 다음 〈확인〉 버튼을 클릭합니다.

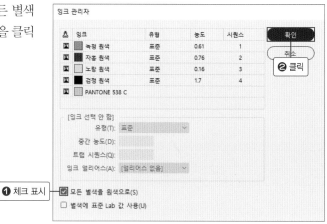

8 — 색상 견본 패널에는 별색으로 표시되며 분판 미리 보기 패널에는 별색이 원색으로 전환되어 표시되지 않습니다.

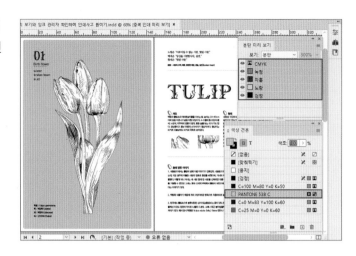

---

6 **재단을 고려하여 도련 설정 확인하기**

재단선 위에 색상이나 이미지가 배치되어 있다면 인쇄물을 재단할 때 중요 부분이 잘려 나가는 것을 방지하기 위해 반드시 도련까지 색상이나 이미지가 채워지도록 설정되었는지 확인합니다. 도련은 재단 시 잘려 나가는 여백 공간으로 도련이 없으면 재단 후에 가장자리에 흰색 여백이 있습니다. 따라서 재단이 필요한 모든 작업물에는 도련이 들어가야 하며 일반적으로 3mm 정도의 여유분을 줍니다.

- **예제 파일** : 06\도련 설정.indd   - **완성 파일** : 06\도련 설정_완성.indd

1 — 06 폴더에서 '도련 설정.indd' 파일을 불러옵니다.
도련이 설정되었는지를 확인하기 위해 메뉴에서 [보기] → 화면 모드 → 표준을 실행하거나 W를 누릅니다.

2 — 문서에서 재단선 밖에 있는 빨간색 선이 도련입니다. 도련 부분까지 배경을 넣어 재단 시 가장자리에 흰색 여백이 발생하지 않도록 합니다.

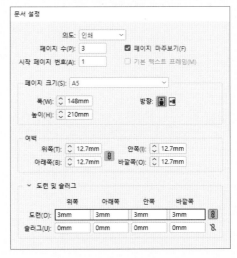

Tip

새 문서를 만들 때 도련을 설정하지 못했어도 작업 진행 도중에
도련을 설정할 수 있습니다. 메뉴에서 **[파일] → 문서 설정**을 실
행하거나 Ctrl + Alt + P를 누릅니다. 문서 설정 대화상자가 표
시되면 도련 및 슬러그에서 도련을 모두 '3mm'로 설정한 다음
<확인> 버튼을 클릭합니다.

3 — 메뉴에서 〔**보기**〕 → **화면 모드** →
도련을 실행합니다.

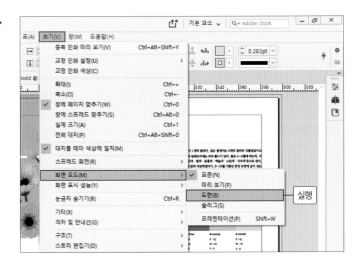

4 — 격자, 안내선, 인쇄되지 않는 개체
가 표시되지 않으며, 문서의 도련 설정에
맞춰 도련선 안의 모든 인쇄 요소가 표시
된 상태에서 출력물과 같은 모양으로 표시
됩니다.

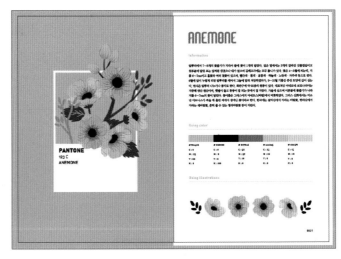

현장 실무 따라하기

많은 개체를 한꺼번에 오버프린트로 설정하여
분판 미리 보기로 확인하기

많은 개체를 모두 선택하여 한꺼번에 오버프린트하는 방법을 알아봅니다. 효과에서 '곱하기'를 적용하거나 특성에서
'칠 중복 인쇄'를 적용하여 오버프린트를 설정한 다음 내보내기 전 분판 미리 보기로 색상을 확인합니다.

• 예제 파일 : 06\오버프린트 설정.indd   • 완성 파일 : 06\오버프린트 설정_완성.indd

1. 06 폴더에서 '오버프린트 설정.indd'
파일을 불러옵니다.
메뉴에서 [창] → 효과를 실행합니다.

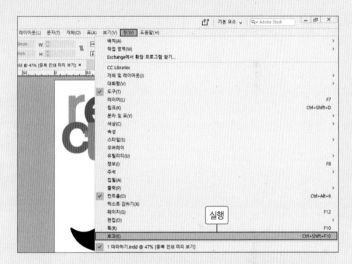

2. 도구 패널에서 선택 도구(▶)를 선택한
다음 타이포그래피의 개체를 모두 선택합
니다.

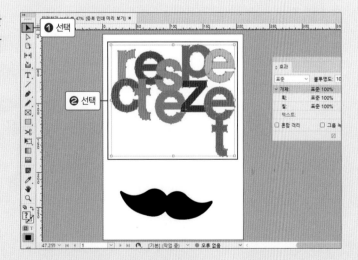

3. 효과 패널에서 '곱하기'로 지정합니다.

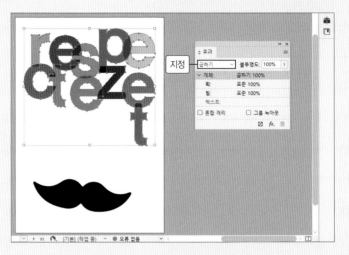

> **Tip**
>
> 오버프린트의 또 다른 방법은 메뉴에서 [창]
> → 출력 → 특성을 실행하여 특성 패널이 표시
> 되면 '칠 중복 인쇄'를 체크 표시합니다.

4. 개체가 겹쳐진 부분에 오버프린트가 적
용되어 혼합 색상이 표시됩니다.

5. 메뉴에서 (창) → 출력 → 분판 미리 보기를 실행합니다.

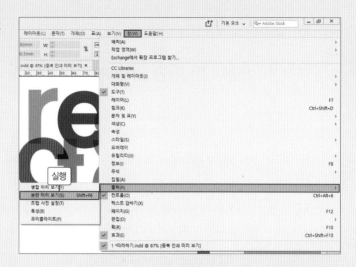

6. 분판 미리 보기 패널이 표시되면 보기를 '분판'으로 지정합니다.

7. 분판 미리 보기 패널에서 '눈' 아이콘(◉)을 비활성화하거나 활성화하여 색상을 확인합니다.

"출력 전 최종 점검 체크리스트"

- ☐ 오탈자 확인하기

- ☐ 잘못 들어간 이미지가 있는지 확인하기

- ☐ 쪽 번호 또는 면주가 제대로 들어갔는지 확인하기

- ☐ 누락된 글꼴 또는 넘치는 텍스트 확인하기

- ☐ 누락 또는 수정된 이미지 확인하기

- ☐ 사용된 이미지의 색 공간이 CMYK가 맞는지 확인하기

- ☐ 사용된 이미지의 해상도가 적당한지 확인하기

- ☐ 별색이 제대로 적용되었는지 확인하기

- ☐ 분판이 제대로 되었는지 확인하기

- ☐ 오버프린트, 녹아웃, 트랩 설정 확인하기

- ☐ 후가공의 위치 확인하기

- ☐ 재단 또는 접기를 고려하여 판형이 설정되었는지 확인하기

- ☐ 재단을 고려하여 도련이 설정되었는지 확인하기

실수 없이 출력하기 위해 출력 전 꼭 다시 확인해야 할 사항들을 살펴보며 체크해 봅니다.

Section 02

패키지 저장과
다양한 파일 형식으로 내보내기

완성한 문서에 사용된 모든 그래픽과 글꼴을 출력용 파일로 모으기 위해 패키지로 저장하는 방법과 출력 및 인쇄 서비스 업체에 보내기 위해
다양한 파일 형식으로 내보내는 방법을 알아봅니다.

1 출력용 파일을 모으는 패키지 저장하기

출력용 파일을 모으기 위해 패키지를 실행하면 인디자인 파일에 사용된 모든 글꼴과 그래픽이 한 폴더에 복사되어 저장됩니다.

· **예제 파일** : 06\패키지 저장하기.indd   · **완성 파일** : 06\패키지 저장하기 폴더

1 — 06 폴더에서 '패키지 저장하기.
indd' 파일을 불러옵니다.
메뉴에서 (**파일**) → **패키지**를 실행합니다.

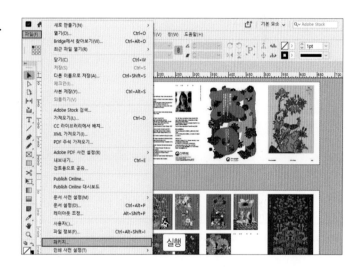

2 — 패키지 대화상자가 표시되면 문서
에 글꼴이나 이미지 파일이 모두 누락되지
않고 연결된 상태인지 확인한 다음 〈패키
지〉 버튼을 클릭합니다.

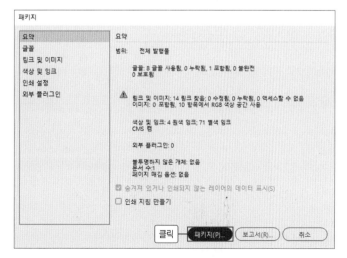

3 — 발행물 패키지 대화상자가 표시되면 폴더 이름과 저장 위치를 지정합니다. '글꼴 복사(C)(Adobe Fonts에서 활성화된 글꼴 및 Adobe CJK가 아닌 글꼴 제외)', '연결된 그래픽 복사'를 체크 표시한 다음 〈패키지〉 버튼을 클릭합니다.

4 — 글꼴 라이선스에 관한 경고 대화상자가 표시되면 〈확인〉 버튼을 클릭하여 지정한 경로에 문서의 패키지를 저장합니다.

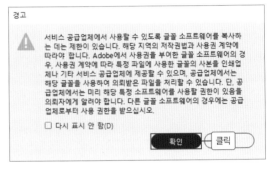

5 — 저장된 패키지 폴더의 'Document fonts' 폴더에는 사용된 폰트가 있으며, 'Links' 폴더에는 사용된 이미지 파일이 있습니다. 작업한 파일은 IDML, INDD, PDF 파일 형식으로 저장됩니다.

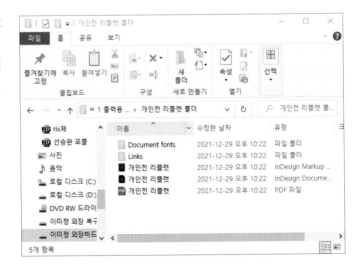

Tip
한글 글꼴은 패키지 폴더에 복사되지 않습니다.

② 누락된 글꼴 변경하여 패키지 저장하기

패키지로 저장될 문서에서 글꼴이 누락되면 패키지 폴더에 누락된 글꼴은 저장되지 않습니다. 패키지 작업 전에 누락된 글꼴은 미리 확인하여 수정하며, 누락된 글꼴을 변경하는 방법에 대해 알아봅니다.

1 — 메뉴에서 (**파일**) → **패키지**를 실행합니다.

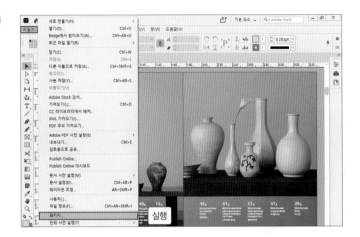

2 — 패키지 대화상자가 표시되면 '글꼴'을 선택하고 누락된 글꼴을 선택한 다음 〈글꼴 찾기/바꾸기〉 버튼을 클릭하여 누락된 글꼴을 변경합니다.

Tip

누락된 글꼴을 문서에서도 수정할 수 있습니다. 메뉴에서 (**문자**) → **글꼴 찾기/바꾸기**를 실행하면 글꼴 찾기/바꾸기 대화상자가 표시됩니다.

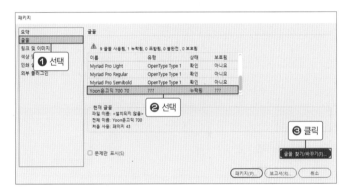

3 — 글꼴 찾기/바꾸기 대화상자가 표시되면 글꼴 정보에서 경고 아이콘이 표시된 글꼴을 선택합니다. 바꾸기의 글꼴 모음에서 변경할 글꼴을 지정한 다음 〈모두 변경〉 버튼을 클릭합니다. 경고 아이콘이 사라지면 〈완료〉 버튼을 클릭합니다.

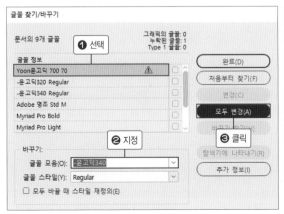

4 — 패키지 대화상자에서 누락된 글꼴에 경고 아이콘이 사라지면 〈패키지〉 버튼을 클릭합니다.

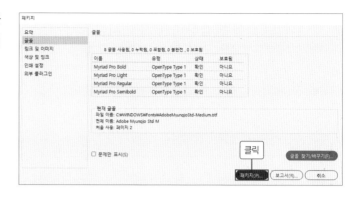

5 — 변경된 상태로 발행물을 저장할 것인지에 대한 경고 대화상자가 표시되면 〈저장〉 버튼을 클릭합니다.

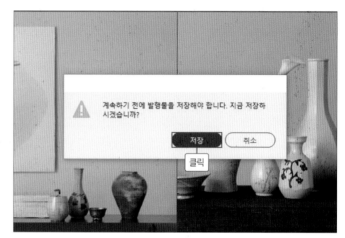

6 — 발행물 패키지 대화상자가 표시되면 폴더 이름과 저장 위치를 지정한 다음 〈패키지〉 버튼을 클릭합니다.

7 — 저장된 패키지 폴더에 'Document fonts', 'Links' 폴더와 IDML, INDD, PDF 형식의 파일이 저장됩니다.

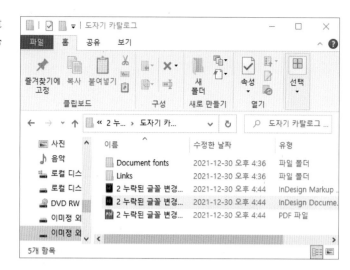

---

③ **누락이나 수정된 이미지 변경하여 패키지 저장하기**

패키지로 저장될 문서에서 이미지가 누락되면 패키지 폴더에 누락된 이미지는 저장되지 않으며, 수정된 이미지는 저장됩니다. 수정된 이미지를 업데이트하고, 누락된 이미지를 수정하여 내보내 봅니다.

1 — 메뉴에서 (파일) → 패키지를 실행합니다.

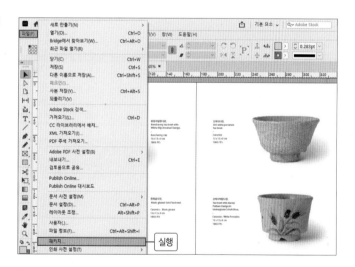

2 — 패키지 대화상자가 표시되면 '링크 및 이미지'를 선택하고 수정된 이미지를 선택한 다음 〈업데이트〉 버튼을 클릭합니다.

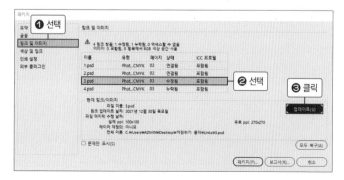

3 — 패키지 대화상자에서 수정된 이미지가 자동으로 업데이트되어 〈업데이트〉 버튼은 비활성화됩니다.

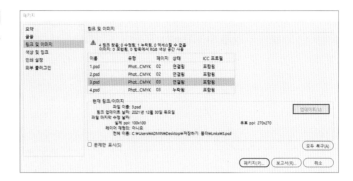

4 — 패키지 대화상자에서 누락된 이미지를 선택한 다음 〈다시 연결〉 버튼을 클릭합니다.

누락이나 수정된 이미지를 문서에서도 수정할 수 있습니다. 메뉴에서 **[창] → 링크**를 실행하거나 Ctrl+Shift+D를 눌러 링크 패널에서 업데이트합니다.

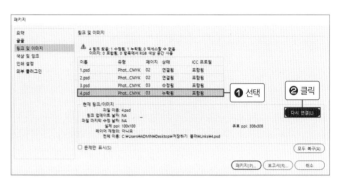

5 — 찾기 대화상자가 표시되면 변경할 이미지 파일을 선택한 다음 〈열기〉 버튼을 클릭합니다.

6 — 패키지 대화상자에서 누락된 이미지가 선택한 이미지로 다시 연결되며, 〈패키지〉 버튼을 클릭하여 파일을 저장합니다.

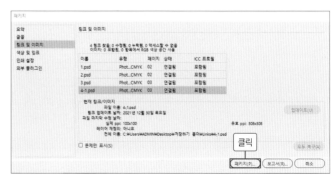

7 — 누락이나 수정된 이미지가 업데이트되어 발행물을 저장할 것인지에 대한 경고 대화상자가 표시되면 〈저장〉 버튼을 클릭합니다.

8 — 발행물 패키지 대화상자가 표시되면 폴더 이름과 저장 위치를 지정한 다음 〈패키지〉 버튼을 클릭합니다.

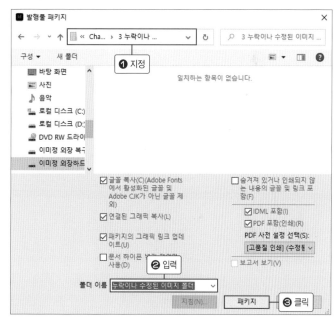

9 — 저장된 패키지 폴더에 'Document fonts', 'Links' 폴더와 IDML, INDD, PDF 형식의 파일이 저장됩니다.

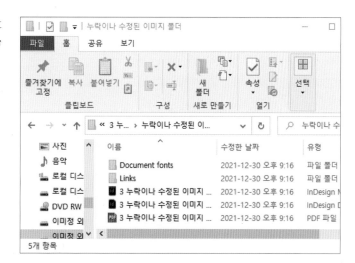

④ RGB 이미지를 CMYK로 변경하여 패키지 저장하기

문서에서 사용한 이미지가 RGB로 되어 있으면 원하는 색상으로 인쇄되지 않을 수 있으므로 인쇄 환경에 적합한 CMYK 모드로 변경해야 합니다. 패키지로 저장하기 전에 이미지의 색상 값을 확인하는 방법을 알아봅니다.

• **예제 파일** : 06\CMYK 변경한 패키지.indd　　• **완성 파일** : 06\CMYK 변경한 패키지_완성.indd

1 — 06 폴더에서 'CMYK 변경한 패키지.indd' 파일을 불러옵니다.
메뉴에서 (**파일**) → **패키지**를 실행합니다.

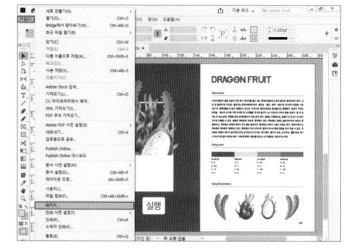

2 — 패키지 대화상자가 표시되면 요약에서 이미지가 RGB 색상이라는 경고 아이콘이 표시됩니다.

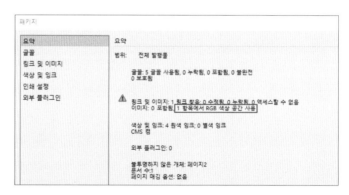

3 — '링크 및 이미지'를 선택하면 RGB 색상인 이미지를 확인할 수 있습니다. 페이지와 이미지 파일명을 확인하고 〈취소〉 버튼을 클릭하여 패키지 작업을 중단합니다.

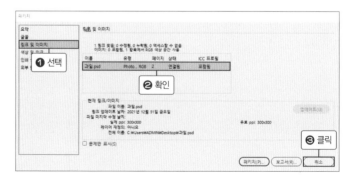

4 — 메뉴에서 (**창**)→**링크**를 실행합니다.

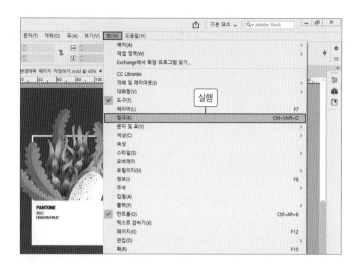

5 — 링크 패널에서 RGB 색상인 파일을 선택하여 이미지 파일의 링크 정보를 확인하면 색상 공간이 역시 RGB입니다.

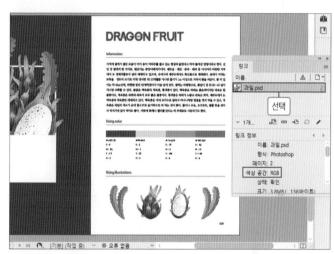

6 — 링크 패널에서 해당 파일을 선택하고 '원본 편집' 아이콘(✎)을 클릭합니다. 포토샵이 실행되지 않으면 링크 패널의 '패널 메뉴' 아이콘(≡)을 클릭한 다음 **편집에 사용할 응용 프로그램 → Adobe Photoshop**을 실행합니다.

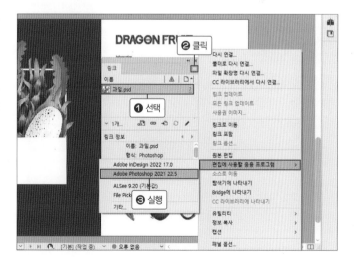

7 — 포토샵이 실행되면 선택한 이미지가 표시됩니다. 메뉴에서 (이미지) → 모드 → **CMYK 색상**을 실행하여 색상 모드를 변경한 다음 파일을 저장하고 닫습니다.

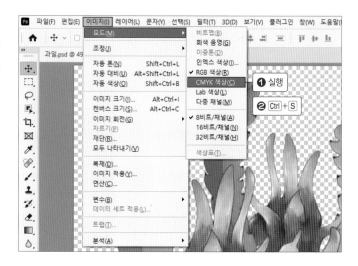

8 — 인디자인의 링크 패널에서 파일을 선택하여 링크 정보를 확인하면 색상 공간이 CMYK로 변경된 것을 확인할 수 있습니다.

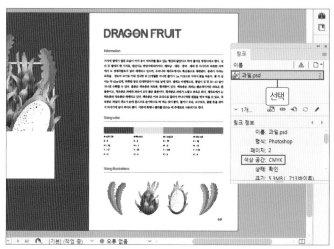

9 — 메뉴에서 (파일) → **패키지**를 실행하여 패키지 대화상자가 표시되면 '링크 및 이미지'를 선택하여 이미지 유형이 CMYK로 확인되면, 〈패키지〉 버튼을 클릭하여 패키지 작업을 마무리합니다.

인쇄에서는 인디자인 파일을 직접 사용하지 않고 인쇄용 PDF(Portable Document Format) 파일로 변환하여 출력합니다. 인디자인 파일을 인쇄용 PDF로 설정하여 내보내는 방법을 알아봅니다.

• **예제 파일** : 06\PDF 내보내기.indd   • **완성 파일** : 06\PDF 내보내기.pdf

1 — 06 폴더에서 'PDF 내보내기.indd' 파일을 불러옵니다.
메뉴에서 (**파일**) → **내보내기**를 실행하거나 Ctrl+E를 누릅니다.

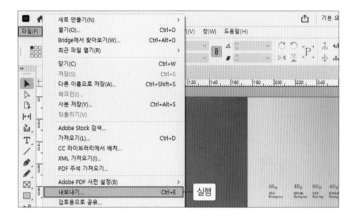

2 — 내보내기 대화상자가 표시되면 저장 위치를 지정하고 파일 이름을 입력합니다. 파일 형식은 인쇄용으로 내보내기 위해 'Adobe PDF(인쇄)'로 지정한 다음 〈저장〉 버튼을 클릭합니다.

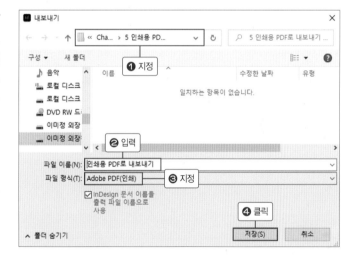

Tip

내보내기 파일 형식

• **Adobe PDF(대화형)** : 디지털용으로, 작업물에 링크나 움직이는 요소 등이 포함되어 있거나 저해상도 PDF로 내보냄
• **Adobe PDF(인쇄)** : 고품질 인쇄용으로, 고해상도로 출력이나 인쇄할 경우 PDF로 내보냄
• **EPUB(고정 레이아웃)** : 많은 수의 그래픽, 오디오 및 비디오 콘텐츠가 포함된 아동용 서적, 요리책, 교과서 및 만화책 등의 문서에 적합함
• **EPUB(리플로우 가능)** : 디스플레이 장치에 따라 EPUB 판독기에서 내용을 최적화할 수 있으며, 판독기에서 텍스트의 글꼴 및 크기를 변경하는 옵션을 제공함
• **InDesign Markup(IDML)** : 인디자인은 상위 버전에서 열리지 않기 때문에 하위 버전에서 열 경우 꼭 버전을 낮춰서 저장함
• **JPEG** : InDesign 내용을 이미지로 사용할 경우 페이지 또는 스프레드로 설정하고 해상도를 지정하여 저장함
• **PNG** : JPEG와 비슷하며, 배경이 투명한 이미지로 저장할 수 있음

3 — Adobe PDF 내보내기 대화상자가 표시되면 출력할 페이지의 범위를 설정하고 낱장 출력을 하기 위해 내보내기 형식에서 '페이지'를 선택합니다.

Tip

내보내기 형식에서 '페이지'는 낱장으로 양면 인쇄할 때 반드시 체크되어야 하는 저장 방식이며, '스프레드'는 펼침면으로 교정 볼 때 주로 사용되는 저장 방식입니다.

4 — '표시 및 도련'을 선택합니다. 표시에서 '모든 프린터 표시'를 체크 표시하고, 도련 및 슬러그에서 '문서 도련 설정 사용'을 체크 표시한 다음 〈내보내기〉 버튼을 클릭합니다.

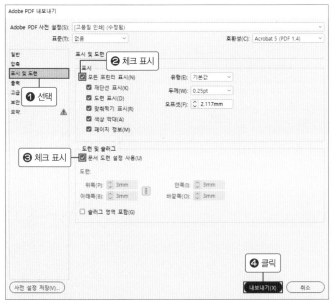

Tip

도련은 인쇄 시 재단할 때 생기는 오차를 막기 위한 여유 작업 안내선이며, 일반적으로 3mm를 가장 많이 사용하고 있습니다.

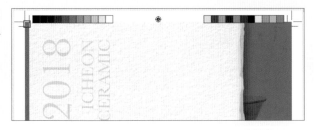

5 — 지정된 경로에 PDF가 저장됩니다.

6 — 낱장으로 저장된 PDF 파일을 확인합니다.

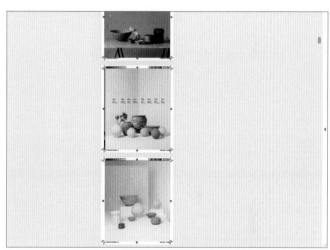

> **Tip**
>
> ❶ **색상 막대** : 문서에 인쇄된 잉크의 농도를 가늠할 때 사용합니다.
>
> ❷ **재단선 표시** : 종이가 잘릴 위치를 표시합니다. 배경 이미지 등은 재단선 바깥쪽으로 지정한 도련선인 3mm에 여유 있게 배치합니다.
>
> ❸ **맞춰찍기 표시** : 인쇄에 사용된 CMYK 판의 위치가 일치했는지 확인할 수 있습니다.
>
> ❹ **도련 표시** : 재단 시 여유분을 표시합니다.
>
> ❺ **페이지 정보** : 문서의 파일 이름이나 출력 날짜 등이 표시됩니다.

인디자인에서 컬러로 작업한 문서를 흑백으로 인쇄하거나 출력할 경우 흑백으로 변환하여 PDF로 내보내는 방법을 알아봅니다.

• **예제 파일** : 06\흑백 PDF 내보내기.indd   • **완성 파일** : 06\흑백 PDF 내보내기.pdf

1 ― 06 폴더에서 '흑백 PDF 내보내기.indd' 파일을 불러옵니다.
메뉴에서 (**파일**) → **내보내기**를 실행하거나 [Ctrl]+[E]를 누릅니다.

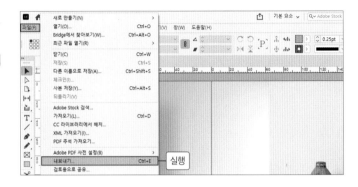

2 ― 내보내기 대화상자가 표시되면 저장 위치를 지정하고 파일 이름을 입력합니다. 파일 형식은 인쇄용으로 내보내기 위해 'Adobe PDF(인쇄)'로 지정한 다음 〈저장〉 버튼을 클릭합니다.

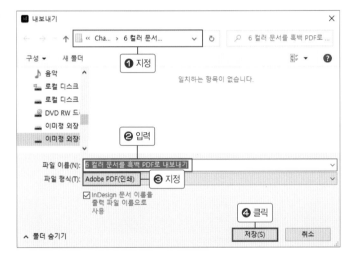

3 ― Adobe PDF 내보내기 대화상자가 표시되면 일반에서 출력할 페이지의 범위를 설정하고 낱장 출력을 하기 위해 내보내기 형식에서 '페이지'를 선택합니다.

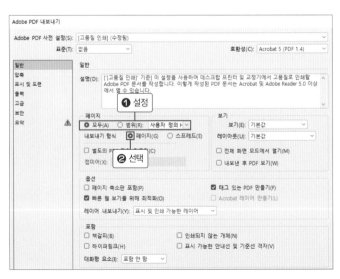

4 ─ '표시 및 도련'을 선택한 다음 표시에서 '모든 프린터 표시'를 체크 표시하고, 도련 및 슬러그에서 '문서 도련 설정 사용'을 체크 표시합니다.

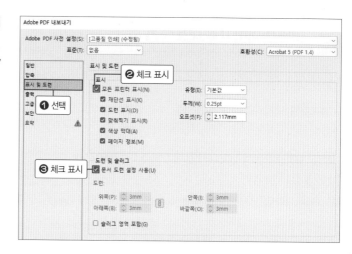

5 ─ '출력'을 선택한 다음 색상 변환을 '대상으로 변환'으로 지정하고, 대상을 'Dot Gain 15%'로 지정하여 〈내보내기〉 버튼을 클릭합니다.

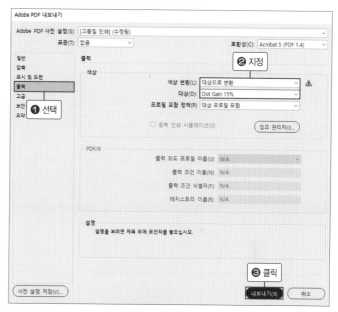

6 ─ 지정된 경로에 PDF가 저장됩니다. 흑백으로 저장된 PDF 파일을 확인합니다.

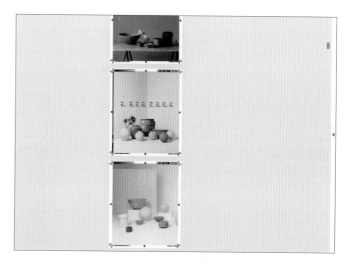

인디자인에서 작업한 문서를 이미지로 사용해야 할 경우 파일 형식을 JPEG, 스프레드로 내보내는 방법을 알아봅니다.

• **예제 파일** : 06\JPEG 내보내기.indd   • **완성 파일** : 06\JPEG 파일 폴더

1 — 06 폴더에서 'JPEG 내보내기.indd' 파일을 불러옵니다.
메뉴에서 (파일) → 내보내기를 실행하거 나 Ctrl+E를 누릅니다.
내보내기 대화상자가 표시되면 저장 위치 를 지정하고 파일 이름을 입력합니다. 파 일 형식은 'JPEG'로 지정한 다음 〈저장〉 버튼을 클릭합니다.

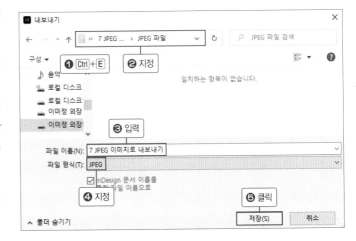

3 — JPEG 내보내기 대화상자가 표시되면 내보내기의 범위를 입 력하고, '스프레드'를 선택합니다. 이미지의 해상도를 '300'으로 지정 한 다음 〈내보내기〉 버튼을 클릭합니다.

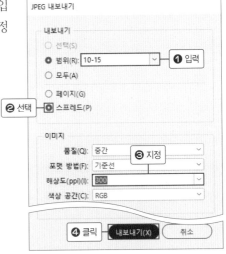

4 — 지정된 경로에 스프레드로 JPEG 이미지가 저장됩니다. 포토샵에서 JPEG 이미지 파일을 확인할 수 있습니다.

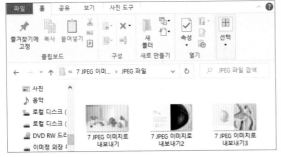

큰 용량의 문서 분할하여 PDF 내보내기

문서 용량이 크거나 페이지가 많을 때 한 번에 인쇄용 PDF 내보내기가 안 되는 경우가 종종 발생합니다. 이미지를 많이 사용하여 문서의 용량이 클 경우 PDF 내보내기가 오래 걸리거나 컴퓨터가 다운되는 등의 에러가 발생합니다. 이런 경우 파트별, 섹션별, 장별로 분할하여 내보내는 방법을 알아봅니다.

· **예제 파일** : 06\분할하여 PDF 내보내기.indd   · **완성 파일** : 06\분할하여 PDF 내보내기 폴더
· **구성** | 가로 188mm, 세로 255mm, 전체 페이지 수 272p
     2개의 파일로 분할하여 인쇄용 PDF 내보내기, 페이지 범위 01-105, 106-272

1. 06 폴더에서 '분할하여 PDF 내보내기.indd' 파일을 불러옵니다.
메뉴에서 **[파일]** → **내보내기**를 실행하거나 Ctrl + E 를 누릅니다.

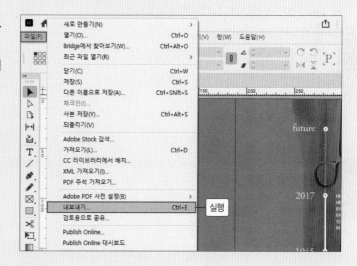

2. 내보내기 대화상자가 표시되면 저장 위치를 지정하고 파일 이름을 '학회 발전사 01-105'로 입력합니다.
파일 형식은 인쇄용으로 내보내기 위해 'Adobe PDF(인쇄)'로 지정한 다음 <저장> 버튼을 클릭합니다.

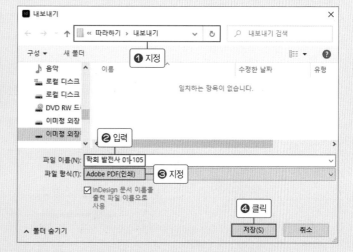

3. Adobe PDF 내보내기 대화상자가 표시되면 일반에서 출력할 페이지의 범위를 '01-105'로 입력하고, 낱장 출력을 하기 위해 내보내기 형식에서 '페이지'를 선택합니다.

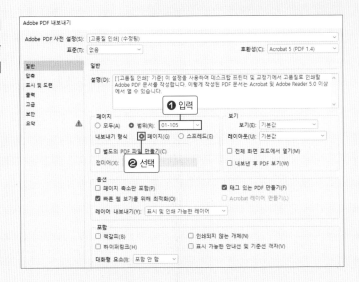

4. '표시 및 도련'을 선택한 다음 표시에서 '모든 프린터 표시'를 체크 표시하고, 도련 및 슬러그에서 '문서 도련 설정 사용'을 체크 표시하여 <내보내기> 버튼을 클릭합니다.

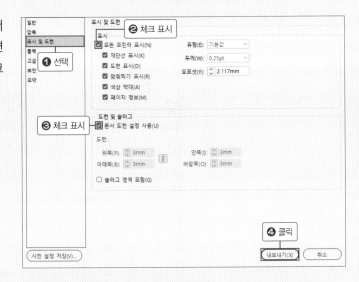

5. 지정한 경로에 파일명이 '학회 발전사 01-105' PDF가 저장됩니다.

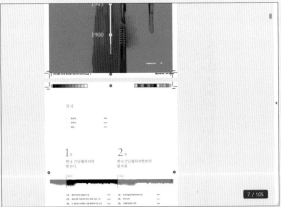

6. 두 번째 PDF를 내보내기 위해 메뉴에서 **[파일] → 내보내기**를 실행하거나 Ctrl + E를 누릅니다. 내보내기 대화상자가 표시되면 저장 위치를 지정하고 파일 이름을 '학회 발전사 106-272'로 입력합니다. 파일 형식은 인쇄용으로 내보내기 위해 'Adobe PDF(인쇄)'로 지정한 다음 <저장> 버튼을 클릭합니다.

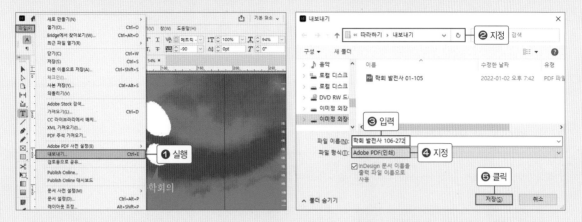

7. Adobe PDF 내보내기 대화상자가 표시되면 일반에서 출력할 페이지의 범위를 '106-272'로 입력하고, 낱장 출력을 하기 위해 내보내기 형식에서 '페이지'를 선택합니다. '표시 및 도련'을 선택한 다음 표시에서 '모든 프린터 표시'를 체크 표시하고, 도련 및 슬러그에서 '문서 도련 설정 사용'을 체크 표시하여 <내보내기> 버튼을 클릭합니다.

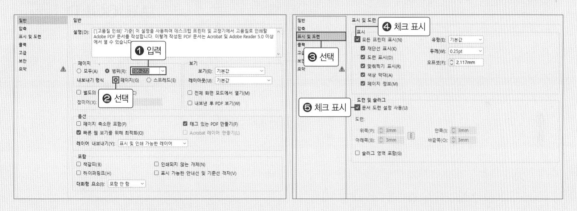

8. 지정한 경로에 두 번째 파일인 '학회 발전사 106-272' PDF가 저장됩니다.

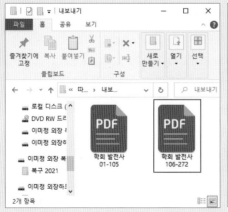

원하는 용도로 프린트 출력하기

편집물이 완성되면 최종 인쇄 파일이 넘어가기 전, 교정이나 전체 흐름을 파악하기 위해 프린트 출력을 확인하는 경우가 많습니다. 출력할 때 범위를 지정하거나 용지에 다양한 크기로 출력하거나, 가제본을 위한 소책자를 출력하는 방법 등을 알아봅니다.

1 페이지 범위 지정하여 출력하기

인쇄하기 전 교정을 보거나 확인하기 위해 페이지 범위를 지정하여 출력하는 방법을 알아봅니다.

1 — 메뉴에서 (**파일**) → **인쇄**를 실행하 거나 Ctrl + P를 누릅니다.

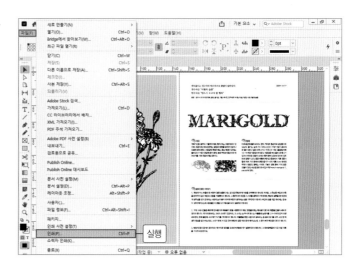

2 — 인쇄 대화상자가 표시되면 일반에서 프린터의 종류를 지정하고, 페이지의 범위를 '3-12'로 입력한 다음 '페이지'를 선택합니다.

Tip

❶ **프린터** : 사용할 프린터의 종류를 지정합니다.

❷ **매수** : 프린트할 매수를 입력합니다.

❸ **역순으로** : 페이지가 많은 경우 체크 표시하여 출력하면 출력물을 정리하기 쉽습니다.

❹ **페이지** : 출력할 페이지의 범위를 설정합니다.

❺ **시퀀스** : 출력할 모든 페이지를 선택하거나 짝수와 홀수 를 선택합니다.

❻ **스프레드** : 페이지 마주보기가 설정된 문서에서 스프레 드를 선택하면 펼침면으로 페이지가 출력됩니다.

❼ **빈 페이지 인쇄** : 체크 표시하면 텍스트나 개체가 없는 빈 페이지도 출력됩니다. 양면 프린트할 때 짝수와 홀수 를 유지하거나 페이지 전체의 구성을 정확하게 정리하 고 싶다면 체크 표시합니다.

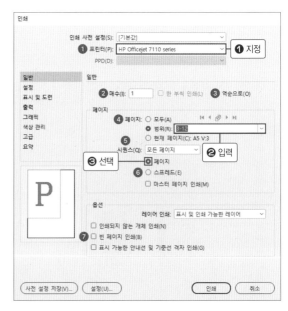

Tip

출력할 때 페이지를 지정하는 방법을 알아봅니다.

출력 방법	페이지 범위	출력 결과
모두	모두를 선택	문서에 있는 모든 페이지 출력
현재 페이지	현재 페이지를 선택	문서에서 텍스트나 개체가 선택된 현재 페이지 출력
지정된 페이지 출력	3-12	3페이지에서 12페이지까지 출력
현재 페이지부터 출력	3-	3페이지부터 문서의 마지막 페이지까지 출력
현재 페이지까지 출력	-3	첫 페이지부터 3페이지까지 출력
현재 페이지만 출력	3	3페이지만 출력
여러 페이지 출력	2, 5-12	2페이지와 5-12페이지까지 출력
파트별로 출력	Part1	레이블이 'Part1'로 표시된 섹션의 모든 페이지 출력

3 — '설정'을 선택하여 용지 크기와 방향, 출력 비율 등을 설정합니다.

선택

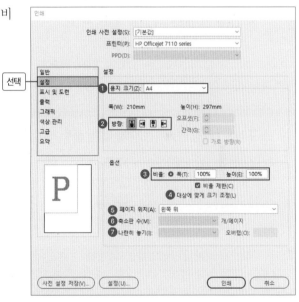

Tip

❶ **용지 크기** : 출력할 용지의 크기를 선택합니다.
❷ **방향** : 문서의 방향을 선택합니다.
❸ **비율** : 출력할 문서의 크기를 설정합니다. 100%로 설정하면 실제 사이즈인 1:1 크기로 출력됩니다.
❹ **대상에 맞게 크기 조정** : 체크 표시하면 문서의 원본 크기가 아닌 용지에 맞게 문서가 출력됩니다.
❺ **페이지 위치** : 출력할 용지가 문서보다 큰 경우 문서를 용지의 어느 곳에 위치할지 설정합니다.
❻ **축소판 수** : 페이지를 축소하여 용지 한 장에 여러 페이지를 출력합니다.
❼ **나란히 놓기** : 출력할 용지가 문서보다 작은 경우 문서를 여러 장의 용지에 분할하여 출력합니다.

4 — '표시 및 도련'을 선택하여 표시에서 '모든 프린터 표시'를 체크 표시한 다음 〈인쇄〉 버튼을 클릭합니다.

> **Tip**
>
> ❶ **모든 프린터 표시** : 체크 표시하면 문서 출력에 필요한 정보들이 모두 표시됩니다.
>
> ❷ **유형** : 재단선과 맞춰찍기에 사용할 선의 종류를 지정합니다.
>
> ❸ **문서 도련 설정 사용** : 체크 표시하면 문서에 설정된 도련의 크기가 자동으로 입력되며, 수치를 입력하면 도련의 크기를 수동으로 설정할 수 있습니다.
>
> ❹ **슬러그 영역 포함** : 체크 표시하면 문서에 설정된 슬러그 영역이 포함됩니다.
>
> ❺ **문서 미리 보기** : 현재 설정된 문서의 방향, 위치, 용지의 크기, 도련 및 재단선 표시 등의 정보가 간략하게 표시됩니다.

② 용지에 다양한 크기로 출력하기

외부에서 출력하지 않고 가지고 있는 프린터로 출력할 경우, 출력 가능한 용지의 크기는 정해져 있습니다. 한정된 용지 위에 실제 크기 출력, 축소 출력, 분할 출력 등 다양한 크기의 출력 방법을 알아봅니다.

∴ 스프레드(펼침면)로 용지에 맞게 출력하기

전체 지면의 크기가 줄어들어 이미지와 글꼴의 크기가 작아지더라도 출력물에서 이를 감안하여 전체적인 편집의 큰 그림을 확인해야 하는 경우가 있습니다. 페이지 연결감과 좌우 페이지의 균형을 확인하기 위해 일반 프린터에서도 펼침면 출력이 가능합니다.

1 — 메뉴에서 (파일) → 인쇄를 실행하거나 Ctrl + P를 누릅니다.

2 ─ 인쇄 대화상자가 표시되면 일반에서 프린터의 종류를 지정하고, 페이지의 범위는 '19-20'으로 입력한 다음 '스프레드'를 선택합니다.

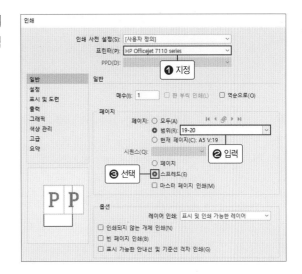

3 ─ '설정'을 선택하여 용지 크기를 'A4', 방향에서 '가로' 아이콘(▣)을 클릭한 다음 '대상에 맞게 크기 조정'을 선택합니다.

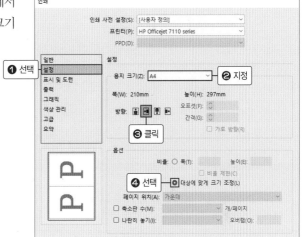

4 ─ '표시 및 도련'을 선택하여 '모든 프린터 표시'를 체크 표시한 다음 〈인쇄〉 버튼을 클릭합니다.

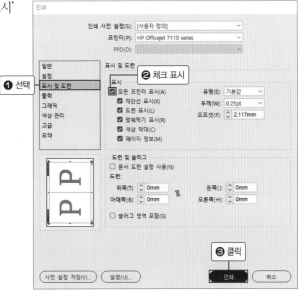

∴ 판형이 큰 문서를 여러 장의 종이에 출력하기

출력 용지의 크기가 한정되어 있기 때문에 여러 장을 연결하여 넓은 대지를 표현할 수 있습니다. 이미지와 글꼴의 크기를 줄이지 않고 실제 출력 크기로 확인할 수 있는 방법을 알아봅니다.

1 — 양면 4단인 가로 658mm, 세로 255mm의 대문접지 리플릿을 A3 용지 여러 장에 나눠 출력합니다. 메뉴에서 [파일] → **인쇄**를 실행하거나 Ctrl+P를 누릅니다.
인쇄 대화상자가 표시되면 일반에서 프린터의 종류를 지정하고, 페이지에서 '모두'를 선택한 다음 '페이지'를 선택합니다.

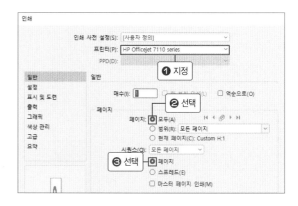

2 — '설정'을 선택한 다음 용지 크기를 'A3'로 지정합니다. 방향에서 '가로' 아이콘(▣)을 클릭한 다음 옵션에서 '나란히 놓기'를 체크 표시하고, 오버랩을 '10mm'로 설정합니다.

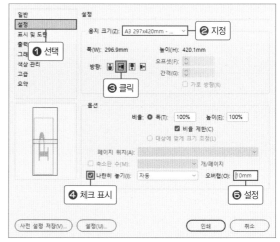

> **Tip**
>
> 오버랩은 타일링 출력 후 서로 겹치는 부분을 여분으로 붙이기 위한 영역입니다. 10mm 정도의 오버랩을 설정하여 출력물을 서로 붙이면 여분 영역으로 충분합니다.

3 — '표시 및 도련'을 선택한 다음 표시에서 '모든 프린터 표시', 도련 및 슬러그에서 '문서 도련 설정 사용'을 체크 표시하여 〈인쇄〉 버튼을 클릭합니다.

페이지에 맞게 문서 출력하기

페이지에 맞게 문서를 출력하면 의도한 실제 인쇄 크기보다 크거나 작게 출력되지만, 한정된 용지에 가장 깔끔한 방법으로 교정을 볼 수 있는 출력 상태입니다. 양면 출력이나 페이지 넘김이 용이합니다.

1 — 판형이 크거나 작은 문서를 A4 또는 A3의 규격에 맞춰 출력할 때 유용합니다. 메뉴에서 〔파일〕 → **인쇄**를 실행하거나 Ctrl+P를 누릅니다.

2 — 인쇄 대화상자가 표시되면 일반에서 프린터의 종류를 지정하고, 페이지에서 '모두'를 선택한 다음 '페이지'를 선택합니다.

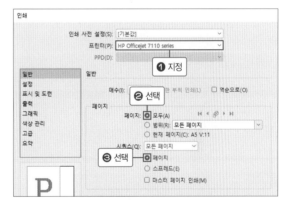

3 — '설정'을 선택한 다음 용지 크기를 'A4'로 지정하고, 옵션에서 '대상에 맞게 크기 조정'을 선택하여 〈인쇄〉 버튼을 클릭합니다.

∴ 한 페이지에 여러 페이지 출력하기

본문의 내용보다는 전체적인 편집의 구조를 확인하기 위해 출력하는 방법입니다. 페이지가 많은 책자일수록 전체 내용을 소통하는데 그 크기나 비용에 부담이 없기 때문에 빈번히 사용되는 방법입니다.

1 — 한 페이지에 여러 페이지를 넣어 출력합니다. 책의 전체적인 흐름을 파악하기 위한 용도로 사용하면 좋습니다.
메뉴에서 (**파일**) → **인쇄**를 실행하거나 Ctrl + P 를 누릅니다.

2 — 인쇄 대화상자가 표시되면 일반에서 프린터의 종류를 지정하고, 페이지에서 '모두'를 선택한 다음 '스프레드'를 선택합니다.

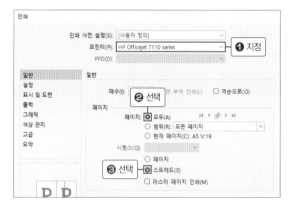

3 — '설정'을 선택한 다음 용지 크기를 'A3'로 지정하고, 방향에서 '가로' 아이콘(▣)을 클릭합니다. 옵션에서 '축소판 수'를 체크 표시하고, '4×4'로 지정하여 〈인쇄〉 버튼을 클릭합니다.

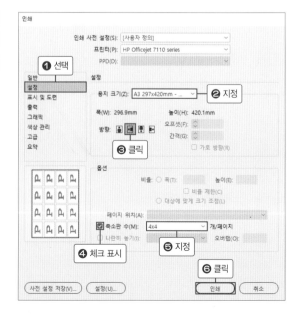

가제본을 위한 소책자 출력하기

시안을 제출하거나 실제 펼침 모양대로 프린트를 해야 하는 경우 인디자인에서 제공하는 '소책자 인쇄' 기능을 이용하면 편리하게 중철용 프린트물을 출력할 수 있습니다. 인쇄하기 전, 교정을 보거나 전체적인 흐름을 파악하기 위해 문서를 중철 제본 전 가제본 소책자로 출력하는 방법을 알아봅니다.

1 — 메뉴에서 (파일) → **소책자 인쇄**를 실행합니다.

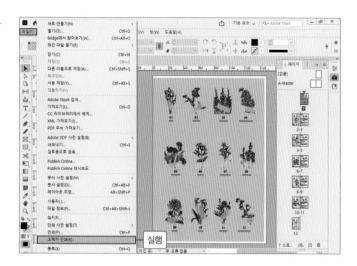

2 — 소책자 인쇄 대화상자가 표시되면 설정의 페이지에서 '모두'를 선택하고, 소책자 유형을 '2장 중철'로 지정한 다음 〈인쇄 설정〉 버튼을 클릭합니다.

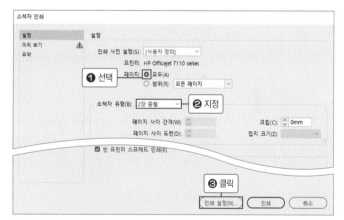

3 — 인쇄 대화상자가 표시되면 '설정'을 선택한 다음 용지 크기를 'A3'로 지정하고, 방향에서 '가로' 아이콘(▣)을 클릭합니다.

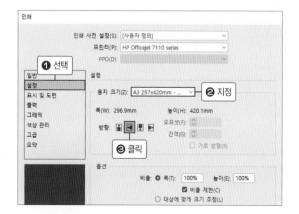

4 — '표시 및 도련'을 선택한 다음 표시에서 '모든 프린터 표시', 도련 및 슬러그에서 '문서 도련 설정 사용'을 체크 표시하여 〈확인〉 버튼을 클릭합니다.

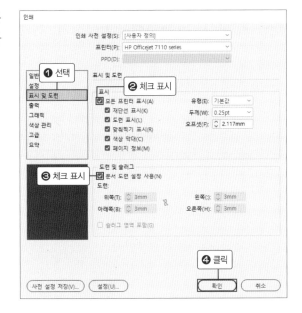

5 — 다시 소책자 인쇄 대화상자가 표시되면 '미리 보기'를 선택하여 출력에 문제가 없는지 확인한 다음 〈인쇄〉 버튼을 클릭합니다.
용지 크기를 잘못 설정하면 오른쪽 하단에 경고 메시지가 표시됩니다.

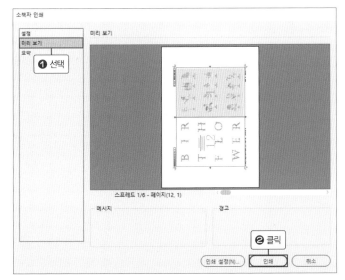

Tip

중철 제본의 경우 종이 한 장에 앞뒤 4페이지를 인쇄하기 때문에 페이지의 수가 반드시 4의 배수로 구성되어야 합니다.

현장 실무 따라하기

큰 판형의 문서를
A4 용지에 맞게 소책자 출력하기

가로 175mm, 세로 210mm 판형의 20페이지인 문서를 A4 용지에 맞게 크기 조절하여 중철 제본용 소책자로 출력하는 방법을 알아봅니다.

• 예제 파일 : 06\소책자 출력하기.indd

1. 06 폴더에서 '소책자 출력하기.indd' 파일을 불러옵니다.
메뉴에서 **[파일] → 소책자 인쇄**를 실행합니다.

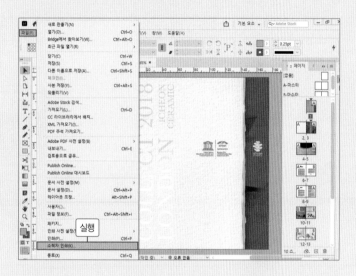

2. 소책자 인쇄 대화상자가 표시되면 설정의 페이지에서 '모두'를 선택한 다음 소책자 유형을 '2장 중철'로 지정하여 <인쇄 설정> 버튼을 클릭합니다.

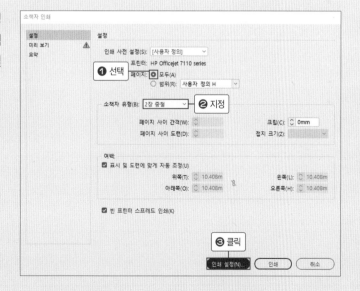

3. 인쇄 대화상자가 표시되면 '설정'을 선택한 다음 용지 크기를 'A4'로 지정합니다. 방향에서 '가로' 아이콘(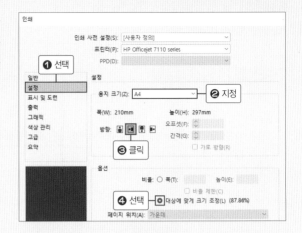)을 클릭하고, 옵션에서 '대상에 맞게 크기 조정'을 선택합니다.

4. '표시 및 도련'을 선택한 다음 표시에서 '모든 프린터 표시', 도련 및 슬러그에서 '문서 도련 설정 사용'을 체크 표시하여 <확인> 버튼을 클릭합니다.

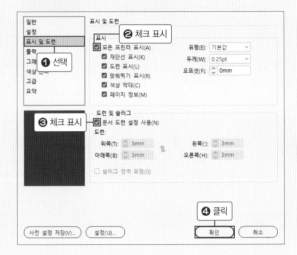

5. 다시 소책자 인쇄 대화상자가 표시되면 '미리 보기'를 선택하여 출력에 문제가 없는지 확인합니다. 페이지를 모두 확인한 다음 <인쇄> 버튼을 클릭합니다.

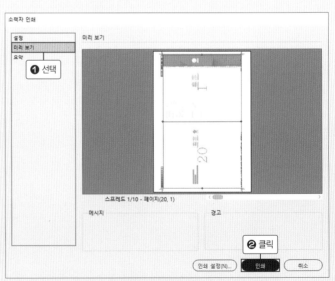

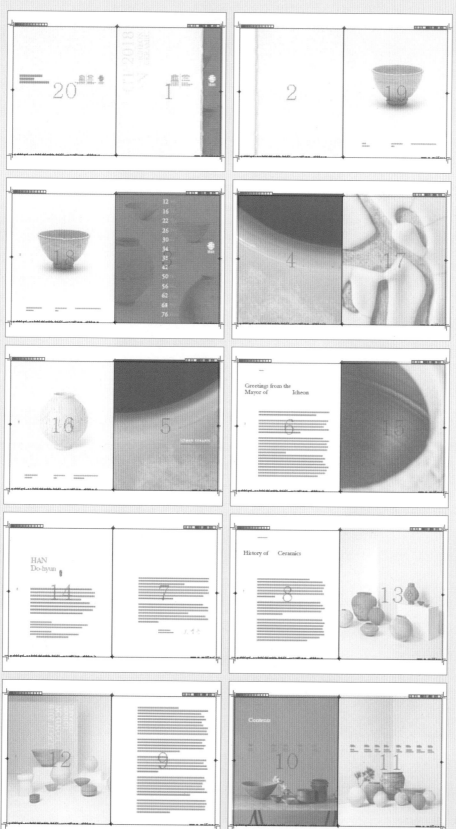

소책자 형식에 맞게 순서대로
구성된 페이지

Part 7

결과물에 힘을 주는 후가공

디자인이 완료되면 종이의 재질, 제본 방법, 인쇄 부수 등이 결정되어야 하며, 인쇄 후 후가공이 어떻게 진행될 것인가에 대한 기획까지도 디자이너의 손에서 결정됩니다.

북 커버, 패키지, 명함, 가죽 등 다양한 소재에 적용되는 후가공은 작업물의 시각적인 효과를 극대화하여 소비자에게 긍정적인 경험을 선사합니다. 따라서 디자이너에게는 후가공이 가장 효과적으로 표현될 수 있는 종이 재질에 대한 이해가 필요하며, 적정선의 비용으로, 최상의 결과를 낼 수 있는 후가공의 종류와 크기에 대한 정보도 중요합니다. 후가공 과정을 올바르게 발주할 수 있는 커뮤니케이션 능력과 원고 제작 능력 또한 갖추어야 합니다. 다양한 후가공의 종류를 살펴보고 실수를 줄여 인쇄물의 완성도를 높일 수 있는 방법에 대해 알아봅니다.

촉감으로 경험하는
편집물 후가공의 종류

후가공을 알맞게 사용한 인쇄물을 볼 때면 늘 그 적절한 선택에 감탄합니다. 여러 종류의 후가공은 평면에 강약과 흐름을 만들어 줍니다. 특히 명함이나 북 커버, 패키지 등 인쇄물은 사용자의 손에서 만져지고 느껴지기 때문에 재질에 따라 후가공의 결과물에서 큰 차이가 만들어집니다.

1 ── 재질감을 선사하는 후가공

인쇄물의 품질을 좌우할 정도로 인쇄 후가공엔 다양한 방법이 존재합니다. 인쇄물은 종이고 평면이지만 적절한 후가공이 더해졌을 때 만져 보고 싶은 욕구를 제공한다는 점에서 독자와의 커뮤니케이션을 유연하게 한다는 장점이 있습니다. 부분적으로 빛나는 부분을 보여 준다면 특별함이 느껴질 것이고, 금박으로 표현된 부분이 있다면 화려함과 고급스러움이 전달될 수 있습니다. 다양한 질감을 표현하는 후가공에 대해 살펴봅시다.

∴ 다양한 텍스처를 느끼는 UV 코팅과 에폭시

UV 코팅은 일반적인 라미네이팅(유광/무광) 코팅과 달리 코팅 약품을 인쇄물에 엷게 도포해서 드라이하여 처리하는 방법입니다. 광택이 많은 라미네이팅보다 가격이 저렴하고 작업 속도가 빠른 것이 특징이며,

전체적인 표면의 강화나 오염 방지보다는 디자인적인 부분을 강조하기 위한 것으로 소량 제작 시에 주로 이용됩니다. 용지의 재활용이 가능하여 별도의 분리수거가 필요 없는 친환경적인 가공 방법이지만, 코팅 막이 얇은 편이기에 물에 약하며 라미네이트보다 효과가 떨어지는 것이 단점입니다.

에폭시는 원하는 글씨나 마크, 로고, 이미지 부분에 반짝임을 표현하여 도드라져 보이게 만드는 가공 방법입니다. 부분적으로 쓰이는 UV 코팅보다 더 많은 양의 원료가 충분히 사용되어 입체감이 풍부해 보이기 때문에 만져지는 재미가 느껴지는 고급 코팅 방식입니다. 주로 책 표지의 제목이나 그림 삽화, 명함, 포스터, 서적 등의 고급 인쇄물에 폭넓게 활용됩니다.

에폭시　부분 UV 코팅

∴ 반짝반짝 젊고 발랄한 느낌의 라미네이팅과 코팅

일반적으로 가장 많이 사용되는 코팅 방법으로 각종 인쇄물의 표면에 필름을 입혀 코팅 처리하는 것을 말합니다. 라미네이터로 불리는 장비로 뜨거운 온도와 압력을 가하여 코팅 재질을 인쇄물에 접착시키는 방법입니다. 얇은 필름 비닐 막이 입혀지므로 용지의 두께와 내구성이 강해지며, 물과 긁힘, 오염에 강해 용지를 보호하는 역할을 합니다. 또한 라미네이팅 작업을 하면 접지 작업 시 터짐 현상을 방지할 수 있습니다. 단 용지가 너무 얇다면 라미네이팅 과정 중 종이가 휘거나 말릴 위험이 있기 때문에 150g 이상의 두꺼운 종이를 사용해야 합니다.

↑ 부분적으로 코팅된 명함

인쇄 현장을 경험하지 못한 디자이너일수록 결과만 보고 코팅과 라미네이팅이라는 후가공 용어를 혼용하여 사용하는 경우가 많지만, 제작 과정에는 분명한 차이가 있습니다. 코팅과 라미네이팅 모두 종이의 표면 처리 방법이지만 표면 처리에 사용되는 재료가 다릅니다. 코팅은 코팅액을 도포해 막을 형성하는 방법으로 종류는 바니쉬, CR, 파라핀 등이 있으며, UV 코팅도 이에 해당됩니다. 라미네이팅은 필름을 이용하는 방식으로 유광/무광 라미네이팅과 습식/건식 라미네이팅이 있습니다.

무광이냐 유광이냐의 선택 또한 콘셉트에 맞게 선택되어야 하며 이는 디자이너의 몫입니다. 무광 코팅의 경우 차분해 보이는 효과를 주며, 유광 코팅의 경우 화려한 색감을 강조할 수 있다는 장점이 있습니다. 무광 코팅은 부드럽고 은은한 광택으로 인쇄된 색을 가라앉혀 색 대비를 낮추기 때문에 고급스럽고 품격 있는 느낌을 잘 표현하는 것이 특징입니다. 무광 코팅 후에 제목이나 로고 등 일부분을 강조하고자 할 때 에폭시나 박 또는 형압을 추가적으로 작업하면 더욱 고급스러운 효과를 기대할 수 있습니다. 좁은 지면에서도 재질감으로 대비 효과를 만들어 낼 수 있는 방법입니다. 또는 반짝거림을 원하지 않으나 스크래치 등의 외부 자극으로부터 지면을 보호하기 위해 무광 코팅을 선택하기도 합니다. 배경에 색감이 많이 들어가고 어두운 색상일수록 깔끔한 지면을 오래 유지하기 위해 코팅은 기본적으로 선택되어야 하는 후가공 처리 중 하나라고 할 수 있습니다.

유광 코팅은 표면이 빛나는 광택으로 인쇄되어 잉크 발색을 증가시켜 화려한 색감 대비가 특징입니다. 위와 같은 특징을 이해한다면 유광 코팅을 보다 효과적으로 활용하는 데 도움이 됩니다. 우수한 광택으로 주목성이 뛰어나기 때문에 색상을 강조할 때 유리하며 보존 기간이 길지 않은 월간지 등의 잡지에 많이 쓰입니다. 표지의 오염 및 습기에 강한 것이 장점이나 광택 때문에 다른 추가 작업을 하더라도 효과를 크게 보지 못한다는 단점이 있습니다.

∴ 강조되어야 하는 부분을 반전시켜서 적용하는 박

후가공에서 고급스러움의 꽃은 박이라고 할 수 있습니다. 박은 다른 재료와 열을 이용해 질감과 광택을 입히는 매력적인 후가공입니다. 후가공 중에서도 고가의 후가공에 속하기도 하며, 너무 많은 부분에 과도하게 사용되면 의도했던 콘셉트와 방향이 달라질 수 있다는 부담스러움이 있습니다. 박의 크기나 양이 과하지 않도록 디자인 단계에서부터 적절히 기획하여 심플한 디자인 위에 고급스러운 포인트가 되도록 하는 것이 좋습니다. 박의 두께와 누름의 정도까지 전 과정을 신경 써서 제작해야 박 후가공이 빛날 수 있습니다.

박의 종류로는 금박, 은박, 홀로그램박, 청박, 먹박, 적박 등이 있으며, 홀로그램박은 빛의 각도에 따라 색상이 무지개 색상으로 보입니다. 박 후가공 역시 무광과 유광으로 나누어집니다. 무광은 차분하고 고급스러운 느낌을 주며, 유광은 한 번 더 빛나는 광이 생기게 되면서 색다른 효과를 더할 수 있습니다. 금박에도 밝기, 채도, 톤 등에 따라 다양한 종류가 있습니다. 인쇄소에서 샘플을 확인한 후 디자인에 적용하는 것이 안전합니다.

↑ 금박 후가공

↑ 홀로그램박(무광) 후가공

↑ 청박 후가공이 적용된 패키지와 북 커버

↑ 텍스처가 풍부한 종이 위에 은박 후가공이 적용된
쇼핑백

∴ 양쪽 면에 입체를 주는 형압

형압은 종이를 눌러서 해당 부분을 나오거나 들어가도록 만드는 후가공입니다. 겉으로 종이가 튀어나오게 하는 것은 '엠보싱(양각)'이며, 안으로 들어가도록 하는 것은 '디보싱(음각)'이라고 부르기도 합니다. 종이 자체를 변형하는 후가공 기법이며, 종이의 재질을 살릴 수 있습니다. 눈에 확 띄는 강조의 방법은 아니지만 디자인적으로 은은하고 세련된 느낌을 줄 수 있습니다. 한 면이 들어가면 다른 한 면은 반드시 나오게 되어 있는 구조이기 때문에 만져지는 재미로 긍정적 경험을 선사합니다. 형압은 종이의 재질이 매우 잘 드러나는 후가공이기 때문에 오돌토돌한 재질이 돋보이는 종이를 선택하면 효과가 좋습니다. 형압 후가공을 선택한다면 디자인에 따라 엠보싱과 디보싱을 고민하게 됩니다. 디자인에 따라 다르겠지만 색을 입히면 디보싱, 색을 입히지 않는다면 엠보싱을 추천합니다.

← 형압(엠보싱) 후가공

↙ 형압(엠보싱) 후가공이 적용된 책 표지 뒷면
양면에 인쇄가 들어간다면 뒷면으로 노출되는 후가공 위치에 중요 텍스트가 겹치지 않도록 조절해야 한다.

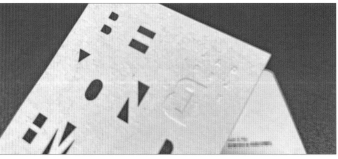

← 형압(디보싱) 후가공이 적용된 명함 뒷면

∴ 고급스러우면서 부드러운 인상을 주는 라운딩

모서리가 90° 각진 것을 부드럽게 둥글려 주는 작업으로, 코팅이나 재단이 끝난 후 최종적으로 하는 후가 공입니다. 모서리 라운딩(귀도리)의 종류에는 전체 라운딩, 부분 1라운딩, 부분 2라운딩, 부분 3라운딩이 있습니다. 전체 라운딩은 양면 또는 단면에서 라운딩이 전체 모서리에 적용되는 형태를 말하며, 부분 1라 운딩은 모서리 라운딩이 1개가 들어가는 경우로 원하는 모서리를 선택합니다. 부분 2라운딩은 모서리에 라운딩이 2개 들어가는 경우로 원하는 두 군데의 모서리를 선택할 수 있으며, 부분 3라운딩은 모서리 라 운딩이 3개 들어가는 경우로 원하는 세 군데의 모서리를 선택합니다.

디자인에 따라 부드럽고 우아한 인상을 주기도 하며, 귀여운 느낌을 주기도 합니다. 실제로 사용되는 인 쇄물로는 유아 서적 또는 명함 등에 많이 사용되어 완성도가 높은 인쇄물이라는 느낌이 들도록 하는 효과 가 있습니다.

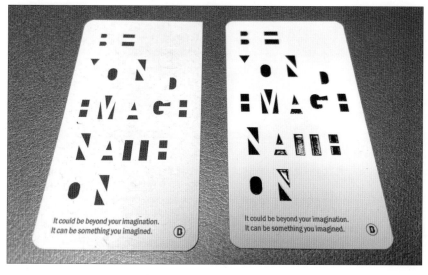

부분 3라운딩과 전체 라운딩된 명함

2 — 입체감을 선사하는 후가공

종이는 분명 평면이지만 접히고, 구겨지고, 뚫리고, 찢어지며 그림자와 공간을 만들어 냅니다. 가변적 재 료라는 특성을 후가공에 최대한 살린다면 일반적인 인쇄물에서는 느낄 수 없는 독특한 디자인을 표현할 수 있습니다. 국내·외로 종이의 한계를 넘는 다양한 후가공의 형태들이 과감하게 제시되고 있습니다. 이 는 화면상으로는 구현할 수 없는 또 다른 영역이라 할 수 있습니다.

∴ 책 속을 들여다보는 재미, 타공

종이에 원형의 구멍을 뚫는 후가공을 말합니다. 보통은 3mm~10mm까지의 폭을 타공이라 하며, 그 이상은 대부분 톰슨(Thomson)으로 크기가 분류됩니다.

일반적으로 하나의 인쇄물에 가능한 타공의 개수는 1~3개이며, 타공이 2개 이상일 경우 타공 간의 간격을 지정해 주어야 합니다. 타공된 구멍으로 고리나 끈을 꿰어 걸거나 묶을 수 있어 제본 외에도 상품 태그나 라벨 등 다양한 용도로 쓰이고 있습니다.

↑ 타공 후가공이 적용된 노트

∴ 잘라내고 싶은 마음이 드는 점선, 미싱

많은 사람이 이미 접해 봤을 미싱 후가공은 입장권이나 쿠폰 등에 우리가 쉽게 자를 수 있는 안내선과 같은 것입니다. 인쇄물의 절취선에 따라 미리 재단을 해 놓는 가공법으로, 입장권, 쿠폰과 같이 쉽게 다음 행동을 유도할 수 있는 인쇄물에 자주 사용됩니다. 인쇄물을 손으로 쉽게 잘라낼 수 있도록 원하는 부분에 점선으로 칼집을 내어 다양한 모양으로 미싱 후가공이 가능합니다. 다양한 모양의 미싱 작업을 하기 위해서는 이 역시 톰슨(Thomson) 과정이 필요합니다. 톰슨은 재단뿐 아니라 미싱, 오시 등의 가공에서도 필수적인 요소입니다. 디자이너가 후가공 원고를 만들어 인쇄소에 넘길 때 바로 이 톰슨 작업을 위해 따로 원고를 만든다고 할 수 있습니다. 주로 수첩, 노트, 쿠폰, 달력 등 많은 곳에서 활용되며 미싱 후가공을 콘셉트와 연계하여 재미있는 인쇄물이나 패키지를 만들기도 합니다.

∴ 원하는 만큼 접는 종이, 접지

종이를 앞, 뒤로 접는 것 또는 그렇게 접은 종이를 '접지'라고 합니다. 출판이나 제본 작업을 할 때 '3단 접지' 혹은 '4단 접지' 등 접은 종이를 몇 단으로 접었냐에 따라 이름이 달라집니다. 한 번 접으면 '2단 접지', 두 번 접으면 '3단 접지', N번 접으면 N+1단 접지가 됩니다. 이뿐만 아니라 대문 접지, 두루마리 접지,

4단 병풍 접지 등 접는 모양과 순서, 방식, 형태에 따라 수많은 접지로 나눌 수 있습니다.

접지는 우리 주변에서 흔히 볼 수 있습니다. 제품을 구매하면 동봉되는 제품 설명서, 행사나 공연에 비치된 순서지, 팸플릿, 브로슈어 등 많은 곳에서 활용되고 있습니다. 낱장 인쇄물을 2단 혹은 3단, 또는 그 이상의 단수 및 방법으로 접어서 페이지를 구분합니다. 접지의 방식은 다양하며 톰슨 가공이나 목형을 활용하여 더 많이 접을 수도 있고 다양한 모양으로 표현할 수도 있습니다. 다양한 접지 가공을 통해 실용성 뿐만 아니라 독특한 디자인이 적용되는 개성 있는 편집물을 제작할 수 있습니다. 일반적으로 리플릿이나 카드, 초대장, 청첩장 등의 다양한 후가공들과 함께 사용되는 경우가 많습니다.

주의해야 할 부분은 평량이 150g 이상인 용지가 접지되면 접히는 부분에서 종이가 터지는 현상이 발생할 수 있습니다. 용지의 결(종이가 가진 특유의 방향)과 접지 방향을 일치시키면 터짐 현상이 줄어들 수도 있으나 가장 안전한 방법은 접히는 부분에 누름 가공(오시)을 적용하는 것입니다. 오시 작업 후 접지를 진행하면 종이 터짐 현상은 거의 발생하지 않습니다. 종이가 터지는 듯 접지가 될 경우, 결국 인쇄물의 완성도가 낮아지는 결과를 낳습니다. 디자인만큼이나 신경 써야 할 부분들이 많은 단계가 후가공 영역입니다.

∴ 깔끔함을 지켜 주는 선, 오시

오시는 누름 선, 접힘 선이라고도 하는 후가공으로 리플릿과 같이 인쇄물을 접어야 하는 경우, 정해진 모양으로 접힐 수 있도록 누름 자국을 내는 가공법입니다. 접으면 갈라지고 터지는 종이의 특성을 고려한 후가공으로 주로 170g 이상의 두꺼운 종이는 접지 작업 중에 종이가 터질 수 있기 때문에 반드시 오시 가공이 필요합니다.

접지를 제작하기 전 오시 선 삽입 여부를 미리 결정해야 합니다. 오시를 먼저 넣고 접지 작업을 진행해야 깔끔한 결과물을 얻을 수 있습니다. 오시 작업을 하면 접힌 부분을 오랫동안 깨끗한 상태로 유지할 수 있으며 오시가 들어가는 위치 역시 디자인을 완료하는 시점에 작업자가 결정하여 최종 원고에 반영시켜야 합니다.

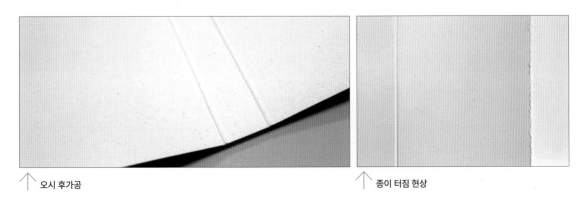

↑ 오시 후가공   ↑ 종이 터짐 현상

∴ 내지 판형보다 큰 별지를 품는 오리꼬미

내지의 판형보다 큰 크기의 별지를 접어 내지 사이에 끼워 넣는 공정으로, 접지의 과정과 비슷합니다. 매거진 속 부록이나 광고를 끼워 넣는 일 또는 접는 속지를 생각하면 이해가 쉽습니다. 책자나 잡지 등의 인

쇄물에서 활용도가 높은 가공 방법으로 한 페이지에 많은 내용을 기재해야 하는 상황이나 연대기 순으로 정보를 길게 전달해야 하는 레이아웃에 유리합니다. 도면 등의 페이지에 접지가 더해지면 펼쳐서 보거나 접어 숨기는 다양한 재미를 경험할 수 있습니다. 소지와 이동이 유리한 작은 크기의 인쇄물이라 하더라도 내지 안에서 페이지를 넓게 쓸 수 있기 때문에 정보의 양이나 형식에 큰 부담이 없습니다.

↑ 오리꼬미 후가공

∴ 두꺼운 종이로 시선을 끄는 합지

합지란 종이의 두께를 두껍게 만들기 위해 2장 이상의 종이와 판지를 접착제로 붙이는 방법입니다. 종이나 판지에 금속판, 플라스틱 필름을 열 접착 방식 또는 접착제로 접착시킨 공정을 뜻합니다. 인쇄물에 접착제를 바른 다음 합치려는 지류에 압축기를 사용해서 종이가 잘 붙을 수 있도록 하면 합지 종이 박스가 완성됩니다. 합지 박스는 인쇄된 종이에 골판지를 붙여 만들기 때문에 강도가 좋고 튼튼하다는 특징이 있습니다. 합지로 종이 박스를 제작했을 경우에는 색상 인쇄가 가능하기 때문에 디자인적인 퀄리티도 높일 수 있으며, 박스 제작 외에도 다양한 인쇄물에서 활용되는 후가공 방법이 바로 합지입니다. 미술관이나 갤러리에서는 작가들의 작품에 담긴 초청장 또는 포스트 카드를 제작할 때 합지 후가공을 이용하여 두꺼운 종이에 표현하기도 합니다. 고급스러운 느낌과 함께 작은 액자로 활용되는 인테리어 효과까지 기대할 수 있습니다.

∴ 원하는 모양으로 새로운 셰이프를 만드는 톰슨

톰슨이란 '도무송'으로 불리기도 합니다. 도무송은 모양 따기 가공을 위한 장비 회사의 이름을 일본식으로 발음한 것에서 유래하였습니다. 쉽게 설명한다면 모양 따기, 모양 커팅, 모양 재단 정도로 설명할 수 있습니다. 일반적으로 단단한 합판을 자르고자 하는 모양으로 레이저 가공을 하고, 그 틈으로 강하고 얇은 칼을 절곡하여 삽입한 목형으로 인쇄된 종이를 강하게 눌러 잘라냅니다. 칼을 접어 합판에 넣어서 틀을 만

드는 목형 가공은 아주 정교한 모양의 가공은 어렵습니다. 금속으로 전체 틀을 만들면 더욱 정교한 가공도 가능하나 금형 가격이 높은 편입니다.

단순히 사각이 아닌 자유 형태(모양, 비정형, 곡선 등)의 재단을 원할 경우 칼선 작업을 진행하게 됩니다. 칼선을 만들고 구멍을 뚫어 인쇄물에 포인트를 주기도 합니다. 칼선 작업이 많이 들어가는 스티커나 패키지 분야에서도 많이 사용되는 방법입니다.

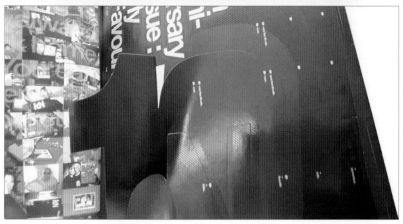

후가공 원고 제작하여 발주하기

후가공은 표지, 내지를 비롯한 인쇄물을 인쇄한 후 제본하기 전 단계에서 인쇄물을 부각시키거나 강조하기 위한 시각적인 효과를 극대화하는 방법입니다. 추가 비용이 발생하기 때문에 디자인에 잘 어울리는 후가공을 선택해야 좋은 효과를 볼 수 있으며, 실수가 발생할 경우 마감일 준수 등의 문제가 생겨 여러 담당자들이 곤란해집니다. 후가공 작업에서 발생할 수 있는 실수를 줄이고 완성도 높은 결과물을 만들기 위해 후가공 원고를 제작하는 방법과 발주서에 반드시 기재되어야 하는 필수 사항을 알아봅니다.

1 ── 선택한 후가공에 적합한 원고 제작하기

'면'으로 표현되는 UV 코팅과 에폭시, 박(금박, 은박, 홀로그램박, 먹박, 적박), 형압, 타공 등의 경우 효과는 모두 다르지만 인쇄 원고를 제작하는 방법은 동일합니다. 인쇄 원고에 후가공 이미지가 들어갈 부분이 표시된 위치 보기용 파일과 후가공 이미지를 뺀 인쇄 원고용 파일, 마지막으로 후가공 파일이 필요합니다.

'선'으로 표현되는 미싱, 오시, 접지 등 효과는 조금 다르지만 인쇄 원고 제작하는 방법은 동일합니다. 인쇄 원고에 후가공 미싱, 오시, 접지가 들어갈 부분이 표시된 위치 보기용 파일과 후가공 선을 뺀 인쇄 원고용 파일이 필요합니다. 후가공 원고를 디자인할 때는 원색 100%(먹 100% 등)로 원고를 디자인해야 합니다.

면으로 표현되는 UV 코팅과 에폭시, 박, 형압, 타공 후가공부터 선으로 표현되는 미싱, 접지, 오시, 톰슨(Thomson)까지 후가공에 적합한 원고를 제작해 봅니다.

∴ UV 코팅과 에폭시 인쇄 원고 알아보기

컬러 인쇄된 부분 위에 UV 코팅 또는 에폭시 후가공이 올라갈 경우, 인쇄 먼저 진행된 후 특정 부분에만 투명 에폭시가 코팅되기 때문에 1mm 미만의 밀림이 발생할 수 있습니다. 먹 인쇄 에폭시는 먹 부분을 뺀 나머지 부분만 인쇄한 다음 빈 공간을 검은색 에폭시로 코팅합니다. 같은 면에 컬러와 먹 부분 모두 에폭시 코팅이 함께 되는 경우 컬러 부분과 먹 부분을 나누어 코팅하지 않고 전체를 인쇄한 다음 투명 에폭시로만 코팅하므로 컬러 인쇄 부분의 에폭시 원고 제작과 동일합니다.

인쇄 원고 제작 시 주의 사항

- UV 코팅이나 에폭시가 들어가는 부분은 검은색 100%로 디자인합니다.
- UV 코팅이나 에폭시 가공은 1~2mm의 위치 오차가 발생할 수 있습니다.
- UV 코팅이나 에폭시 가공은 재단선으로부터 3mm 안쪽으로 배치합니다.

UV 코팅 또는 에폭시 인쇄 파일 만들기

- UV 코팅이나 에폭시 인쇄 원고는 총 3개의 파일입니다.
- 위치 보기용 파일(UV 코팅이나 에폭시가 들어가는 면), 양면일 경우 앞과 뒤 인쇄 원고용 파일, UV 코팅이나 에폭시 파일 순으로 배치합니다.

∴ 컬러와 먹 부분 에폭시 원고 제작하기

컬러와 먹이 함께 인쇄된 부분에 에폭시를 한 번에 올리는 방법을 알아봅니다. 에폭시 위치 보기용 파일과 인쇄 원고용 파일, 에폭시 파일을 만들어봅니다.

- **예제 파일**: 07\컬러와 먹 부분 에폭시.indd   · **완성 파일**: 07\컬러와 먹 부분 에폭시_완성.indd

1 — 07 폴더에서 '컬러와 먹 부분 에폭시.indd' 파일을 불러옵니다.
앞표지의 제목과 이미지, 책등 상단의 이미지를 에폭시 후가공합니다.

> **Tip**
> 배경 색상이 흰색이거나 색상이 연할수록 에폭시 효과가 잘 나타나지 않습니다. 배경 색상이 진하면 에폭시 효과가 많이 나타납니다.

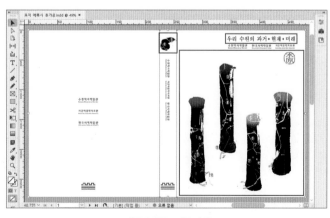

에폭시 위치 보기용 파일

2 ─ 컬러와 검은색 부분에 에폭시 후가
공할 인쇄 원고입니다.

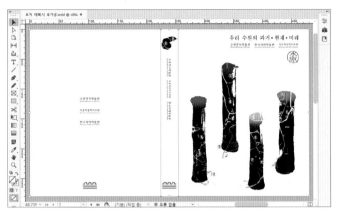

인쇄 원고용 파일

3 ─ 에폭시 인쇄할 이미지와 제목을 1도
검은색 100%로 똑같은 위치에 배치하여
문서 하나를 더 만듭니다.

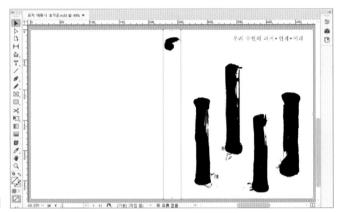

에폭시 파일

∴ 먹 부분 에폭시 원고 제작하기

디자인 원고상에는 먹이 위치하고 있으나 먹으로 표시된 부분을 인쇄하지 않고 해당 위치에 검은색 에폭시를 적용합니다.
먹으로 표현된 그래픽이 제외된 에폭시 인쇄 원고용 파일과 에폭시 위치 보기용 파일, 에폭시 파일을 만들어 봅니다.

• **예제 파일** : 07\먹 부분 에폭시.indd　　• **완성 파일** : 07\먹 부분 에폭시_완성.indd

1 ─ 07 폴더에서 '먹 부분 에폭시.indd'
파일을 불러옵니다.
앞표지의 이미지를 검은색 100%로 에폭
시 후가공합니다.

에폭시 위치 보기용 파일

2 — 에폭시 후가공할 검은색 100%의 이미지를 삭제합니다. 인쇄 단계에서는 제외될 부분이기 때문입니다.

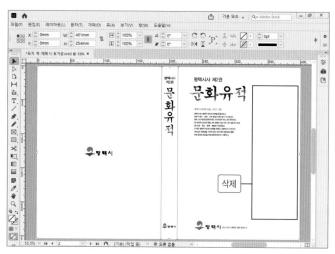

인쇄 원고용 파일

3 — 에폭시 후가공이 올라갈 위치를 검은색 100%로 지정한 다음 인쇄가 되어 있지 않은 여백 공간을 검은색 에폭시로 코팅합니다.

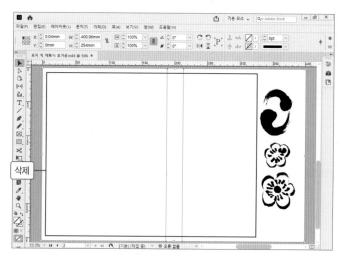

먹 에폭시 파일

∴ 박 인쇄 원고 알아보기

박은 용지 한 장에 몇 개의 인쇄물을 앉히느냐에 따라 동판 수량이 달라지며, 박의 크기, 수량, 원단의 종류에 따라 단가가 달라집니다. 박은 동판으로 누르는 방식이다 보니 인쇄 위치가 부정확하거나 모양 또는 글씨가 너무 얇으면 정확한 표현이 불가능하므로, 디자인 시 크기와 두께를 고려해야 합니다.

인쇄 원고 제작 시 주의 사항

- 박이 들어가는 부분은 검은색 100%로 디자인합니다.
- 양면에 똑같은 박이 들어가는 경우, 박 파일은 1개만 생성합니다.
- 선 두께는 1pt 이상, 텍스트는 7pt 이상으로 작업해야 안전합니다.
- 박 후가공은 1~2mm의 오차가 발생할 수 있습니다.

박 인쇄 파일 만들기

- 박 인쇄 원고는 총 3개의 파일입니다.
- 박 위치 보기용 파일, 양면일 경우 앞과 뒤 인쇄 원고용 파일, 박 파일 순으로 배치합니다.

∴ 타이틀 부분 은박 원고 제작하기

디자인 원고상에는 세로 타이틀이 위치하고 있으나 해당 부분은 인쇄하지 않고 동일한 위치에 은박 후가공을 적용합니다.
메인 타이틀이 제외된 은박 인쇄 원고용 파일과 은박 위치 보기용 파일, 은박 파일을 만들어 봅니다.

- **예제 파일** : 07\은박 원고.indd　　　• **완성 파일** : 07\은박 원고_완성.indd

1 — 07 폴더에서 '은박 원고.indd' 파일을 불러옵니다.
앞표지의 세로 제목을 은박 후가공합니다.

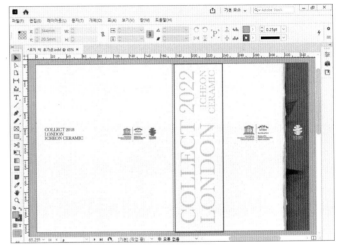

은박 위치 보기용 파일

2 — 은박 후가공할 세로 제목을 뺀 나머지 부분만 컬러 인쇄 원고 파일로 만듭니다.

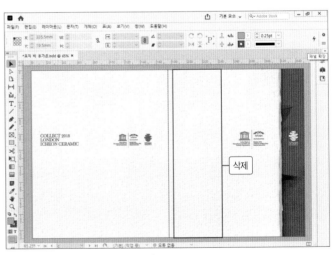

인쇄 원고용 파일

3 — 은박 후가공할 세로 제목을 1도 검은색 100%로 동일한 위치에 배치하여 문서 하나를 더 만듭니다.

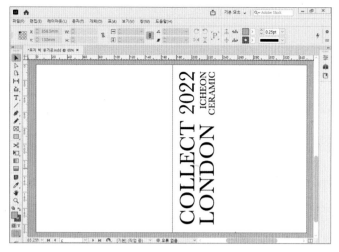

은박 파일

> **Tip**
>
> 박과 별색의 차이를 설명하자면, 별색은 CMYK 4원색으로는 표현하기 어려운 색상을 인쇄 단계에서 추가적으로 지면에 올려 표현하는 것이고, 박은 아주 얇은 비닐을 열과 압력으로 눌러 붙이는 것입니다.

∴ 형압 인쇄 원고 알아보기

형압과 인쇄를 함께하는 경우 인쇄 부분의 위치가 미세하게 틀어질 수 있다는 점을 감안해야 합니다. 형압은 겉 부분은 보기 좋지만 반대쪽은 의도한 바와 다를 수 있으니 후가공에 신중해야 합니다. 또한 너무 날카롭거나 작은 크기의 형태는 완벽한 효과를 보기가 어렵습니다.

인쇄 원고 제작 시 주의 사항

- 형압이 들어가는 부분은 검은색 100%로 디자인합니다.
- 재단선에서 5mm 안쪽으로 위치해야 합니다.
- 너무 작은 도형은 제대로 찍히지 않을 수 있습니다. 선 두께는 1pt, 텍스트는 8pt 이상으로 디자인합니다.
- 형압 후가공은 1~2mm의 위치 오차가 발생할 수 있습니다.

형압 인쇄 파일 만들기

- 형압 인쇄 원고는 총 3개의 파일입니다.
- 형압 위치 보기용 파일, 양면일 경우 앞과 뒤 인쇄 원고용 파일, 형압 파일 순으로 배치합니다.

∴ 양각으로 형압 원고 제작하기

디자인 원고상에는 캘리그래피가 위치하고 있으나 해당 부분은 인쇄하지 않고 동일한 위치에 양각으로 형압 후가공을 적용합니다. 캘리그래피가 제외된 형압 위치 보기용 파일과 인쇄 원고용 파일, 형압 파일을 만들어 봅니다.

- **예제 파일**: 07\형압 원고.indd   • **완성 파일**: 07\형압 원고_완성.indd

1 — 07 폴더에서 '형압 원고.indd' 파일
을 불러옵니다.
표지의 캘리그래피 부분을 양각으로 형압
후가공합니다.

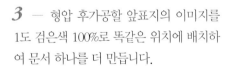
Tip

컬러 인쇄된 부분을 형압 후가공할 수도 있습
니다.

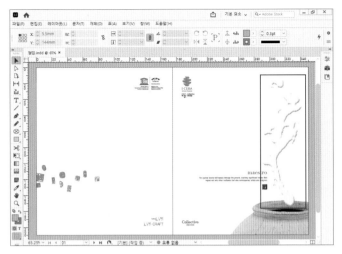

형압 위치 보기용 파일

2 — 형압 후가공할 앞표지의 이미지를
뺀 나머지 부분만 컬러 인쇄 원고 파일로
만듭니다.
캘리그래피 이미지를 인쇄한 다음 그 위에
형압 처리를 하고자 한다면 해당 그래픽을
인쇄 원고용 파일에 그대로 둡니다.

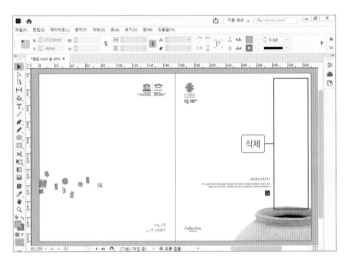

인쇄 원고용 파일

3 — 형압 후가공할 앞표지의 이미지를
1도 검은색 100%로 똑같은 위치에 배치하
여 문서 하나를 더 만듭니다.

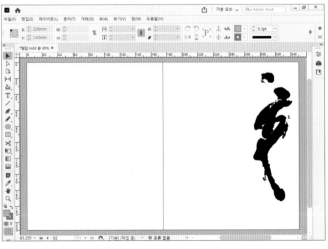

형압 파일

∴ 타공 인쇄 원고 알아보기

타공은 인쇄물에 고리를 꿰어야 하는 경우와 스프링 제본이 필요한 경우에 주로 사용됩니다.

인쇄 원고 제작 시 주의 사항

- 타공이 들어가는 부분은 검은색 100%로, 지름 2mm 가량의 정원을 표시하고 '타공 크기' 또한 명확히 기재합니다.
- 한 인쇄물당 타공의 개수는 최대 5개이며, 타공 가능한 크기는 3~10mm입니다.
- 타공은 재단선으로부터 5mm 안쪽으로 가능하며, 타공 간격은 45mm 이상이어야 합니다.

타공 인쇄 파일 만들기

- 타공 인쇄 원고는 총 2개의 파일입니다.
- 타공 위치 보기용 파일, 양면일 경우 앞과 뒤 인쇄 원고용 파일 순으로 배치합니다.

∴ 타공 원고 제작하기

디자인 원고상에는 타공이 들어갈 위치를 감안하여 충분한 여백이 확보되어야 합니다. 구멍이 생길 위치를 정확히 지정하여 타공 원고 제작 방법을 알아봅니다. 여백이 충분히 만들어진 타공 인쇄 원고용 파일과 타공 위치 보기용 파일을 만들어 봅니다.

- **예제 파일** : 07\타공 원고.indd   • **완성 파일** : 07\타공 원고_완성.indd

1 — 07 폴더에서 '타공 원고.indd' 파일을 불러옵니다.
타공 크기는 5mm로 하며, 타공할 위치에 타공 크기보다 작은 검은색 점을 찍어 자홍색 100%로 타공 위치를 표시한 다음 타공 크기 5mm를 기재합니다.

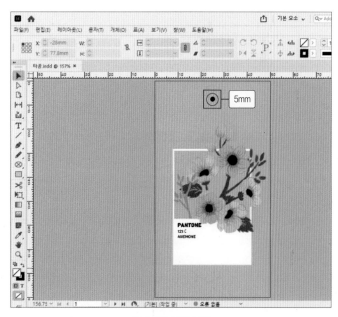

타공 위치 보기용 파일

2 — 인쇄 파일 앞면에 타공 크기보다 작은 검은색 점을 표시하고, 뒷면에는 타공을 표시하지 않습니다.

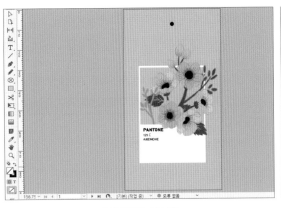
앞면 인쇄 원고용 파일

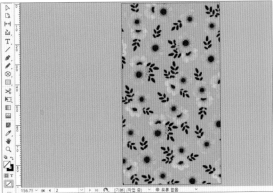
뒷면 인쇄 원고용 파일

∵ 미싱 인쇄 원고 알아보기

미싱은 주로 티켓이나 쿠폰 제작에 많이 사용되고 있으며, 절취선은 가로와 세로 방향으로만 가능합니다.

인쇄 원고 제작 시 주의 사항

- 미싱이 들어가는 부분은 자홍색 100% 점선으로 표시하고 '미싱'이라고 기재합니다.
- 미싱과 미싱 간격은 5mm 이상이어야 합니다.
- 가로, 세로 방향으로만 가능합니다.

미싱 인쇄 파일 만들기

- 미싱 인쇄 원고는 총 2개의 파일입니다.
- 미싱 위치 보기용 파일, 인쇄 원고용 파일 순으로 배치합니다.

∵ 뜯어낼 부분 미싱 원고 제작하기

미싱 칼선이 삽입될 위치를 정확히 지정하여 원고 제작 방법을 알아봅니다. 위치 보기용 선이 함께 인쇄되어 지저분한 지면이 되지 않도록 위치 지정 선이 삭제된 인쇄 원고와 미싱 위치 보기용 파일을 만들어 봅니다.

- **예제 파일** : 07\미싱 원고.indd   • **완성 파일** : 07\미싱 원고_완성.indd

1 — 07 폴더에서 '미싱 원고.indd' 파일을 불러옵니다.
오른쪽 점선 부분이 미싱 후가공할 위치입니다.

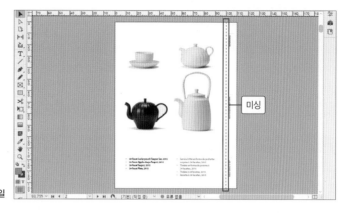

미싱 위치 보기용 파일

2 — 미싱할 오른쪽 세로 점선을 뺀 나머지 부분만 컬러 인쇄 원고 파일로 만듭니다.

인쇄 원고용 파일

∴ 오시 인쇄 원고 알아보기

기본 오시 가공은 수직과 수평으로 종이를 가로지르는 가공만 가능합니다. 이외의 원하는 부분만 오시를 넣을 경우 톰슨 작업을 거친 후 오시 가공이 진행되기 때문에 그만큼의 제작 시간이 더 확보되어야 합니다. 무선 제본의 경우 책 표지의 풀 붙은 부분과 책날개는 제본기에서 자동으로 오시가 들어갑니다.

인쇄 원고 제작 시 주의 사항

- 오시가 들어가는 부분은 자홍색 100% 점선으로 표시하고 '오시'라고 기재합니다.
- 가로형 디자인의 경우 180° 회전하여 표지가 위로 향하게 배치해야 오류가 없습니다.
- 평량 170g 이상의 종이에 접지할 경우 터짐 방지를 위해 반드시 오시를 합니다.
- 위치 보기용 파일에 오시 선이 있기 때문에 인쇄 원고용 파일에는 오시 선 및 구분 선을 삭제합니다.

오시 인쇄 파일 만들기

- 오시 인쇄 원고는 총 2개의 파일입니다.
- 오시 위치 보기용 파일, 양면일 경우 앞과 뒤 인쇄 원고용 파일 순으로 배치합니다.

∴ 접히는 부분 오시 원고 제작하기

오시 선이 삽입될 위치를 정확히 지정하여 원고를 제작 방법을 알아봅니다. 위치 보기용 선이 함께 인쇄되어 지저분한 지면이 되지 않도록 위치 지정 선이 삭제된 인쇄 원고와 오시 선 위치 보기용 파일을 만들어 봅니다.

• **예제 파일** : 07\오시 원고.indd   • **완성 파일** : 07\오시 원고_완성.indd

1 — 07 폴더에서 '오시 원고.indd' 파일을 불러옵니다.
양면 대문 접지 리플릿을 위한 오시 위치입니다.

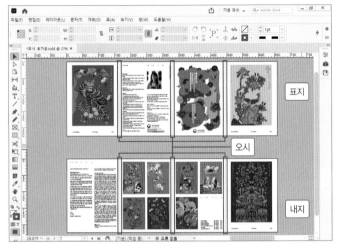

오시 위치 보기용 파일

2 — 양면 대문 접지 리플릿의 인쇄 원고용 파일에는 오시 점선을 삭제합니다.

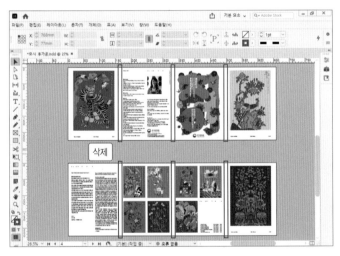

인쇄 원고용 파일

∴ 접지 인쇄 원고 알아보기

접지는 한 장의 종이를 다양한 방법으로 접어 리플릿이나 카드, 초대장, 청첩장 등의 형태로 만드는 방식입니다. 접지 행위 자체로 페이지가 구분되어 원하는 정보를 쉽게 찾아볼 수 있고, 책보다 더 작은 포맷으로 홍보물을 만들고자 할 때 유리합니다. 대체로 연결된 페이지에 접지 모양을 응용하여 디자인합니다. 접지의 종류에는 반 접지, 3단 접지, 4단 접지, 십자 접지, 병풍 접지, 대문 접지, 두루마리 접지 등이 있습니다.

접지 접는 순서와 인쇄 원고 제작 방법

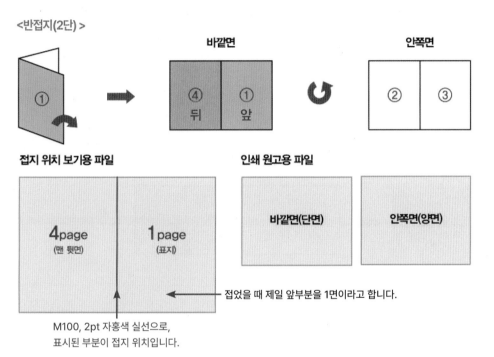

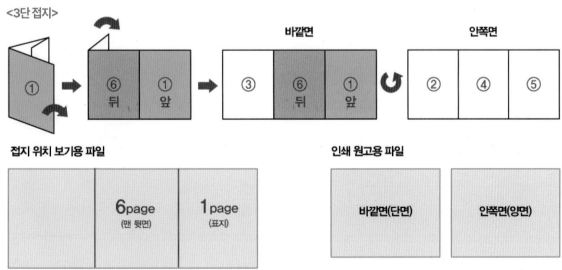

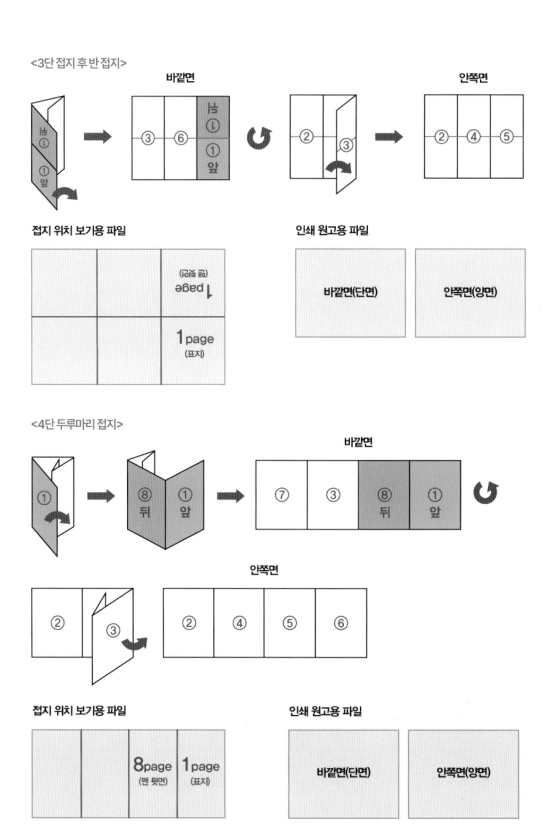

\<3단 접지 후 반 접지\>

바깥면

안쪽면

접지 위치 보기용 파일

인쇄 원고용 파일

바깥면(단면)   안쪽면(양면)

\<4단 두루마리 접지\>

바깥면

안쪽면

접지 위치 보기용 파일

인쇄 원고용 파일

바깥면(단면)   안쪽면(양면)

<4단 병풍 접지>

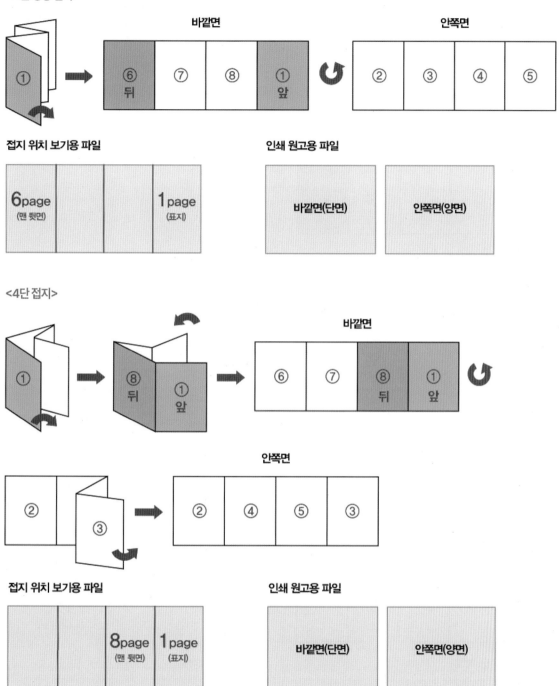

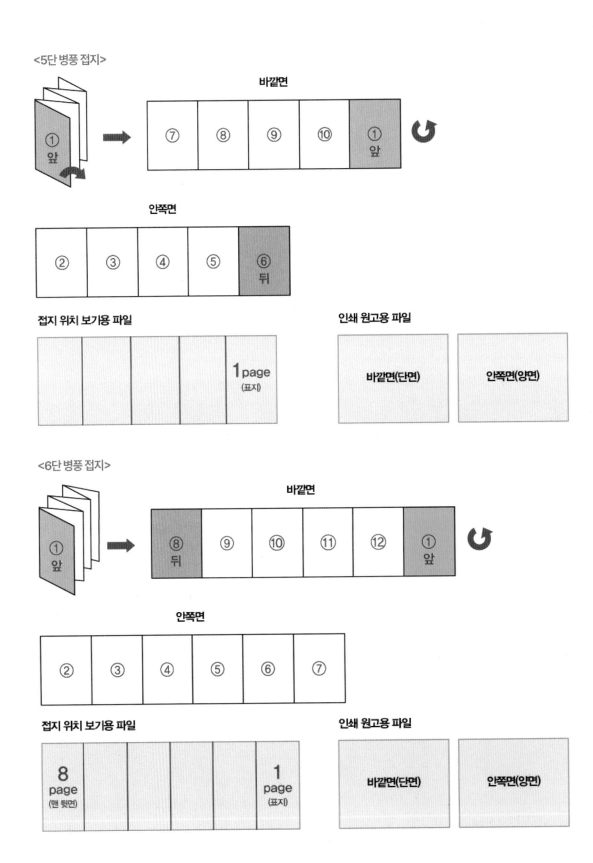

<5단 병풍 접지>

바깥면

⑦ ⑧ ⑨ ⑩ ① 앞

안쪽면

② ③ ④ ⑤ ⑥ 뒤

접지 위치 보기용 파일

1 page (표지)

인쇄 원고용 파일

바깥면(단면)   안쪽면(양면)

<6단 병풍 접지>

바깥면

⑧ 뒤 ⑨ ⑩ ⑪ ⑫ ① 앞

안쪽면

② ③ ④ ⑤ ⑥ ⑦

접지 위치 보기용 파일

8 page (맨 뒷면)   1 page (표지)

인쇄 원고용 파일

바깥면(단면)   안쪽면(양면)

<大문 접지>

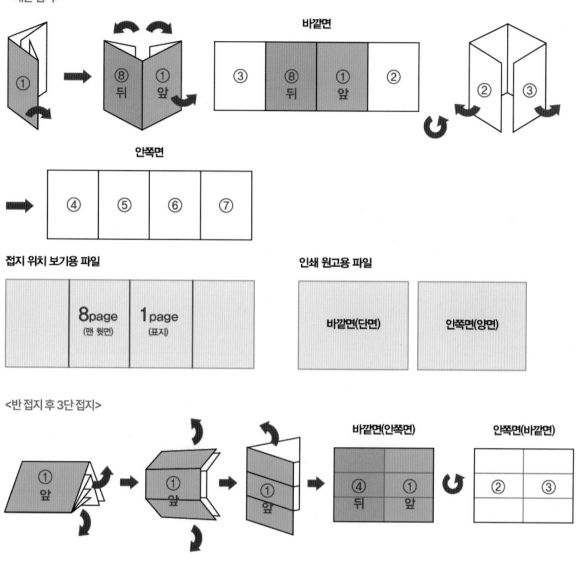

바깥면

③ ⑧ 뒤 ① 앞 ②

② ③

안쪽면

④ ⑤ ⑥ ⑦

접지 위치 보기용 파일

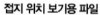

| | **8page** (맨 뒷면) | **1page** (표지) | |

인쇄 원고용 파일

바깥면(단면)　안쪽면(양면)

<반 접지 후 3단 접지>

① 앞 → ① 앞 → ① 앞 →

바깥면(안쪽면)

| ④ 뒤 | ① 앞 |

안쪽면(바깥면)

| ② | ③ |

접지 위치 보기용 파일

1page (표지)

인쇄 원고용 파일

바깥면(단면)　안쪽면(양면)

<십자 접지>

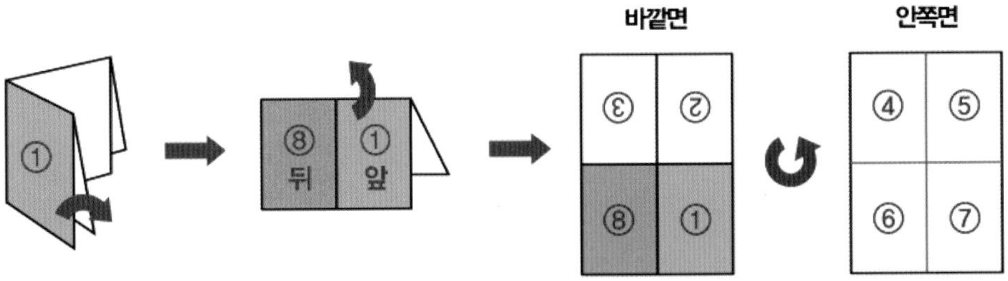
바깥면
안쪽면
①
⑧ 뒤
① 앞
③ ②
⑧ ①
④ ⑤
⑥ ⑦

접지 위치 보기용 파일

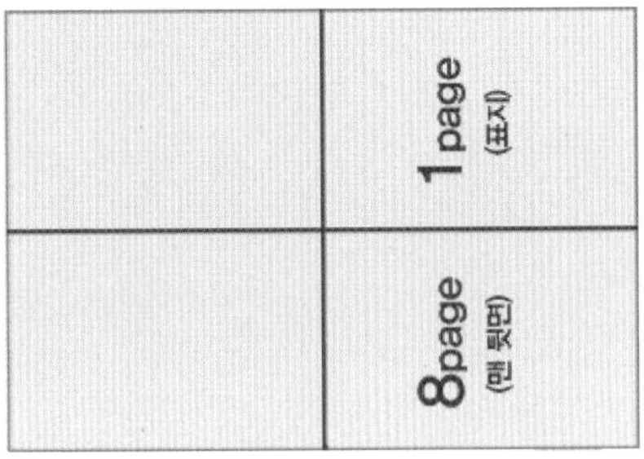
1page (표지)
8page (맨 뒷면)

인쇄 원고용 파일

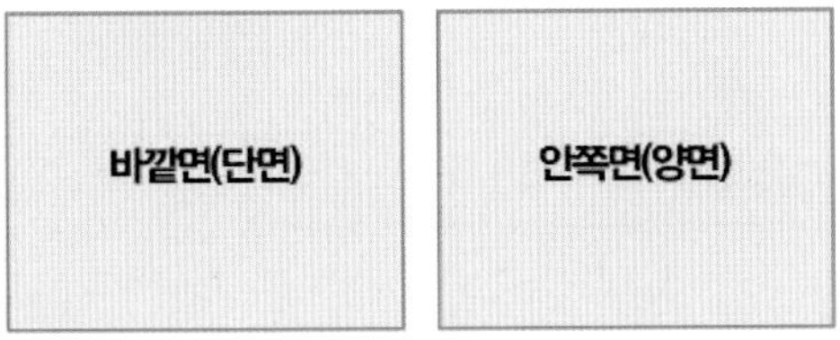
바깥면(단면)
안쪽면(양면)

<N 접지>

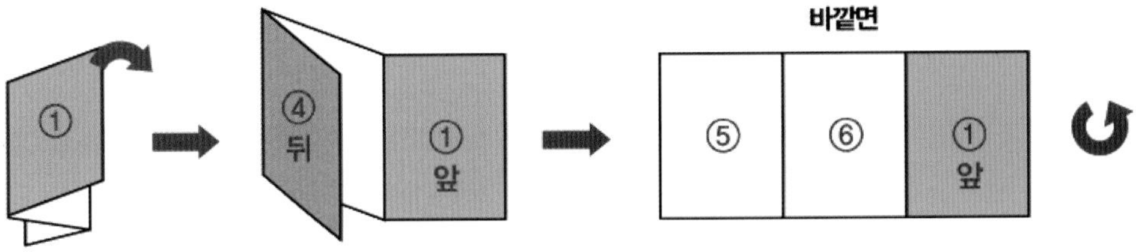
바깥면
①
④ 뒤
① 앞
⑤
⑥
① 앞

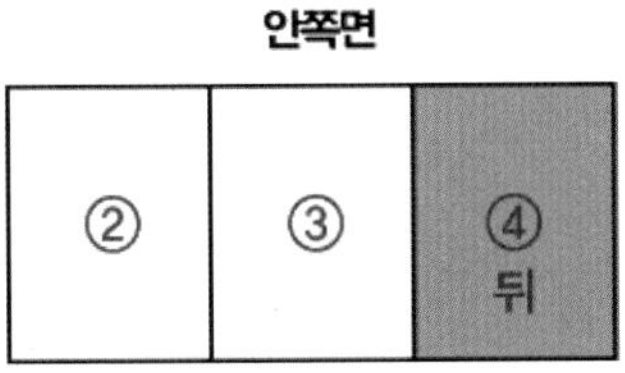
안쪽면
②
③
④ 뒤

접지 위치 보기용 파일

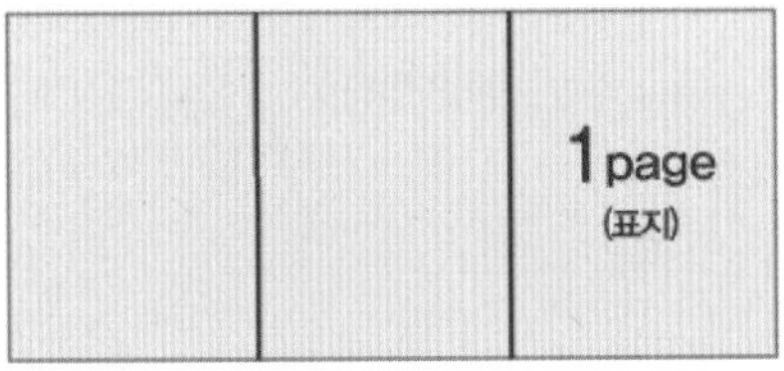
1page (표지)

인쇄 원고용 파일

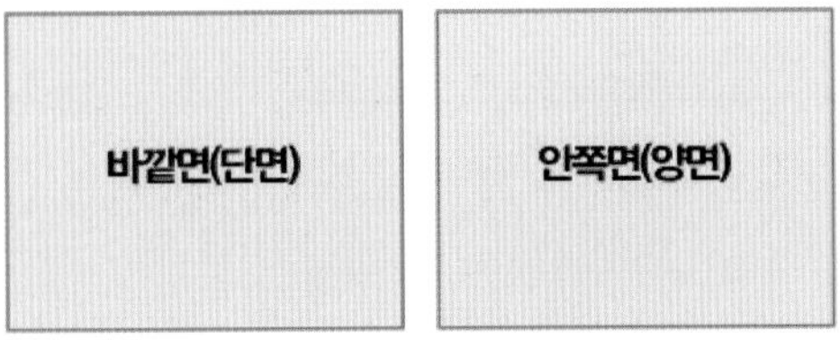
바깥면(단면)
안쪽면(양면)

인쇄 원고 제작 시 주의 사항

- 접지가 들어가는 부분은 자홍색 실선으로 표시하고 '접지'라고 기재합니다.
- 접지 위치가 중앙이 아닐 경우, 좌우 반전되므로 앞면과 뒷면을 구분하여 정확하게 표시해야 합니다.

접지 인쇄 파일 만들기

- 접지 인쇄 원고는 총 2개의 파일입니다.
- 접지 위치 보기용 파일, 앞과 뒤 인쇄 파일 순으로 배치합니다.

∴ 양면 반 접지(2단) 원고 제작하기

접힐 위치를 정확히 지정하여 원고 제작 방법을 알아봅니다. 위치 보기용 선이 함께 인쇄되어 지저분한 지면이 되지 않도록 위치 지정 선이 삭제된 인쇄 원고용 파일과 접지 선 위치 보기용 파일을 만들어 봅니다.

- **예제 파일** : 07\반 접지(2단).indd
- **완성 파일** : 07\반 접지(2단)_완성.indd

1 — 07 폴더에서 '반 접지(2단).indd' 파일을 불러옵니다.
자홍색 100% 실선은 양면 반 접지(2단)를 위한 접지 위치입니다.

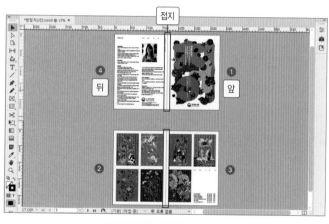

> **Tip**
>
> ❶❷❸❹는 인쇄 후 접었을 때 보이는 순서입니다.

양면 반 접지(2단) 위치 보기용 파일

2 — 양면 반 접지(2단)할 인쇄 원고에서는 접지 위치의 실선을 삭제합니다.

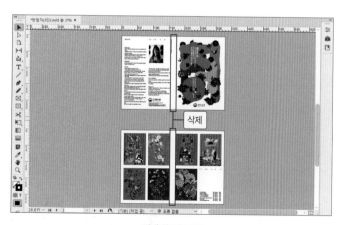

인쇄 원고용 파일

∴ 양면 4단 병풍 접지 원고 제작하기

접지 순서에 따라 표지가 달라지는 경우도 있기 때문에 인쇄 담당자와의 커뮤니케이션이 중요합니다. 위치 보기용 선이 함께 인쇄되어 지저분한 지면이 되지 않도록 위치 지정 선이 삭제된 인쇄 원고용 파일과 접지 선 위치 보기용 파일을 만들어 봅니다.

• **예제 파일** : 07\4단 병풍 접지 원고.indd　　• **완성 파일** : 07\4단 병풍 접지 원고_완성.indd

1 — 07 폴더에서 '4단 병풍 접지 원고.indd' 파일을 불러옵니다.
자홍색 100% 실선은 양면 4단 병풍 접지를 위한 접지 위치입니다.

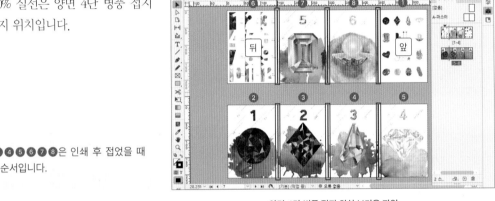

양면 4단 병풍 접지 위치 보기용 파일

Tip
❶❷❸❹❺❻❼❽은 인쇄 후 접었을 때 보이는 순서입니다.

2 — 양면 4단 병풍 접지할 인쇄 원고에서는 접지 위치의 실선을 삭제합니다.

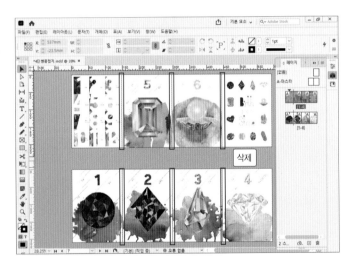

인쇄 원고용 파일

∴ 양면 대문 접지 원고 제작하기

대문 접지의 경우 접히면서 서로 맞닿는 페이지의 여백이나 그래픽 연결감이 예민한 요소가 될 수 있습니다. 위치 보기용 선이 함께 인쇄되어 지저분한 지면이 되지 않도록 위치 지정 선이 삭제된 인쇄 원고용 파일과 접지 선 위치 보기용 파일을 만들어 봅니다.

• **예제 파일** : 07\대문 접지 원고.indd   • **완성 파일** : 07\대문 접지 원고_완성.indd

1 — 07 폴더에서 '대문 접지 원고.indd' 파일을 불러옵니다.
자홍색 100% 실선은 양면 대문 접지를 위한 접지 위치입니다.

Tip

❶❷❸❹❺❻❼❽은 인쇄 후 접었을 때 보이는 순서입니다.

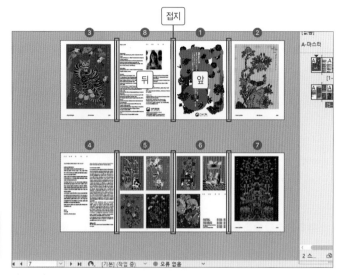

양면 대문 접지 위치 보기용 파일

2 — 양면 대문 접지할 인쇄 원고에서는 접지 위치의 실선을 삭제합니다.

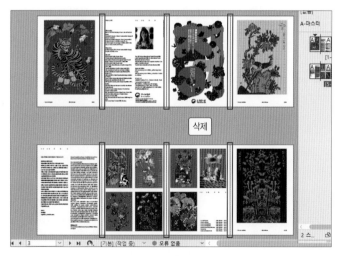

인쇄 원고용 파일

∴ 양면 십자 접지 원고 제작하기

십자 접지는 전체 페이지를 차지할 크기의 큰 사진이나 길게 연결된 내용 등을 담을 때 가장 유리한 접지 방법입니다. 가로로 먼저 접히는지, 세로로 먼저 접히는지에 따라 펼침면을 재미있게 활용할 수 있습니다. 위치 보기용 선이 함께 인쇄되어 지저분한 지면이 되지 않도록 위치 지정 선이 삭제된 인쇄 원고와 접지 선 위치 보기용 파일을 만들어 봅니다.

• 예제 파일 : 07\십자 접지 원고.indd   • 완성 파일 : 07\십자 접지 원고_완성.indd

1 — 07 폴더에서 '십자 접지 원고.indd' 파일을 불러옵니다.
자홍색 100% 실선은 양면 십자 접지를 위한 접지 위치입니다.

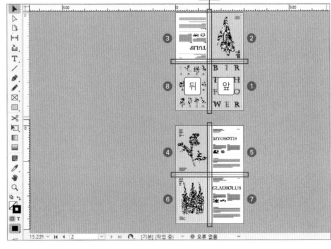

양면 십자 접지 위치 보기용 파일

Tip

❶❷❸❹❺❻❼❽은 인쇄 후 접었을 때 보이는 순서입니다.

2 — 양면 십자 접지할 인쇄 원고에서는 접지 위치의 실선을 삭제합니다.

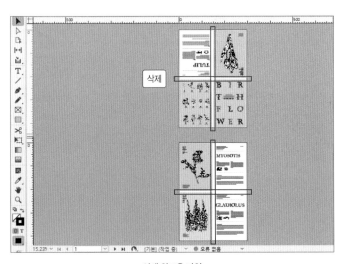

인쇄 원고용 파일

∵ 톰슨 인쇄 원고 알아보기

'톰슨(Thomson)'의 일본식 발음은 '도무송'이며, 순우리말은 모양 따기입니다. 곡선, 동그라미, 비정형으로 모양을 내야 하는 경우나 기본 직선 재단 외 별도 칼선(목형)을 제작하여 재단하는 후가공을 톰슨이라고 합니다. 모양을 만들어야 하는 모든 인쇄물에 활용되며, 톰슨 작업이 필요한 경우 '작업 크기와 재단 크기=톰슨 크기(칼선)'가 포함된 인쇄 원고를 만들어야 합니다. 결국 인쇄물이 어떤 모양으로 잘릴 것인지에 대한 칼선의 모양을 만들어 주는 셈이 됩니다.

인쇄 원고 제작 시 주의 사항

- 톰슨이 들어가는 부분을 자홍색 100%로 표시합니다.
- 톰슨 후가공은 1~2mm의 위치 오차가 발생할 수 있습니다.
- 반드시 작업 크기를 재단 크기보다 3mm 정도 여유분 있게 작업해야 합니다.
- 톰슨의 칼선은 반드시 벡터 방식인 일러스트레이터나 인디자인에서 그립니다(포토샵 파일 안 됨).

톰슨 인쇄 파일 만들기

- 톰슨 인쇄 원고는 총 3개의 파일입니다.
- 톰슨 위치 보기용 파일, 양면일 경우 앞과 뒤 인쇄 파일, 톰슨 파일 순으로 배치합니다.

∵ 사람 모양으로 재단되는 부분 톰슨 원고 제작하기

말 그대로 칼선이 지나가는 위치이기 때문에 실수가 생기더라도 되돌릴 수 없는 부분입니다. 따라서 원고 작업 시뿐만 아니라 인쇄 현장에서도 디자이너가 꼼꼼히 신경 써야 하는 부분입니다. 재단선이 함께 인쇄되어 지저분한 지면이 되지 않도록 톰슨 선이 삭제된 인쇄 원고용 파일과 톰슨 위치 보기용 파일, 톰슨 파일을 만들어 봅니다.

- **예제 파일** : 07\톰슨 원고.indd   • **완성 파일** : 07\톰슨 원고_완성.indd

1 — 07 폴더에서 '톰슨 원고.indd' 파일을 불러옵니다.

톰슨 크기와 재단 크기는 가로 200mm, 세로 180mm이며, 작업 크기는 사방으로 3mm의 여유분을 주어 가로 206mm, 세로 186mm입니다.

자홍색 100% 실선이 톰슨 후가공할 위치입니다. 양면일 경우 앞면만 표시합니다.

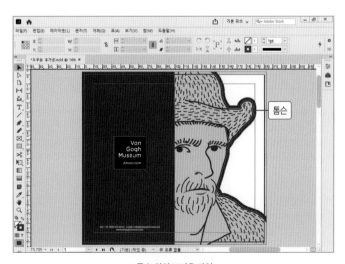

톰슨 위치 보기용 파일

2 — 앞면과 뒷면의 컬러 인쇄 원고에는 톰슨 선을 삭제합니다.

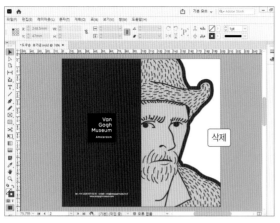

앞면 인쇄 원고용 파일

뒷면 인쇄 원고용 파일

3 — 톰슨 선을 1도 자홍색 100%의 실선으로 표시하여 문서를 하나 더 만듭니다. 양면 인쇄일 경우 톰슨 선의 위치 원고는 1개의 문서만 만듭니다.

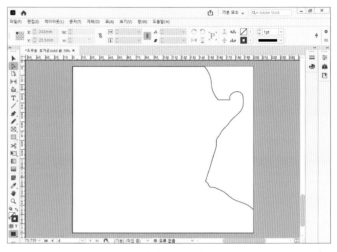

칼선이 지나갈 톰슨 파일

Tip

인쇄 현장에는 항상 공차(허용 오차)가 존재합니다. 톰슨 장비의 구조, 종이 컨디션의 변화 등에 따라 최소 1mm의 오차 정도는 언제든 발생할 수 있습니다. 오차를 고려해서, 배경색(베다)이 있는 경우 배경을 최대한 칼선 바깥쪽까지 연장해서 빼 주는 것이 노련한 디자이너의 작업 방식입니다.

2── 인쇄 발주서에 반드시 기재되어야 하는 후가공 필수 사항

인쇄 발주서에는 인쇄물명, 표지와 내지 규격, 수량, 용지, 인쇄 도수, 페이지, 제본 방식, 후가공 등이 기입되어 있습니다. 일반적으로 인쇄 발주서에 후가공 관련 발주 내용이 포함된 경우가 많습니다. 후가공은 인쇄 작업을 완료한 후 보다 완성도 있는 결과물을 만들기 위해 추가적 가공 과정을 거치게 됩니다. 따라서 발주서에 후가공에 대한 상세한 설명을 기재해야 합니다. 간단한 후가공일 경우 발주서와 전화 연결로 커뮤니케이션이 가능하지만, 까다로운 후가공일 경우 디자이너가 후가공 부분을 프린트하거나 샘플을 가지고 직접 인쇄소에 방문하여 설명하는 것이 실수를 줄이는 방법입니다.

- 후가공 종류 : UV 코팅, 에폭시, 박, 형압, 타공, 미싱, 접지, 오시, 톰슨 등

- 후가공 종류에 따라 상세한 설명 : 박의 경우 금박, 은박, 홀로그램박, 먹박, 적박 등

- 후가공 위치 : 원고와 함께 전송

인쇄 발주서

_____ 귀하

인쇄물명		OOO 단행본
규격	내지	가로 210mm, 세로 297mm
	표지	가로 445mm, 세로 303mm (책등 : 19mm)
수량		1,000부
표지	용지 선택	랑데뷰 내츄럴 240g
	페이지	4p 양면
	인쇄 도수	양면 컬러8도
내지	용지 선택	랑데뷰 내츄럴 240g
	페이지	272p
	인쇄 도수	양면 컬러8도
제본		무선
후가공	금박	앞표지 제목 금박
	형압	앞표지 이미지 형압(양각)

위와 같이 발주 의뢰합니다.

20   년   월   일

업체명 :

연락처 :

담당자 :   (인)

인쇄 발주서

· 현장 실무 따라하기 ·

은박과 에폭시를 적용한
브로슈어 표지 만들기

은박과 에폭시 후가공을 한 지면에 적용하여 고급스러운 브로슈어 표지를 만들어 봅니다.

· 예제 파일 : 07\은박과 에폭시 원고.indd   **· 완성 파일** : 07\은박과 에폭시 원고_완성.indd

1. 07 폴더에서 '은박과 에폭시 원고.indd' 파일을 불러옵니다.
은박과 에폭시가 들어갈 위치 보기용 파일입니다.

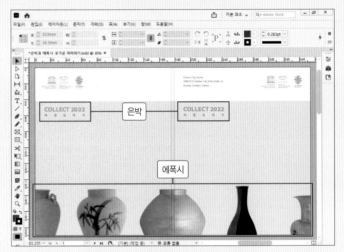

은박과 에폭시 위치 보기용 파일

2. 먼저 은박 후가공 파일을 만들기 위해 페이지 패널에서 1페이지를 선택합니다.
'패널 메뉴' 아이콘(▤)을 클릭한 다음 **스프레드 복제**를 실행합니다.

3. 복제된 2페이지에서 은박 후가공할 텍스트만 남기고 모두 삭제합니다.

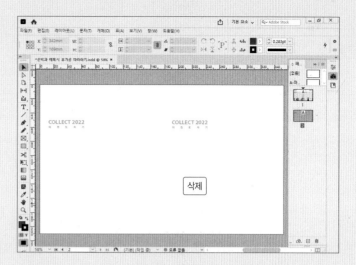

4. 텍스트를 모두 '1도 검은색 100%'로 지정합니다.

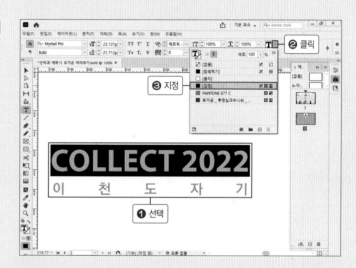

5. 은박 후가공 파일이 완성됩니다.

은박 파일

6. 이미지 에폭시 파일을 만들기 위해 페이지 패널에서 1페이지를 선택합니다. '패널 메뉴' 아이콘(▤)을 클릭한 다음 **스프레드 복제**를 실행합니다.

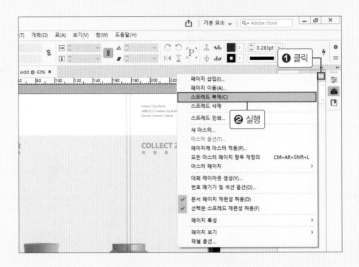

7. 복제한 3페이지에서 에폭시 후가공할 이미지만 남기고 모두 삭제합니다. 메뉴에서 **[창] → 링크**를 실행합니다.

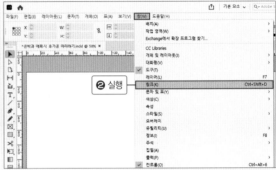

8. 링크 패널에서 에폭시 할 이미지를 모두 선택합니다. '패널 메뉴' 아이콘(▤)을 클릭한 다음 **편집에 사용할 응용 프로그램 → Adobe Photoshop**을 실행합니다.

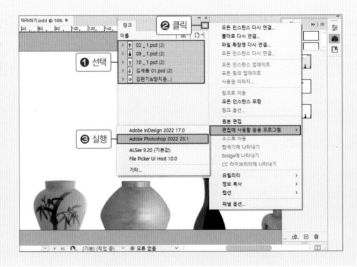

9. 에폭시 할 이미지가 포토샵에서 모두 열리면 메뉴에서 **[이미지] → 모드 → 회색 음영**을 실행하여 '1도 검은색 100%'로 변경한 다음 저장합니다.

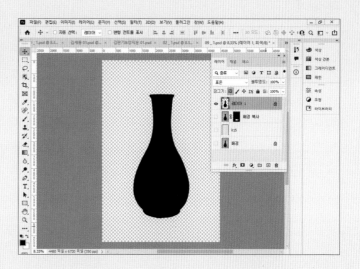

10. 포토샵에서 검은색으로 변경한 이미지를 인디자인 에폭시 이미지 위치에 그대로 불러오면 에폭시 파일이 완성됩니다.

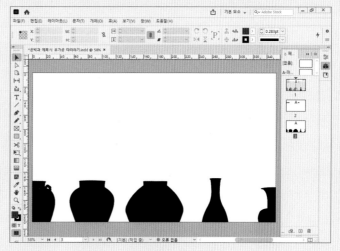

에폭시 파일

11. 마지막으로 1페이지를 복제한 다음 컬러 인쇄 원고에서 은박 후가공 텍스트는 삭제합니다.
에폭시 후가공은 컬러 인쇄 위에 투명 에폭시로 코팅하기 때문에 이미지는 삭제하지 않습니다. 최종 컬러 인쇄 원고가 완성됩니다.

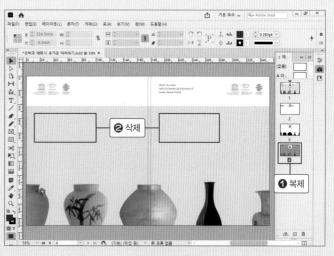

인쇄 원고용 파일

찾아보기